王振复美学论著集

王振复 著

《周易》的美学智慧（修订本）

上海古籍出版社

目 录

序

蒋孔阳

王振复同志，本来身体不好。康复后，他以惊人的速度，除了完成教学等任务之外，几年之内，出版了三种学术专著。最近，他又继《巫术：周易的文化智慧》之后，写出了《周易的美学智慧》一书。他把洋洋洒洒三十五万字的清样送给我，要我说几句话。我不能不说：王振复同志，不仅勤学深思，而且思路敏捷，出手甚快。古人说："后生可畏。"像王振复这样的年轻同志，真正令人可敬可畏。中国学术界多一些这样的同志，不仅后继有人，而且必能弘扬光大。

由于时间很紧，我没有办法拜读全书，这是十分遗憾的。但仅就我随手翻读的一些章节来看，我就感到了这部书的分量：资料翔实，论证深刻。例如在《前言》中，他指出：我国文化界，曾经出现过两种"热"，一是"美学热"，二是"易学热"。美学热，因为失去了一定的社会基础，由昔日的"天之骄子"，变成了而今的"明日黄花"；而易学热呢？则由于复古与迷信的暗流，"将《周易》这一本为广阔深邃的文化智慧之海，弄成了一个仅仅'预测'命运的浅薄泥淖"，因而失去了严谨学者的重视。就在这两种"热"

消退之中，王振复同志不仅没有对美学和易学感到失望，而且以清醒的头脑，顽强的意志，把美学和易学联系起来，"从文化学角度探究《周易》的美学智慧"，对它们进行深入的科学分析和研究。他找出了中华文化智慧之源是《周易》，而从《周易》本经到《易传》，则体现了"从原始巫学智慧向美学智慧历史、时代和心理的文化转换"（原书50页）。

那么，《周易》的巫学智慧，怎么能转换为中华文化的美学智慧呢？巫术一般应当向宗教发展，可是，为什么中国《周易》的巫术却并没有像基督教和佛教那样，发展成为宗教呢？对于这样一个重大的文化史上的问题，王振复同志根据大量考据的历史事实，以及文化人类学的观点，加以信而有征的分析和阐述，令人信服。他在中外文化比较研究的基础上，论证了《周易》巫术智慧的特点，论证了中华文化之所以没有发展成为宗教，而发展成为"巫史"文化及其美学智慧的原因。在论证中，他还探讨了"吉"与"凶"这样两个巫学范畴，怎样在中国文化的土壤和流变中，转换成为"美"与"丑"这样两个美学范畴。正是在这些转换中完成了中国巫学智慧向美学智慧的转换。

人说"开卷有益"，我仅仅读了王振复同志著作极小的一部分，就得到很多益处，受到很多启发。因此，我感到他这部书，是有材料，有见解，有所发见的好书。特向读者推荐，不知读者以为如何？

修订本前言

《周易》美学何以可能

本书为初版于 1991 年《周易的美学智慧》一书修订本。原著《前言》有云：

> 由于《周易》美学智慧与中国美学的文化原型具有尤为密切的历史联系，对《周易》美学智慧宝藏的探究，某种意义上可以看作是对整个中华美学文化之源的采掘，即从中华原始文化背景上，糅用文化人类学的观念与方法，以中华先秦所谓"东方神秘主义"的代表之作《周易》为文本展开论证，意在对蕴含于《周易》的中华美学智慧的本相与源头进行"探赜索隐，钩深致远"的发现，并努力追寻《周易》美学智慧广泛而深远的历史影响和现实嬗变。[1]

《前言》指出：

> 对《周易》美学智慧的探讨与研究，是从中华原始神学和人

---

[1]　拙著《〈周易〉的美学智慧·前言》，第 1 页，湖南出版社，1991 年版。

学的关联（巫学——原注）意义上来使用"智慧"这一文化学范畴的。[2]

这里所言《周易》，指通行本亦称今本《周易》；所言"文化人类学的观念与方法"，实指文化人类学关于巫学的理念与方法。文化人类学关于人类审美文化原型的研究，除了以巫文化人类学的理念与方法研治，亦可从神话人类学或图腾人类学等角度进入。[3]

30余年前所提出与研习的这一新的学术课题与方向，作为"文化易"[4]的一种，是在首先习得传统易学之象数与义理的前提下，尝试运用文化人类学关于巫学的理念与方法，经过多年努力，才得以成书。

"作为文化哲学的美学"

当年笔者所理解的"《周易》美学"，指中国美学的一种原型研究，追寻、论证中华审美文化智慧或曰原始审美意识之历史与人文的根因根性。试以通行本《周易》为解读文本。《周易》并非一部关于美与审美的文艺作品或美学理论著述，欲从《周易》寻绎审美

---

2 《〈周易〉的美学智慧·前言》，第5页。
3 按：请参见拙著《中国巫文化人类学》第一章，第21—56页。王振复、夏锦乾主编"中国巫文化研究丛书"之一，山西教育出版社，2020年版。
4 按：笔者曾撰文总结整个中国易学研究方向，分为"传统易（阐释易）"、"考古易"、"历史易"、"科学易"、"预测易"与"文化易"等六种（请见拙文《当代易学与文化保守主义》，原载《人民政协报》，1998年7月3日，后收入《王振复自选集》，复旦大学出版社，2015年版），尔后觉得尚可添一"思维易"。

意象或关于美丑与美感等理论形态，无异于缘木求鱼。《周易》本经确有些卦爻辞，如小畜卦九三爻辞"舆说（脱）辐，夫妻反目"、大过卦九二爻辞"枯杨生稀，老夫得其女妻，无不利"等，可说是一种初始的韵体，有学者称其为"古歌"，笔者曾撰文称"前诗"。这里一些文字韵律上的审美意象因素，仅具修辞意义。《易传·文言》释坤卦，有"美在其中，而畅于四支（肢），发于事业，美之至也"的言说，这里所谓"美"，实指与审美相系的道德之善，并非美与美学本身，正如《易传·文言》所云，"阴虽有美"，"地道也，妻道也，臣道也"。故而假如从文艺美学角度审视，这里所谓《周易》美学智慧这一研究方向，学理上难以成立。

以哲学美学眼光审视"《周易》美学"，一般而言是可能的。哲学的诗性意蕴与美学的哲思之魂，为同一美学问题的有机构成。这便是，自古以来西方诸多哲学著作，虽未直接以艺术审美为研究对象，却往往为典型美学著论之故。

哲学作为自然现象、人类社会与人脑思维等的宇宙观、世界观与人生观，无疑富于美学宏观兼深邃的精神气度与精神气质。自1750年"美学之父"德国鲍姆加登提出、论析"Aesthetic"[5]（感性学；美学）始，标志了"美学"这一学科的正式确立，然而并非意味其可离弃哲学而"独行其'是'"。美学从来便是哲学的诗性部分。这一诗性是广义的，远远不止指艺术审美诗性。连哲学、科学等本身，只要深邃而准确地发现、揭示了真理，都可以是广义诗性

5　按：鲍姆加登（1714—1762）于1735年，在其所撰博士学位论文《诗的感想：关于诗的哲学默想录》中，首次提出 Aesthetic（感性学）这一专用词汇，其《美学》第一卷认为，美学是"研究感性知识的科学"，该书出版于1750年。

的存在。哲学俯瞰一切而非代替一切。有美学之处必有哲学，倘无哲学之魂，便只能以一般艺术理论甚或文论等冒充美学，沦为"伪美学"；仅仅是哲学又未必有美学，可能导致以哲学取消美学。美学通常所关注与研究的，为世界意象、人类情感与自由意志及其相系等，它为恢宏、葱郁、静穆而深致的思性兼诗性、意象与情感以及德性自由等义项所熔铸。

《周易》哲学的根因根性，主要为中华悠古的原始巫文化，亦具原始神话与图腾的历史与人文因素的影响。笔者以为，《周易》哲学，实为文化人类学意义上的"文化哲学"；与此哲学相系的《周易》美学智慧，应当而且必然是一种"作为文化哲学的美学"[6]。

本书第一章，首次提出、论析"原始易学是巫学"这一学术新命题；第二章，阐解从巫学智慧到美学智慧的时代与心灵转换；第三章，论析"气"作为《周易》美学智慧的文化哲学这一重要的学术课题；自第四至第十章共七章的文字内容，是对《周易》美学智慧系统本身的展开性论述，依次逐一讨论美学智慧原型意义的符号之根、意象之原、生命崇拜、阴阳意识、中和理念、人格原型与文化心灵等学术课题；最后第十一章，将《周易》美学智慧的全部问题，归结于"太极"。太极"作为文化哲学的美学"之圆成，作为关乎"气"的生命"种子"，既是其整个系统的逻辑原点，亦是其归宿。

《周易》美学智慧的文化哲学的本原性范畴为"气"。其美学意

---

6 ［德］海因茨·佩茨沃德：《符号、文化、城市：文化批评五题》，第46页，邓文华译，四川人民出版社，2008年版。

义的开显与落实，主要为《易传》所言"生生之为易"、"天地之大（太）德曰生"、"一阴一阳之谓道"与"见（现）乃谓之象"等重要命题。它们都存在于"气"与"太极"的文化哲学及其圆成的中华生命文化之中，成为尤其重要的美学智慧的一个集群。原型意义的筮符、象数、阴阳、中和、人格与心灵等人文因素，皆氤氲、蕴含与归结于太极生命之气。

通行本《周易》美学智慧的本原，在于本经，说的是趋吉避凶而注重天理、命理的巫与巫性，旁涉于原始神话与图腾文化。《易传》作为本经巫筮文化的阐发与德性、道性意义的理性提升，主要由儒家伦理学（圣学）、儒道哲学、阴阳之学和古筮法等所构成，它是人类原始巫文化走向文化哲学、礼仁之学与美学智慧等古老中华的一种独特的东方文化现象。自《周易》本经至《易传》，典型体现了中国文化的"'巫史'传统"。

从本经看，《周易》卦爻辞皆为筮辞，一般并无哲学诉求。其六十四卦卦序，以相邻两卦为一对，凡三十二对，有东晋韩康伯所言"二二相耦，非覆即变"的逻辑特点，其间包括二十八对综卦（覆）与四对错卦（变）。综卦与错卦之中包含四对错综卦，四者既为错卦又为综卦。这一卦序排列，显然存有一定的逻辑思维。本经第六十三、六十四卦即既济、未济（两卦构成错卦兼综卦的错综卦关系），又显然出于哲思的安排，在于将事物总是并非绝对圆满，看作不是终结的"终结"。凡此，富于一定的哲学思辨，然而在本经中并未占有主要地位。《周易》美学智慧的人文原型，实为易理之"源"的原巫，而非巫易之"流"即《易传》的圣学与哲学等。努力"回归原点"的《周易》美学智慧的研究，是一种"以复古为解放"[7]的新的学术尝试。研究《周易》这一"作为文化哲学的美学",倘若仅仅关注于《易传》而做些寻章摘句的工作,大凡系无根之谈。这诚然不是说,研究整部《周易》的美学智慧,可以轻忽《易传》独特而重要的学术地位。

考虑到通行本《周易》的文化哲学,主要源自原始巫学且转嬗为圣学与哲学之类,某种意义上,可以将这一圣学的哲学及其美学,理解为源于巫学的牟宗三所谓关乎审美的"道德的形上学"。

美学智慧原型研究之可能

《周易》美学智慧的原型研究之所以可能,可从如下三方面加以证明。

其一,上世纪80年代初,本人开始研习《周易》时曾意识到,当时与此前很长一段时期,中国美学的研究一般局限于真善美、假恶丑及其相系这一学术视野,即仅以美丑为主题,联系于真假与善恶诸问题。当时思考,能否尝试在学术上有所突破。

人类把握世界的基本方式,为求真、求善、求美与求神四类。真假(科学)、善恶(圣学)与美丑(美学)等,必然具有同一个文化原型即本根。对于《周易》而言,它其实便是巫性的吉凶。吉,真善美的历史与人文原型;凶,假恶丑的历史与人文原型。

这便是说,在《周易》巫筮文化以及比易筮更为古老的甲骨占卜文化的吉凶意识中,孕育着可以发育为美丑以及真假、善恶的历

---

7 梁启超:《清代学术概论》,《梁启超论清学史二种》,第6页,朱维铮校注,复旦大学出版社,1985年版。

史与人文胚素。因而，将《周易》美学智慧的研究，拓展到"作为文化哲学的美学"原型研究，追溯其历史与人文的根因根性，在学理上是可能的。[8]

其二，《周易》本经与《易传》的内在结构，是一种"异质同构"的关系，这为《周易》关于"圣学的美学"研究，提供了学理上的又一可能。《周易》本经的人文内蕴，大致可以一个巫字加以概括；《易传》的人文内蕴，大致可以一个圣字加以概括。从本经观察，巫处于神、人之际，巫是特殊的神，也是特殊的人，是神与人的背反、结合与妥协；从《易传》加以审视，圣也处于神、人之际，圣是特殊的神，也是特殊的人，不过其神性与人性的历史与人文意义，不同于原巫文化罢了。

可见，巫与圣的文化属性虽为不一，可是二者结构相同。换言之，巫、圣二者构成了同一中华文化语境的"异质同构"关系。[9]

同一语境之间，凡结构相同而性质不一的，从前者走向后者是可能的。

由此得出一个初步结论：作为中国文化"巫史传统"的重要而特殊的显例，《周易》本经与《易传》的内在有机联系，是从巫走向圣从而建构其文化哲学与美学。换言之，由本经与《易传》的有机相系进行研究，努力于"回归原点"、揭示中国美学智慧的文化原型，是可能的。

---

8 按：四十年前，意识到在《周易》之前，还有成文化形态而更为古老的甲骨占卜文化，更可以由其吉凶意识，追溯原始审美意识的原型，为本人的学力所不逮，故不取，却曾促使本人在往后的岁月中，初学了些有关甲骨文字的基本知识。

9 按：请主要参阅本书第二章第三节与第九章第一节。

这一逻辑推演，符合中国文化的历史真实。中国历史上诸多德性人格意义的圣贤，大凡都是神性、灵性与巫性意义的大巫师，兼为原始神话、图腾的大宗先祖与英雄人物。

《易传》的主要蕴涵，为圣学及其文化哲学与美学等人文因素自不待言，其主题为做怎样的圣人以及怎样做圣人。圣人人格的圆成，其实便在于与审美相系的自由意志。李泽厚先生曾说，礼是"外在的意志整肃"，具有外在权威的强迫性；将礼适度地转化为人之心性关乎人际关系自觉性的内在需求，则礼便可能走向孔子所说"克己复礼曰仁"的自由境界，便是道德作为审美何以可能。

且打一比方。譬如人的穿鞋。老庄说，人不必也不能穿鞋，穿鞋戕害了人的天性自然，惟有赤足走路才自由自在；孔孟则云，人必须穿鞋才可以行走，否则便是非人。鞋子过大过小，都不能够走路了。可是有一种鞋非常合脚，穿比不穿更让人感到舒适自在。这便是道家哲学与美学的"返璞归真"。在儒家那里，则意味着道德伦理走向了"仁"的自由意志之美的境界。由此可以证明：一定前提下，儒道两家所主张的"仁"与"道"，都可能走向审美的自由。

心性意义的儒家的仁与圣，孟子称为生来有之的"良知良能"，阳明学进而提出"致良知"。"良知"与"致良知"二者，以牟宗三所言，实际便是道德审美何以可能的"本义与工夫"，亦即道德走向审美的"知行合一"。关于此，《易传》已启其端绪，其文化之根在于《周易》本经的巫筮文化。

《易传》所说的圣（仁），作为自由意志的审美是可能的。康德说："有两种东西，我们越是经常和持久地思考它们，我们的心灵之中就会充满越来越新奇、越来越强烈的惊叹和敬畏：那就是我头上的星空和我心中的道德律令。"[10]"头上的星空",指康德所说的"纯粹理性"即上帝的哲学表达;"心中的道德律令",即其所推重的"实践理性"。两者的结合,便是令人"惊叹和敬畏"的自由意志的审美("判断力"),亦即道德与审美之双兼的崇高。

就《周易》而言,本经之巫并非西方宗教的上帝,亦非康德哲学意义的"纯粹理性"。故而除原始神话与图腾,作为曾经极盛于殷周的巫文化即中华先民"头上的星空",其巫性既灿烂又昏暗,既是中华文明黎明的一抹晨曦,又是一种充满迷信的"黎明前的黑暗"。然而,因为巫与圣二者的"异质同构",发展到《易传》便成长为圣(仁)的"道德律令",相系于可能的自由意志的审美。

其三,这一"异质同构",也体现在《周易》巫学与《周易》美学智慧关于"象"的动态联系之中。

本经的创卦、算卦和受筮者的接受过程,实际是关于"象"的四维动态转换。举例言之,《周易》晋卦,卦象为坤下离上,坤喻大地而离为火(日),以汉字表示,便是复旦的旦字,原指旭日东升。自初升朝阳(客观实在物象),至初民崇拜旭日(主观心灵虚象),到占筮者画出用以占筮的晋卦这一卦爻筮符(客观实在之象),再至受筮者对于占筮结果的信从(主观心灵虚象),整个过程便是四维动态之象的转换。其转换过程为:客—主—客—主、实—虚—实—虚。其实,易象的四维转换,六十四卦每一卦都是如此的。

---

10 〔德〕康德:《实践理性批判》,第一版,第221页,里加,1788年版。见曹俊峰《康德美学引论》,第16页,天津教育出版社,1999年版。

文学艺术意象的审美，与易象四维动态转换构成了异质同构的关系。从生活源泉（客观；实在），到作者对于生活的感发而形成审美心灵（主观；虚在），到作品符号系统的完成（客观；实在），再到作品引起审美接受（主观；虚在），也是一个客—主—客—主、实—虚—实—虚关于"象"的四维动态转换，无非其性质与巫象不一罢了。这可以雄辩地证明：从原始巫性占筮走向诗性的审美，是可能的。

前　言

这里试图加以探讨与研究的，是《周易》的美学智慧问题。首先应当强调，这里所谓"美学智慧"，不等于理论形态的美学，实际指的是《周易》一书所蕴含的审美意识、审美观念。

由于《周易》美学智慧与中华美学的文化原型具有尤为密切的历史与人文联系，对《周易》美学智慧的探究，某种意义上可以看作是对整个中华美学文化之源的采掘，即从中华原始文化背景上，糅用文化人类学关于巫学的观念与方法，以中华先秦所谓"东方神秘主义"的代表之作《周易》为文本展开论证，意在对蕴含于《周易》的中华美学智慧的本相与源头进行"探赜索隐，钩深致远"[1]的发见，努力追寻《周易》美学智慧广泛而深远的历史影响和现实嬗变。

一

今本《周易》，由大致成书于殷周之际的本经（《易经》）和大致成篇于战国中后期至秦末、汉初的《易传》所构成。可以说，它

---

[1] 《易传·系辞上》，朱熹《周易本义》，第 315 页，怡府藏版，天津市古籍书店，1986年版。

是中华古代现存最古老的奇书之一，是智慧容量比较丰富而深致，能够体现中华民族文化智慧的一部文化学巨著，其历史影响的深远简直无与伦比。

这一中华先秦文化典籍的文辞古奥艰深，卦爻筮符一时殊难译读，文辞表达与卦爻筮符之间的文化"语义"之对接，变化万千又朦胧模糊，这构成了《周易》文化智慧具有独特学术魅力的第一个特征。

《周易》原本占筮，它负载了大量的中华原始巫学智慧的信息，同时潜隐着处于萌芽状态的美学智慧，使人领悟到中华童年文化行为的稚朴与文化心情的灵动。《易传》构建起中华文化智慧的一种模式，是关于先秦哲学、圣学、数学、天学、史学、文字学、艺术学、审美学以及巫学残余的浑和交响，将命理、数理、哲理、文理、圣理（伦理）与审美文化心理熔于易之一理，从《周易》本经的巫学智慧到《易传》美学智慧的意涵连接与转换等，这一切构成了《周易》文化智慧具有独特学术魅力的第二个特征。

其三，就《周易》美学智慧而言，中华美学史上的诸多审美概念、范畴、观念与理论，比如精气、阴阳、天人合一、意象、中和、刚柔、动静、神以及中华原始的生命美学智慧、原朴的系统思维、符号美学智慧和形式美因素等等，都可以在《周易》之中找到其文化原型。

《周易》是一个巨大而复杂的文化精神现象，一座使人困惑又能启人心智的智慧迷宫，就原始巫学与美学的关系而言，又是崇拜与审美的二律背反与合二而一。原始巫学的文化阴影与审美智慧的灿烂光辉，童稚般的混沌初浅意识与先哲的深邃自觉理性因子，高扬圣理的道德说教与潇洒飘逸的词韵诗魂，以及《周易》美学智慧内核的全人类性与其不可避免的民族、时代、阶级局限性，是多么奇幻地整合在一起，典型地体现出我伟大中华独异的文化心理气质、思维情感方式和文化智慧。

二

在讨论《周易》美学智慧问题之前，有必要对"智慧"一词的一般文化意蕴略加分析。

智慧一词及其理念，典出于古希腊神话传说。相传雅典娜作为希腊神话中的智慧女神，是雅典城邦的保护神。雅典城邦以"爱智"闻名于世，这是神话与现实的奇妙对应。又有缪斯作为希腊神话中九位文艺和科学女神的通称，都是主神宙斯与记忆女神的女儿。其中克利俄管历史，欧忒耳珀管音乐与诗歌，塔利亚管喜剧，墨尔波墨涅管悲剧，忒耳西科瑞管舞蹈，卡利俄珀管史诗，波吕许尼亚管颂歌，埃拉托管抒情诗，乌拉尼亚管天文。这与雅典娜司纺织、制陶、缝衣、油漆与雕刻等技艺一样，她们的智慧都表现为文艺与科学技艺。然而缪斯又是能预知命运的女神，其智慧高超而能预知未来。这种预知，起初并非具有纯粹的文艺与科学属性，毋宁是远古巫术在希腊神话中的诗性反映。因而，该智慧的文化原型无疑具有一定的原始神学兼巫学的性质。维柯在《新科学》中说："缪斯的最初的特性一定就是凭天神预兆来占卜的一种学问"；"这种学问就是按照神的预见性这一属性来观照天神，因此从 divinari（占卜或猜测——原注）这个词派生出神的本质或神学（divinity）"。维柯接着补充说："这就说明了拉丁人为什么把明断的星象家们称为'智慧教授'。"[2]

这就明确地说明，智慧一词的原始意义是与原始卜筮（巫术）相联系的。

荷马在《奥德修记》一段名言中给智慧下的定义是"关于善与恶的知识"。这正与《圣经》所谓亚当夏娃受蛇的诱惑、偷食智慧树上的禁果因而触犯天条的"原罪"说相合。据《旧约全书》第二章，智慧之树亦即"知善恶之树"。可见，智慧最初作为一个神学兼巫学范畴，它是属神而非完全属人的，表明神所最为关心的是道德的善恶而不是知识的真假，这种智慧是属神属巫的既定真理。可是，由于任何神不过是被人自己所夸大了的人在天上的侧影，任何神学智慧又是人学智慧的发蒙形态与别一文化形式。或者可以说，在神学智慧中包含着人追求真理、人对自然的感悟、领会、理解、情感与意志等因素。在此意义上可以说，任何属神属巫的智慧归根结底是属人的。

随着人的觉醒，智慧跨入了真理的领域而逐渐摆脱原始愚昧的纠缠。如果说，任何人试图否认天神具有原初智慧"这种伟大属性，他理应获得的称号就不是智慧而是愚蠢"，那么，人的觉醒则意味着，智慧是"主宰我们为获得构成人类的一切科学和艺术所必要的训练"[3]，而且是在这一切"训练"中所能达到的对真理的把握。管理文艺和科学的智慧女神雅典娜与缪斯九女神的智慧，具有亦神亦人的文化属性。柏拉图曾经指出，"智慧是使人完善化者"。它不仅表现在宗教的崇拜和巫术的观念中，而且体现为人对真理的追

---

2 ［意］维科:《新科学》，上册第一章，朱光潜译，人民文学出版社，1986 年版。

3 ［意］维科:《新科学》，上册第一章，朱光潜译，人民文学出版社，1986 年版。

求、道德的净化与审美的愉悦。在真善美的绝对文化尺度上，人的最高智慧虽然永远达不到所谓"十全十美"的境界，而人对真善美的追求，却是人不断接近的自我完善与自我实现。

由此看来，在神学、巫学与人学意义上，智慧都是一个意蕴深刻隽永、诗意葱郁的文化人类学范畴，以至于维柯干脆称这种智慧为"诗性智慧"，不惜在其篇幅浩繁的《新科学》中用了近一半的篇幅来加以认真探讨。

神学、巫学以及人学——宗教学、哲学、自然科学、政治学、伦理学、历史学、经济学、军事学、文艺学与美学等等所包含的一切智慧，汇融成人类智慧的汪洋大泽。

可对智慧一词作广义、狭义的理解。

广义的智慧，是人类一切社会生活实践及其成果的精神性总和与聪明结晶；狭义的智慧，仅指人类对真理的追摄及对真理的把握，表现为人对事物认识、辨析、判断、处理和发明创造的能力。

这里对《周易》美学智慧的探讨与研究，是从中华原始巫学和人学的关联意义上来使用智慧这一文化学范畴的，又是从智慧的广义、狭义的相互对接中来建构其文化智慧观的。

从智慧角度讨论《周易》的审美文化，是试图运用文化人类学关于巫学的观念与方法研究中华美学的初步尝试。

三

不仅西方古代有"爱智"的文化传统，中华民族自古也是一个爱智而充满智慧的民族。孔夫子是以"志于道"而"闻道"、"博学"

著称的，道，就是原始儒学所领悟、追求的最高智慧。孔子说，"朝闻道，夕死可矣"[4]，可见其对"闻道"即探寻智慧的高度执著。孔子论"知"（智）云，"务民之义，敬鬼神而远之，可谓知矣"[5]。这种智慧观重在于"仁"，即重视人际自觉的伦理心性关系。对鬼神的态度是"敬"而"远"之，似乎处于二律背反的两难之境："敬"就不能"远"；"远"就不是"敬"。但在儒家看来，这两难是可以完美统一的，做到对"鬼神"且"敬"、且"远"，若即若离，这在当时是一种独特而高度的人生智慧。张岱年先生曾经指出：

> 孔子这句话表现了一种重要倾向，即不从宗教信仰来引出道德，而认为道德与鬼神无关。这是中国古代哲学的基本倾向之一。这确实表现出很高的智慧。[6]

并非所谓"道德与鬼神无关"，而是揭示了中华道德与鬼神既即且离的复杂联系。这也便是中华古代文化包括《周易》审美文化的基本倾向之一。

孟子发展了孔子的人生伦理智慧观，他说："虽有智慧，不如乘势。"[7]认为人的最高智慧，表现在能审时度势、对客观事物发展

---

4 《论语·里仁》，刘宝楠《论语正义》，第78页，《诸子集成》第一卷，上海书店出版社，1986年版。

5 《论语·雍也》，刘宝楠《论语正义》，第126页，《诸子集成》第一卷，上海书店出版社，1986年版。

6 《中华的智慧·序言》，张岱年主编，上海人民出版社，1989年版。

7 《孟子·公孙丑上》，焦循《孟子正义》，第108页，《诸子集成》第一卷，上海书店出版社，1986年版。

形势的驾驭与把握上。

中华文化观念中智慧一词，最早见于通行本《老子》一书。老子云，大道废，有仁义，慧智出，有大伪。意思是说，由于提倡仁义，才使大道废弃；仁义这种智慧一旦提倡，才产生原初的伪诈。这是针对儒家的人生伦理智慧所发的议论。自然，老子的文化哲学观念中自有其所推崇的最高智慧，这便是老子所说的道，所谓有物混成，先天地生。吾不知其名，强字之曰道也。道者，万物之奥，道常无为而无不为，所谓"人法地，地法天，天法道，道法自然"[8]。道是万物之本根，道本无为，故人必舍弃一切礼乐、权衡与法令之事，回归于道，与道合契，就是人生的深湛智慧，便是绝圣弃智、见素抱朴。庄子以为人生种种束缚系累有如"倒悬"，要求挣脱一切缚累，提倡"悬解"，也就是回归于道之无为境界，这与老子的智慧观相一致。

佛家赋予智慧这一范畴以空性。佛教所谓般若（梵文 Prajñā）即是智慧，它的人文含蕴：一、圆融涅槃境界，"若悦禅智慧，是法性无照"[9]。洞见佛性，烛照本相，是谓智慧。二、指从此岸向彼岸、圆成涅槃的方式途径，所谓"俾解粘而释缚，咸涤垢以离尘，出生死途，登菩提岸，转痴迷为智慧"[10]；更有佛禅中观学，以"毕竟空亦空"为最高智慧。这种智慧观，实际是以一切非宗教的人学为虚妄不实、以佛教所倡言的往生西方或顿悟自性即空为其圆

---

8 《老子》第二十一章，魏源《老子本义》，第 19 页，《诸子集成》第三卷，上海书店出版社，1986 年版。

9 《罗什法师答慧远书》，慧皎《高僧传》卷六，金陵刻经处本。

10 朱棣《金刚经集注·序》，上海古籍出版社，1985 年版。

满智慧的。

儒、道、释文化智慧的意识、情感与意志指向，一在入世、一在出世、一在弃世。儒、道的智慧阈限在世间、在此岸；释的智慧阈限在出世间、在彼岸。就《周易》美学智慧而言，在原始巫学的基础上，大致是以先秦儒学为基本、以先秦道学以及阴阳五行学说为补充的，而与佛智完全无涉。

这不等于说，《周易》美学智慧，已经彻底摒弃了一定的巫灵意识，无论先秦儒、道，还是阴阳五行之学，尽管都是非宗教的人学，却并未彻底斩断与原始中华巫灵意识的内在联系，在儒、道与阴阳观念成长为独立的文化智慧体系之前，它们都是与原始巫灵意识糅合在一起的，此其一。其二，由于《周易》美学智慧与《周易》巫学智慧具有毋庸置疑的、非常密切的人文联系，以至于笔者认为，这种两者之间的文脉或曰文化"关联域"（context、contexture），不仅决定了《周易》美学智慧的独特品性，而且有力地影响中华古代整个审美文化智慧的建构。这里，其巫学智慧虽则在文化本质上属于人学范畴，因为它的智慧立足点并非在彼岸、在出世间，然而既为巫学（巫文化），则必有一定的原始巫灵意识沾凑其间。其三，随着西汉末年佛学东渐，必在尔后《周易》美学智慧的历史发展中，促使易之美学沾溉一定的佛性而与佛智相融合。因此，从动态的文化系统看《周易》的美学智慧，则无法回避这样两个理论难题：从《周易》原始巫学智慧到其美学智慧是如何转换的以及东汉以后《周易》美学智慧又是如何与佛学智慧相融合的。

尤其重要的是，尽管《周易》巫学智慧与其美学智慧客观存在着历史与人文心理的内在联系，《周易》美学智慧也确实是从巫学智慧转换、超越而来的，但笔者并不认为《周易》巫学智慧是《周易》美学智慧的最终文化母体，《周易》美学智慧与其巫学智慧的内在文化联系具有独异的民族特点。

人类美学智慧与巫术智慧的起源，意味着属人意义上劳动与人的自身生产的起源、工具的发明、人之"自意识"等的萌生，也是原始审美智慧、巫术智慧等人之意识、情感、意志的源起。当原始狩猎者第一次懂得拣起一块石头向猎获物作致命一掷时，他必定要选择一块大小、重量与自己体力相当，形状便于人手把握与投掷的石头。这意味着他的这一行为是经过人之大脑初步衡估与思考的，他意识到自己行为的目的。这是劳动的开始、人之"自意识"的萌发，意味着人的巨大身躯从此在地平线上真正站立起来了。此时，人的"自意识"可能是一种混沌的最原始的智慧集成。首先，他意识到自身的力量、行为目的与捕猎的艰巨性，这是初起智慧的意志之萌芽；其次，狩猎的成功使人意识到自身力量、智慧在自然对象上的实现，必然伴随以原始感情的喜悦，这是美与审美意识的胚胎；同时，如果狩猎失败，甚至危及人的生命，这在人的心灵上必然投下巨大的阴影，产生一种对自然对象（包括猎物、自然天象、自然地理甚至包括工具等）的畏怖心情，这是神灵观念之源起的一个心理之因。不仅如此，一旦狩猎成功，由大喜过望所萌生的对自然对象的感激之情，也是多少万年之后原始初民神灵与巫灵等观念的滥觞。还有，无论狩猎者成功还是失败，都可以引起狩猎者对前因后果的思索，那么，这可能就是原始科学智慧的最初发生。

就智慧发生学而言，人的原始狩猎实践，无疑已经蕴含着属于人的一切智慧的"遗传密码"。后代经过千百万年的缓慢进化而成的实用智慧、哲学、审美智慧、科学认知智慧以及神话、图腾、巫术与宗教智慧等，都可以在这破天荒的"原始"中找到它们各自的文化基因。这种人的"自意识"及其神灵意识，犹如植物种子，虽未见植物根、茎、叶、花、果之全相，却具有有待于发育成整株植物的一切生命信息。

由于人具有"自意识"及其神灵意识，他必然第一次培养起对事物形象的审辨力、激起快乐抑或痛苦的情感，使人脑的思维服从于人的目的。

> 人还通过实践的活动来达到为自己（认识自己），因为人有一种冲动，要在直接呈现于他面前的外在事物之中实现自己，而且就在这实践过程中认识他自己……人这样做，目的在于要以自由人的身份，去消除外在世界的那种顽强的疏远性，在事物的形状中他欣赏的只是他自己的外在现实。[11]

由于人不仅朦胧地意识到自身的力量、目的与欢乐，而且意识到盲目自然力对人的压迫以及人的软弱无力与痛苦，这为后代之原始巫术等智慧的成熟准备了基本前提，也为可能进一步发展成宗教智慧提供了可能。

原始狩猎者的劳动远不像现代人的劳动这样清醒和充满理性。尽管人的劳动实际上在于改造自然、社会与人自身，发展人的文化智慧，然而有时由于"自意识"的迷失，人却不相信劳动动机、劳

11　[德]黑格尔：《美学》，第一卷，第39页，朱光潜译，商务印书馆，1979年版。

动过程和劳动成果（包括工具）是属人的思维和创造，而宁可相信是某种超自然力量（后来幻化为"神灵"）使然。作为劳动力不足、劳动的意外成功和失败的补充，便有巫术等文化智慧的发生。

因此，尽管考古学告诉我们，人类大约在300万年前开始制造工具，成熟意义上的巫术等的发生大约在10—14万年前的旧石器时代中期，尽管人在朦胧"自意识"的支配下所进行的原始狩猎实践更在遥远的过去，但从"自意识"所包容的一切智慧胚芽这一点看，《周易》巫学智慧与其美学智慧的源头，确在人类原始狩猎实践及其"自意识"之中。所以，并非只有巫学智慧是美学智慧最终之根，除此还有其他，同源于人类原始实践的生命力的冲动。

四

这部书以《周易》美学智慧为探讨与研究对象，这在当前似乎正面临着困难。前十数年那种潮涌般的美学"热"已成过去，大批美学追随者、爱好者队伍的急剧缩减，仿佛使美学的进一步发展失去了一定的社会基础。美学，这个昔日的"天之骄子"，大有明日黄花、迟暮不遇之叹；美学研究园地的趋于冷寂、近年美学论著发表的日见稀少，也似乎使得美学研究者的智慧头脑实在平添出一种囊中羞涩般的痛苦感觉；同时，当前的"易学热"确潜藏着某些复古与迷信的暗流，尤其算卦迷信，播弄所谓"无有不灵"的把戏，将《周易》这一广阔深邃的文化智慧之海（当然存在一定的占筮迷信），弄成了一个仅仅预测命运的浅薄泥淖，并且颇有以现代"科学"之外衣混迹于江湖、民间甚或客厅、书房与讲台的势头，大有使得那些严谨治易的笃学君子在大庭广众间自惭形秽、掩面而过的窘迫。

然而在笔者看来，昔日美学成为热门确属幸事，今天美学的相对沉寂却不见得就是美学的末路。凡是大烘大热之事总难以持久。美学的生命与朝气诚然可以表现为场面的热烈和少年任气般的争辩，也可表现为美学头脑的沉思默想。尽管在某些生活领域没有严肃美学的任何立足之地，许多美学头脑却从未停止过执著的思索。中华美学不可避免地会受到时代美学"热情"的催激，中华美学的成熟却尤其需要冷静、认真的沉思与静虑。仿佛波涌浪颠之时，水势汹涌，难免显得浑浊以至于可能给人昏眩的感觉，倒是潭溪的澹泊涵溶，能够清澈明净。又如火苗艳丽跃动之时，其实并未达到温度的最高点，须待炉火淡而无色，热得发"冷"，才是纯青境界。

美学"热"曾经取得了良好的美学研究成果，为我们引进了一些西方现当代美学的观念与方法，这对于学者的研究成果和舶来之学进行科学理性的扬弃与消解（deconstruction），无疑提供了良好的条件，然而，尝试做一种中国美学的"本土性研究"，正是笔者的学术愿景。在此，笔者愿意相信，现在正是中华美学思虑纷纷、认真沉思的年代。不是生活抛弃了美学，而是美学必须永远拥抱新的时代生活，与时代的脉搏一起跳动。本书试从文化人类学关于巫学的角度探究《周易》的美学智慧，愿在这一点上作出努力。

同时，当前"易学热"中出现的一些复古和神化、迷信化的不良倾向，是对《周易》文化传统的盲目崇拜所引起的。带着这种崇拜心态去看待《周易》，是只知其如何"伟大"，如何"了不起"，而不知或不愿承认《周易》文化智慧包括美学智慧时代、民族或阶

级的局限。应当清醒地看到，《周易》美学智慧的确是中华古代的
"伟丈夫"，但也不可避免地具有精神委琐的一面。

俄国汉学家瓦西里耶夫曾经指出，"最好的书一旦从科学研究
的主题变成偶像和盲目崇拜的对象，就会成为十分有害的东西"[12]；
"我们不把世俗问题化为神学问题，我们要把神学问题化为世俗问
题。相当长的时期以来，人们一直用迷信来说明历史，而我们现在
是用历史来说明迷信"[13]。虽则《周易》往往让人困惑不解，其美学
智慧与巫学智慧的意义瓜葛可能玄奥难索，然而并不能将关于《周
易》美学智慧的研究变为无知妄说，易理的坐标系应在世间在当
下。即使宗教神学，也该化作世俗问题来谈，何况《周易》的美学
智慧！因此，当本书试图深入《周易》智慧的堂奥之时，其文化
学——美学研究思维和情感的天空是高远、明丽、晴朗而非阴郁、神
秘的。

也要注意对《周易》美学智慧抱着民族虚无主义的不良思想
倾向。林语堂先生曾不无讽刺意味地将中华传统文化其中包括《周
易》文化比作一个"垂老的寡妇"，说"她静静地啜茗并微笑"，
"在其微笑中我有时窥测到一种对变革的十足懒散，而在别时则是
一种含着傲慢气的保守"，"但是在其身上某些地方潜伏着一种老狗
般的狡诈"[14]。其辛辣、愤激之辞，透露出对中华传统文化当然也包
括《周易》美学智慧的厌恶，而目前对《周易》文化传统及其美学

12 按：引自《中国传统文化的再估计》第 500 页，复旦大学历史系编，上海人民出版社，
    1987 年版。
13 《论犹太人问题》，《马克思恩格斯全集》第一卷，第 425 页，中共中央马克思恩格斯列
    宁斯大林著作编译局编，人民出版社，1956 年版。
14 林语堂：《吾土与吾民》，第 6—7 页，浙江人民出版社，1988 年版。

智慧的漠视，可能由于不理解传统并非已死的历史陈迹而是至今依
然活着的文化生命这一道理的缘故。黑格尔曾经指出，"传统并不
是一尊不动的石象，而是生命洋溢的，有如一道洪流，离开它的源
头愈远，它就漫溢得愈大"[15]。文化传统包括《周易》美学智慧的顽
强文化生命力就扎根在现实人生之中，并不断地被复制和重构。对
于《周易》美学智慧抱虚无态度的困难，在于难免生活在文化传统
与现代的交接点上，难以彻底摆脱实际存在的《周易》文化智慧、
美学智慧巨大"阴影"的笼罩，因为在任何最现代的文化模式中，
都不可避免地融合和潜伏着传统文化智慧的基因和机制。为了要创
造一种社会主义现代化的中华审美文化，除了认真消解一切中华传
统审美文化其中包括《周易》美学智慧的一些消极因素，同时努力
汲取与扬弃一切外来审美文化，除了将这种消解和扬弃融合于当代
中华审美文化体系的建构之中，别无选择。

---

15 ［德］黑格尔:《哲学史讲演录·导言》，商务印书馆，1983 年版。

第一章　原始易学是巫学

在探究《周易》美学智慧之前，有必要对原始易学的文化属性问题加以辨正。这个问题之所以应当首先提出，是因为原始易学是否真的是巫学常常是引起争论的一个问题。

有的《周易》研究者认为"《周易》不是卜筮之书"、"卦爻辞不是筮辞"[1]，有的研究者持"《周易》是一部讲哲学讲思想的书，卜筮不过是它的躯壳"[2]的见解，并认为这种"躯壳"论肇始于先秦，所谓庄子讲"《易》以道阴阳"、司马迁说"《易》以道化"、"《易》本隐以之显"，以及认为魏王弼的易学义理观和宋代理学家程颐等人的易学观都持原始易学之"卜筮""躯壳"论。卜筮既然仅是《周易》的躯壳，自然难以得出"原始易学是巫学"的结论。还有的研究者断言："占筮与《周易》本来无缘。但从春秋到现在，研究《周易》的人却几乎无不用占筮讲《周易》。显然，这都远远离开了《周易》本身。因此，我们要弄清《周易》的本来面目，就必须首先摒除占筮说。"[3]

1　《新华文摘》，1985 年第 5 期，第 224—225 页。
2　金景芳：《学易四种》，吕绍纲序，吉林文史出版社，1987 年版。
3　宋祚胤：《周易译注与考辨·自序》，湖南人民出版社，1987 年版。

这类易学观也许表现出一种共同的学术心理，即认为原始易学——《周易》本经的巫术占筮纯为无稽之迷信，倘若承认原始易学是巫学，担心会使自己的易学观与巫术迷信划不清界限。这是未从文化人类学关于巫学的角度看待《周易》巫术占筮的必然结果。

笔者以为原始易学是巫学。为了"弄清《周易》的本来面目"，恰恰必须从探究其巫术占筮着手。因为，尽管《周易》占筮不乏巫术迷信，我们不要迷信，然而其巫学智慧恰恰是《周易》美学智慧的一个文化基础，《周易》美学智慧的文化原型无疑是与其巫学智慧相联系的。

第一节　象数"互渗"：原始易学的"阴影"结构

《周易》一书，自汉代始就被尊为"六经之首"，刘向（前77—前6年）、刘歆（？—23年）父子将其编定于《六艺略》之首位。六经，指《易》《书》《诗》《礼》《乐》和《春秋》，《乐》经亡佚，实为五经。唐代有"九经"之说，包括《易》《书》《诗》《礼记》《公羊传》《穀梁传》（按：皆为《春秋》之传）、《周礼》《仪礼》和《左传》。唐文宗刻石经，扩充为"十二经"，将《孝经》《论语》和《尔雅》列于经部。宋代追加一部《孟子》，成"十三经"规模。直至清代纪晓岚编就《四库全书》，仍以《周易》置"十三经"首位，可见其地位崇高。这是何故？因为《周易》本经的成书年代，一般认为在公元前11世纪的殷周之际，从中国现存篇幅较大的文化资料看，没有比这更早的了⁴。甲骨文、金文的成文年代自然有许多早于《周易》本经，但都是些十分简短的文辞。而且在《周易》本经中，保存了大量上古史实和文化智慧材料，其学术地位非同一般。

现在我们所能见到的《周易》通行本是《易经》(《周易》本经）和《易传》(《周易》辅文）的合编，其体例始定于东汉郑玄，包括上古易、中古易（《周易》本经）和下古易（《易传》)。

> 《易》曰：宓牺氏仰观象于天，俯观法于地，观鸟兽之文与地之宜，近取诸身，远取诸物，于是始作八卦，以通神明之德，以类万物之情。至于殷周之际，纣在上位，逆天暴物，文王以诸侯顺命而行道，天人之占可得而效，于是重易六爻，作上下篇。孔氏为之彖、象、系辞、文言、说卦、序卦、杂卦之属十篇。故曰易道深矣，人更三圣，世历三古。⁵

整部《周易》，据说是由"三圣"完成的，时历"三古"。宓牺氏即伏羲氏通过仰观俯察始作八卦为上古易；周文王重卦六十四并系卦爻辞为中古易；《易传》（十翼）为下古易，主要体现了孔子及其后学的儒家思想。

4　按：有学者以为，《尚书》应为中国现存最早的文化典籍。而据考，以《尚书》中纪录"最古史事"的《虞书》《夏书》而言，其中重要篇什如《尧典》的"成书年代不可考，大约在周初秦汉之间"；《益稷》的"写成至迟也在《孟子》之前"；《禹贡》，"较多数的意见认为当在战国时期"（见江灏、钱宗武《今古文尚书全译》第13、57、69页，贵州人民出版社，1990年版。

5　《汉书·艺文志第十》，班固《汉书》卷三十，第325页，中华书局，2007年版。

这里，我们暂且勿论上古易、中古易和下古易是否确是分别为伏羲、文王和孔子所作，学界一般对伏羲创卦说和孔子作《易传》论已难信是。因为伏羲乃神话传说中的远古东方氏族首领，是否确有其人已是疑问，如何能够断言是八卦的作者？《易传》确有"古者包牺氏之王天下也……于是始作八卦"之记，然而由于年代久远，这一即使是战国时人的记载也只能看作传说而已。又，《易传》的确记载了孔子关于易学的诸多言论，前面冠以"子曰"。恰恰由于这一点可以证明《易传》的作者不能是孔子。如果《易传》为孔子所撰，岂有自称"子曰"的？可能孔子对《易传》贡献过若干观点和意见，《易传》是由孔子后学追记孔子言论，加工、整理、发挥而成的，易学史上曾经有过《子夏易传》，可谓明证。而所谓文王重卦说，虽则《易传》指出文王被囚羑里、在忧患之中而有此举，但目前易学界对此仍有不同意见。

所以，《汉书》所谓"人更三圣"说未必可靠，然"世历三古"的观点是可以成立的。我们首先要指出的是，无论上古易与中古易，总体上无疑是中华古代盛极一时的巫学，即以占筮为巫术操作方式的巫术之学，这在古代被称为数术。下古易即《易传》之学，其本质上虽非巫学，却在其间保留了许多占筮甚或龟卜的思想材料，而且在原始巫学基础上，构筑起富于时代特色的文化智慧包括美学智慧等。

八卦之学是上古易的基本文化智慧，其原型是一种巫术智慧，它是在基于数的龟卜基础上发展起来的。

考八卦之符号系统，是为乾☰、坤☷、震☳、巽☴、坎☵、离☲、艮☶、兑☱，分别由阴爻- -、阳爻—两个基本符号构成。

构成八卦符号系统的阴阳爻，是中华初民在漫长的巫文化实践中，从对神秘的数的初步感知中创立的。据张政烺研究，12世纪初期湖北孝感出土的"安州六器"一件中鼎铭文之末，有两个"奇字"，写作𤔲、𤔲，古人未曾译识。近数十年间，这类"奇字"在河南安阳殷墟、西安张家坡、周原凤雏村等处的野外考古中屡被发现。比如，1956年前后，西安张家坡一带发现两片卜骨上各有两个"奇字"，与"安州六器"之"奇字"的形制完全相同。后来，唐兰先生根据这些卜骨，连同铜器铭文，共检索到十三个"奇字"，确认这些"奇字"都由数字组成。1978年冬，张政烺首次在一次古文字学术会议上推断这些奇异的数字都是"筮数"，即都是用以占筮的带有神秘意蕴的数字。比如前述"安州六器"铭文上的两个"奇字"，实际是数字七八六六六六、八七六六六六的有序排列，四盘磨卜骨上的另两个"奇字"𤔲、𤔲可依次译作七五七六六六、七八七六七六。1980年春，陕西扶风齐家村出土的一片卜骨背面右侧刻有𤔲、𤔲，依次译作六九八一八六、九一一一六五。对这些"奇字"进行综合分析，即将"奇字"翻译成数字之后可以看出，其中一与六这两个数字出现次数最为频繁，其次为七、八、五、九。而二、三、四这三个数字从未出现。这种现象的出现并非偶然。因为在"奇字"直行书写中，一写作—、二为二、三为三、四为四、五为X或M、六为八或人、七为十、八为八、九为九或人。其中二、三、三三个数字都是积画写之，倘这三个数字写在一起，就不易分辨究竟是哪几个数字，因此便将三归于一，二、四归于六。这样在"奇字"中，一、六两个数字的出现就最为频繁了，而二、三、四概无有踪迹。

经研究，这种刻镌于殷周甲骨和青铜器铭文之后的"奇字"，就是当时人们进行占筮的筮数、筮符。一二三四五六七八九九个易数实际上都参加了占筮过程，它们可以分为奇数、偶数两类，其中"奇字"中一、五、七、九为奇数，六、八为偶数。是这六个数构成了用以占筮的一卦，称为"数字卦"。但舍弃了二三四这三个数，是筮数的初步简化。

这种"数字卦"还须进一步简化，减少参加占筮的数字。我们从出土的实物看，"数字卦"中一与六两个筮数出现的次数最多，而一与六分属于奇数与偶数，这"已经带有符号的性质，表明一种抽象的概念，可以看作阴阳爻的萌芽了"[6]。这里，一与六不是自然数序中的普通数字，它们分别是用于占筮的奇、偶易数的代表，具有抽象性质。

具有抽象意蕴的一与六两个数再进一步演化，就演变为阴爻阳爻。数字六的"奇字"书写符号为偶数之代表，经截断展平，为阴爻符号 ━ ━；数字一的"奇字"书写符号为奇数之代表，在书写方式上与阳爻符号"━"相一致。考唐陆德明《经典释文》，将八卦之一的坤卦符号写作 ≪，显然是殷周"数字卦"书写方式的变形，即坤 ≪ 截断平展就是坤 ☷。在马王堆帛书《周易》中，坤又写作 川，显然也是坤 ≪ 或坤 ≪ 的变形，由此可证阴爻 ━ ━ 是由数字六演变而来的。数字一演变为阳爻 ━，这一点其实也可从出土实物上见出，比如安徽阜阳双古堆一号汉墓竹简上刻有两个"数字卦"，一为 ☰，一为 ☲，翻译过来，就是 ☰（大有卦）和 ☲（离卦）。这是汉代遗

6　张政烺：《易辨》，《中国哲学》第十四辑，人民出版社，1988年版。

物，年代比较晚近，说明在汉代，由阴阳爻构建的《周易》卦符早已风行于世之时，时人仍有关于"数字卦"的文化观念与意识。

在用以占筮的八卦创立之前，确有一个"数字卦"的发明与行世的历史时期。考虑到这种"数字卦"比《周易》卦符繁复这一现象以及它与《周易》卦符的对应联系，可以证明"数字卦"是《周易》八卦和六十四卦的原型。

其实这一点在后世方以智的有关易说中也可见出。他说："古五作×，四交藏旋之象。"[7]这里的符号×，其实就是殷周卜骨、青铜器或汉代墓葬竹简上见到的"数字卦"×或乂（五）的另一种写法，由于此五处于河图、洛书的中央位置（后详），且河图、洛书是表示天时旋转之图象，所以方以智才有五为四交藏旋之象的说法。

中华古代的一种巫术占筮活动，最初是与数联系在一起的。从一至九这九个数，经过古人智慧的进一步抽象简化演变为阴爻阳爻，构成八卦的基本筮符，说明阴爻阳爻由数起，这已为有关的出土实物所证明。当然，这种殷周"奇字"（数字卦）是否是最古老、最原始的易占符号，目前学界尚无定论。最初的易占符号究竟是什么样子的，我们现在仍然一无所知。然而起码可以说，镌刻于殷周甲骨、青铜器铭文甚或见于汉代墓葬竹简上的这种"数字卦"，是目前比较可信、用于易占的阴阳爻的前身。

从这一"数字卦"见于甲骨和青铜器这一点，更增添了阴阳爻符原本筮符这一结论的说服力。甲骨是卜具和灵物，与占卜攸关。在中华巫术史上，一般认为先有卜后有筮，卜是渔猎时代之巫术的

---

7 方以智：《周易时论合编》卷一，中山大学出版社，2007年版。

主要方式、筮是农耕时代巫术的主要方式。从历史看，自然是占卜这种巫术方式更为古老，所以古人有"筮短龟长，不如从长"[8]的说法。占卜是《周易》占筮的前期形态，两者在文化智慧的意识和情感方式上是一致的。从"数字卦"见于青铜器铭文这一文化现象，也可见出阴阳爻原本于数符这一结论。青铜器作为祭祀之器，在古人心目中具有巫术意味，或者狞怖威慑，或者祈福呈祥，说明这类"奇字"刻于青铜铭文之后就不足为奇了。这是在巫术智慧中，占筮与青铜器的神秘意蕴具有相通之处的缘故。至于"数字卦"见于汉代竹简这一点，虽是比较晚近出现的一种文化现象，也同样是这种阴阳爻的前身用于巫术占筮的一个佐证。古人迷信鬼神，这一点在处理人自身的生死问题上尤其明显。"古人相信宇宙间各种事物，都有鬼神统治的；又相信鬼神对于人们的行动是很关心的，鬼神时时给人以种种指示，叫人们遵照他的指示去做。人们须用种种方法，探测鬼神的意旨，观察祸福的征兆，这就是数术。"[9]数术就是中华古代巫术的一种，其中包括"蓍龟"。古人将数术（巫术）分为六种：（一）天文；（二）历谱；（三）五行；（四）蓍龟；（五）杂占；（六）形法（风水）[10]。此六种还可以分成天启、人为和半天启半人为三大类，其中，"蓍龟"之"蓍"是一种人为的数术（巫术）。在墓葬中出现"数字卦"也是不奇怪的，因为"数字卦"这种孕育着《周易》阴阳爻的筮符具有巫术意义，"尚鬼，故信巫"[11]也。

---

8 《左传·僖公四年》，《春秋左传集解》，杜预注、孔颖达疏，四部丛刊影印本，上海人民出版社，1977 年版。

9 李镜池：《周易探源》，第 110 页，中华书局，1978 年版。

10 按：参见班固《汉书·艺文志第十》，《汉书》卷三十，中华书局，2007 年版。

11 柳诒徵：《中国文化史》上册，第 101 页，中国大百科全书出版社，1988 年版。

总之，著龟之法是因人有疑难、求教于鬼神以谋解决而产生的，所谓"汝则有大疑，谋及乃心，谋及卿士，谋及庶人，谋及卜筮"[12]，所谓"定天下之吉凶，成天下之亹亹者，莫大乎著龟"[13]是也。就《周易》占筮看，它是巫术（数术）之一种，无疑与神秘的数相始终，这方面的论述颇多：

> 筮，数也。[14]
>
> 自伏羲画八卦，由数起至黄帝尧舜而大备。[15]

《易传》系辞篇论筮之法，也始终是数的运演，可以反证用于占筮的《周易》阴阳爻的文化基因是数，而这种筮数现象又处处说明《周易》之学原本巫学。所以《易传》称：

> 昔者圣人之作易也，幽赞于神明而生著，参天两地而倚数，观变于阴阳而立卦，发挥于刚柔而生爻，和顺于道德而理于义，穷理尽性以至于命。[16]

《易传》又说：

---

12 《尚书·洪范》，《今古文尚书全译》第241页，江灏、钱宗武译注，贵州人民出版社，1990年版。

13 《易传·系辞下》，朱熹《周易本义》，第343页。

14 《左传·僖公十五年》，《春秋左传集解》，杜预注、孔颖达疏，四部丛刊本，上海人民出版社，1977年版。

15 《汉书·律历志第一上》，班固《汉书》卷二十一上，第110页，中华书局，2007年版。

16 《易传·说卦》，朱熹《周易本义》，第346—347页。

极其数，遂定天下之象。[17]

清代著名易学家陈梦雷论《周易》占筮之法云：

> 全章（指《周易·系辞传》论筮之法这一章——引者注）首
> 论天地之数，次论著策之数，末论卦画之数，而终赞因筮求卦之
> 妙也。[18]

王夫之则认为，《周易》本经的卦爻即"象"与神秘之数的关
系是一种相生相和、不可相拆的关系，是谓"象数相倚"：

> 天下无数外之象，无象外之数。既有象，则得━之、━━之
> 而数之矣；既有数，则得以奇之、偶之而象之矣。是故象数相
> 倚，象生数，数亦生象。象生数，有象而数以为数；数生象，有
> 数而遂成乎其为象。
>
> 象生数，则即象固可为数矣；数生象，则反数固可以拟
> 象矣。[19]

数在《周易》本经的巫学中占有举足轻重的地位，没有数，也
就没有《周易》占筮本身。问题是，数在《周易》巫学中究竟具有

---

17 《易传·系辞上》，《周易本义》，第 309 页。
18 陈梦雷：《周易浅述》卷七，《周易浅述》四，第 1045—1046 页，上海古籍出版社，
1983 年版。
19 王夫之：《尚书引义》卷四，中华书局，1976 年版。

怎样的文化智慧性质，中华古人为何独以数为巫术占筮的文化基因
呢？也就是说，为什么数是用以占筮的《周易》阴阳爻的文化原
型呢？

数的观念起于初民对客观世界无数事物种种数量关系的感知。
初民的智慧极其有限，他们对客观事物极为复杂、庞大、多变的数
之关系起初是无力把握的。凡是人所无力把握的东西，必在人的有
关鬼神观念的催激下，在人心目中加以扭曲的复制和重构，促使人
对这种事物及其数量关系产生神秘的感觉、意识、情感与观念。比
如，初民有一次见到一个海滩上有大量的鲸集体自杀，其数量多得
不可胜数，这一奇异的自然现象一定会在初民的心灵中激起巨大的
心灵震荡，人们可以由于不明鲸之死亡的真正原因而被弄得惊恐万
状，同时亦可以被死鲸数量之巨（无法数清）弄得神思恍惚、心魂
难安。于是，不仅对鲸亡此事本身，而且对死鲸的数量产生神秘的
心理反应。这样，神秘的数的观念就渐渐产生了。并且可能在此心
理基础上，诱发一种以鲸之集体自杀为征兆的巫术或是乞求于某种
神灵的原始巫术意识。又如，由于社会生产力极为低下，由于对盲
目自然力的抗御力量十分微弱，初民对生之艰难即对自身的生产繁
衍这一点必然十分关切，某一天忽然领悟到比如鱼的生殖力竟是如
此之强，对鱼卵及湖泊中游鱼的数量之多真是大为惊讶、欣喜不
已，在这种对鱼之数量且惊且喜的文化心态中，可能萌发由于生殖
崇拜而引起的关于鱼的巫术智慧，西安半坡"人面鱼纹"文化观
念的意义就在于此，它原初并非为了审美，而是一种原始巫术的
遗构。

从对中华原始巫术的文化考察中不难见出，种种巫术观念往

往是与数的神秘观念纠结在一起的，而且这种数的神秘观念并非是一种彻底抽象的、纯粹的"数"，而是始终与某些神秘的事物、物象纠缠在一起的。比如前文所言死鲸之"数"与死鲸现象、鱼卵之"数"与鱼之生殖现象在初民的文化心灵中就是不可分的。这用列维-布留尔的话来说，叫作数的"神秘的互渗"，即神秘的数与事物、物象同时还有事理之间所建立的观念意识中的"互渗"关系。简言之，这种"象数"之间的"互渗"（在中华古代称"象数相倚"）不仅中华古代是然，大凡原始初民都可能经历过这一原始智慧、原始思维的文化发育阶段。比如地尼丁杰族印第安人的计数方法就留有这种思维、智慧的文化遗存，计数并非纯为抽象地进行，而是与物象（具象）纠缠在一起的："他伸出左手，把手掌对着自己的脸，弯起小指，说1；接着他弯起无名指，说2，又弯一下指尖。接下去弯起中指，说3。他弯起食指来指着拇指，说4；只数到这个手指为止。然后，他伸开拳，说5；这就是我的（或者一只，或者这只）手完了。接着，印第安人继续伸着左手，并起左手三个手指，使它们与拇指和食指分开，然后，把左手的拇指和食指移拢来靠着右手的拇指，说6；亦即每边3个，3和3。接着他把左手的4个手指并在一起，把左手的拇指移拢来靠着右手的拇指和食指，说7（一边是4，或者还有3个弯起的，或者每边3个和中间1个）。他把右手的3个手指碰一碰左手拇指，这就成了两对4个手指，他说8（4和4或者每边4）。接着，他出示那个唯一弯着的右手小指，说9（还有一个在底下，或者差1个，或者小指留在底下）。最后，印第安人拍一下手，把双手合在一起，说10，亦即每边都完了，或者数好了，数完了。"[20] 这种关于计数的手指"操作"，既认真又烦琐，计数者态度极端虔诚，典型地反映象数之神秘"互渗"的巫术意味。

因此，列维-布留尔进而指出，在初民的原始智慧中，不存在纯粹是数的数，也不存在纯粹是现象的自然现象，两者通常总是被某种神秘的氛围所笼罩着。可以这样说，原始初民对数的智识把握，处于半具象半抽象的智慧发育阶段，并且受某种神秘观念的支配。

> 每当他想到作为数的数时，他就必然把它与那些属于这个数的、而且由于同样神秘的互渗而正是属于这一个数的什么神秘的性质和意义一起来想象。
>
> 因此，每个数都有属于它自己的个别的面目、某种神秘的氛围、某种"力场"。[21]

这种"氛围"和"力场"，即神秘的"象数互渗"，笔者将其称为人类原始文化智慧的"阴影"结构，一种人类文化智慧黎明时逐渐消退的"黑暗"，它往往与原始巫术智慧联系在一起。

从中华古代留存下来的文字资料可以看到，中华初民对数的认识，也是在"象数互渗"的原始"阴影"结构中神秘地进行的。别的不说，就说一、二、三这三个自然数吧，在古文字中写作弌、弍、弎，从弋，从中透露出这种数的概念是与远古狩猎以及猎获物之多少这些事物、物象与事理相"互渗"的消息。原始狩猎活动作

---

20 ［法］列维-布留尔：《原始思维》，第 201 页，丁由译，商务印书馆，1981 年版。
21 ［法］列维-布留尔：《原始思维》，第 201 页。

为一种社会生产劳动，并不如今人所一般理解的那样一开始就是充满理性的，相反，倒往往是与包含非理性的巫术活动纠缠在一起的。比如古人狩猎之前，想要预测一下朝何方出猎才能捕杀更多的野兽，就随手抓来一条虫，让它随意在地上爬，虫爬的方向就被认定是狩猎的最佳方向，虫爬动距离的长短就指示出狩猎距离的远近。又，古籍中有"予击石拊石，百兽率舞"、"瓠巴鼓琴而鸟舞鱼跃"之类的记载，其内容显然是与原始艺术溶于一体的渔猎前巫术活动的文化遗韵。由于智力低下，中华初民同样在很长一段历史时期内不能认识猎获的动物究竟有多少，无法了知"三"以后的数究竟有多大、是什么数，或者说，他们根本不知道三以后还有什么数，大约他们关于数的概念只止于三，由此对三肃然起敬、充满了神秘感觉也是情理中事。

> 这个数的神秘性质起源于人类社会在计数中不超过 3 的那个时代。那时，3 必定表示一个最后的数，一个绝对的总数，因而它在一个极长的时期中必定占有较发达社会中的"无限大"所占有的那种地位。[22]

拙著《巫术：周易的文化智慧》中笔者曾经说过，这就是为什么《周易》要以三个爻符构成一个八卦的缘故了。因为三在远古曾被看作是非常神秘的"无限大"的，是中华初民曾经所认知的"最后的数"。《周易》八卦自然不是中华最远古的狩猎者的创造，它的

---

22 ［法］列维-布留尔：《原始思维》，第 202—203 页。

制作年代要晚近得多，却有力地反映出中华初民关于三的"象数互渗"文化智慧的原始面貌。至于《周易》重卦之每卦六爻，其爻符之数是三的两倍，就更显得"无限大"了，不过，这是更为后起的关于数的文化观念。

在中国，包括数在内的对应和互渗的复杂程度达到无穷无尽。[23]

《易传》所保留的《周易》占筮操作全过程，自始至终都是巫数的运演，尽管它直接反映的，大致是战国中后期人们的占筮文化观念，仍然折射出中华初民"象数互渗"这一"阴影"结构的文化面貌。

《周易》巫术占筮过程中数的运演并非是在纯粹抽象思维中进行的，也并非是非常理性的思维过程。作为占筮工具的五十根筮策，既是一种物的具象，也是神秘的；它一方面是抽象之数的具象化，另一方面是具象之物的抽象数化。筮策作为"灵物"，是神秘之数的具象表达。在中华古人的《周易》占筮意识和观念中，作为占筮这一巫术文化基因的数，决不是孤立的精神性存在，它始终是与天地人、四时运行等自然现象和社会人事"互渗"的，确是象与数在神秘观念意义上的结合。同时，整个占筮操作过程总是笼罩着一种不可理喻的文化氛围，仿佛其间无处无时不受外在于人力与人智的"灵气"的支配。这"灵气"被认为是神秘鬼神所赋予的，这

---

23 ［法］列维-布留尔：《原始思维》，第 212 页。

便是《易传》所载古筮法所谓"此所以成变化而行鬼神也"。鬼神观念，正是《周易》本经原为巫学的文化智慧内核。有的治易者认为，这里"鬼神二字，并不是说鬼神去支配变化，而是指明阴阳变化的屈伸往来"[24]。对鬼神二字作哲学意义上的诠解自无不可，《易传》所谓鬼神，确有哲学所指阴阳变化的意蕴。然而，倘探寻其本义，则是文化学意义上的一个巫学范畴，指古人心目中所虚构的叫人惧怕、力图讨好之的鬼怪神灵，实际上是那些为人所暂时无力把握的自然与社会本质规律，是盲目的自然力在人心灵中的扭曲反映和虚幻夸大。鬼神当然不可能去支配万事万物的变化，鬼神并不存在。但在巫术智慧中，人们却迷信宇宙万物千变万化的总根源是鬼神，这正是原始巫术的一个基本特点，也是远古处于巫术迷阵中的中华古代智慧的基本特点。

尽管巫术占筮作为一种"伪技艺"（按：弗雷泽语），实际上只是中华古人暂时无力改造自然宇宙与社会人事不得已而为之的一种幼稚的"代偿"行为，其预期的目的愿望实际上总是落空，但在巫术迷阵中，古人总以为占筮"灵验"，神哉奇矣，非常了不得。它将万物数化，仿佛巫术中的数、数的巫术已将大千世界穷尽了，这便是《易传》所谓"当万物之数也"而"天下之能事毕矣"[25]的意思。这种极度夸大巫术意义和巫术中数之魔力的文化观念，正可说明《周易》的占筮之数，其实并非具备独立文化智慧性格，而毋宁说是深受巫术智慧"奴役"的中华数学之萌芽。

24　徐志锐：《周易大传新注》，第 426 页，齐鲁书社，1986 年版。

25　《易传·系辞上》，朱熹《周易本义》，第 307 页。

因为在人类文明刚刚开始出现时，数学思想绝不可能以其真正的逻辑形态出现。它仿佛被笼罩在神话思维（引者按：包括巫术思维）的气氛之中。一个科学的数学的最初发现不可能挣脱这种帐幔。[26]

这是中肯的见解。

第二节 《周易》八卦与河图洛书的文化对应

在第一节里，我们对构成八卦之基本元素阴爻阳爻原本于易数进而对《周易》象数"互渗"之"阴影"结构问题进行了初步探讨，这里，将就八卦与河图洛书的关系问题展开论述，以进一步论证"原始易学是巫学"这一基本命题。

《周易》八卦与河洛之学的关系究竟怎样？

关于八卦之缘起，《易传》有四处论及。

一曰："是故易有太极，是生两仪，两仪生四象，四象生八卦，八卦定吉凶，吉凶生大业。"[27]这是说八卦未有之先，已有混沌未分的淳和之气即处于氤氲状态中的太极存在于宇宙之际，是太极的内在运化，才产生天地阴阳（两仪），两仪生成少阳、老阳、少阴、老阴即春夏秋冬四时（四象），四时又成就象征天地雷风水火山泽的八卦，亦即乾坤震巽坎离艮兑。八卦为"圣人"所作，这里却被纳入自然界有序运动的重要一环，突出地说明了八卦以及太极的自

---

26 ［法］恩斯特·卡西尔：《人论》，第61页，丁由译，商务印书馆，1981年版。
27 《易传·系辞下》，朱熹《周易本义》，第314页。

然属性。

二曰："昔者圣人之作《易》也，幽赞于神明而生蓍，参天两地而倚数，观变于阴阳而立卦。"[28] 这段话前文已有引用，是说圣人作《易》立卦、揲数占筮，冥冥之中若有神灵相助，从《周易》数筮角度论及了八卦的巫术意义。

三曰："古者包牺氏之王天下也，仰则观象于天，俯则观法于地，观鸟兽之文与地之宜，近取诸身，远取诸物，于是始作八卦。"[29] 这是指明了圣人伏羲氏（包牺氏）通过"仰观俯察"、"近取远取"的方法和途径创造了八卦。

四曰："天垂象，见吉凶，圣人象之。河出图，洛出书，圣人则之。"[30] 这是认为，传说中的伏羲氏制作八卦，并非凭空捏造，他所根据的是一种呈示巫术吉凶意义的"天启"，所谓"天垂象，见吉凶"，这种天启就是河图、洛书，就是制作八卦所遵循的原则。

这四点关于八卦缘起的论述，并非一人一时之论（因为《易传》原非一人一时之作），大体上反映出中华古人对这一问题的综合见解，总的来说，都触及了八卦的文化原型问题，角度各不相同。

第一点侧重谈论的是八卦的自然本质，即将太极看作八卦的文化原型。由于一般认为太极为淳和未分之元气，是始存、弥漫于整个宇宙之中的一种"无"，我们毋宁将其看作一种逻辑意义上的八卦的文化基因（关于太极，待后文再作论述）。而倘如汉代某些易

---

28 《易传·说卦》，第 346 页。

29 《易传·系辞下》，第 322—323 页。

30 《易传·系辞上》，第 315—316 页。

学家那样将太极解释为北极星之类，尽管这一见解是从客观自然角度出发的，由于比较坐实，则将北极星指为八卦之源的观点，显得有些牵强了。

第二点主要从《周易》筮法角度论述构成八卦的基本元素阴爻阳爻的基础是数与数的运演，从而揭示象数"相倚"（互渗）的巫术性，这在第一节中已有所论证。

第三点说的是伏羲氏的创卦方式，并非与八卦的文化原型问题全然无涉。按照第一点的看法，既然八卦是由太极运化而来，则这种自然之易的天然"密码"，只有伏羲氏这样智慧卓绝的圣人才能"译识"，就是说，只有圣人才能与这种八卦的文化原型"对话"，或者说，也只有这样的八卦原型才能启悟圣人的心智从而创立八卦，所强调的是与八卦之文化原型相联系的圣人。关于圣人的人格之美，后文自有论及。

第四点明确指出河图、洛书是八卦的文化原型。这正是本节要着重论证的内容。

从这四点论述的任何一点看，都在于说明，八卦及其原型都用于巫术占筮以定吉凶，这正是原始易学是巫学的一个有力证据。需要补充的是，从行文看，这里第三点论述似乎并未谈到八卦与巫术的关系，而实际上伏羲氏的所谓"仰观俯察"之类，是一种原始风水（形法）之法，风水也是与巫术、巫学相联系的（尽管不无迷信）一门数术，是谓堪舆之学。

河图、洛书是两种图象，据黄宗羲《易学象数论》卷一所记，始传于道门中人陈抟，后有刘牧根据河图、洛书著《易数钩隐图》，才为世人所知。宋代朱熹首次将图、书列于《周易本义》卷首，于是自宋以降，《易》著中图、书愈繁。而早在朱熹之前，已有周敦颐传陈抟之太极图，一改宋之前《易》注未尝有图的惯例。

这并不等于说，河图、洛书之符号模式纯为宋人虚拟。尽管图、书为宋以前所未见，其文字记载却不绝如缕。

先秦时期，由孔子后学编撰的孔子言行集《论语》称："子曰：凤鸟不至，河不出图，吾已矣夫。"[31] 大约与前引《易传》关于"河出图、洛出书，圣人则之"的言论基本属于同一时代。《尚书》有所谓"大玉夷玉天球河图在东序"[32]之说。《管子》说："昔人之言受命者，龙龟假，河出图，洛出书，地出乘黄，今三祥未见有者。"[33] 尔后在汉代刘歆、孔安国、扬雄、班固以及郑玄的著论中也时有提及。

这种情况，可说明以下两点：

其一，虽然古人有托古、拟古之习气，但从所记颇为众口一辞的言论看，图、书之说可能有所本。又从往往语焉未详这一点推测，这种河图、洛书也许只是传闻而已。可能上古时代确有此图、书，由于时代久远，到春秋战国遂成传说。然而从先秦、两汉典籍对此耿耿于怀的情况看，虽为片言只语的传闻，图、书之说并非虚构。

其二，这种图、书之说发展到汉代，大致上有一种愈显清晰的态势。比如，在孔安国和刘歆那里，前者说："河图者，伏羲氏王天下，龙马出河，遂则其文以画八卦。洛书者，禹治水时，神龟负文而列于背，有数至九，禹遂因而第之，以成九类。"[34] 后者曰：

---

31 《论语·子罕》，刘宝楠《论语正义》，第179页，《诸子集成》，卷一，上海书店出版社，1986年版。

32 《尚书·顾命》，《今古文尚书全译》，第403页。

33 《管子·小匡》，房玄龄注、刘绩补注本，上海古籍出版社，1989年版。

34 按：朱熹《易学启蒙》引孔安国语，中国书店，1991年版。

"虙羲氏继天而王，受河图则而画之，八卦是也。禹治洪水，赐洛书，法而陈之，洪范是也。"[35] 而扬雄《太玄》则认为："一与六共宗，二与七为朋，三与八成友，四与九同道，五与五相守。"所谓"两两相合，朋友会也"[36]。在该书《太玄·数》篇中，扬雄又说："三八为木，为东方；四九为金，为西方；二七为火，为南方；一六为水，为北方；五五为土，为中央，为四维也。皆两两相配，以成事物。"证明河图、洛书之说在西汉末时期已初具理论框架，因为按扬雄的这一理论说明，可以画出图式。

河图、洛书图式，皆不著文字，似给人一种文字发明之前已有之的古貌（见图）。

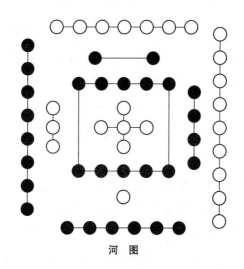

河 图

---

35 《汉书·五行志第七上》，班固《汉书》卷二十七上，第216页，中华书局，2007年版。

36 《太玄集注·太玄图》，司马光集注，中华书局，1998年版。

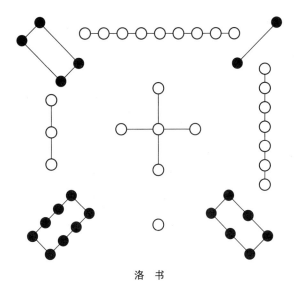

洛　书

河图：其平面为正方形，以黑圆点表示偶数（阴）、以白圆点
表示奇数（阳），共有一至十这十个数有序地分布于东西南北中五
个方位，这在图上看亦即上下左右中五方，为象征天地运行，故
以奇数（阳）象征天数，以偶数（阴）象征地数。朱熹释河图之
义尤详："河图之位，一与六共宗而居乎北，二与七为朋而居乎
南，三与八同道而居乎东，四与九为友而居乎西，五与十相守而
居乎中。盖其所以为数者，不过一阴一阳，以两其五行而已。所
谓'天'者，阳之轻清而位乎上者也；所谓'地'者，阴之重浊
而位乎下者也。阳数奇，故一三五七九皆属乎天，所谓'天数
五'也；阴数偶，故二四六八十皆属乎地，所谓'地数五'也。天
数、地数各以类而相求，所谓五位之相得者然也。天以一生水，
而地以六成之；地以二生火，而天以七成之；天以三生木，而地

以八成之；地以四生金，而天以九成之；天以五生土，而地以十成之。"[37]

洛书：其思维模式实与河图相一致，平面亦为正方形，亦以黑圆点表示偶数（阴）、白圆点表示奇数（阳），然只取一至九这九个数构成有序排列，也蕴含着东西南北中的方位概念及其相应的五行观念。其数的布局是：一居北（下）、三居东（左）、五居中、七居西（右）、九居南（上），为四正一中心；又二居西南（右上）、四居东南（左上）、六居西北（右下）、八居东北（左下），为四隅。朱熹说："河图以生出之次言之，则始下、次上、次左、次右，以复于中，而又始于下也；以运行之次言之，则始东、次南、次中、次西、次北，左旋一周，而又始于东也。其生数之在内者，则阳居下左，而阴居上右也；其成数之在外者，则阴居下左，而阳居上右也。"洛书有所不同：

> 洛书之次，其阳数，则首北、次东、次中、次西、次南；其阴数，则首西南、次东南、次西北、次东北也。合而言之，则首北、次西南、次东、次东南、次中、次西北、次西、次东北而究于南也。其运行，则水克火、火克金、金克木、木克土，右旋一周，而土复克水也。

虽然河图、洛书之思维模式本相一致，但两者在数的象征意义上仍有差异。

---

37 朱熹：《易学启蒙》，中国书店，1991 年版。

圣人则河图者虚其中，则洛书者总其实也。河图之虚五与十者，太极也；奇数二十、偶数二十者，两仪也；以一二三四为六七八九者，四象也；析四方之合以为乾坤离坎，补四隅之空以为兑震巽艮者，八卦也。洛书之实，其一为五行，其二为五事，其三为八政，其四为五纪，其五为皇极，其六为三德，其七为稽疑，其八为庶征，其九为福极：其位与数尤晓然也。[38]

无论河图还是洛书，都蕴含着盛于汉代的阴阳五行与五方观念，并且与数之观念相融合。这在扬雄《太玄》关于图、书的文字说明中已经可以看得很清楚，并非偶然。西汉京房易学有五行说，用以解释《周易》卦爻象与卦爻辞的吉凶观。京房以金木水火土五行解易，比如《周易》六十四卦之一的姤卦，京房这样解释："阴爻用事，金木互体，天下风行曰姤。"姤卦巽下乾上，这是以乾为金、巽为木，以金木相遇进而释《周易·姤大象》"天下有风"之意义，又释震卦曰："属于木德，取象为雷。"[39]京房有八卦爻位说，以八卦配五行。又如东汉郑玄易学有五行五方说。孔颖达对《易传·系辞》的大衍之数和天地之数这样解说：

数者五行，佐天地生物成物之次也。易曰：天一地二，天三地四，天五地六，天七地八，天九地十。而五行自水始，火次之，木次之，金次之，土为后。

天一生水于北，地二生火于南，天三生木于东，地四生金

38　朱熹：《易学启蒙》，中国书店，1991年版。
39　京房：《易传》，九州出版社，2010年版。

于西，天五生土于中。阳无隅，阴无配，未得相成。地六成水于
北，与天一并。天七成火于南，与地二并。地八成木于东，与
天三并。天九成金于西，与地四并。地十成土于中，与天五并
也。大衍之数五十有五，五行各气并，气并而减五，惟有五十。
以五十之数不可以七八九六，卜筮之占以用之，故更减其一，故
四十有九也。[40]

汉易的文化智慧，一方面下启宋易及宋以降的图、书之学，另
一方面，又直接上承主要保存在《易传》中、大致为先秦战国中
后期至汉初的易学。《易传》对河图、洛书只说了"河出图，洛出
书，圣人则之"一句话，但对八卦的成因、文化本质及其象征意义
等则叙说甚详。比如，后世所出之文王八卦方位图即后天八卦方位
图，就是根据《说卦传》所谓"帝出乎震，齐乎巽，相见乎离，致
役乎坤，说言乎兑，战乎乾，劳乎坎，成言乎艮"[41]的论述而创制
的。这一八卦方位图四正位置上的震离兑坎四卦，是与图、书之方
位、时令及五行的表述相对应的。这种两相对应的智慧其实来自
《易传》。所谓震为雷，雷始闻于春，震在东方；离为火，以火热之
气象征夏，南方气候温热，故离在南方；兑为悦，取秋时稼禾成熟
令人喜悦之义，故兑在秋。兑又为西方之象征，《周易正义》："兑
西方之卦，又兑主秋也。"兑之方位在《周易》筮法中属少阴之位，
位于西方；坎为水，水性下注，其处必陷，水遇寒则冰，北方之卦
也。《说文》："水，准也，北方之行，象众水并流，中有微阳之气

---

40 《礼记正义·月令疏》，郑玄注、孔颖达疏，上海古籍出版社，2008 年版。
41 《易传·说卦》，朱熹《周易本义》，第349 页。

也。"微阳之气始于冬。又，震为木，离为火，坎为水，坤为土，兑为悦，又为毁折、为刚，故配金。《易传》称："万物出乎震，震东方也。齐乎巽，巽东南也。""离也者，明也，万物皆相见，南方之卦也。""坤也者，地也，万物皆致养焉，故曰致役乎坤。兑，正秋也，万物之所说（悦）也，故曰说乎兑。战乎乾，乾，西北之卦也，言阴阳相薄也。坎者，水也，正北方之卦也。""艮，东北之卦也。"[42] 这里，对后天八卦的方位布置进行了颇为详尽的描述，可根据这种方位设计绘制后天八卦方位图，其体制，实与图、书的配置相一致，潜蕴着阴阳五行与五方的思想观念。

《易传》关于八卦方位的智慧包含阴阳五行与五方的思想因素，这种思想因素的出现，又与《易传》时代基本同时的战国邹衍的阴阳五行智慧相一致。邹衍（前305—前240）是战国晚期齐国人，其生年比孟子稍后，其著论有《汉书·艺文志》所录《邹子》四十九篇及《邹子终始》五十六篇，俱已亡佚。其学说重在"谈天"与"五德终始"说。邹衍之术，"乃深观阴阳消息而作怪迁之变"[43]。"邹衍之所言，五德终始，天地广大，尽言天事，故曰谈天。"[44] 邹衍所谓"五德"，即《尚书·洪范》所言水、火、木、金、土五种物质及其相生相克，也称为"五行"。《洪范》："五行：一曰水，二曰火，三曰木，四曰金，五曰土。水曰润下，火曰炎上，木曰曲直，金曰从革，土爰稼穑。"《洪范》虽称来自"上帝"传

---

42 《易传·说卦》，第349—350、350页。

43 司马迁：《史记·孟子荀卿列传第十四》，《史记》卷七十四，第455页，中华书局，2006年版。

44 按：见张文虎编纂《校刊史记集解索引正义札记》引刘向《别录》，中华书局，1977年版。

授，是上古之言，所谓"天乃锡禹洪范九畴"[45]，五行乃九畴之一，实际《尚书·洪范》作于战国已有定说。因此，《洪范》篇中的五行思想与邹衍的五行观念出于同一时代当更可信。据《史记》称邹衍作"《终始》《大圣》之篇十余万言"之说，推断邹衍为先秦阴阳五行文化智慧之集大成者，并非不实之辞。顾颉刚先生曾称邹衍是齐国的一位有名学者，是一个伟大的探索宇宙问题的思想家，一手组织了历史和地理的两个大系统，奠定了后世阴阳五行学说的基础。

指出《易传》八卦文化智慧中渗透着先秦以邹子为代表的阴阳五行观念，并不等于说在邹衍之前中华古代并无阴阳五行智慧的萌芽，也并不能证明《易传》十篇都出于邹衍之后。

考五行文化智慧，原始于中华古代对万物相生相胜关系即运动变化关系的原朴理解，它是无尽万物彼此制约、互生形态的一种经过人脑思辨而产生的简化模式。所谓木胜土，金胜木、火胜金、水胜火、土胜水，是将复杂多变的万物关联域大大约简了，以便于思辨理性的逻辑性操作。阴阳五行的这种简化动态流程正是八卦文化智慧所可容纳的，因为《周易》八卦原本于天时之运化。八卦之天地雷风水火山泽八种因素及其相系构成自然宇宙的基本事物，也是一种将万物大大约简化了的思辨模式，所以八卦的流转可与动态的阴阳五行相融通。然而据《易传》的见解，八卦之八种基础事物是父母与子女的关系，其中天地为父母，雷风水火山泽为父母庇荫之下的三男三女。而天地之关系也不是对等的，实际以天为唯我独

---

45 《尚书·洪范》，《今古文尚书全译》，第233页。

尊。《周易》六十四卦以乾卦（象征天）为首卦、坤卦（象征地）为第二卦，其意自明。所以，八卦原是崇天的。相比之下，五行之水木火金土虽具相生相胜关系，而古人尤重五者之相胜。在相胜关系中，又在实际上是崇土的，土居八卦之中宫位置，其意亦明。这种思想在后天八卦和先天八卦方位图中是隐潜着的。如果不能看得真切，则这一点在八卦之前身的河图、洛书中显得十分明确。这两个图式都将土居于中央，以数字五象之。土即地，因而可以说，中华古代的五行观是尚地的。关于这一点，清代易学家陈梦雷云："河图洛书，皆五居中而为数"，"在地为五行"，"五者，数之祖也；数始于一，备于五"[46]。

由此可见，八卦方位图是《周易》崇天思想与五行尚地思想相结合，以崇天为主、尚地为从所建构起来的，是两者文化智慧的有机拼接。

在五行说中，古人之所以独采水木火金土构成其基本物质转化之链，看来与古代"五材"说有关。殷周冶铜业发达，古人可能从冶炼青铜的实践中，发现从木炭燃火、溶铜矿石为铜液、再凝固为固态青铜的过程，实际包含从木（木炭）到火（炉火）到土（加入矿石）到水（熔化为铜液）到金（青铜器）的物质转化，经过比附性抽象，可能产生一种素朴的文化智慧，认为万物之生成、转化与相互制约，犹如青铜之熔铸，遂成五行之观念[47]。这种文化智慧的逻辑是，先将万物（百物）约简为五物（五行），再认定五行生

---

46 陈梦雷：《周易浅述》，卷七，《周易浅述》四，第 1037 页，上海古籍出版社，1983 年版。

47 按：参见何新：《论五行说的来源》，何新《诸神的起源》，北京三联书店，1986 年版。

万物。所以《国语》称:"故先王以土与金木水火杂以成万物。"又说:"及地之五行,所以生百物也。"[48] 这里,春秋时人以土为五行之先,又称"地之五行",可证前文我们关于五行说尚地的看法并非妄断。

既然五行文化智慧的发蒙与殷代冶铜业的兴起有关,则其源起时代不能早于殷商。由此不难理解,《周易》八卦关于五行观的生成,大约也肇始于殷代。

《周易》八卦文化智慧的方位观念,其源起亦古。这种方位观念是一种逐渐累积的中华氏族的集体意识,蒙生于初民在地球东部生活,与地球、太阳、月球所构成的空间位置关系。古人以庐舍为中,向阳为南,背阴为北,左侧为东,右侧为西,实际是以人、人的居住活动地域为中,由此再分出南北东西四方,是人的自我意识、自体保护意识与空间观念的初步体现。从现存甲骨卜辞看,中华初民的方位观念起源甚早,胡厚宣曾发现武丁时的一块牛骨,其卜辞云:

> 东方曰析,凤曰劦。
> 南方曰因,凤曰凯。
> 西方曰夷,凤曰未。
> 北方曰伏,凤曰殴。

可见当时已有四方观念,加上"我"之所在地就是五方。其

---

48 《国语·郑语》、《国语·鲁语》,上海古籍出版社,1978年版。

中"析"为曦、为羲，东方之神；"因"为南方之神；"夷"为西方之神；"伏"为北方之神。"凤"在甲骨文中通假为"风"，为风神。这反映出初民对东南西北四方远处由于人力所未达而产生的恐惧心理与神秘观念。后来"人王"观念愈趋增强，亦成古人心目中一位大神，从而取代作为初民集体之"我"的空间位置，成为中央之神，此即所谓无所不在、无所不能的黄帝。然而黄帝的加入是较为晚近的事。先秦易学还保持着四方之神（帝）的古貌，且与四时结合，以数象之，自成一统。《吕氏春秋》云：

> 其日甲乙，其帝太皞，其神句芒，其虫鳞，其音角。律中太蔟，其数八。
>
> 其日丙丁，其帝炎帝，其神祝融，其虫羽，其音徵，律中仲吕，其数七。
>
> 其日庚辛，其帝少皞，其神蓐收，其虫毛，其音商，律中夷则，其数九。
>
> 其日壬癸，其帝颛顼，其神玄冥，其虫介，其音羽，律中应钟，其数六。[49]

显然，这里依次"甲乙"为春、"丙丁"为夏、"庚辛"为秋、"壬癸"为冬。从"数"看，又是"数八"为春为木、"数七"为夏为火、"数九"为秋为金、"数六"为冬为水。

这一数序，与河图外围四方所配置的数字依次相同。河图以

---

49 《吕氏春秋》"孟春纪第一"、"孟夏纪第四"、"孟秋纪第七"、"孟冬纪第十"，高诱注，第1、34、65、94页，《诸子集成》第六卷，上海书店出版社，1986年版。

数纪天地之化育，有一个天地人的共生结构，所谓河图、洛书，都是数的结构。如河图北为一、六；南为二、七；东为三、八；西为四、九；中为五、十。洛书，北一、南九、东三、西七、西南二、东南四、西北六、东北八而中为五。可见《吕氏春秋》作者的学术智慧，已有河图之数隐约存矣。该书成于战国末年，可见起码在先秦晚期，学界已知河图数理。《吕氏春秋》的这一条材料，为那种认为图、书纯为宋人所创的易学见解增添了困难。今有治易者说："河图、洛书的图式，据现在所见到的则是由扬雄在《太玄经》里提出来的。"[50] 我们参照《吕氏春秋》，觉此说不确。图、书之论，并非扬雄首创，而是早在先秦已有端绪。

总之，《周易》八卦的文化原型是蕴含阴阳五行观念的图、书之数及其有序排列，可从河图、洛书推演出八卦方位图式，并以八卦方位的配置表示阴阳五行的流布。

值得注意的，是图、书与原始巫术的关系问题，由此可进一步证明"原始易学是巫学"的观点。

其一，我们可从前文已经引用孔子所谓"凤鸟不至，河不出图"的言论见出，孔子将河图与凤鸟并提。凤鸟是先秦古人心目中的祥鸟，由此可证河图亦是古人所认同的吉祥之物。吉祥与否的文化观念，正是中华原始巫术的基本观念。这一点也在前引《管子·小匡》中得到证实。《管子》明确地将"河出图"、"洛出书"、"地出乘黄"称作"三祥"。"祥"者，祥端之谓。可见古人将图、书这种所谓自然之易的出现认作吉兆。吉兆与凶兆对举，同样是中

50　乌恩溥：《周易：古代中国的世界图式》，吉林文史出版社，1988年版。

华原始巫术的一对基本范畴。传说中的河图是黄河之龙图、洛书为洛水之龟书，实际是指龙（蛇）身上的图式和灵龟身上的纹象。由于对龙、龟的崇拜，原始初民自然会把河、洛中出现的龙、龟之纹式认作吉祥之符，并且将人的智慧创造看作受启于河图、洛书，于是便有"圣人则之"而创八卦的神话。尽管对所谓"河出图、洛出书"两大祥机出现于何时在汉易中就有争歧，但是有一点却是争辩双方一致认同的，这便是都以龙、龟为呈现大吉大利的崇拜对象。比如汉代刘歆说："虙羲（伏羲）氏继天而王，受河图，则而画之，八卦是也。禹治洪水，赐洛书，法而陈之，洪范是也。"[51]这是将河图之出和洛书之出分归于伏羲、大禹两个时代；而《礼纬·含文嘉》则绝口不提夏禹："伏羲德合上下，天应以鸟兽文章，地应以河图洛书，乃则以作易。"可是，两说在标举龙、龟问题上都是异口同声的，即相信龙、龟是吉象。这一点直到唐代易学，仍未有改变。李鼎祚云："河以通乾，出天苞；洛以流坤，吐地符。河，龙图发；洛，龟书成。"[52]这种陈陈相因的龙、龟观念包含着一个顽强的巫术文化意识，即当中华初民认龙（蛇）、龟为图腾前，已有巫术发明，且将龙、龟看作吉祥之物。发展到商代，才将龙、龟之中的龟（龟甲，还有牛骨之类）用作卜具灵物。

4	9	2
3	5	7
8	1	6

其二，考洛书之数的有序排列，实为龟象，即龟背区域的自然生成与洛书数之区域

51　班固：《汉书·五行志第七上》，《汉书》卷二十七上，第216页，中华书局，2007年版。

52　李鼎祚：《周易集解》，中华书局，1985年版。

的人为排列具有同构性，则这种人为之数实乃得启于龟象。洛书的数序分九个区域，即发育为八卦的四正四维与中宫（见表），这在洛书中可以看得分明，即北1、南9、东3、西7、西南2、东南4、西北6、东北8与中央5。而龟背甲的生理结构，亦依纹路可分为九个区域。龟背中央脊甲为五块，合为一区，中央脊甲四周背甲为八块，分为八区，所以朱熹说：

> 洛书盖取龟象。故其数戴九履一，左三右七，二四为肩，六八为足。[53]

这说明中华古人在制作洛书时，其灵感可能来自龟象。而龟为占卜之灵物，素称"宝龟"，殷人尤以龟甲为占卜之物，占卜是比占筮历史更为悠久的中华原始巫术，这是常识，这里毋庸赘述。由此可见，作为八卦文化对应的洛书原本于数术。

问题不仅如此，近年有学者指出，《周易》八卦符号与半坡鱼纹在数字与方位观念上具有对应同构关系。西安半坡新石器晚期彩陶鱼纹具有分别表示从一至九条鱼的数的神秘意蕴，这种鱼纹彩陶是祭器，并设祭场，其数据图也是南九北一、东三西七、东南四西北六、西南二东北八与中央五，实与今日所言洛书相同。这实际上就是一种原始的八卦方位雏形。这一学术观点倘能成立，则《周易》八卦文化智慧的源起，大约可追溯到新石器晚期。

八卦用于占问、其文化智慧源起于巫术这一点，还可从有关出

53　朱熹：《周易本义·朱子图说》，第1—2页。

土文物中见出。据《文物》1978年第8期报道，在1977年春安徽阜阳双古堆西汉汝阴侯墓葬发掘物中，有一"太乙九宫占盘"，其正面"是按八卦和五行属性（水火木金土）排列的。九宫的名称和各宫节气的日数与《灵枢经·九宫八风篇》篇首图完全一致。小圆盘的刻划则与河图洛书完全符合"[54]。此占盘从圆心向四周划出四条等分线，将占盘划分为八个区域，加上沿圆心四近以及圆心为九个区域。八个区域分别以"一君"对"九百姓"、"三相"对"七将"以及"二"对"八"、"四"对"六"，围绕圆心又刻"吏"、"招"、"摇"、"也"四字，连同圆心为五，这占盘的区域方位及数序排列其实隐潜着一个洛书图式（与河图不符），同样隐藏着龟象原型。尽管该占盘的刻字内容已经打上了汉人的智慧烙印，仍然从中透露出可能起自新石器晚期的河洛文化思维与意绪的原朴古貌，渗融中华原始巫术文化智慧的历史遗韵。

其三，从参与构建河图、洛书文化观念的阴阳五行看，也留存着原始巫术的遗影。西汉京房《易传》曾说："生吉凶之义，始于五行，终于八卦。"此之谓也。前文已有提及，数术略之书曾将五行列于古代数术之一，与蓍龟之类并提，数术即中华原始巫术或是与巫术相关的方术，可见阴阳五行本与巫术互纠相缠。水木火金土有相生相胜（克）关系，这种关系与巫术中的顺应和逆对是同构的。相生即顺应，吉；相胜即逆对，凶。古人认为五行相克、出现紊乱而互相触犯，则会发生种种灾变，这一巫术文化观念后来保留在《春秋繁露》中：

---

54 《阜阳双古堆西汉汝阴侯墓发掘简报》，《文物》，1978年第8期。

火干木，蛰虫蚤出，蚑雷蚤行；土干木，胎夭卵殰，鸟虫多
伤；金干木，有兵；水干木，春下霜；土干火，则多雷；金干
火，草木夷；水干火，夏雹；木干火，则地动；金干土，则五谷
伤，有殃；水干土，夏寒雨霜；木干土，倮虫不为；火干土，则
大旱；水干金，则鱼不为；木干金，则草木再生；火干金，则草
木秋荣；土干金，五谷不成；木干水，冬蛰不藏；土干水，则蛰
虫冬出；火干水，则星坠；金干水，则冬大寒。[55]

五行又指天之五星，即金星、木星、水星、火星和土星，有
所谓"五星者，五行之精"[56]的说法。中华远古有占星之术，所谓
五星占、日占、月占、恒星占等等自古有之，于汉为烈，这又是巫
术的表现。《史记·天官书》对占星术记载甚详，认为高辛氏之前
掌管天文星象与占星的是重、黎，唐虞时代为羲、和，夏代昆吾
氏、殷商巫咸，一直到周代为史佚、苌弘，春秋时宋国子韦，郑国
裨灶，战国时齐国的甘公（甘德），楚国的唐昧，赵国的尹皋以及
魏国的石申等人，都是有名的占星家。《汉书·艺文志》称："天文
者，序二十八宿，步五星日月，以纪吉凶之象。"比如占星家指出，
木星东方青帝之星，主春，决丰歉。如见木星"赢"（顺行），国事
安宁；"缩"（逆行），其国堪忧，将亡国倾败也。火星南方赤帝之
星，主夏，定旱涝。如见火星"顺逆无常"，世多暴乱、饥馑、死
丧。金星西方白帝之星，主秋，主兵主刑杀。如见金星出入不定，
就是战乱、弑君的征兆。水星北方黑帝之星，主冬，主水主刑，如

---

55 董仲舒：《春秋繁露·治乱五行》，上海古籍出版社，1991年版。

56 按：《荆州占》，《唐开元占经》卷十八引，瞿昙悉达编，中国书店影印本，1989年版。

见水星"变怪",水灾泛滥之象。土星中央黄帝之星,主季夏,主土。如见土星运行失序,则会发生地震、丧国等灾变。还有所谓"望气"、"风角"之类,都是中华远古流传下来的原始巫术,是以云气之形状、变幻和依据风的方向、强弱、声响来占验吉凶的一种方术。中华古代的巫术十分发达,《周礼》有云:

> 掌天星以志星辰日月之变动,以观天下之迁,辨其吉凶。以星土辨九州之地,所封封域,皆有分星,以观妖祥。以十有二岁之相观天下之妖祥。以五云之物辨吉凶、水旱降丰荒之祲象。以十有二风察天地之和,命乖别之妖祥。[57]

总之,五行观渗入于中华原始巫术文化智慧之中,是中华巫术的文化特色之一。

---

57 徐正英、常佩雨译注:《周礼》,中华书局,2014 年版。

第二章　转换：从巫学智慧到美学智慧

　　《周易》本经的文化智慧原为巫学智慧，它是一个颇为原朴、混沌的巫性智慧之集成，蕴含先秦哲学、自然科学、历史学、政治伦理学、文字学与美学等文化智慧的萌芽因素。发展到《易传》，各种文化智慧的萌芽因素有的已成参天大树、果实累累，如哲学与政治伦理学，这在《易传》中最为灼华繁丽，其文化智慧的思维深度，令后人惊羡；有的大约由于文化土壤与文化气候不宜其长之故吧，比如宗教学，就未能从原始巫学的文化基地上得以生气勃勃的滋长。《易传》所谓"神"，远不是西方古人心目中敬畏的上帝，不是创造一切主宰一切的救世主，在《易传》的"神"学观念中，没有西方古代基督教那样的"原罪"的感觉、思维和情感。《易传》十篇保存了那么多的巫学材料，就是一个明证，值得深思。而古代中华的美学智慧，作为众多文化智慧之最"自由"的部分，却风姿英爽、独具一格地成长起来了，从《周易》本经到《易传》，完成了从原始巫学智慧向美学智慧历史、时代和心理的文化转换。这一美学智慧的原朴、深沉和激越，无疑是中华巫性美学灿烂而躁动的日出。

第一节 《周易》巫学智慧的基本文化内蕴

从《周易》本经的巫学到《易传》美学智慧的文化机制的转换，是一个有待揭开的文化学——美学的理论之谜。可以说这在以往的《周易》研究和美学研究中，是一个被忽略、从未认真加以探讨的课题。为了努力揭示这种文化智慧转换的历史机制和心理机制，先得看看《周易》巫学的文化内蕴究竟是什么，因为这是讨论这一问题的重要理论基石。《周易》本经即所谓上古易与中古易以及《易传》即所谓下古易中所保存的巫学资料甚多，可以为我们对这一论题的提出、分析和解决提供依据。

这里，仅从上古易和中古易看，《周易》六十四卦是用以占筮的，它是一部巨大的中华古代的巫术占筮"机器"，这用《易传》的话来说，叫作"观变于阴阳而立卦"。八卦也原是用以巫术占筮的，其历史自然比六十四卦古老得多。八卦所象征的天地雷风水火山泽，其实是中华古人用以进行巫术占筮的八种最主要的自然事物，从中可以隐约见出远古进行星占、日月占、望气及风角等巫术的历史遗痕。从文字学角度看，卦字从圭从卜。圭者，土圭，是为探测日影、月影的一种人工土堆。初民在大地上堆起高高的土堆，是谓土圭，以土圭之日夜、一年四时在大地上投影的消长变化，来观察、推断天时的运行，是一种蕴含以原始天文智慧的原始巫术活动和远古晷景的一种形式。这从卦字从卜也可见出易卦的发明原是用以进行巫术占筮的。卜者龟卜，意在卜问。

同时，大凡《周易》六十四卦三百八十四爻的卦辞与爻辞，多是经过巫史整理、编排的筮辞，关于这一点不少易学家早已指明。

李镜池指出，"我对于《周易》卦爻辞的成因有这样的一个推测，就是，卦爻辞乃卜史的卜筮记录"[1]，并进而综观卦爻辞记叙之体例，认为大约有六种：

（一）纯粹记吉凶与否之辞。如乾："元亨，利贞。"恒·六二："悔亡。"

（二）纯粹记叙占事而不记吉凶与否之辞。如，坤·六二："履霜，坚冰至。"坤·上六："龙战于野，其血玄黄。"

（三）先记叙占事而后吉凶之辞。如，乾·上九："亢龙，有悔。"坤·六五："黄裳，元吉。"

（四）先记叙吉凶后占事之辞。如，谦·六四："无不利。㧑谦。"颐："贞吉。观颐，自求口实。"

（五）记叙占事、吉凶；又记叙占事、吉凶之辞，这可能是两条占筮记录的合写。如，随·九四："随有获，贞凶。有孚在道，以明，无咎。"

（六）无规则的混合式之辞。如，坤："元亨，利牝马之贞。君子有攸往，先迷后得主。利西南得朋，东北丧朋。安贞吉。"

每一卦，爻辞往往都记载一个或两个之类的筮例，只是有的使人看得很分明，有的说得比较模糊罢了。如，乾·九五："飞龙在天，利见大人。"这是一个吉爻，以巨龙高飞长空为吉兆预示圣贤、伟者的必然出现。小畜·九三："舆说（脱）辐，夫妻反目。"此爻辞说，车轮直木散脱解体，这是夫妻反目离异的凶兆。同人·初九："同人于门，无咎。"刚出门就巧遇同道者，是这次离家远行的

---

1 李镜池：《周易探源》，第 21 页，中华书局，1978 年版。

吉利之象。豫·初六:"鸣豫,凶。"欢乐过甚自鸣得意,是凶险之兆(真所谓"乐极生悲"也)。损·六五:"或益之十朋之龟,弗克违,元吉。"这是说有人进献价值十朋的大宝龟,不要推辞,这是好兆头(因为龟为灵物)。鼎·九四:"鼎折足,复公悚,其形渥,凶。"这是指出,鼎器之足折损,鼎中王公祭品倾覆,鼎器及地面沾濡不净,这是凶险之象。这样的筮例在《周易》卦爻辞中俯拾皆是、不胜枚举。

不仅如此,《周易》本经卦爻辞尚有直接谈到巫术占筮的(至于《易传》中直接讲到占筮者就更多了),凡有三处。革·九五:"未占,有孚。"意思是说,还未进行占筮,就已经相信占验的结果了。蒙:"初筮告,再三渎,渎则不告。"这是说占筮的态度,必须绝对恭敬虔信,无论吉凶,只筮一次,不能因为初筮为凶就不信,再筮三筮一定要筮出个吉来,否则,神明受了亵渎,就不告诉、不指示你的命运休咎了。比:"吉。原筮,元永贞,无咎。"这是说人的命运与巫术占筮有一种亲比关系,趋吉避凶。人之处事行动应原遵筮告,永远信从贞问结果,就不会有咎害。这便是"卜筮不过三、卜筮不相袭"[2]。《周易》占筮是决嫌疑、定犹豫的,必问休咎、明吉凶才保平安。中华古人对巫术占筮何等虔诚与迷信。

无疑,在《周易》本经与《易传》中,储存着丰富的巫学智慧。正因为《周易》原本巫术占筮之书,才在信神灵、笃方术的始皇心目中神圣不可侵犯,才得以逃避秦火而后存。其巫学智慧源远

---

2 《礼记·曲礼上第一》,杨天宇《礼记译注》上册,第39页,上海古籍出版社,1997年版。按:《礼记》郑注:"卜不吉则又筮,筮不吉则又卜,是渎龟筮也。"(见《礼记译注》第40页)

流长，直至今日还在影响今人的头脑。

那么，《周易》巫学智慧的文化内蕴是什么呢？

首先，《周易》巫学智慧的起始，在人类与自然之关系这一人类文化母题之中。人改造自然，自然也同时改造人，人在改造自然的实践中使人自身的一切文化智慧得以无穷的启蒙与发展，而自然在人面前将永远本有无尽的难题。在人类诞生之后，人的文化智慧与自然（包括社会）的继续同时生成与发育，是宇宙人生的一条普遍永恒的规律。人的全部社会实践包括人改造自然与改造自身两大类。在人的社会实践中由于自然的反作用力，无疑会时时碰到暂时无力克服的难题和无法逾越的障碍，这一点在原始社会时期尤其如此。当人类在原始社会里由于社会生产力（包括人的体力和智力）的极度低下，而一时无力克服由自然所施加的种种压力与障碍、又不愿屈服于这种种压力与障碍时，加上原始"万物有灵"文化观念的催激，可能促使原始人类的思维与情感、意志等从人的一般社会实践领域"挪移"，相信可以通过另一种"倒错的实践"手段即所谓巫术企图达到人改造自然与人自身的预期目的。这便是巫术的起源。

巫术的起源有以下三大文化要素：

（一）自然难题暂时无以克服与解答；

（二）人盲目相信自己能够解决一切自然难题；

（三）人的头脑中存在着"万物有灵"包括鬼神的观念，并且有企图把握自身命运的冲动，从而付诸巫术实践。

巫术的文化本质是一种"倒错"的"实践"，在于它是对一般社会实践的一种无可奈何的"补偿"。巫术文化的悲剧性是历史性的，带有全人类的特点。然而由于人迷信自身的力量能够面对自然的一切挑战，这种巫术文化智慧的表层却又呈现出乐观自信的特征。本质上说，巫术是人类童年的一种稚浅的文化行为与文化心智。巫术这部"文化机器"是依靠一定的神灵观念为动力和润滑剂得以运转的。然而人并非在神灵面前彻底跪下，毋宁说，巫术的"力量"与"灵验"，是人对自身的一种神化与巫化。这一点正是巫术与宗教的根本区别。

一个完整的巫术行为和巫术过程，大凡应具备以下因素：其一，先兆迷信；其二，预期目的；其三，操作过程；其四，迷信物物、心物、人神之间的神秘感应；五、进行巫术活动的冲动。人在长期社会实践中的每一成功实践，必启发人智不断发现、思考其成功的原由，激发起人对事物发展之前因后果的关注的热情，于是便产生了"前兆"这一文化观念，领悟事物在发展变化之前可能会产生某种不应忽视的迹象。正确的前兆观中包含了丰富的知识，比如，中华古人很早就注意到井水的突然上升或是下落、诸种动物的惊恐不安等是地震的前兆，由此化为知识，用以预测地震。大量自古流传下来的农谚保留了许多关于天象变化前兆的农时知识。出海捕鱼的渔民，也掌握了许多天象与海象变化的前兆知识，成为渔业丰收、保障自己生命安全的思想武器。然而，要是人在实践中到处碰壁、受到大自然严厉惩罚之时，人们便也胡思乱想，对事物变化的前兆作出神秘的理解和解释，迷信前兆与人的命运之间存在着一个神秘而牢不可破的关联域，于是人们对前兆的出现十分关注。何种前兆一旦出现，便据此相信必然会导致何种结果。久之，便造成了一个巫术思维与情感定势，不仅将实践的失败、灾难的降临归之于某种前兆,而且也认为那些成功的实践、好运的到来也是出于某种前兆的结果。前兆成了人之命运的权威预示者。这正如费尔巴哈所言,"例如,一只鸟飞过,我跟着它来到了一个美好的水源;这样,这鸟便宣示了幸运。又如,一只猫在我刚要起步时横穿过去而挡住了我,结果这次出门很不顺当;这样,这猫便是不幸的预示者"[3]。这里的鸟和猫就是这种错误前兆观所误认的前兆,它是人之知识贫乏的表现。

而巫术的诞生基于人的一种企望神迹以求成功的急迫心情:

> 我们越无法倚赖自然和知识,则越会寻求征象,希望神迹,而信托捕风捉影的佳兆。[4]

巫术的全部文化意义,始于发现或制造前兆,以占验吉凶。巫术的前兆决定占验结果,这是一种错误的因果论。由于在巫术过程中,尽管渗透着神灵观念,但人智并未像宗教那样彻底地屈服于神,所以这种因果决定论属于巫学而非神学范畴,巫是神与人的结合。尽管巫术智慧是对因果律的滥用,仍然不能将占验之"果"统统归之于神这个终极之"因"。在巫术中,仍可明显见出人为的一点点努力。正如列维-斯特劳斯所言:

> 巫术思想,即胡伯特和毛斯所说的那种"关于因果律主题

---

3 [德]费尔巴哈:《费尔巴哈哲学著作选集》下卷,第829页,商务印书馆,1984年版。
4 [英]马林诺夫斯基:《文化论》,第67页,中国民间文艺出版社,1987年版。

的辉煌的变奏曲",之所以与科学有区别,并不完全是由于对决定论的无知或藐视,而是由于它更执拗、更坚决地要求运用决定论,只不过这种要求按科学观点看来是不可行的和过于草率的。[5]

对《周易》本经的巫术智慧也应作如是观。

《周易》占筮是在人与自然之原在矛盾暂时无法克服时人与自然之间的一种妥协方式,其中介就是神灵与人智的兼具意识,此即《易传》所谓"幽赞于神明而生蓍",相信被扭曲的人智的努力,须同时有神明的佐助,才可能是巫术的所谓成功。《周易》占筮的全部文化意义,也在于通过烦琐的占筮过程,决定变爻,人为地求得一个前兆,这前兆在《周易》中就是一定的卦象或爻象,从而占验吉凶,达到所谓趋吉避凶的目的。

中华原始巫术文化智慧的发展经历过从所谓"天启"到"半天启半人为"再到"人为"的历史发展阶段。

最早的中华巫术被后代称为"象占"或曰"杂占",这种原始巫术比较原朴、简单。它在神灵观念支配下,人的五官感觉到什么,反射到心灵中就占验出吉凶之结果来。人的五官所感觉到的事物和现象就是这种原朴巫术的前兆,它实际上没有巫术行为方式意义上的巫术操作过程,一旦前兆出现,就立即在信从巫术者的心灵中完成一次巫术占验过程,因为它不需要通过一定的巫术方式制造一个兆象,前兆是由自然界直接提供的。这类巫术实例在《周易》本经与《山海经》《史记·天官书》《汉书·五行志》以及《唐开元

---

5 〔法〕列维-斯特劳斯:《野性的思维》,第 15 页,李幼蒸译,北京商务印书馆,1987 年版。

占经》等古籍中所记甚多。在《周易》本经中，前引卦爻辞所载筮例有些是属于这一类巫术的。为飨读者，这里再举数例：《周易》大过卦九二爻辞："枯杨生稊，老夫得其女妻，无不利。"这是说，见到枯杨树生出嫩叶来，反枯为荣，这是老男人娶得少女为妻的好兆头。大过卦九五爻辞："枯杨生华，老妇得其士夫，无咎无誉。"这是说，枯杨树忽发花絮，这是老妇人嫁得少年郎的吉兆，虽无过错但无荣誉。渐卦九三爻辞："鸿渐于陆，夫征不复，妇孕不育，凶。"见到大雁停在高平的陆地上，这是丈夫征战无归、妻子不得孕子的凶兆。这类巫术文化智慧水平的原初性由此可见一斑。当然，这不等于它在现当代社会中已经绝迹了，比方有的人忽而眼皮跳，就相信有祸事临头而忧心忡忡；这是所谓"天启"巫术及其巫术文化观念的表现。

"半天启半人为"巫术的代表是盛于殷代的甲骨占卜。占卜主要是一种以龟甲、牛骨为材料具有一定操作过程的原始巫术，是通过捉龟、衅龟、杀龟、灼龟、刻龟等多种操作步骤而完成的巫术过程。占，甲骨文作卣、卣。《说文》云："占，视问兆也，从卜从口。"占字实由卜字发展演变而来。甲骨文卜字有六种字形：卜、卜、卜、卜、卜、卜。罗振玉曾说，占卜之兆，卜兆皆先有直坼而后出歧理。歧理多斜出，或向上或向下，故其文或作或卜。卜字是甲骨烧灼而投于水使之爆裂的纹理象形。卜为形声字，以形象灼龟之裂纹、以声象灼龟之爆裂。董作宾指出："卜其音同于爆破。余谓不惟卜之形取象于兆坼，其音亦象灼龟而爆裂之声也。"[6] 卜字形声，

---

6 董作宾：《商代龟卜之推测》，中央研究院历史所《安阳发掘报告》，1929 年第 1 册。

综合构成占卜的前兆。既灼之余，其龟甲（或牛骨）炸然有声，古人称之"龟语"，以为是有"灵气"的。而卜之形亦与爆然之声同时出现，同为征兆。古人就是根据这种占卜的声响之强弱、清浊以及卜形之大小、长短、曲直、深浅、走向等占验吉凶的。这一类巫术兆象的出现是人为灼烧龟骨的结果，但龟甲牛骨之类又是自然长成的，用以灼烧的篝火是自然之火，又经人力的控制，因而从其占卜过程看，具有"半天启半人为"的文化特征。

相比之下，《周易》占筮这一巫术可称为"人为"巫术。尽管《周易》用以占筮的蓍草或筮竹是由自然界所提供的，这一占筮被古人称为"自然之易"，然而它与自然之联系较前两类巫术稍弱。最根本的，是用以占验吉凶的前兆或称预兆即卦爻之象，是占筮者通过数的运演而创造出来的，这是人为的创造，其过程要比前两类巫术复杂得多，也"现代"得多。尽管这种巫术智慧始终笼罩在"象数""互渗"的"阴影"之中，它与前两类巫术相比，其朴素理性因素无疑有所加强。当然，任何巫术都有"天启"的一面，《周易》占筮自不例外，它也同样具有所谓来自"天启"的神秘主义文化氛围，不过相对而言，它是偏于"人为"的，故权称"人为"巫术。

从一般巫学智慧与宗教智慧的关系看，《周易》本经的巫学智慧并非宗教智慧，它终于没有发育成为潜隐于易理而成熟的中华原始宗教，这是中华古代淡于宗教文化性格的典型表现。

很难给巫术下一个什么定义，似乎也无此必要。然而将巫术看作人类童年的一种"倒错的实践"行为和伪技艺是大致不差的。人类童年对客观世界和人自身所知尤少而且十分稚浅，迫于生存的巨大压力，人类要求改造这个世界以适于生存发展的原始文化冲动自然是强烈而殷切的。于是用巫术这种所谓"伪技艺"按照人的要求愿望与意志以企图改变自然与历史的进程，巫术是一种实践的"假错"。在巫术中，人的文化心态多半具有盲目自信的特点，人相信在神灵佑助下，这个世界是可以由自己来加以改造的，人迷信自身有限的力量，通过神灵的支配，简直可以呼风唤雨，使河水倒流、大地震动，并不断增强自身的信心，人自以为自己就是神。这正如弗雷泽所言，在某些地方巫术与科学似乎颇有相近之处：

> 巫术与科学在认识世界的概念上，两者是相近的。两者都认定事件的演替是完全有规律的、肯定的。并且由于这些演变是由不变的规律所决定的，所以它们是可以准确地预见到和推算出来的。一切不定的、偶然的和意外的因素均被排除在自然进程之外。对那些深知事物的起因，并能接触到这部庞大复杂的宇宙自然机器运转奥秘的发条的人来说，巫术与科学这二者似乎都为他开辟了具有无限可能性的前景。于是，巫术同科学一样都在人们的头脑中产生了强烈的吸引力，强有力地刺激着对于知识的追求。它们用对于未来的无限美好的憧憬，去引诱那疲倦了的探索者、困乏了的追求者，让他穿越对当今现实感到失望的荒野。巫术与科学将他带到极高极高的山峰之巅，在那里，越过他脚下的滚滚浓雾和层层乌云，可以看到天国之都的美景，它虽然遥远，但沐浴在理想的光辉之中，放射着超凡的灿烂光华！ 7

弗雷泽的这一论述对《周易》无疑是颇为适用的。巫术占筮与

---

7 ［英］詹·乔·弗雷泽：《金枝》，上册，第76页，中国民间文艺出版社，1987年版。

《周易》朴素的数理科学因素，的确具有文化亲缘上的联系。《周易》的巫学智慧及其内涵的前科学智慧，笼统地说，两者在以下方面颇为相近：（一）都具有世界可以被改造、人能改造世界的信念和思维定势、情感方式。（二）都承认世界具有客观规律性。（三）都追求知识、憧憬未来。

然而细致分析，科学与巫术的文化本质毕竟是迥异的：（一）科学改造世界的信念建立在科学理性的基础上，而《周易》的巫术占筮关于所谓"探赜索隐，钩深致远，以定天下之吉凶，成天下之亹亹者，莫大乎蓍龟"[8]的信念，实乃出于原始情感非理性的冲动。（二）科学智慧对事物客观规律性的把握是对客观事物进行科学假设、实验、分析和判断，《周易》巫学智慧对事物客观规律性的"承认"，则意味着坚信一切都是命中注定。（三）科学智慧追求知识的真理性，为追求真理而不断修正谬误，而《周易》的巫学智慧则将巫术看作既定真理。如果说，科学智慧将追求知识看作一个无限揭示真理的过程从而憧憬未来，并在揭示真理的过程中需要不断研究"一切不定的、偶然的和意外的因素"的话，那么，《周易》的巫学智慧则彻底不承认一切客观事物还有什么"不定"、"偶然"和"意外"，巫术的所谓"真理"实际是谬误。所以在此意义上可以说，《周易》巫术占筮对未来的憧憬，其实不过是回归于传统。《周易》不承认宗教的"天国"，但这种"天国"之"美景"却被移置在巫术智慧"象数""互渗"的"阴影"结构中。

不过，我们也要看到，正是因为《周易》本经的巫学智慧与科学

---

8 《易传·系辞上》，朱熹《周易本义》，第315页。

智慧具有某种相通性，才能使得两者在“易”这一文化大系统中彼此容受在一起，并使数理这种后世发育成熟的科学智慧成为《周易》巫术区别于世间一切其他巫术的一个标识。朴素理性的科学智慧与非理性的巫学智慧彼此接近而相安无事，正是《周易》巫术独具魅力之处。而易筮中的“数”，首先是指人的命运，指命里注定，同时才是后世数学理性的萌芽。弗雷泽说，巫术是科学的“伪兄弟”[9]，是。

弗雷泽、马林诺夫斯基、弗洛伊德以及列维-布留尔、恩斯特·卡西尔等西方著名学者都肯定巫术先于宗教的学术见解，这在《周易》巫学智慧来说，这种学术观点是经得住检验的。巫学智慧与宗教智慧属于前后不同的两个人类文化智慧的发育阶段。巫术早于宗教，因为，一旦古人发现巫术实际上无效时，便陷入了惶恐与悲哀之中，人类对世界的思考和情感可由盲目乐观坠入盲目悲观的深渊，产生精神危机。这种精神危机，促使人类更相信存在着某种强大的超自然的力量（这在巫术中只是半信半疑），可以随意改变自然与社会的进程而主宰人的命运。人为了求得生存，必须取悦于这种超自然力量即神、上帝之类，被迫痛苦而又心诚地向神跪拜。在巫术中，人还想通过人自身的努力，试试自然之强大而地位稳固的权威性，待到宗教阶段，则尤其显得无力与软弱，这是人的历史性屈辱。

较为精明的人们到一定时候就觉察出，巫术的仪式和咒语并

9 ［英］詹·乔·弗雷泽《金枝》，上册，第55页，赵昍译，陕西师范大学出版社，2010年版。

不能真正获得如他们所希望产生的结果……这是对于巫术无效的重大发现，必然会在那些精明的发现者的思想上引起一种可能是缓慢的却是带根本性质的革命。

人们第一次认识到了他们是无力随意左右某些自然力的。

这（宗教）是一种对人类的无知和无力的反思。

如果他觉得自己如此渺小脆弱，那末他就一定会认为控制自然这部庞大机器的神，该是多么巨大而有力量！随着与神平等的旧意识的逐渐消失，他同时也放弃了凭借自己的力量与智慧，或者更精确些说，凭借巫术，来指导自然进程的信心。[10]

然而，宗教代替巫术并不意味着人类智慧的历史性倒退，相反，因为宗教的诞生实际是人类较高级的文化智慧的表现，人类须有充分的心智与理性才能创造神学体系。美国学者罗德尼·斯达克认为，宗教、神学的诞生，一定意义上是"理性的胜利"。他引用奥古斯丁的话说："信仰先于理性"，而"那说服我们相信这一点的一小部分理性，却必须先于信仰"[11]。信仰是一种崇拜，崇拜是客观事物的神化同时是主体意识的异化与迷失，但信仰又极大地激发起人的意志与情感力量。宗教信仰意味着人的被"剥夺"，将人之命运交给神去主宰。然而，实际是人以自身的形象来创造神与上帝，神与上帝是人之力量智慧在天上的倒影，人的主体意识、创造力量在残酷地被神与上帝剥夺殆尽之时，又奇迹般地在神与上帝身上

10　［法］詹·乔·弗雷泽：《金枝》上册，第87页、140页，中国民间文艺出版社，1987年版。

11　［美］罗德尼·斯达克：《理性的胜利——基督教与西方文明》，第6页，管欣译，复旦大学出版社，2013年版。

得到了虚幻的实现。正如梁漱溟所言："宗教可说是一种对于外力之假错，此外力却实在就是人自己。宗教中所有其对象之伟大、崇高、永恒、真实、善美、纯洁原是人自己本具之德，而自己却相信不及。"[12]

正如前文已有提及，众所周知，《周易》巫学智慧后来终于未能发展为成熟意义上的中华古代宗教，其文化之因何在呢？

这是一个深刻而复杂的文化学课题，这里，只能先来提出一些假设。

假设之一，从民族文化智慧的超越意识看，每一个民族的文化头脑都会产生超越意识。这种超越意识基本可分两大类：一、从世间向出世间即从此岸向彼岸的超越；二、在世间即此岸范围内的"超越"[13]。凡是前者就可能构成健全的宗教观念，古代西方的基督教就是典型一例。这种超越意识的特点，是人的文化思维和意志、情感不受此岸所局限，而是幻想出一个彼岸世界来，同时虚构出神与上帝之类的崇拜偶像。这种超验的神与上帝全智全能、十全十美，它创造一切、主宰一切、抚爱一切，又能毁灭一切。"起初，神创造天地。地是空虚混沌，渊面黑暗。神的灵运行在水面上。神说要有光，就有了光……"[14]神创造了白昼黑夜、陆地海洋、果蔬草木、天体时空以及人等一切生灵，无所不能。这一宗教超越意识在《周易》本经中当然是没有的。《周易》本经的巫术智慧包含一

12　梁漱溟：《中国文化要义》，第 108 页，学林出版社，1987 年版。

13　按：这里"超越"二字之所以打上引号，是因为假如从世间向出世间的超越角度看，这所谓世间范围内的"超越"，就不能称为真正的超越，而只能称为超脱。

14　《旧约全书·创世记》，香港浸信会出版部印行，1866 年版。

定的神灵观念，但这神灵并非是宇宙的第一存在与创造者。《易传》中有关于"神"的文化意识，它可以被看作是《周易》本经的巫学智慧在《易传》中的辐射和延伸，如"神无方而易无体"、"阴阳不测之谓神"以及"知几其神"等等，这里所谓"神"，并非指造化天地宇宙的彼岸之神，而仅是圣人的一种文化属性，或是与圣人智慧相接的易的文化品格，它可以被理解为易的奇妙境界或是人之心智所未掌握的客观事物的奥秘。当然，在《易传》中，有"与鬼神合其吉凶"、"是故知鬼神之情状"等说法，此"神"与"鬼"并提，确是《周易》巫学智慧中的神灵观念在《易传》中的反映，然而，这里所言鬼神远不是神通广大的，它具有一定的彼岸性，却不是造物主。

因此可以说，《周易》本经巫学智慧的神灵观念是很薄弱的，缺乏从巫学智慧的基础出发、发展出一个宗教主神的条件。而没有宗教主神，便不能建立一座宗教神学大厦。无论《周易》本经抑或《易传》，其文化意识中的最高的被尊奉者是圣人伏羲，伏羲仅是一个半人半神的中华远古神话的主角，却不是宗教之主神。整部《周易》的文化智慧，并没有实现从此岸向彼岸、从世间向出世间的"超越"。

假设之二，任何民族如果要在原始巫术基础上创立宗教，或是从巫学智慧转化为宗教学智慧，则这种原始巫术作为宗教文化智慧的基础，必须具有充分的非理性基因。因为，任何宗教教义、仪轨以及教徒的情感世界，必充满了对神、上帝之类的精神迷狂与激情，而且宗教是由原始巫术发展而来的，从原始巫术到宗教必有一条不容间断的感情之链，所以，倘然原始巫术文化智慧的情感力量、非理性因素相对而言不够充分的话，那么，就有可能缺乏一种从原始巫术推演到宗教的激情"内驱力"。我们观察《周易》本经的巫术占筮——尽管任何巫术某种意义上说都是非理性的，然而同样是巫术，其巫术情感还有程度的不同和方式的差异。一个远古欧洲氏族的农夫，当其为祈求丰年而在田埂上日夜蹦跳，直到精疲力竭、昏死过去为止，这个巫术的全过程充满了强烈的激情。一个原始部落青年男子的"成丁礼"，是用一二百根钝而不锐的骨针满刺全身，最后一根要横穿舌头，其痛苦之巨可想而知。这个巫术仪式的意义，是相信通过这一残酷的巫术操作，让大无畏的魔力灌注到青年的肉体和灵魂之中，其情感之迷纷狂乱令人惊心动魄。而一个希伯来少年的割礼也是神秘而热狂的。这种无比激情的宣泄在《周易》占筮中是见不到的。不是说《周易》的巫术智慧没有非理性情感的亢奋，它既然原本巫术，怎么会没有非理性的因素呢？然则，它比起远古诸如文身、凿齿之类的巫术来，尤其与前述某些原始氏族、部落那种要死要活的巫术相比，则一般显得心平气和多了。心平气和自然也是一种情感方式，却并未达到酿成宗教迷狂所需要的燃烧程度。《周易》本经巫术智慧的情感因素缺乏一种急迫而焦灼的动势。但看其整个占筮过程，真是慢条斯理温文尔雅，比起火爆火燎的西方古代巫术来，确实要冷峻得多。《周易》巫术占筮是世界上独一无二的巫术方式，其筮数的运演别具一格。尽管这种筮数的运演是在"象数""互渗"的"阴影"结构中进行的，易数的神秘观念同样是非理性的，可是，这种筮数的半抽象特点，仍然显现出一种偏于原朴理性的思维倾向。总之，《周易》占筮是一种性质偏"冷"的巫术，它多少缺乏的是少年般的任气和情绪的激越慷慨而在虔诚的文化心态中趋于思辨，这一点是值得注意的。

假设之三，宗教所虚构的彼岸世界，诸如基督教的天堂和佛教净土宗的"西方极乐世界"等等，都是美妙绝伦、幸福无限、快乐无比的地方。这天堂黄金铺地，宝石盖屋，眼看美景，耳听音乐，口尝美味，每一官能都有相称的福乐。佛教阿弥陀佛净土所构想的"西方极乐"，也是黄金为地、宝物无数、楼阁接云、花树灿烂，皆以金银装饰，又是七宝池荡漾着甘冽、澄美的八功德水，池中莲花净植，大如车轮，清香四溢，诸色微妙；又是舞姿迷眼、伎乐喧天，而且往生者必寿命无量，可谓出离诸苦、乐悦无尽。然而在这"天堂"、"极乐"的背面，伴随着的是无比的痛苦、黑暗与罪恶。基督教有"原罪"与耶稣受难。《旧约全书》描述亚当夏娃所乐居之伊甸园，有蛇作祟，它居然怂恿"人类之祖"偷食能分别善恶的智慧之树上的禁果，这是远古巫术禁忌文化意识在宗教观念中的遗存。于是善良、慈爱的耶和华神动了恶心：

> 耶和华神对蛇说，你既作了这事，就必受咒诅，比一切的牲畜野兽更甚，你必用肚子行走，终身吃土。我又要叫你和女人彼此为仇，你的后裔和女人的后裔也彼此为仇。女人的后裔要伤你的头，你要伤他的脚跟。又对女人说，我必多多加增你怀胎的苦楚，你生产儿女必多受苦楚……又对亚当说，你既听从妻子的话，吃了我所吩咐你不可吃的那树上的果子，他必为你的缘故受咒诅，你必终身劳苦。[15]

---

15 《旧约全书》，第2章，香港浸信出版部印行，1866年版。

同样，在佛教教义中，认为人生之系累不是别的，而是一个字：苦（无明）。生苦、老苦、病苦、死苦、爱别离苦、怨憎会苦、求不得苦、五蕴炽盛苦等构成了人生无尽烦恼。某种意义上可以说，佛教是讲苦以及苦之解脱的，是谓"苦空之学"。

因此，大凡宗教，具有强烈的苦乐观以及由此而演进的善恶观，而且其"乐"、"善"之思是建立在"苦"、"恶"文化意识的基础上的。即在这种宗教中，首先是对"苦"、"恶"有了深沉而强烈的历史性感觉与领悟，才有可能促进人之思维与情感力图出离此岸之"苦"、"恶"，去向往彼岸虚幻的"乐"、"善"。就是说，在充满迷乱情绪的宗教文化中，其底蕴却有一部分是关于人生"苦"、"恶"的清醒认识，一般宗教都承认人生之"苦"、"恶"是历史的一个杠杆，这往往是关于人、人之本体存在的一种忧患意识。

人生之"苦"、"恶"的忧患意识，其实在作为宗教智慧雏形的巫术文化智慧中早见端倪。比如前文所言《旧约全书》中的"禁果"意识，作为宗教智慧无疑是原始巫术禁忌的嬗变。耶和华对于蛇与亚当夏娃所说的诅咒，是对"苦"与"恶"的诅咒，诅咒本身就是人类远古传至今日并且会永远承传下去的巫术。

这就可能形成这样一个假设：大凡由于一般原始巫术与宗教之间在苦乐、善恶问题上实际存在着文化意识中的深层结构，由于一般宗教不能不具有强烈的"苦"、"恶"观念，因此，如果某种原始巫术或原始巫术群能够发展为宗教，那么，一般作为宗教智慧母体的原始巫学智慧，必须内涵充沛的关于人生"苦"、"恶"的文化意识即关于人、人之本体的忧患意识。

值得深思的是，由《周易》本经所提供给我们的巫学智慧，却在一定程度上缺乏这一文化意识与文化机制。

倘从功用、功能意义上对巫术加以分类，可将一切巫术分为黑巫术（Black Magic）与白巫术（White Magic）两类 [16]。黑巫术即"恶的巫术"，教人怎样行动以达到预期目的，通过运用所谓"同能致同"的"交感定律"，直接"感致"或间接"染触"的巫术方式，使巫术所指向的对方遭受灾难、痛苦与死亡，具有积极的攻击性质。比如说"你去死"这一诅咒，就是一种简单的"恶的巫术"。白巫术亦称"善的巫术"，教人不应当这么做，以避免不希望得到的结果，具有消极的防御性质。这类巫术教人对痛苦、灾难与罪恶尽量避开，它有巫术禁忌，就是企望将人生之苦、恶统统禁绝在人生阈限之外，趋吉避凶，具有人生欢乐和从善的智慧情调。

《周易》本经的巫术占筮可以说是一种典型的白巫术、"善的巫术"。它的全部功用意义是所谓趋吉避凶亦即向善去恶。笔者曾对《周易》本经所载筮例作过粗略的统计，其中标明"吉"之类字样者大约有二百五十多处，"凶"之类者大约七八十处，前者约为后者的三倍有余。这似能证明《周易》本经的巫术占筮观念不能正视人生之苦与恶，人们占筮的目的大都在于筮问自身的命运休咎而不是去恶意地攻击他人。筮问的范围包括行旅（近百条）、战事（八十余条）、享祀（二十条）、饮食（三十余条）、渔猎（十九条）、牧业（十七条）、婚媾（十八条）、居处和家庭生活（二十余条）、妇孕（三条）、疾病（七条）以及赏罚讼狱（十余条）[17] 等，当然这

16　按：参见梁钊韬《中国古代巫术——宗教的起源和发展》，第 25—26 页，中山大学出版社，1989 年版。

17　按：参见李镜池：《周易筮辞考》，李镜池《周易探源》，中华书局，1978 年版。

不是一个完全的统计。但从这里我们可以清楚地看到，中华古人对自然宇宙与社会人生的态度是非常善意的，执著追求善的圆满境界，此之所以趋吉避凶也。阅遍整部《周易》，难见一个苦字与恶字，实在不是偶然的。在《周易》本经的巫学智慧中，比较缺乏对宇宙与人生的危机意识。即使处境不佳之时，也能安分随时、从容不迫，将苦难与危亡置于脑后，比如乾卦九三爻辞云："君子终日乾乾，夕惕若厉，无咎。"《文言》进而发挥道："乾乾因其时而惕，虽危无咎。"这种虽危无咎的思想，一方面反映出中华古人对危亡的蔑视、藐视与漠视，表现出对艰难困苦的无畏气概，另一方面则是童年中华的自信与乐观。

《周易》文化智慧确实渗融着一定的忧患意识，"忧患"一词大凡典出于此，但这是《易传》的思想而非《周易》本经所具有。《易传》说："易之兴也，其于中古乎？作易者，其有忧患乎？"[18]这是说，文王为商纣所囚，居羑里而演《周易》，可证《易》为忧患之作。然而这里的"忧患"，实为氏族之忧、民族之忧以及个人身世、家国社稷之忧，尚不同于基督教的"原罪"之忧患、佛教关于人与人之存在本身便是忧患的思想。也并非生命之忧、人性之忧，而正如《易传》所言，"乐天知命故不忧"。

综上所述，从《周易》一般乐观向善的巫学智慧土壤中难以开放一般宗教所具有的苦、恶之华。

从前述三点假设可知，这便是为什么古代中华"却是世界上唯一淡于宗教、远于宗教、可称'非宗教的民族'"[19]。

---

18 《易传·系辞下》，朱熹《周易本义》，第336页。
19 梁漱溟：《东方学术概观》第68页，巴蜀书社，1986年版。

但是，淡于宗教、远于宗教、缺乏浓重的宗教意识所留下的空白必须得到填补，历史的天平要求平衡，于是便有发达的政治伦理思想早在春秋战国的百家争鸣时代就大声喧闹着登上历史舞台。《易传》的儒家政治伦理学与哲学丰富而深刻，是一般地绕过宗教这一文化智慧的发展而直接从《周易》为代表的巫学智慧生发出来的。中华古代哲学的"天人合一"思想，是从原始巫术的原始思维中发展起来的；阴阳哲学观来源于原始巫术中的"气"（马那）；巫学智慧一往无前的"有为"意识，直接哺育《易传》所谓"天行健，君子以自强不息"的哲学；而《周易》本经巫术占筮的实用性及其智慧的偏于理性的特点，又成为先秦儒学所谓"实用理性"的滥觞；至于巫术占筮中的神灵与求筮者之间所自然形成的原始等级关系，必然要蜕变成为政治伦理等级关系，衍生为比较完备的中华古代的政治伦理纲常，诸如此类的一系列问题，留待后文去加以探讨。

第二节 "诗性智慧"的历史步伐

《周易》本经的巫学智慧，发展到大致成文于战国中后期至汉初的《易传》——尽管《易传》保留了古筮法等巫学的材料，总体上却基本完成了从原始巫学向非巫学智慧的转化。其中美学智慧是《易传》非巫学的重要内容，这里借用维柯《新科学》的一个文化学概念，称之为"诗性智慧"。

从巫学向"诗性智慧"的转化绝非偶然，它是民族与历史的必然产物，也是社会文化心理的内在机制使然。

这里，我们的分析先从历史开始。殷周之际，是中华奴隶社会的鼎盛期，殷人从盘庚迁都河南安阳之后，一个颇为强盛的氏族奴隶主王国便崛起于中华大地。这王国由氏族血缘维系。阶级与等级的壁垒森严，进一步造成了社会的分工，必然要促进社会文化的发展，从战争中捕获的战俘，不仅扩充了奴隶的队伍，增强了社会生产力，而且也在一定意义上带来了异邦文化的种种因素，这就使得殷商的青铜文化愈显得灿烂辉煌。武王克商以后的整个西周时期，基本仍是奴隶制王国的黄金时代。此时社会生产力在克商之时暂遭破坏后再度恢复，青铜文化得到了延续，在礼乐和文物典章制度方面曾经取得了颇高的成就，宗法制的完善和趋向于定型，从"殷道亲亲"到"周道尊尊"，无疑标志着周代以奴隶制政治为代表的社会意识形态的发展。

然而，所有这一切的发展仅仅是奴隶制社会意义上的发展，仅仅与殷周之前的社会相比才能说是一种进步。实际上这一历史时期的中华古人仍未摆脱"童年"的生活，社会生产力的相对低下，使古人的文化心智仍在黎明前的黑暗之中摸索，其表现之一是对占卜和占筮的崇信无遗。殷人对占卜是极其虔诚的，至今从地下所发掘的用以占卜的十六万片甲骨就是一个很好的证明。殷人几乎无事不卜："帝令雨足年，帝令雨弗其足年？"[20] "伐㠯方，帝受我又？"[21] "王封邑，帝若。"[22] "我其已㠯方，乍帝降若；我勿已㠯方，乍帝降不若。"[23] 这是说，年成的丰歉、战事的胜负、该地宜不宜筑城乃

---

20 罗振玉：《殷虚书契前编》一、五〇、一，《国学丛刊》石印本三期三卷，1911 年版。

21 林泰辅：《龟甲兽骨文字》一、一三，日本商周遗文会影印本，1921 年版。

22 罗振玉：《殷虚书契后编》下，一六、一七。

23 罗振玉：《殷虚书契前编》七、三八、一〇。

至这个官吏应不应当罢免等，都需稽疑于占卜。这种占卜之风直到周代仍在沿袭。据考古发现，不仅在殷墟而且在周人的发祥地周原也有甲骨出土。占卜之余，周人更发展了一种别一文化方式的占筮，便是《周易》的原本文化范型。

殷周时期整个社会的文化头脑，多半是被卜筮所占据着的。

> 汝则有大疑，谋及乃心，谋及卿士，谋及庶人，谋及卜筮。汝则从，龟从，筮从，卿士从，庶民从，是之谓大同。身其康强，子孙其逢。吉。汝则从，龟从，筮从，卿士逆，庶民逆，吉。卿士从，龟从，筮从，汝则逆，庶民逆，吉。庶民从，龟从，筮从，汝则逆，卿士逆，吉。汝则从，龟从，筮逆，卿士逆，庶民逆，作内吉，作外凶。龟筮共违于人，用静吉，用作凶。[24]

《尚书·洪范》是后人的伪作，但仍可见出古人对卜筮（龟筮）的笃信不疑，龟筮具有近乎绝对的权威性。龟筮是古人从事捕猎、采集、耕稼、征战和人自身生殖繁衍等社会行为的重要文化方式，也是文明时代的民族、国家与社会集团举行庆典、用兵、作邑、稼穑以及人们饮食起居、生老婚嫁、远行与社交等一切行为举措所常具的重要文化内容，这种巫学智慧总与氏族、民族、国家、集团经济、生产力、生产方式与其他社会意识形态、风俗习惯、文化传统等联系在一起，也从一个方面反映出人的历史地位、时代风貌、民族文化素质、人的文化形象以及人的历史命运等，它是中华文化智

---

24 《尚书·洪范》，《今古文尚书全译》，第 241 页。

慧的一种童年形态。

不过，这种笃信龟筮的时代文化气候一到春秋战国时期便为之大变。春秋战国，是中华奴隶制趋于瓦解、逐渐走向封建制的伟大变革时代，就生产工具而言是伴随着铁器的发明与广泛使用而来到的。生产工具的发展不仅促成了农业的繁荣，而且由于社会分工的进步而带来了手工业与商业的发展，为文化、意识形态的新思潮的出现准备了物质条件。春秋五霸争雄，极大地削弱了周代帝王的地位；战国七枭兼并，使东周王朝名存实亡。政治领域中的周代帝王失去了绝对的权威性，巫学领域中的神灵也就立足难稳了。奴隶的逃亡与解放造就了大批比原先奴隶身份相对"自由"的农民、手工业者或商人，而手工业者与商人（其中一部分来自奴隶主阶层）进一步推动了社会"自由"思潮的发展。这加快了城市的发展，市民力量的增长以及趋于瓦解农民对土地的依附性。同时在文化教育领域，以往"学在官府"的陈规受到了新兴私学的冲击，所谓"有教无类"在一定程度上给处于社会下层的劳动者提供了接受教育的机会。战乱迭起也从一个方面迫使统治者无暇严厉压制"士"（知识分子）的思想的自由与知识的传布，相反，比如战国的"合纵"与"连横"反而给"士"提供了大量施展聪明才智的机会，在此基础上发展了新的哲学、政治伦理学与军事学等等。时代造就了大批专门从事精神生产的先秦知识分子，与其他社会劳动阶层一起，成为社会的中坚力量，所谓"士农工商四民者，国之石民也"[25]。而且由于文化眼界的进一步开拓，天命与神权思想受到了冲击。

---

25 《管子·小匡》，上海古籍出版社，1989年版。

　　周克殷之后，处于被奴役地位的殷人本来是相信天命与祖宗神的，现在则痛苦地处在"为臣仆"的屈辱地位，尤其是那些有学问、有思想、有智慧者如卜、史、巫与祝等，必然会在郁郁苦思中总结经验，其中一定会有一些士将殷之败亡归结为人们对上天或祖宗神的不敬、不忠、不孝，从而更笃信天帝、神灵包括龟筮的所谓"灵力"。但也极易作一逆向反思，不信上天与鬼神以及对龟筮之类抱着三心二意的态度。当周统治者对殷之遗民说"尔殷遗多士，弗吊，昊天大降丧于殷，我有周佑命，将天明威，致王罚，敕殷命终于帝。肆尔多士，非我小国敢弋殷命"（大意：我小邦周并非敢于替代大殷国的统治，所以如此，实乃出于上天的意志而不敢违逆）之时，殷之遗民大约只能报以苦笑叹息了。人们自然会想，昊天神灵过去自己不可谓不敬，却仍旧难逃殷之倾覆的厄运，可见神之不灵。在《诗经》中，对上天神灵的抱怨、责难与怀疑可谓俯拾皆是：

　　　　"天之抗我，如不我克。"[26]（上天与我作对，像要将我害死。）

　　　　"昊天上帝，宁俾我遁？"[27]（上帝你要逼我走投无路吗？）

　　　　"昊天不公！"[28]（上天不均！）

　　　　"昊天不惠！"[29]（上天不仁慈！）

　　　　"昊天不平！"[30]（上天不公平！）

26　《诗·小雅·正月》，周振甫《诗经译注》，中华书局，2002年版。

27　同上书，《诗·大雅·云汉》。

28　同上书，《诗·小雅·节南山》。

29　同上书，《诗·小雅·节南山》。

30　同上书，《诗·小雅·节南山》。

"昊天疾威，弗虑弗图！"[31]（上天滥施淫威，太无理性！）

同时，又因深感先祖神灵的不保佑我而牢骚满腹：

"群公先正，则不我助；父母先祖，胡宁忍予？"[32]（列祖列宗，不佑助我，难道宁愿我忍受苦难吗？）

"先祖匪人，胡宁忍予？"[33]（先祖不是人，难道忍看我苦难深重吗？）

此时，对上天神灵、鬼妖以及神秘龟筮的否定意识愈见强烈起来。《左传》中便有不少这样的记载。楚武王入侵随这个姬姓国，随国少师董成请随之国君发兵追袭楚军，季梁劝阻国君不要盲动，他说："所谓道，忠于民而信于神也。"认为有道无道，要看是否既"忠于民"又"信于神"，这是将民、神对举，且先民而后神。进而提出"夫民，神之主也"的观点，从往昔相信神灵主宰一切到喊出民为神之主宰的口号，虽然并未彻底否定神，却提高了民的地位，是一种"民主"意识。所以季梁说："是以圣王先成民而后致力于神"，"于是乎民和而神降之福，故动则有成"[34]。

楚国大夫屈瑕将领兵去同郧军作战，想预卜此战胜负如何，楚国若敖之子斗廉认为不必进行占卜，因为这次战争军事形势有利于

---

31 同上书，《诗·小雅·雨无正》。
32 同上书，《诗·大雅·云汉》。
33 同上书，《诗·小雅·四月》。
34 《左传·桓公六年》，杨伯峻《春秋左传注》，中华书局，1990年版。

楚，在他看来取胜是无疑的，故曰："卜以决疑。不疑，何卜？"[35] 虽未从根本上怀疑占卜的所谓"灵验"，却也不再持"无事不卜"的态度了，证明占卜在人之一切行为举措中的绝对权威性已被削弱。

郑厉公入侵郑地大陵六年前，有内宅之蛇与野外之蛇恶斗于郑南门而内蛇死。鲁庄公听说此事，认为这预兆是妖孽所为。鲁大夫申繻则认为"无妖"。他的见解是："人之所忌，其气炎（焰）以取之。妖由人兴也。人无衅焉，妖不自作。人弃常则妖兴，故有妖。"[36] 这是说，所谓妖孽并非鬼神所为，倒是社会生活中那些兴妖作怪现象，是人为造成的，这是一种朴素的无神论，所谓"妖由人兴"，实际上否定了妖。

秋季七月，迷信鬼神的人说有鬼神降附于莘地以示休咎吉凶，周惠王询问是何缘故。史嚚由此发表一通议论："国将兴，听于民；将亡，听于神。"[37] 意思是说，国家将要兴盛时，所听到的都是民众的呼声，看到的是民众的力量，国君内心明朗，不会想到鬼神什么的，一旦国家行将衰亡，就内心阴郁，疑神疑鬼起来。可见鬼神实是心造的幻影。

僖公十六年春，有陨石自天而降，宋襄公问周内史叔兴："是何祥也？吉凶焉在？"叔兴回答说："鲁多大丧，明年齐有乱，君将得诸侯而不终。"叔兴回来却对别人说："君失问。是阴阳之事，非吉凶所在也。吉凶由人，吾不敢逆君故也。"[38] 显然，在叔兴看

35　同上书，《左传·桓公十一年》。

36　同上书，《左传·庄公四年》。

37　同上书，《左传·庄公三十二年》。

38　同上书，《左传·僖公十六年》。

来，陨石是一自然天象，由阴阳二气错逆而产生，无所谓吉啊凶的，国君真不该询问这码事。吉凶是由人定的，人说吉则吉，说凶则凶。但在宋襄公面前却将陨石坠落解说成"鲁多大丧"之类的凶象，这是周内史自己不敢违逆国君威权之故。可见，即使在懂得所谓卜筮之术、以稽疑解惑标榜于世的周内史叔兴的心目中，对所谓卜筮也是根本不信的。

龙是中国古代传说中的神灵之物，而郑国子产不信其神圣。昭公十九年郑国发大水，见龙斗于城门外荥阳密县东南颍水之中，大家都主张祭龙禳灾，子产不允，他认为："吾无求于龙，龙亦无求于我。"[39]

战国儒学之徒公孟，虽然我们至今未详其生平事迹，但其明确提出的无鬼神论保存在《墨子》的《公孟篇》中。公孟与墨子曾就有无鬼神展开论辩，墨子云："夫知者，必尊天事鬼，爱人节用，合焉为知矣。"又说："古圣王皆以鬼神为神明，而为祸福，执有祥不祥，是以政治而国安也。"公孟子则云"贫富寿夭"，"在天"而不在"鬼神"。[40]战国时已有无神论在思想界流行。

春秋战国时期是中华思想史上初步兴起无神论的伟大时代，无神论的兴起，意味着人的觉醒与人的主体意识的开始确立。这必然会形成对建构于一定神灵观念基础上的巫术与巫学智慧的挑战。尽管当时社会上还有大批的人相信巫术占筮与迷信鬼神的威权，然而，巫术占筮的灵光与神灵的"光辉"毕竟比以往有所收敛

---

39 同上书，《左传·昭公十九年》。

40 《墨子·公孟第四十八》，孙诒让《墨子间诂》卷十二，第274、275页，《诸子集成》第四卷，上海书店出版社，1986年版。

和暗淡了。

这给《周易》本经的巫学向《易传》非巫学智慧的转化创造了一定的时代文化氛围和精神条件，或者可以说，从《周易》本经到《易传》文化形态的转换，其本身就是时风所转的一个有机组成部分。人的觉醒，标志着人的文化智慧努力从传统巫学桎梏中挣脱出来，去开拓一个新的思维天地、情感领域和意志的寄寓之所，便是《易传》所建构的一个新的智慧系统。在这系统中，失去了主导地位的巫学智慧被挤到了一角，始有哲学、政治伦理学与美学等文化灿烂磅礴。在这里，人试图努力抛弃巫术占筮这一"伪技艺"，去独立地面对充满挑战意味的世界。《易传》固然未有管仲所谓"神筮不灵，神龟不卜"[41]的思想，然时代新声雄放，已自响彻云霄，建立在哲学基础上的与政治伦理相联系、以巫理为文化原型的美学智慧开始迈开历史的步伐。

同时，与《易传》美学智慧取同一历史步调的，是春秋战国时期艺术精神的解放。远古艺术的萌生是与人之起源、人之自我意识的起源同步的，最早的艺术不可能具有神性，当时人的文化意识尚未进化到能够造神的历史水平。一旦中华古人的文化头脑中产生了鬼神意识，艺术开始被笼罩于初始的神秘氛围之中，成了献祭于昊天上帝、祖宗神灵或是其他种种鬼神的祭品。从山顶洞人的石器、骨器之类"妆饰品"看，尽管那时已产生了神灵意识，然我们一般尚难以从这些妆饰品强烈地感受到一种神的文化氛围，大概是当时近于初起的神灵意识比较微弱的缘故。再看仰韶文化期的人首

---

41 《管子》，上海古籍出版社，1989年版。

蛇身壶盖艺术或是比较晚近的殷商青铜艺术比如人面纹方鼎、兽面纹鼎与枭尊等，就有一种狞怖的感觉，这类青铜艺术饕餮纹样的神秘性是很强烈的，早期的艺术审美意识处于"寄'神'篱下"的历史境遇中，由于不得不忍受神的奴役，此时的艺术尚缺乏独立的"人格"。

这种艺术偏具神格的模式发展到春秋之时，时风为之一变，且不说正如前文所引证的《诗经》许多诗句，唱出了对昊天神灵与祖宗神的怨刺之音，且不说战国末年屈原的《天问》，以磅礴气势表达出属于时代的关于"天"的冷峻思索，就说创作于春秋时期的莲鹤方壶吧，"此壶全身均浓重奇诡之传统花纹，予人以无名之压迫，几可窒息"，这确实象征一个属神的旧时代的历史遗痕。"而于莲瓣之中央复立一清新俊逸之白鹤，翔其双翅，单其一足，微隙其喙作欲鸣之状"，又，"此鹤初突破上古时代之鸿蒙，正踌躇满志，睥睨一切，践踏传统于其脚下，而欲作更高更远之飞翔"[42]。真是昂扬奋励的新时代精神的艺术写照，它是偏于"属人"的，是人与艺术的初步觉醒。

不难见出，从殷商及殷商之前到春秋战国时期中华古代文学艺术的历史发展轨迹，与《周易》从巫学向美学智慧的历史性转换相比较，两者在深层文化结构上实际是同构对应的，即大致都有一个从"神"向"人"的转化过程。

中华古代文学艺术的历史发展，总体上经历三个大的发展阶段。其一，从中华初民开始在这块广袤的东方大地上制造工具、从

42　郭沫若：《殷周青铜器铭文研究》，科学出版社，1961年版。

事生产、繁衍生息到"万物有灵"观产生之前，此时的文学艺术处于萌芽时期，由于未受原始巫术、神话与图腾观念的薰染而具有"原始的单纯"与混沌的特点，处于元白和元黑状态，原始初民由喉头所发出的简单的音节、语音以及喜怒哀乐情感的表达和借以表达感情意念的形体动作等等，为最原初的口头文学、音乐、舞蹈等的萌生发育准备了条件。工具的制造、使用与改进，无疑培养和锻炼了原始初民对形象、形式的"前审美"感受，人的一切行为、思维、情感与意志等等，都服从和专注于求生存这一实用目的，所以此时的文学艺术始终受到"原始实用"意识的羁绊。其二，从"万物有灵"观的诞生，经过夏商周三代、西周，到春秋战国神灵之文化意识的削弱，这是一个文学艺术和审美意识开始被神灵之乌云重重笼罩继而有所消解的时代。由于原始巫术、神话与图腾观念的介入，文学艺术尽管具有相对独立的审美属性，总体上却是属神的神秘符号体系，它的社会属性变得复杂起来，文学艺术观念，审美意识与原始巫术、神话与图腾观念的纠结显得尤其牢固。这是因为"原始人丝毫不像我们那样来感知……不管在他们的意识中呈现出的是什么客体，它必定包含着一些与它分不开的神秘属性"[43]。人们在文学艺术中所表现出来的欢悦、赞叹、恐惧、痛苦与诅咒等情感，往往都与对神灵的崇拜意绪纠缠在一起。比如，属于母系氏族社会的西安半坡"人面鱼纹"这一陶器绘画艺术，其人面造型以两段直线表示双眼，鼻子作倒丁字形与倒三角形，嘴角各衔一条小鱼、鱼身周围附以莫名的短线或圆点，两耳部各有一条小

43　［法］列维-布留尔：《原始思维》，第34页，丁由译，商务印书馆，1981年版。

鱼（珥鱼）纹样，这种人面与鱼纹合在一起的艺术符号，显然具有非现实的神秘意蕴而不是单纯地表现美。即使在后代《诗经》中，也有许多诗篇表现出鸟图腾与鱼图腾的观念情绪，是对远古生殖崇拜神秘意象的朦胧回味和热情讴歌。其三，从春秋战国艺术精神的初步觉醒、经过魏晋艺术精神的真正觉醒而直至以后，这是第三阶段。这一阶段的文学艺术与审美意识，已经一般地挣脱了神灵的羁系而呈示出相对独立的审美性格，它基本上是属人的，具有关于人的审美主体意识，审美意识的天空变得高远而明丽，但时时亦有关于神、关于崇拜的乌云掠过天边。直到今天，也常常会有崇神或变形的崇神观念意绪闯入艺术审美领域。可以说，这一历史时期的中华文学艺术，总与诸神或圣保持着传统联系，组成一个松散的结构。

中华文化智慧也经历过三个历史发展阶段。在第一阶段，初民的文化具有初始的特征，即紧紧围绕求其生存的实用目的来组织人的智慧系统。这种求生存具有两方面的意义，就是求温饱以维持人之个体的生命，求繁衍以延续人的群体生命。初民的狩猎、采集等物质生产解决生命个体的温饱问题；初民的自身生产使群体生命得到延续。此时，其文化智慧尽管内蕴着原始巫术、神话与图腾等智慧因素，却是始终依其生存目的而展开的，可称为生存智慧或实用智慧。在第二阶段，中华先民曾经由于深受盲目自然力的胁迫而诞生这样那样的天、帝、命与神的意识理念，而使自己的文化智慧跃上一个新的历史台阶。凡此，都是人之伟大形象颠倒的实现和肯定，却由于人的文化智慧终于未能彻底地向彼岸跨越，尤其由于乐观自信的民族灵魂的基本性格，使得中华先民终于未能创造一个超越世间的宗教主神，而没有在原始巫术、神话与图腾基础上建构起成熟的民族宗教，这种民族文化智慧的历史性缺损，是这一时期中华文化的基本特点。作为宗教智慧的代偿，便有以龟卜和易筮这些世界上独一无二的巫术文化来唱主角，由于在凭依天启的同时强调人为的努力，其神性自然是不够充分的，因此，这是一个打上引号的神统治的时代。其间，中华民族的哲学、自然科学、政治伦理学、史学以及美学智慧等，大约由于神之统治的相对薄弱而具有某种想要突破神之樊篱的蓬勃态势，因而待到春秋战国时期便迎来了中华文化的历史性飞跃，这大约就是一些西方学者所说的"祛魅"与梁漱溟所谓中华文化的"早熟"。在第三阶段，从先秦诸子的"百家争鸣"到魏晋时期及以后所谓"人"的真正发现，构成努力摒弃神学和以"人"为主题的中华文化智慧的主旋律。两汉之际印度佛学的东渐，曾经使中华本土的文化产生"昏晕"的感觉，这种超世哲学一度几乎促使中华本土文化的双足拔离现世的红尘与"苦海"，却在中印两种文化的剧烈碰撞、冲突与妥协中，最后是前者对后者的逐渐消解，其典型代表就是唐代禅宗文化的出现。而其中建立在《周易》本经巫学基础上的《易传》文化智慧的建构，在中华文化的发展中具有颇为重要的地位，它与先秦诸子百家尤其儒、道两家一样，产生了不可估量的影响。不仅是哲学、政治伦理学而且是《周易》美学智慧，使这一漫长历史时期的中华文化呈现独特的面貌，由于一般地疏离于彼岸说教，它是属于人与现世的，却有时也会与中华本土的此岸之"神"和来自印度佛教的佛等携起手来，使《周易》美学智慧的历史沿革和现实嬗变异彩纷呈。

第三节　"诗性智慧"的心理转机

　　《周易》本经的巫学，在文化心理上是如何转换为美学智慧的呢？这涉及巫学与美学文化心理结构的关系问题。

　　《周易》巫学与美学之间具有潜在的心理结构联系。自从中华伟大祖先出现在东方地平线上，古老的中华大地、高远的苍穹、灿烂的朝霞或是皎净的月辉，以及奔泻的江河和动植物的生命韵律等等，并不能在一个早晨全都和悦地成为人的审美对象。自然景物与社会情事究竟美不美，决定于人通过社会生活实践改造主客观世界的广度与深度。先民社会生活实践领域何其狭小，极大地局限了人们的文化视野，使审美限制在一个极小的区域之中，正如普列汉诺夫所言，原始狩猎者可对其住处四周的遍地鲜花熟视无睹，这是由于他们的社会生活实践领域和文化视野仅限于狩猎之故，当时的文化智慧还未进入与植物鲜花相关的农耕阶段，因而不以花蕾为美丑是不足为奇的。尽管从广义的"审美"来看，即使人类最原初的改造主客观世界的活动，由于总是多少将人的本质对象化、在对象上多少打上了人的烙印而在实际上已经开始了审美。然而，这种审美往往是不自觉的，即不知道自己是在审美。审美意味着人的自我意识在对象和实践过程中得到了确证，但人的自我意识有时却无力感觉到实际存在的审美过程。或者可以说，人的自我意识可以为他力所牵引，无法专注于审美对象。尤其在中华先人的实践活动中，由于实践本身，一般尚未分化如后代高度文明社会中比较单纯的科学实践、伦理实践、宗教实践和艺术审美实践等，由于这种社会生活实践的浑沌未分，人所面对的对象也就未能向人显现出其独在的审美属性，人的整个文化心灵浑沌未分，因而一般未能自觉地意识到在那浑沌复合的实践中实际存在的审美因素。比如这里有一棵参天古树，现代社会中一位商人以为其木质优良很值钱，可以砍下来造房子、打家具、造木船、用作各种工艺品的材料，这是对古树这一对象抱有求其实用的文化态度，可称为向善；科学家测量古树的高度、树干的粗度与树冠的大小，研究其生长规律、或从其叶汁中提取某种化学成分用以治病等，这是对对象持一种科学认知的文化眼光，可称为求真；艺术家却赞赏这古树的高大形象，遂诗意勃发，写出好诗美文以抒寄情怀，或丹青挥洒、音符独运、舞姿蹁跹，聊作人格比拟，这是审美；还可能有宗教信奉者或是巫婆、神汉之类迷信这是一棵神树，人不可得罪，必须时时献祭，以求平安，迷信人60岁生日那天只要用手去树身上抚摸三下，就可获长寿好运，那么这是崇神，或是与崇神相关的巫术了。向善、求真、崇神、审美，大凡人与现实的关系，就是这四种基本关系，或是这四种社会生活实践和文化心理的不同组合。当一个现代人在对某一对象进行审美时，其文化态度是很专一的，即专注于对象的美丑形象和美丑属性，其审美过程作为一种实践也显现出单一的明丽，以求物我浑一、主客相契的审美境界。这并不是说现代人在审美时，与对对象的向善、求真甚至崇神绝然无关，而是这其余的种种文化态度被暂时压抑了，或者可以说，是被消融在审美之中了，成为审美的文化心理背景。

这种情况在中华先民那里一般是难以出现的。那时，向善、求真、审美和崇神因素并未分化为具有独立的文化性格，而是浑整地统一在一个复合结构之中，这是文化智慧的"原始的统一"。当人刚刚脱离动物界、具有人的自我意识之时，在一个社会生产力极度低下的社会里，人们不得不几乎是靠天吃饭的，因而对大自然的恩赐和惩罚尤其具有切肤之感。这种原始情感一直延续了多少万年而愈显强烈，后来在"万物有灵"原始神灵观念的支配与催激下，成为原始巫术、神话与图腾等对神之感激和恐惧的重要情感基础。自然，在宗教可能诞生之前，还有一个人借助于神的力量、人充满自信和努力的巫术文化阶段。在巫术中，人其实并未忘怀大自然对人的恩赐和惩罚，也并未彻底跪拜在大自然面前，而是采撷大自然的"灵气"，来演出神秘巫术等的英雄活剧。人的文化心灵对盲目自然力给人的恩宠与严惩是尤其敏感的，这便是为什么往往那种崇神的文化方式即原始巫术、神话与图腾等，首先在文化舞台上充任主角的缘由，而将求真、向善、审美的文化因子包容于其间。

在原始社会中，求真、向善、审美和崇神等四种把握世界的基本方式建立在人的自我意识的基础之上，浑整复合于人的原始文化智慧之中。但是崇神这一文化方式（在《周易》中指巫术占筮）可能较其余三者为"早熟"，这是人类文化蒙生与发展的一个普遍现象。因为，求真（科学认知）是知识的最高形式；向善起初具有实用观念，后来发展为在实用观念基础上的道德伦理，成为处理人际关系的自觉文化要求；审美是人的积极本质的对象化，人的自我实现，尤其是人之情感的高级形态。因而，它们都不可能首先以其独立、成熟的文化形态成为人类文化的原始模式，而一般以其各自的智慧因素被包容于崇神文化体系之中。蕴含着原始求真、向善、审美文化智慧因素的崇神文化，之所以较其余三者为"早熟"，是因为原始社会普遍低下的社会生产力恰恰是产生崇神文化的温床，这温床为崇神文化提供了神灵观念，提供了神秘互渗的原始思维，也提供了人对自然（幻化为神灵）的依赖感与人的原始痛苦与欢乐情调，这一切都只能被限制在一个较低的心智水平上。如果说求真、向善与审美一般应当建立在较高的文化理智基础上，那么这一点却不是崇神这一原始文化模式所必须具备的。毋宁说崇神是人之原始非理性支配下的文化观念与文化行为，虽然其亦需具备一定的理性因素。马林诺夫斯基说：

> 因为在理智的经验中没有出路，于是借着仪式与信仰逃避到超自然的领域去。超自然的领域，在宗教有对于鬼、灵、天意底原始预兆与部落秘密底保护神等信仰；在巫术有对于巫术已在荒古而存在的威力与效能。巫术与宗教都严格地根据传统，都存在奇迹底氛围中，都存在奇迹能力可以随时表现的过程中。[44]

这种以非理性为主的"超自然的领域"，只能是崇神的领域而不可能是求真、向善与审美。

当然不等于说求真、向善与审美这三种方式后起于崇神，事实上四者是同时起源的。仅仅崇神这一文化方式比其余三者成熟较早而已，在此意义上我们可以认为，崇神即原始巫术、神话与图腾并不是求真、向善与审美最终的整个文化母体。

然而，又不等于说崇神与求真、向善、审美绝然无涉。四者既然同时起源于人的原始社会生活实践、是人的自我意识这样那样

---

44 ［英］马林诺夫斯基：《巫术科学宗教与神话》，第 75 页，李安宅编译，中国民间文艺出版社，1986 年版。

的表现，那么，其关系的密切程度是美学研究非常值得注意的一个问题。

这一问题往往为以往的一些美学研究所忽略。其思维定势，表现在热烈探讨求真、向善、审美——真、善、美之间的关系，而一旦某个美学问题触及崇神（崇拜）这一领域，就戛然而止、保持沉默，或者根本没有意识到崇神与真、善、美诸问题的内在文化联系。造成这种学术态势的原因之一，是不以文化学眼光看待美学研究的结果。

事实上，且不说在原始文化智慧中，求真、向善、审美与崇神是一个浑整的智慧整体，即使在近现代在今天，四者也存在千丝万缕的联系，构成一个丰富复杂的文化动态结构。

就求真而言，它是理性认知，是对客观真理的追摄，属科学范畴，是文化智慧的高级形式。它在向善领域表现为实践理性；在审美领域表现为自然宇宙与社会人生真实；在崇神领域，是人在神灵面前半跪着（巫术）或跪倒在地（宗教）的一种假性认知。

就向善而言，它是起源于实用观念的道德伦理，是对人际关系规范化的整肃与疏理，属伦理学范畴，是协调人伦关系的文化智慧。它在求真领域可以表现为实践意志与理想，比如科学探索为国争光、为民族而拼搏等；在审美领域表现为道德美、伦理美、心灵美等以及对这种美的肯定与欣赏；在崇神领域，人与神灵之间的渺小与伟大、委琐与崇高等，已经蕴含着原初的伦理等级意识。

就审美而言，它是人的积极性本质、人格理想自由而完美的实现。求真是审美的理性沉思，审美是求真偏于感性的表现。在向善领域，审美可以是自由意志的象征，是伦理的超拔与升华。在崇神领域，对神灵的崇拜是一种被扭曲的"审美"形式，在崇神意识中隐潜着虚幻而理想性的审美意识。同时，美是合规律（真）与合目的（善）的形象的实现，美感来自对潜藏着的事物规律的求真、合乎一定道德伦理的善之境界的追求，甚至是对崇神（崇拜）文化意绪的扬弃与消解。

就崇神而言，无疑表现出更典型的原始文化智慧的特征，属于巫学、神话学、图腾学或宗教学范畴。崇神是客观世界的被神化，同时必然是主体意识的无以建立或再度丧失。它是人之精神的一种盲目自信（巫术）所虚构的理想世界（神话）与"寻找生父"（图腾）的努力，又可能是人之精神在迷狂状态中的一种"自我贬损"（宗教），是理性求真意识的少弱或重新失去。然而某种意义上又是理性求真的历史前导。人类的文化智慧，似乎注定必经过一个精神迷误的历史阶段，然后才能比较清醒地跨入理性求真的时代。但一旦理性醒悟，又难以绝然割舍人与神灵的一切精神联系。同样，崇神意识与伦理观念其实只隔一步之遥，崇神可以表现为对彼岸之神灵的崇拜，也可以表现为对此岸之"神"的顶礼。须知此岸也有"神"，便是在伦理观念中被神化的帝王、领袖、英雄、父亲与祖先等，这可以说是崇神的伦理化，伦理的崇神化，它是一种世俗性崇拜。

总之，我们对《周易》美学智慧的研究，是建立在求真、向善、审美与崇神（巫术）四位一体又具有错综复杂关系的思维框架基础之上的，尤其注意巫学智慧怎样向"诗性智慧"的文化机制的转换问题。过去我们研究美学，往往在真善美与假恶丑这些基本美学范畴中进行思考，其实就《周易》美学智慧的研究而言，还可以而且有必要引入属于巫学智慧的"吉"、"凶"两个文化学范畴，构成这样一个范畴系列：

可将这一范畴系列简化处理为：

现在，让我们来分析一下，《周易》的巫学范畴吉如何转化为与真善相联系的美，凶又是如何转化为与假恶相联系的丑的。

《周易》乾卦卦辞云："乾：元亨。利贞。"这里，元，太；亨，即享、祭；利，有利；贞，从卜，占问。该卦辞大意：筮遇乾卦，可举行太享之祭，即在太庙祭祀祖宗。这是有利的占筮，在殷周时人的心目中，乾卦是一吉卦。然而在战国中后期的《易传》中，同样是这一乾卦卦辞，却实现了其文化意蕴的转型，读作："乾：元、亨、利、贞。"这里，乾，乾卦；元，元始、原初；亨，美、亨通；利，利和之谓；贞，正固之意。这是说，乾作为天的属性，既具有元始、亨美的自然品质，又蕴含利事和谐、正固不移的人格比拟的道德力量。《易传》说："元者，善之长也；亨者，嘉之会也；利者，义之和也；贞者，事之干也。"[45] 所谓"善之长"，古代文化观念中善、美未分，善通美；长，首也。这是指乾天具有元始造物之美，也象征圣人美德的一种极致境界。朱熹云："元者，生物之始，天地之德莫先于此。"[46] 天地同具造物之美德，而乾天尤具"元性"，此即"善之长"。所谓"嘉之会"，连斗山云："两美相合为嘉，众物相聚为会。"[47] 此言乾坤天地为"两美"，而乾为亨通嘉会之元始。所谓"义之和"，义，宜也。朱熹称："利者，生物之遂，物各其宜，不相妨害。"[48]《说文》曰："和，相应也。"乾坤相和各得其宜，利事和谐。乾坤虽然对立，却宜其相和；相和则万物生而亨通，从而各得其利。这是颂赞乾天之性具有与坤地和谐至美的品德。所谓"事之干"，李道平："《诗诂》云：'木旁生者为枝，正出者为干。'是干有正义。"[49] 朱熹："干，木之身，而枝叶所依以立者也。"[50]《易传》："贞，正也。"这是说，"贞"作为乾天之一美德，具有正固难摧、正大光明的特性。由此可见，原是作为筮卦的乾，经过《易传》的改造与提升，已由巫学智慧意义上的吉，转换成审美文化智慧意义上的美。当然，这美同时包容着善。

《周易》坤卦六五爻辞："黄裳，元吉。"从巫学智慧看，周人以黄居五色之中，为显贵之色。古代服饰是上为衣下为裳，衣裳皆人体之文饰。元吉为本吉之义。故筮遇此爻，好比人之穿黄色裳

---

45 《易传·文言》，朱熹《周易本义》，第44页。

46 朱熹：《周易本义》，第44页。

47 连斗山：《周易辨画》，中国台湾商务印书馆，1969年版。

48 朱熹：《周易本义》，第44页。

49 李道平：《周易集解纂疏》，中华书局，1994年版。

50 朱熹：《周易本义》，第44页。

服，原本吉利。然而在《易传》中，却将黄裳解说为人之修洁内美的象征，所谓"黄裳元吉，文在中也"。古人云："衣，身之章也。"[51]"裳，下之饰也。"[52]"以章释衣，以饰释裳，是其证。中犹内也。古人穿长衣，衣掩覆下裳，王夫之曰'衣著于外，裳藏于内，故曰在中'是也。传意：爻辞云'黄裳，元吉'，乃以黄裳比喻人有美德在其内心。"[53]这就完成了从巫学之吉向美学之美的文化智慧的转换。所以《易传》又说："君子黄中通理，正位居体，美在其中，而畅于四支，发于事业：美之至也。"[54]

《周易》屯卦卦辞："元亨，利贞；勿用有攸往，利建侯。"该卦辞的巫学本义是说：筮遇屯卦，卦象向人昭示出可举行太亨之祭、对占问有利的吉祥信息。又告诫人们不可贸然前往，但建立诸侯国的时机到了。在《易传》，这一吉卦的文化意蕴却从巫学层次向美学层次发展了。其大意是说，屯卦卦象象征初生，是生命现象至为亨通、守持正固的表现。从屯字的造字原型看，甲骨文中的屯，写作𠇗或𡳐，像植物种子艰难萌发、破土而出之形。许慎深知其义，释为"屯，难也，象草木之初生，屯然而难"[55]。这一释义，为唐陆德明、孔颖达诠解此卦时所采纳。从屯卦卦象看，为震下坎上，依《易传》之解，震为雷、坎为水（雨），是雷雨交作之象。雷电并发，大雨交加，是一元大、亨美之自然景象。先秦时代，有雷雨为阴阳二气相交而生的观念，所谓"阴阳之气……和则

---

51 《左传·闵公二年》，杨伯峻《春秋左传注》，中华书局，1990 年版。

52 同上书，《左传·昭公十二年》。

53 高亨：《周易大传今注》，第 81 页，齐鲁书社，1979 年版。

54 《易传·文言》，朱熹《周易本义》，第 63 页。

55 许慎：《说文解字》，第 15 页，中华书局影印本，1963 年版。

雨"[56]。汉代《淮南子》亦说，"阴阳相薄，感而为雷"[57]。故而，《易传》所谓"屯，刚柔始交而难生"的看法并非偶然。仅从屯卦上下卦结构看，上卦为坎，坎为中男；下卦为震，震为长男，都为阳性之卦与刚性之卦，没有"刚柔始交"的意思，也谈不上"阴阳之气"与"阴阳相薄"。实际上，从互体卦角度分析即可见"阴阳"、"刚柔"的意思。屯卦卦象震下坎上，二、三、四爻构成一个新的坤卦，三、四、五又构成一个新的艮卦，坤为女为阴为柔，艮为男为阳为刚，此之谓也。

坎 ䷂ 艮
震 坤

于是，整个卦象卦义便是雷雨这一自然景象壮美的象征，它是由屯卦的巫术之吉转化而来的。而从雷雨之阴阳刚柔相薄相感引申为一切生物始生的艰难，有一种"生之伟大"的审美意蕴。

《周易》泰卦卦辞云："小往大来，吉，亨。"意思是说，小的去了，大的来了，这是吉卦，标志着命运亨通。《易传》却作了如下阐释："泰，小往大来，吉，亨。则是天地交而万物通也，上下交而其志同也。内阳而外阴，内健而外顺，内君子而外小人：君子道长，小人道消也。"[58]依《易传》之解，泰卦卦象结构为乾下坤上，乾为天，坤为地，天气轻扬上腾，地气重浊下降，具两相契合之势态，具有天地阴阳交和、万物生养畅通之美。在自然界中，天

---

56 《大戴礼记·曾子天圆》，王聘珍《大戴礼记解诂》，中华书局，1983年版。

57 《淮南子·天文训》，陈广忠《淮南子译注》，第103页，吉林文史出版社，1990年版。

58 《易传·彖辞》，朱熹《周易本义》，第97页。

在上而地在下，泰卦卦象结构乾卦在下而坤卦在上，说明古人创卦时已经具有一定的美学思考，即根据天地的轻重属性来建构泰之卦体，抽象地表达"天地交"为自然之大美的美学智慧。同时，乾天坤地相交而象征君臣"志同"，乾为内卦为健，坤为外卦为顺，君子小人判然有别，君子之道增长，小人之道消亡，这可见出从巫学智慧向伦理之善的转化，此善，在古人看来也是一种美，道德之美。

以上所举四例，是随意从《周易》检索到的从《周易》巫学智慧之吉转化为美学智慧之美的一些实例，实际上在《周易》中，这样的实例远不止于四，由吉而美是《周易》文化智慧转型的一个普遍现象。

由凶而丑也是《周易》文化智慧转型的普遍现象。

乾卦上九爻辞云："亢龙有悔。"《周易》第一卦乾卦即龙卦本为吉卦，这是我们在前文已经提及的，然而这不等于说，乾卦的每一爻都是吉爻。在古人看来，乾卦上九爻就是一个凶爻，所谓"亢龙"，亢者，"极高为亢"，人如见到这种亢龙，是要倒楣的，所以不吉利。属于巫学的这一亢龙形象，在《易传》中就是一个丑的形象。"上九曰'亢龙有悔'，何谓也？子曰：'贵而无位，高而无民，贤人在下位而无辅，是以动而有悔也。'""亢龙有悔，穷之灾也。""亢龙有悔，与时偕极。""亢之为言也，知进而不知退，知存而不知亡，知得而不知丧。"[59] 这是说，骄横之君王犹如龙之飞到天之极高处，自逞其能，无可再高，位倾天下，却孤家寡人，必登高

---

59 《易传·文言》，朱熹《周易本义》，第49、49、50、54页。

而跌重，衰颓难免，这是丑。

旅卦上九爻辞云："鸟焚其巢，旅人先笑后号咷；丧牛于易，凶。"从巫术占筮角度解释，爻辞的大意是：旅人在旅途中见雷击而鸟巢被焚，先是觉得好笑，后意识到这是旅人自己的居宅被焚、无家可归而不禁号咷大哭；这同殷之先祖王亥客居于易，因淫乐过甚而为易地之绵臣所杀，与丧失牛羊一样，都是凶兆。在《易传》中，这一条爻辞的巫学内容又被消解了。从旅卦卦体结构看，为艮下离上之象，旅之上九爻为刚爻，处于极高之位，所谓"最亢者上九也"[60]。上九之凶险，表现为以居高为乐事，此古人所谓旅上之笑，乐其穷也。大凡阳刚高亢过甚皆遭咎危，何况这里以穷骄为乐而不知忧患，这是最危险的。这种穷骄之性，实则为丑。人生有如行旅，在其转折关头，处危而不知危，便是丑。

豫卦初六爻辞云："鸣豫，凶。"从巫术占筮角度看，其意是说人欢淫过甚自鸣得意，这是要倒楣的凶险之象。豫卦以鸣豫为凶，在今天看来也是有道理的。所以在《易传》中，这种巫学智慧直接转换为与人之精神气质相联系的审美智慧。《易传》称："雷出地奋，豫。先王以作乐崇德，殷荐之上帝，以配祖考。"[61] 这里，"奋，动也。殷，盛也。荐，进也"[62]。高亨认为："崇犹尊也。崇德谓尊崇其德而歌颂之也。配犹献也。""豫之上卦为震，下卦为坤。震为雷，坤为地。然则豫之卦象是'雷出地'上而'奋'动也。《易传》

60　李光地：《周易折中》，巴蜀书社，1998 年版。

61　《易传·象辞》，朱熹《周易本义》，第 115 页。

62　李鼎祚：《周易集解》引郑玄注，上海古籍出版社，1989 年版。

对于雷有不科学之谬说，认为大陆地区，天暖时雷出于地上，天寒时雷返于地中。雷出地上，震动万物，时为春季，万物皆欢乐，是以卦名曰豫。雷声可以震动万物，音乐可以感动天神人鬼。先王观此卦象，从而创作音乐，歌颂功德，洋洋而盛，进之上帝，献之祖考，以娱乐之。"[63] 这是以乐释豫，这里的乐包括音乐与欢乐两重意思。因而所谓豫，是受感于雷而由人所创造的乐，它献祭于上帝、祖考而歌功颂德，但人不可欢悦过度、自鸣得意，否则，便有背于作为自然天则的雷，有背于神化即鬼神，也违逆于社会人则的祖考了，倘然如此，不仅仅"志穷凶也"[64]，而且是一种与谦德相背的豫之丑。

从以上所举数例可见，由巫术之凶转化而来的丑，一般是一个与伦理之不善、恶相联系的审美范畴。

那么，从《周易》巫学智慧到美学智慧的心理转机又是如何呢？

我们在前文已经说过，尽管巫学智慧在文化本质上不同于美学智慧，然而两者之间，并没有一条不可逾越的文化的鸿沟，人类的文化智慧是历史地分阶段、分层次的，又是一条不息流泻的河流，它环环相扣，组成了智慧之链。

从文化心理角度分析，巫术智慧作为人类文化是比较初起的，包蕴人类高级智慧其中包括美学智慧的胚胎、萌芽和因子。美学智慧的基本文化心理要素比如感知、想象、情感和理解等等，在巫术

63　高亨：《周易大传今注》，第187页，齐鲁书社，1979年版。

64　《易传·象辞》，朱熹《周易本义》，第115页。

智慧中已见端倪，它们以初浅而扭曲的文化模式存在于巫文化中，或是以"前审美"方式存在着，也就是说，《周易》巫学智慧中储存着使其转化为美学智慧的基本文化心理要素。

一、**感知** 这是从事巫术活动也是从事审美活动、审美体验的文化心理基础。在原始巫术活动中，最重要的第一步是对世界、对周围生活环境的感知（包括感觉以及在感觉前提下的知觉），亦即捕捉前兆或人为地创造前兆（事物因果链中的前期现象）。为了预卜吉凶、推验未来，中华古人对前兆是非常注意的，如果暂时没有前兆表现出来，就采用各种人工手段——龟卜、占筮等迫促前兆的显现。列维-布留尔说：

> 而原始人所居住的那个世界却包含着无穷无尽的神秘联系和互渗。其中一些是固定的和已经知道的，如个人与其图腾的互渗，某些动物和植物的彼此的联系，等等。但是，又有多少其他这类联系发生着和消失着而为人所不知，其实它们又是值得最大的注意，对它们的认识又是极为重要的呵！假如这些联系自己不表现出来，那就有必要迫使它们表现出来。这就是占卜的来源，或者至少是它的主要来源之一。[65]

这里所谓"无穷无尽的神秘联系和互渗"，指各种前兆及前兆所预示的结果、命运之间的联系和互渗。这种联系和互渗在古人心目中尽管是神秘的，对它的观察与感知却极大地培养和锻炼了中华

65　［法］列维-布留尔：《原始思维》，第280页。

初民对客观事物感性形象的心理感受力，促进了先人关于自然意象、社会意象以及人自身意象的文化的启蒙与开发，它一方面发展了中华初民的巫术智慧，另一方面又促进了审美智慧的文化心理因子在巫术行为中潜生暗长。

举例来说，大过卦九二爻辞云："枯杨生稊，老夫得其女妻，无不利。"其大意是说，枯老的杨树从根部长出嫩枝来，这是老头子迎娶小媳妇的吉兆。这里，从巫术角度看，枯杨生稊是前兆，在这前兆与老夫得其女妻之间，存在着神秘联系和互渗。枯杨生稊作为巫术前兆，是人们实际观察、关切与感觉的对象，不管这一巫术本身怎样神秘虚妄，人们对枯杨生稊这一自然现象的凝注却是真实的，尽管这一自然现象在这里被扭曲地复制为巫术前兆，可是其形态、长势、色彩与风致等意象因素却感性地在人的心灵上打下了烙印，这为可能出现的审美准备了其中一个心理基础。与这爻辞相关的，还有古人所创造的大过卦象。大过九二爻是人所创造的与该爻辞相对应的前兆。大过卦象结构为巽下兑上☱，其九二爻处于下卦巽之中位，初六承九二，九二虽与九五无应，总体上却维系了阴阳刚柔的统一。李光地引王申子曰："大过诸爻，以刚柔适中者为善。初爻以柔居刚、二以刚居柔而比之，是刚柔适中，相济而有功者也。其阳过也，如杨之枯，如夫之老；其相济而有功也，如枯杨而生稊，如老夫得女妻。言阳虽过矣，九二处之得中（按：非"得中"，实为居中），故'无不利'。"[66] 这里，九二爻象与九二爻辞作为前兆得到了叠加。而九二爻象的创立，则意味着蕴含于爻象与爻

66　李光地：《周易折中》，巴蜀书社，1998 年版。

辞对应中的感觉进入了知觉层，这又为可能出现的审美打下了别一心理基础。因为从枯杨生稊这一自然物象到九二爻象这一人为创造的意象，虽然都是作为巫术前兆而出现的，虽然都是被巫术心理所遮蔽了，然而两者共同为审美提供了活生生的意象因素和心理感知。

又如渐卦九三爻辞云："鸿渐于陆，夫征不复，妇孕不育，凶。"其大意是说，大雁飞渐高平之地，这是丈夫远征无归、妻子不孕的凶兆。这里，鸿渐于陆作为巫术前兆，是相信巫术占筮的人们所极关心的一种自然现象，而九三爻象居渐卦☶之阳位，九三为刚爻且居阳位，急于上进难守渐进之道，又与六四爻（象征妇的爻象）成逆比关系，说明这种夫妇关系并不圆满，夫征不复而导致妇孕不育，为凶险之象。这种爻辞与爻象的对应，由于在人们心目中储存着意象感知因素，为可能转化为审美准备了心理条件。

总之，巫术占筮由于总是首先要与"象"打交道，必然极大地发展人的感觉与知觉，这种感知并非就是与意象相对的审美心理，却是萌生审美心理感知的必不可少的一个心理条件。任何时代，任何种族、氏族与民族的人的文化心理总有一个相对稳定的文化模式，这一文化模式决定了人对外界事物、物象的复制趋势与复制心象的特征。冈布里奇曾经发现，同一个外界物象比如同一狮子星座，不同部族、具有不同文化心理模式的人可以据此复制成关于这星座的不同心象，有的说该星座似白羊，有的将其看作狮子，有的以为像龙虾，也有的甚至感觉到这好像是一头公牛或蝎子。这些视觉的"错觉"虽极不一致，却极大地发展了人的感知心理能力，成为形成审美心理的一个基础。《周易》巫术占筮的心理模式是"万物有灵"观,是物象(兆象)与占验结果之间的"神秘联系与互渗",所以在《周易》巫术观中,一切自然意象、社会意象与人自身的意象只能分为吉、凶两类。而一旦这种文化心理模式被破除,那么,积聚在人们心灵中的对于意象的感知就会自由地释放出来,此时,离审美大约只差一步之遥了。

二、**想象** 想象是审美必不可少的一个心理因素,分再造性想象与创造性想象两种。如果说感知为审美奠定了一块心理基石,那么,想象就是立于基石之上审美心理大厦的画栋雕梁,是飘浮于屋角之上的云彩。

巫学智慧的启蒙、发育不是对人类想象心理能力的扼杀而是一种催激。在《周易》的巫术占筮中,想象这一心理因素十分活跃。我们知道,在巫术占筮的兆象(前兆)与占验结果之间,存在着一个中介和空白,这一中介就是想象,这一空白须靠心理想象来填补。比如前引大过卦九二爻辞的"枯杨生稊"这一巫术前兆与占验结果"老夫得其女妻"之间就存在这样的中介与空白。试问人们是怎样在巫术观念中将枯杨生稊这种自然现象与老夫得其女妻这一社会情事联结在一起的呢?主要是靠类比性想象(严格而言,这种想象是联想),即将枯杨比之于老夫,生稊比之于得其女妻,才能使巫术思维从这一自然现象向彼一社会情事飞越。想象是人之心理能量最自由的部分,它是连接巫术前兆和占验结果之间的心理纽带,想象使巫术占筮具有魅力,当然,它是沿着巫术轨迹飞行的。然而,一旦这种巫术想象历史地挣脱巫术的文化心理羁绊,就有可能向审美以及比如求真、向善等其他领域漫溢,尤其能够使得审美展开飞翔的翅膀。在巫术占筮中,想象的作用在于,前兆作为刺激物,它触发了想象,想象推动前兆之文化意蕴向占验结果这一巫术目的地挪移,在这一心理过程中,想象起了传递及其意义由前兆意蕴向占验结果意蕴变异的作用,想象建立起两者之间的"神秘联系和互渗"。在审美中,想象同样是由某一自然景物或社会情事所触发的,想象又推动自然景物或社会情事的意蕴向被想象的审美主题推移。"白发三千丈,缘愁似个长",这是审美想象。将白发想象为一腔愁绪,三千丈比喻愁绪之长,从人自身之白发现象到绵长的愁绪之间有一大段心理空白,是靠想象来填补的,想象,同样成为审美的一个心理中介。

可见,巫术想象和审美想象在心理功能上是异质同构的,因而从巫术想象到审美想象的转换则无疑存在着一种心理契机,巫术想象在某种意义上可以说是审美想象的前导。

三、**情感** 情感是人对客观事物、环境的一种情绪性的心理反应,它基于一定的理性,又具有冲决理性、某种非理性的心灵特点。不用说,任何巫术都具有丰富的情感因素,它是巫术这部古老的文化机器得以运转的润滑剂。中华原始先民在东方大地上生活,想必通常是十分艰难的,然则有时也可能意外地舒适(原始意义上的舒适),这必然促使先民非常关注天象、地理与周围环境的变迁,情感也随之起伏波动。他们一忽儿惊恐万状、满腹狐疑,一忽儿大喜过望,只是一心念叨老天和鬼神的恩德,一忽儿又突然被推入绝望的深渊,生活之极端不安定必然导致情感转换频率的加速和情感变化的剧烈,这使得企图以人之努力去抗击盲目自然和社会力量的巫术充满了情感因素。试想一想,当那老头子见到枯杨生稊这一自然现象时，该是何等喜悦；而当大喊"其亡，其亡，系于苞桑"（否卦九五爻辞，意思是说：要断子绝孙了，要断子绝孙了，我们的生死命运就看桑树能否抽出嫩芽、嫩枝来！）时，其心绪又是怎样忧郁、惊怖与不安！这种巫术情感是人类童年的典型心态，它在文化本质上不是审美心态，却与审美心态相比邻，在一定的历史契机中有可能发展为审美的。巫术情感具有两个相契的"力场"，即作为前兆现象的物理之力场与作为占验结果的心理之力场的相对接。占验结果的力场之所以是心理性的，是因为任何占验结果其实都是心造的幻影，是一种未必能实现的心理愿望，仅仅巫术占筮者相信其能够实现而已。由于这种巫术愿望，所以巫术占筮者一旦见到某一兆象，不仅对立刻推知的占验结果充满了情感，而且迅速波及兆象，也使兆象染上了同样的感情色彩，所以，这里的两个巫术力场实际是同构对应的。在审美的心路历程中，也存在两个同构对应的情感力场：审美对象的情感力场与审美主体内在情感的力场，这两种力场虽然质料不同，前者凭借一定的物质形象以显现，后者则内在于人的心灵之中，然而两者本质上都是"力的结构"，所以一旦进入审美过程，会在大脑生理电力场中达到整合与浑契。此时，审美对象的物理属性与审美主体的心理界限就会被打破而模糊起来，达到物我浑一境界。此时，对象即我之情感，情感亦是对象，审美对象与审美主体心理之间达到了同构对应。

由此不难见出，就巫术情感与审美情感的运动轨迹而言，两者都达到了物我、主客浑契的境界，只是前者建立在以非理性为主的心理基础上，后者建立在以理性为主的心理基础上，前者实际是主体意识的贬损，后者则是人之主体意识的实现。然而从前后两者的情感运行的心路过程看，它们又是同构的，不过是异质同构而已。凡是同构的心理情感，只要具备一定条件，比如一旦使巫术占筮的"万物有灵"观瓦解，就可能导致从巫术智慧向审美智慧的质的转换。

四、**理解** 理解是审美智慧中的理性因素，它是其余各种审美文化心理的基础，并不以赤裸裸的形式逻辑出现，而是"溶解"于其间，好比蜜中花，水中盐，体匿性存，无痕有味。要是没有感觉，就谈不上理解，但理解作为审美智慧中的理性基础，对于审美来说无疑是重要的，如果感知中没有理解，这种感知至多不过是一种动物性的信号反射。惟有理解了东西，才能更好地去感觉它，感觉中就包含一定的理解因素。人对对象的审美感觉尽管是瞬时直觉的，却是一种蕴含着隐性思维的感觉，这种隐性思维就是"溶解"于审美感觉、审美经验的理解。如果想象中没有理解，就无法使心灵完成从此事物向彼事物的组接、传递与飞越，也就根本不会有想象。如果情感中没有理解参与，情感就会丧失其运动方向、强度和对其性质的规范，成为动物式的情绪流露或是歇斯底理（癔病）的发泄。当然，审美智慧中的理解也并非离开审美感知、想象与情感而孤立存在的，否则就是冷静、理智的逻辑推理而非审美了。

在巫术智慧中，同样存在一定的理性因素即理解。首先，尽管巫术在文化本质上是一种非理性的"倒错的实践"行为，但就巫术文化的起源而言，却是建立在初始的人的自我意识基础之上的，即一定程度上理解地意识到自身所处自然与社会环境的恶劣或温馨，意识到自己需要通过一定努力改变或保持这一处境条件。这种意识就是一种初起的理解。其次，就每一巫术观念而言，其间包含一定的理解因素。每一巫术的前兆迷信与占验结果之间都是两相同构对应的，没有关于这一点的一定的认识即理解，就无法建立这一同构对应，也就根本不可能发明巫术这一文化方式。比如古人是靠什么将枯杨生稊这一前兆与老夫得其女妻这一占验结果在思维中联接起来的呢？靠理解，即理解到这一前兆与占验结果之间具有一定的同构性；因为同构，所以可将两者人为地对应起来。在巫术智慧中，一定的理解因素同样起到了支配巫术感知、想象与情感的作用。如果巫术感知中不具有人的一定的自我意识，那么这种感知只能是自然性的、被动的与动物式的，人便无法从无数自然现象、社会现象与人自身生命现象中检索到他所需要的现象来作为巫术前兆，也就是说，尽管这种前兆观本身是迷信，然而如果没有一定的理解，就连这样错误的前兆观也产生不了。如果巫术想象没有一定的理解，这想象就会失去一定的思维指向，变得漫无边际、杂乱无序从而无法想象。同样，如果巫术情感失去了一定理解因素的规范，情感到底是悲是喜、是忧是恐、是轻松还是沉重等等同样会失去一定的定性。总之，整个巫术智慧的内核是倒错的因果联系，就因果本身而言，是错误与迷信的，但人们在巫术中对这种因果律的滥用，却是建立在人们意识到天人之际存在着因果联系这一理性基础之上的，否则便谈不上巫术之对于因果律的滥用。

于是我们由此可以看到，在巫学智慧与美学智慧中，理解这一理性因素都是存在而且重要的，仅仅在两者中的地位不同罢了。从理解与感知、想象、情感之关系看，巫术与审美过程中的理解也具有一定的同构关系，当巫学智慧中的"万物有灵"观有朝一日历史性地瓦解之时，其理解因素就有可能从巫术的坚壳中解放出来，成为融渗于审美意识的文化心理基础之一。

第三章　气:《周易》美学智慧的文化哲学

在力求颇为全面地论述《周易》美学智慧本身的文化内涵之前,除了前两章已经论及的论题以外,有一个重要问题必须进而提出:《周易》美学智慧的文化哲学是什么。

文化作为"人类'生活'和'存在'的一种特有方式"[1],它是自然的人化、人的本质的对象化,构成了"人类在自身的历史经验中所创造的'包罗万象的复合体'"[2]。这复合体一般而言包括几大层次:一、物。人类所创造的、累积着一定文化心理因素的物质产品。二、心物。人类所创造的精神产品,具有丰富的文化精神内容,又表现为一定的物质形式,包括社会制度、经济模式、宗教仪轨、伦理规范与风俗习惯以及文学艺术等等;三、心。社会意识、文化观念、科学思想、宗教信仰、伦理意志、审美智慧与哲学思维等,属于整个社会文化形态中最深与最高的层次。同时,人类文化还有传播、结构、意义(价值)、语言与人体自身等层次。任何人类智慧都具有一定的、高度抽象的文化哲学意识,都以一定的文化哲学作为其基础,《周易》美学智慧自不例外。文化哲学所研究与

1　［法］维克多·埃尔:《文化概念》,第9页,上海人民出版社,1988年版。

2　［英］爱德华·伯内特·泰勒:《原始文化》,连树声译,上海文艺出版社,1992年版。

揭示的，是从文化角度所显现的自然宇宙与社会人生的一般本质和普遍规律，它所涵摄的，是关于自然界、人类社会、人脑思维及其相互动态联系的总体性智慧，美学作为整个人类文化的重要构成，同样也将自然宇宙与社会人生的本质规律作为自己所观照的对象，不过它是广义"诗化"的。所以在智慧领域，文化哲学与美学所关注的往往是宇宙人生的同一课题。在宏观文化意义上，文化哲学与美学具有两相叠合的一面，哲学的美学意蕴与美学的哲学意蕴，共同统一在人类文化智慧的总体之中。美学最高、最深的文化层次，其实就是其文化哲学，它是美学的文化内核与灵魂，自然也是《周易》美学智慧的基本文化哲学基础，也是其文化基因。

《周易》美学智慧文化哲学的基因是"气"。

第一节　气：古代中华的"马那"

中华古代哲学关于"气"这一哲学范畴源远流长，它在《易传》中被称为"精气"。《易传》一方面说"同声相应，同气相求"[3]，另一方面又有"精气为物，游魂为变，是故知鬼神之情状"[4]的见解。这里的气与精气，在文化范畴的内涵与外延上应当是基本同一的。

气这一范畴的提出，并非初始于《易传》，早在西周末年（前780年），伯阳父在解说地震之起因时就提出了"天地之气"这一命题：

3　《易传·文言》，朱熹《周易本义》，第48页。
4　《易传·系辞上》，朱熹《周易本义》，第291页。

> 夫天地之气，不失其序。若过其序，民乱之也。阳伏而不能
> 出，阴迫而不能烝（蒸），于是有地震。[5]

这一关于天地之气的观念包含着天气为阳气、地气为阴气的思想因素，就是说，从气论提出之时起，气与阴阳两范畴就是互为涵溶的。

春秋时期，医和将西周天地之气观加以阐释，使气这一范畴初次具有气之凝聚生成万物和宇宙演化的哲学意蕴，所谓"天有六气，降生五味。……六气曰阴阳、风雨、晦明也"[6]。天之气本具阳性，这里又云天气之中又具阴阳，这是初起的阴阳裂变之思。味是古代中医学范畴，医和认为辛、酸、咸、苦、甘五类药味由六气所生，包蕴着关于气化的智慧萌芽。

以气为宇宙演化之始因、中介的文化智慧当属老子。

> 道生一，一生二，二生三，三生万物。万物负阴而抱阳，冲
> 气以为和。[7]

这是将道、气两个范畴结合起来对宇宙演化之始因、中介所作的哲理思考。其意是说，道绝对无偶，道者为○，○生一也，先天地而存，且生万类。"道之在天下，莫与之偶者。莫与之偶，则一

5 《国语卷一·周语上》，邬国义、胡果文、李晓路《国语译注》，第21页，上海古籍出版社，1994年版。

6 《左传·昭公元年》，杨伯峻《春秋左传注》，中华书局，1990年版。

7 《老子》四十二章，王弼《老子注》，第26—27页，《诸子集成》第三卷，上海书店出版社，1986年版。

而已矣，故曰：道生一"[8]之说有误。这里的一，指阴阳未分之时的
浑沌之气；浑沌之气的内在矛盾运动裂变为阴阳二气；阴阳二气的
相激相荡又产生第三者即所谓和气，而万物之生都是阴阳二气的冲
动之和。这里，老子既将气看作从道到生成万物的始因和中介，又
认为气由道而生成且生万物。

管子对气的哲学界定进一步开拓了关于气的思维空间，他
指出：

> 凡物之精，化则为生。下生五谷，上为列星；流于天地之
> 间，谓之鬼神；藏于胸中，谓之圣人，是故名气。[9]

这一气论引入精这一范畴，诚如《易传》精气概念的运用，并
且使关于气的学说从宇宙哲学向人生领域推进，使气与化生、流
变、鬼神、圣人等后代重要的哲学、美学、伦理学以及古代巫学范
畴相纠结。

庄子则从气看人之生死问题，对人生表现出豁达、潇洒的哲思
气质：

> 生也死之徒，死也生之始，孰知其纪！人之生，气之聚也；
> 聚则为生，散则为死。若死生为徒，吾又何患！故万物一也，是
> 其所美者为神奇，其所恶者为臭腐，臭腐复化为神奇，神奇复化

8　焦竑:《老子翼·庄子翼》，王元贞校，新文丰出版公司，1978年版。
9　管仲:《管子·内业》，四部备要影印本，上海古籍出版社，1989年版。

为臭腐。故曰："通天下一气耳。"[10]

生死、美恶非它，不过气之聚散而已，正如春秋代序、冬夏交替一般寻常，这是庄子的生死淡泊、"至乐"观。《易传》亦有"原始反终，故知死生之说，精气为物，游魂为变"之说，生秉精气，死则游魂，生死不外乎阴阳二气的聚散、离合罢了。二者皆以气解生死之理，其智慧观是基本一致的。

由于老子道论认为道与气有生与被生的一面，后来道家门徒在气的基础上又发展出元气这一概念范畴，所谓"天地始于元气"，指元气为天地之本根。这一思想又为儒学所阐发。

元是什么？恩格斯曾说："有一个东西，万物由它构成，万物最初从它产生，最后又复归于它，它作为实体，永远同一，仅在自己的规定中变化，这就是万物的元素和本原。"[11] 元即宇宙万物的元素和本原，故"元者，气也。无形以起，有形以分，造起天地，天地之始也"[12]。《九家易》说："元者，气之始也。"

正因如此，汉代班固又将元气与《易传》《庄子》首先提出的太极相联系，称为"太极元气"。他说："太极元气，函三为一。极，中也；元，始也。"[13]

这种气（元气）论，显与易理相纠缠。

---

10 《庄子·知北游第二十二》，王先谦《庄子集解》，第138页，《诸子集成》第三卷，上海书店出版社，1986年版。

11 ［德］恩格斯：《自然辩证法》，中共中央马克思恩格斯列宁斯大林著作编译局译，人民出版社，1971年版。

12 《公羊传》隐公元年，《公羊传·穀梁传》，杨龙校点，中州古籍出版社，2015年版。

13 《汉书·律历志第一上》，班固《汉书》卷二十一上，第112页，中华书局，2007年版。

夫有形生于无形，乾坤安从生……故曰：有太易，有太初，
有太始，有太素也。太易者，未见气也。太初者，气之始也。太
始者，形之始也。太素者，质之始也。气形质具而未离，故曰
浑沦。[14]

气是未成形质之有，是成就形质的"本始材朴"。依汉人易
学观，太易、太初、太始、太素之后就是太极，它们共同构成了
宇宙生成、演化的序列，所以郑玄说："极中之道，淳和未分之气
也。"[15] 淳和未分，是气的原始状态。

这种气论经唐代发展到宋代，则有张横渠集气论之大成。他以
气为宇宙人生之究竟本根，以太和之气为道，以气之散而待聚、无
形可现的本然为太虚，提出气摄虚空、万殊以及人之性、理、神
的学说。张子以为凡存在皆气，气是涵摄一切的："凡可状者有
也。凡有皆象也，凡象皆气也。"[16] "太虚不能无气，气不能不聚
而为万物，万物不能不散而为太虚。"[17] 正如司马光《孟子解》所
言，"万物皆祖于虚，生于气"。这种气论的思维模型大凡仍宗于先
秦以《易传》"精气为物"为代表的气的智慧，而其逻辑展开各有
不同。

宋明理学以"理"为其基本范畴，仍然采撷先哲前贤的气学来
构建其理论大厦。二程门生杨龟山云："通天地一气耳。天地其体，

14　[日]安居香山、中村璋八辑：《易纬·乾凿度卷上》，《纬书集成》上卷，第10—11
　　页，河北人民出版社，1994年版。

15　萧统编《文选》李善注引，上海古籍出版社，1986年版。

16　张载：《正蒙·乾称》，《张载集》，中华书局，1978年版。

17　张载：《正蒙·太和》。

气体之充也。人受天地之中以生，均一气耳。"[18] 理学家多持理气一统观。王阳明《答陆原静书》云："理者气之条理。"刘宗周《语录》则断言："理即是气之理，断然不在气先，不在气之外。"黄宗羲是刘宗周的学生，他继承师说，认为："不知天地之间，只有气，更无理。所谓理者，以气自有条理，故立此名耳。"[19] 王廷相也曾提出"理载于气"的著名哲学命题。可见，气仍为理学元范畴。王夫之、戴东原等也主张气为宇宙之元的观点。前者说："言心言性，言天言理，俱必在气上说，若无气，俱无也。"[20] 后者言气，尤为强调气为生命现象："易曰天地之大德曰生，气化之于品物，可以一言尽之，生生之谓与！"[21] "在天地则气化流行，生生不息。"[22] 显然是对《易传》"生生之谓易"基本易学观的阐发。

以上，笔者只是就中华古代的气论所作一匆匆回顾，难免挂一漏万，未能全面。然而从中不难见出，这种关于气的学说见解，是中华哲学的基本思潮之一，它一以贯之，不绝如涌，以至于某种意义上可以说，古代中华哲学是一种气学，是气学提出、阐释的历史。可以见出，气是中华哲学的中心范畴、元范畴，此其一。

与气、精气这些哲学范畴相联系的，是《周易》。在中华哲学史关于气的诠释、发挥中，好像是怕人遗忘似的，人们屡屡提到《周易》，说明《周易》影响深巨，它巨大的思想蕴涵有种统摄作

18　戴名世：《潜虚》，《潜虚先生文集》，中国国家图书馆出版社，2014 年版。

19　黄宗羲：《明儒学案·诸儒学案中四》，《明儒学案》卷五十，《明儒学案》(修订本) 下册，第 1174 页，中华书局，1985 年版。

20　王夫之：《读四书大全说·孟子》，中华书局，1975 年版。

21　戴震：《原善》，《戴震集》，上海古籍出版社，2009 年版。

22　戴震：《孟子字义疏证》，《戴震集》，上海古籍出版社，2009 年版。

用，后代不少哲学思考是在易理基础上的阐发、归纳、提高、升华与超越，往往难以绕开《周易》而另起炉灶。这种精神现象颇为值得思考，说明在中华哲学头脑的显意识与潜意识中，起码是将部分哲学基础归之于《周易》的。

就整个《周易》文化包括其美学智慧而言，气（精气）实际是一个元范畴，围绕这一元范畴，构建了一个以气为中心的文化命题的智慧系统。《周易》美学智慧体系中的诸多范畴，比如太极、阴阳、生死、中和、形神、意象以及刚柔、动静等等，没有一个不与气有着直接或间接的内在的深层联系，它们或是与气对摄并列，或是气的派生范畴。太极为一片淳和未分之气；阴阳是气的既对立又互补的属性；生死者，气之聚散也；中和是气的溶合浑一；形神的根元是气，形乃气之外在表现，神则气之精神升华；意象的底蕴又无疑是气，意象作为一个动态性的审美境界，必灌注生气于其间，又是气之溶和流溢与气之充沛的缘故；而阳气性质刚健，阴气性质柔顺；阳气者动，阴气者静。总之，气是《周易》审美意识的哲学人文底蕴。

这里有一个问题值得注意。我们在前文对中华古代关于气论的匆匆回顾中已经见出，就目前所能见到的史料看，历史上首先提出气的，是早于《易传》的《国语·周语》而并非《易传》，怎么能说气与易理相纠缠，实际也是易之根本的一个元范畴呢？或者可以说，气作为中华古代的哲学元范畴之一，究竟是否由易理孕育，从而也是《周易》美学智慧的文化哲学基础呢？

假如仅从提出气这一范畴的西周末年作为中华古代气论的源头，那么显而易见，一般认为成文于战国中后期至汉初的《易传》虽有关于气、精气的论述，在中华气论史上决没有独领风骚的地位。但是，西周末年伯阳父关于地震起因于气以及《易传》关于气、精气的见解，却不是突然凭空提出的，研究《周易》美学智慧的文化哲学意蕴，如果仅从气这一范畴提出于何时而不去注意这一范畴提出之前的某种前期文化现象，这在方法论上是不可取的。

依笔者之见，这种哲学之气的前期文化现象，在《周易》本经的巫术占筮中。一般认为成书于殷周之际的《周易》本经虽然并未在理论上提出气这一范畴，却在其巫学智慧中真正地含蕴着一种关于气的文化精神，不妨称之为巫学之气，它就是《周易》美学智慧的文化哲学的精神原型。这种巫学之气，用西方文化人类学关于巫学的术语来说，就是所谓"马那"（mana）。

据梁钊韬《中国古代巫术——宗教的起源和发展》一书所言，马那一词来自美兰尼西亚语，这在澳洲部落称为"阿隆吉他"，美洲印第安人叫作"瓦坎"、"欧伦达"或"摩尼图"。"最原始的民族与一切落后的野蛮人，都信仰有一种自然的力量作用于一切事物，支配世界上的一切东西，这种力量就是马那。"[23]

马那不是什么别的，而是列维-布留尔在《原始思维》一书中所反复论述的事物之间以及物我之间的"神秘联系和互渗"，用中华古代的巫学或哲学术语来说，就是气。

气即是巫术之马那，《大英百科全书》mana 词条称之为普遍存在于宇宙之间的"神秘的力量"，《周易》又称为"咸"（感）。《周

23　梁钊韬：《中国古代巫术——宗教的起源和发展》，第 33 页，中山大学出版社，1989 年版。

易》巫术占筮的前兆即卦象、爻象与占筮结果之间总是具有对应相感的关系，在前兆与占验结果之间存在一个中介，此即气（感）或曰马那。气是充塞于宇宙人生的——这句话一般人总愿对其作哲学意义上的理解与诠释，殊不知这里气的文化原型是指巫学意义上的马那。气为万物之元，这是哲学也是美学的理解。然而中华先民头脑中关于气的观念，首先是指气为巫术的一个基本要素，气是永恒地流变演化的：这种哲学智慧因承认气作为一种物质具有永恒运动的性质而包含些素朴的辩证法因素，然而当初它的智慧源头，却在巫术思维中人为构建的巫术前兆与占验结果之间的一种动态联系。人们总是有一种错觉，以为人似乎生来就是头脑清醒、智慧超绝而不该有智力低下、意识朦胧的童年时代，其实巫术智慧就是人类童年稚浅的文化心胸。这里，藏纳着以巫术方式出现的、中华先民关于宇宙人生本质规律稚朴甚或歪曲的文化意绪，藏纳着关于宇宙人生普遍联系以气为智慧纠结点的原始理解。

《易传》说："同声相应，同气相求。"这句话前文已有引述，可对其作出心理学、哲学或是生理学意义上的解说，然而不要忘记，它的智慧原型应是属于巫学的。汉代董仲舒的"天人感应"说很著名，现当代的读者对此往往会作哲学意义上的理解，这自然不错，可是其智慧原型是一巫学智慧。这位汉代大儒说：

> 今平地注水，去燥就湿；均薪施火，去湿就燥。百物去其所与异，而从其所与同。故气同则会，声比则应，其验皦然也。试调琴瑟而错之，鼓其宫，则他宫应之。鼓其商，则他商应之。五

音比而自鸣，非有神，其数然也。美事召美类，恶事召恶类，类
之相应而起也。如马鸣则马应之，牛鸣则牛应之。帝王之将兴也，
其美祥亦先见；其将亡也，妖孽亦先见，物固以类相召也。[24]

天人感应，同类相动，犹如"五音比而自鸣"、美事恶事"类
之相应而起"，"气相同则会"。这是在讲哲学、讲美学，也是在讲
巫学。西方著名文化人类学家弗雷泽对巫术深有研究，他发现了
"同能致同"的巫术定律与"交感巫术"的文化实质，这种实质也
就是气的感应。

在中华原始巫者的头脑中，世上决没有两样东西、两个事物是
相互隔绝的，只要具备一定条件，就能彼此感应，中间存在着一种
极具魔力的媒介物，便是气。

夫物类之相应，玄妙深微，知不能论，辩不能解。故东风至
而酒湛溢，蚕咡丝而商弦绝，或感之也；画随灰而月运阙，鲸鱼
死而彗星出，或动之也。[25]

显然，这是讲巫术，其间有气的流转演化。然而气有得失、顺
逆、清浊、美恶、常与不常之分。"得之者吉，失之者凶"；"顺之
者利，逆之者凶"；清者上之为天，浊则下降成地；美者呈祥，恶

---

24 董仲舒：《春秋繁露·同类相动》，《春秋繁露今注今译》，赖炎元注译，中国台湾商务
   印书馆，1987年版。
25 《淮南子·览冥训》，高诱《淮南子注》卷六，《诸子集成》第七卷，上海书店出版社，
   第90页，1986年版。

之则妖；常气天运不紊乱颠倒、四时流渐均衡，不常之气是自然灾异的祸根，如《易纬》所谓"缪乱之气"耳。

故"天地之袭精为阴阳，阴阳之专精为四时，四时之散精为万物。积阳之热气生火，火气之精者为日；积阴之寒气为水，水气之精者为月。日月之淫为精者为星辰"[26]。倘然阴阳失调，风雨、水火失养，便逢遭灾之时。

这是从巫术角度论气。无论白巫术、黑巫术，气都是其基本要素。巫术是一种"伪技艺"和迷信，从文化心理上说，其操作过程就是气的运化，首先是心理感应。就是说，巫术是否"灵验"，是由那些相信巫术灵验的人心理上引起感应而决定的。"鬼是什么东西呢？人们心里有鬼，就会闹鬼；心里认为鬼已走了，镇定下来，鬼也就没有了。从根本上说，这完全是一种心理作用。"[27] 巫术之气亦是如此。

然而，这种原始巫性之气随着历史的推渐与人之理性的觉醒，必然会被非神秘的哲学之气所替代。在巫术中，气原是弥漫于宇宙自然和人间社会的神秘的互渗，发展到哲学阶段，气就被认为是万物之本原及中介了。这不是说原始巫学一变而为哲学，而是说在原始巫学中已经蕴含着有待于从巫学发展到哲学的文化基因。同时，在这哲学基因中还包蕴着一定的美学意蕴。就是说，原始性的气尚有待于发展为哲学之气、其中包括审美之气的因子。自从 1750 年德国鲍姆嘉敦创设美学以来，其独立的文化属性已被揭示。从文化

---

26 《淮南子·天文训》，高诱《淮南子注》卷三，《诸子集成》第七卷，第 35 页。

27 梁钊韬：《中国古代巫术——宗教的起源和发展》，第 55 页。

渊源看，不能否认美学与哲学之间有尤为密切的联系。所以，不仅是巫学与哲学，而且哲学与美学之间存在着一个文化"关联域"。正因如此，在巫学与美学之间也客观存在着一种常为时人所忽视的文脉联系。这种文脉实际是靠气来维系的。不过这里尤需指出，气在原始巫学那里是纯粹心理性的，是指我与物、我对物的心理感应，而且具有神秘性；气范畴发展到哲学阶段，在唯心派哲学那里是指客观存在的逻辑性"实在"或指主观精神，在唯物派哲学看来则是一充塞于宇宙、弥漫于虚空而且永恒演化的"场"（field）；气是艺术审美智慧经过哲学智慧的发育而使巫性之气得到扬弃与消解，又在审美智慧中存留着巫学之气的"遗传密码"。比如英语 art（艺术）这个词，源自古代拉丁语 ars，指的是"技术"、"技巧"、"技艺"，又指"法术"、"魔术"、"巫术"，这可以说明艺术审美与巫学智慧的文脉联系。晚至文艺复兴时代，art 这个词的词义依然是双重的。在莎翁一出历史剧《暴风雨》中，普罗斯庇罗脱下自己的法衣时有这么一句台词："Lie there, my art."（"躺在这里吧，我的法衣。"）这是说，他的法衣是具有巫术意味的，这也同时就是艺术。中华古代，也有将阴阳占候卜筮幻化之术称为"艺术"的，如《晋书·艺术传序》所言："艺术之兴，由来尚矣。先王以是决犹豫、定吉凶、审存亡、省祸福。"这又一次证明艺术审美与巫术的一种文化智慧意义上的亲比关系。这种亲比关系是气的"粘连"。梁钊韬先生说，"我们今天每每看见耍弄魔术把戏的人，惯用手来招拏天空，很像取得了不可见的神秘力量。魔术师向道具吹一口气，道具里面似乎就会感应这种气而发生什么幻变。无疑这是魔术师的手法，但我们不能不承认这是原始巫术的遗留"。魔术是一门艺术，属审美范畴，却以手来招擎天空（采气）或是向道具吹一口气来增加魔术的艺术魅力，这种艺术手法显然来源于原始巫术关于气的文化观念。

正如前述，宇宙原本为气，却有阴阳、得失、顺逆、有常与无常等不同，气的这种随机性使得灌注生气于万物时，促成万物具有各异的属性。它"依于天地，则有上下之分；依于男女性别，则有刚柔；色泽，则有五色；味，则有五味；声，则有五声；人体性情，则有动静；天地开辟及人与动物之生长，则有清浊；伦理美感的观念，则有善恶、美丑"[28]。这种随机性即气的内在演化活性，自然也推动了从巫性之气向审美智慧之气的转化。

汉代有所谓卦气说，其基本观点是说《周易》巫术占筮中的易理，本之于气，得之于气；认为人们对《周易》卦象与爻象这些巫术前兆的捕捉与创制，是对卦气的感应，可称之为"得气"；可以将《周易》六十四卦配一年四时、十二月、二十四节气与七十二候，将《周易》文王八卦方位图中的四正卦即坎、震、离、兑共二十四爻象（每卦六爻）与一年二十四节气（每一节气半个月，分初候、次候与末候，每候为五天）相配应，用以占验吉凶。汉人孟喜创卦气说，"得易家候阴阳灾变书"[29]，从时令、节气变化的常与不常推断人事的顺逆。孟喜作易章句，已失传，其部分易学思想，保存于唐代名僧一行的《卦议》之中。唐僧一行曾据孟喜卦气说，制一卦气图解，引述如下，可能对我们进一步理解巫术之气如何向

28　梁钊韬：《中国古代巫术——宗教的起源和发展》，第52、46页。

29　班固：《汉书·儒林传第五十八》，《汉书》卷八十八，第876页。

审美之气的转换具有参考意义：

卦 气 表

常　气	月中节 四正卦	初　候 始　卦	次　候 中　卦	末　候 终　卦
冬　至	十一月中 坎初六	蚯蚓结 公中孚	麋角解 辟　复	水泉动 侯屯内
小　寒	十二月节 坎九二	雁北乡 候屯外	鹊始巢 大夫谦	野鸡始鸲 卿　睽
大　寒	十二月中 坎六三	鸡始乳 公　升	鸷鸟厉疾 辟　临	水泽腹坚 侯小过内
立　春	正月节 坎六四	东风解冻 侯小过外	蛰虫始振 大夫蒙	鱼上冰 卿　益
雨　水	正月中 坎九五	獭祭鱼 公　渐	鸿雁来 辟　泰	草木萌动 侯需内
惊　蛰	二月节 坎上六	桃始华 侯需外	仓庚鸣 大夫随	鹰化为鸠 卿　晋
春　分	二月中 震初九	玄鸟至 公　解	雷乃发声 辟大壮	始　电 侯豫内
清　明	三月节 震六二	桐始华 侯豫外	田鼠化为鴽 大夫讼	虹始见 卿　蛊
谷　雨	三月中 震六三	萍始生 公　革	鸣鸠拂其羽 辟　夬	戴胜降于桑 侯旅内
立　夏	四月节 震九四	蝼蝈鸣 侯旅外	蚯蚓生 大夫师	王瓜生 卿　比
小　满	四月中 震六五	苦菜秀 公小畜	靡草死 辟　乾	小暑至 侯大有内
芒　种	五月节 震上六	螳螂生 侯大有外	鵙始鸣 大夫家人	反舌无声 卿　井

常　气	月中节 四正卦	初　候 始　卦	次　候 中　卦	末　候 终　卦
夏　至	五月中 离初九	鹿角解 公　咸	蜩始鸣 辟　夬	半夏生 侯鼎内
小　暑	六月节 离六二	温风至 侯鼎外	蟋蟀居壁 大夫丰	鹰乃学习 卿　涣
大　暑	六月中 离九三	腐草为荧 公　履	土润溽暑 辟　遁	大雨时行 侯恒内
立　秋	七月节 离九四	凉风至 侯恒外	白露降 大夫节	寒蝉鸣 卿同人
处　暑	七月中 离六五	鹰祭鸟 公　损	天地始肃 辟　否	禾乃登 侯巽内
白　露	八月节 离上九	鸿雁来 侯巽外	玄鸟归 大夫萃	群鸟养羞 卿大畜
秋　分	八月中 兑初九	雷乃收声 公　贲	蛰　户 辟　观	水始涸 侯归妹内
寒　露	九月节 兑九二	鸿雁来宾 侯归妹外	雀入大水为蛤 大夫无妄	菊有黄华 卿明夷
霜　降	九月中 兑六三	豹乃祭兽 公　困	草木黄落 辟　剥	蛰虫咸俯 侯艮内
立　冬	十月节 兑九四	水始冰 侯艮外	地始冻 大夫既济	野鸡入水为蜃 卿噬嗑
小　雪	十月中 兑九五	虹藏不见 公大过	天气上腾地气 下降辟坤	闭塞而成冬 侯未济内
大　雪	十一月节 兑上六	鹖鸟不鸣 侯未济外	虎始交 大夫蹇	荔挺生 卿　颐

　　此卦气表解，见自《旧唐书》卷二十八上，具有巫学意味，比如从这表解可知，坎震离兑四正卦中坎震为阳卦而离兑为阴卦，依次代表冬春夏秋，在《周易》文王八卦方位中，依次代表北东南

西。这里阳卦坎、震揭示阳气的生息，阳气始生于坎（冬），渐长于震（春），后极盛于离（夏），而渐衰于兑（秋）；这里阴卦离、兑揭示阴气的生息，阴气始生于离（夏），渐长于兑（秋），极盛于坎（冬），而渐衰于震（春）。居于文王八卦方位正北方的坎（冬）为阴气极盛之时，也是阳气始生之机；居于文王八卦方位正南方的离（夏）为阳气极盛之时，也是阴气始生之机，由四正卦的交替运行象征一年四季时令、天气的流转变化，无非是阴阳两气的连续消长过程。它的智慧原型是巫学，因为古人最初是以巫术的眼光去看待天气运转的常或不常之类的，天气运转正常即表解所谓"常气"，对人事而言是吉的象征，许多物候比如"蚯蚓结"、"水泉动"、"鹊始巢"、"东风解冻"、"蛰虫始振"、"草木萌动"、"桃始华"、"雷乃发声"、"苦菜秀"、"腐草为萤"、"寒蝉鸣"、"菊有黄华"以及"草木黄落"等成了吉的征兆，这是巫术。但是，人们的智慧并不是仅以巫为其阈限的，正是这种神秘的巫术占筮实践，在寻找一年四季十二月二十四节气七十二候巫术兆象的过程中，培养起人们对于种种自然现象细致观察关注和品评的人文嗜好，由巫术兆象的吉凶蜕变为审美对象的美丑。在"常气"情况下的一年七十二物候，由于它们在巫术占筮中是吉的征兆而可能成为古人心目中的自然美。可以说在某种意义上，《周易》的巫性智慧对美学智慧的生成起了催化与激活的作用。当人们的智慧从神秘的巫术氛围中挣脱出来时，在他们面前突然展现的是一个美的自然。而美的自然的底蕴，正如吉的自然一样，是古人所认可的常气。常气之所以被称之为"常"，在古人看来是因为它是符合《周易》文王八卦方位的运转规律的，或者毋宁说，是《周易》八卦（这里是其中四正卦）的卦气成了永

恒运行的自然常气的智慧模型。这无疑开拓了中华古人关于自然的
审美视野与审美欣赏，是从巫性之马那向审美之气的智慧超越。

第二节　时间型的哲理沉思

气是古代中华巫术的马那，是感通于巫术前兆和占验结果之间
的一种神秘力量，关于这一点，李约瑟说得好：

> 它（气）虽然在许多方面类似希腊的空气，我还是宁肯不进
> 行翻译，因为它在中国思想家那里的含义是不能用任何一个单一
> 的英文词汇表达出来的。它可以是气体或水气，但也可以是一种
> 感应力。[30]

这种"感应力"（气）作为巫术的根本动因，作为巫术前兆与
占验结果之间逻辑性的中介质，并且它被观念地设想成为具有神秘
莫测的运动演化之属性，使得它一旦发育为美学智慧的文化哲学基
础时，不仅成了自然宇宙与社会人生的本原，而且被认可气的属性
是永恒地流转演变的，进而揭示了整个世界运动发展的本质。

与气相系，《周易》美学智慧文化哲学本涵又是什么？

一言以蔽之：时。

时，是气的发展运化历程，气的流动就是时，气是在时间中发
展流衍的。

30　[英]李约瑟：《中国的科学与文明》，转引自程宜山《中国古代元气学说》，湖北人民
　　出版社，1986 年版。

《易传·象辞》：

> 大哉乾元！万物资始，乃统天。云行雨施，品物流形。大明
> 终始，六位时成，时乘六龙以御天。

其大意是说，原初而伟大的乾元阳气，它是开创宇宙万物的根源；宇宙万物得以资始，自然万类为乾阳所统制。风雨滋润，各类生物发育壮大、流布成形；太阳辉映、永恒运转，这都表现为时的流转演进，乾卦六爻就是按照不同爻位构成的，爻位便是时运的象征，就好像乾元阳气把握时机乘着六条巨龙驾驭自然万物一般。

这里所强调的，是时与时的运行。

> "潜龙勿用"，阳气潜藏；"见龙在田"，天下文明；"终日乾
> 乾"，与时偕行；"或跃在渊"，乾道乃革；"飞龙在天"，乃位乎
> 天德；"亢龙有悔"，与时偕极。[31]

这一段话解说乾卦六爻随时变化的意义。乾初九象征阳气潜藏于下，犹如龙潜未见；九二象征普天下文章灿烂，好比龙见（现）于大地；九三象征乾阳终日健强振作，这是与时运相同步的；九四象征乾阳腾跃上进或退处于渊，这是天道的转化随时而变革自如；九五象征巨龙高飞在天，意味着乾阳正当天时，充分体现出天的美

---

31 《易传·象辞》、《易传·文言》，朱熹《周易本义》，第40—41、50页。

德；上九登爻位之极，乾阳发展到极限，好比巨龙高飞于天之最高
处，无可再进，必随时而穷，向坤阴转化，这是时间恒变的缘故。

显然，这里所强调的仍是一个时字。

关于时的论述，在《周易》中可谓俯拾皆是。比如，《易传》
论易理之广大，说"广大配天地，变通配四时"，"变通者，趣时
者也"；论乾之美德，认为美在"与四时合其序"[32]，论坤道之柔美，
有"承天而时行"之说，并且要求君子见机察变，"以时发也"[33]，
等等，都念念不忘于"时"。又，《易传》释大有卦义时称，"其德
刚健而文明，应乎天而时行"；释随卦卦义时又称，"而天下随时，
随时之义大矣哉"；释观卦卦义还是不忘一个时字，所谓"观天之
神道，而四时不忒"；对贲卦卦义的分析，有"观乎天文，以察时
变"的见解；对大过卦义的分析以"时大"论之，所谓"大过之时
大矣哉"，此谓时值"大过"，则事必反常，极需整治，此时君子
正可一展抱负，故称"时大"；坎卦象征重重险陷，"天险不可升
也，地险山川丘陵也，王公设险以守其国：险之时用大矣哉"[34]。天
地之险令人难以逾越，然而危机之时也正是生机之时，王公善用险
时以自守，此之谓"王公，君人者，观坎之象，知险之不可陵也。
故设为城郭沟池之险，以守其国，保其民人，是有用险之时，其用
甚大，故赞其'大矣哉'"[35]。遁卦象征退避。"遁，亨。遁而亨也。
刚当位而应，与时行也。小利贞，浸而长也。遁之时义大矣哉。"

32 《易传·系辞》；《易传·文言》，朱熹《周易本义》，第297、321、53页。

33 《易传·文言》；《易传·象辞》，朱熹《周易本义》，第61、59页。

34 《易传·象辞》，朱熹《周易本义》，第118—119、129、136、155、158页。

35 程颐：《周易程氏传》，王孝鱼点校，中华书局，2011年版。

大意是说，人遇险阻之时必须退避，先作退避然后可致道路通达，好比遯卦之九五刚爻下应六二柔爻，施行退避利于柔弱者守持正固而保存实力，才能渐渐盛长壮大，这叫审时度势，可见顺应时势的意义太弘大了。睽卦象征乖背违逆及其相互转化，所谓"天地睽而其事同也，男女睽而其志通也，万物睽而其事类也：睽之时用大矣哉"[36]。天地、男女乃至万物性质各异，此之谓睽，然还有合睽之"时"，抓住这一时机就进入了和合境界。程颐说："天高地下，其体睽也，然阴降阳升，相合而成化育之事则同也；男女异质，睽也，而相求之志则通也；生物万殊，民睽，而得天地之和，禀阴阳之气，则相类也。物虽异而理本同，故天下之大，群生之众，睽散万殊，而圣人为能同之。处睽之时，合睽之用，其事至大，故云'大矣哉'。"[37]《周易》损卦说的是减损之道，以什么来体现呢？"二簋应有时，损刚益柔有时：损益盈虚，与时偕行。"这是说，用两簋淡食奉献于神灵，就看你是不是应合其时。减损其刚性、增益其柔质也要适时适度。总之，万物万事的减增亏满，并非人力的随意所为，而是由人力随合客观时势自然进行的。其他诸如"蹇之时用大矣哉"、"解之时大矣哉"、"姤之时义大矣哉"、"革之时义大矣哉"[38]等论述比比皆是，雄辩地证明《易传》的作者对"时问题"何等耿耿于怀！

没有一部先秦古籍的论述像《周易》这样对"时"如此执着。时在这里最显在的意义，是指天文学上的时令、四时；其次指巫学

---

36 《易传·彖辞》，朱熹《周易本义》，第172、189页。

37 程颐：《周易程氏传》，中华书局，2011年版。

38 《易传·彖辞》，朱熹《周易本义》，第199、193、196、211、229页。

意义上的人的时运、命运；而最深层的意蕴为文化哲学层次上的时机、时势，是中华民族文化思维独有的时间观念和时间哲学，它揭示了伟大中华的文化头脑对时间的哲理沉思。

中华文化思维对时间充满了执爱。尽管在人们的传统宇宙观与人生观中不是没有深沉的空间意识，其宇宙观本身就包蕴时空两个层面及其两者的相互转化。时间，空间的运动方式；空间，时间的存在方式。时空是相互依存的。中华古人在观念地构建其宇宙观时当然不会无视与抹煞空间的存在，但更偏重于对空间之运动方式即时间而不是对空间存在本身的思考。古代不是没有所谓"人生有涯"的人生观支配着人的头脑，即将人生看作是有尽头的，这并没有错。但是，一种更为深沉的哲理沉思，是将人生看作无限。先秦儒家看到了人之个体生命的有限，于是尤其追求人之群体生命的延续，尊祖、重嗣，"老吾老以及人之老，幼吾幼以及人之幼"，都是为了追求人之群体生命的延续，儒家提倡孝慈，出于对人之群体生命与血缘的珍爱，希望子子孙孙无有尽时。孟子有句名言，叫作"不孝有三，无后为大"。无后，最令人不能容忍，因为它残酷地斩断了人之群体生命的时间延续。人之群体生命的延续是人生无限的基础，这在儒家文化哲学中是很被看重的。同时，儒家还追求精神生命的无限，热衷功名、讲究道德文章，以垂训于后世万代，也在于企盼无限的人生。先秦原始儒家的奠基者孔子曾经对宇宙人生的流逝发出过深沉的叹息："子在川上曰：'逝者如斯夫。'"儒家偏重于追索人生之无涯，证明其首先是从时间哲学角度来思考人生问题的。比较起来，先秦道家不重祖宗子嗣、也舍弃功名，不愿在朝堂之上热切地追求精神的无限；但是道家却热衷于追求人之个体生命的"永生",否则后世与先秦道家相联系的道教中人为什么要执著于炼形、养生甚至所谓羽化登仙呢？人之个体生命固可有所延长，永生实际上断不可能，但蕴含于其间的文化哲学观念却是执拗地要求人生无限的。不过，儒家的追求在入世的家国社稷之中，道家的追求常在出世的精神自然罢了。道家在文化精神上向往人之精神与自然的合一境界，逍遥于山川、坐忘在林泉，拥入自然，与自然相亲和，必求人与自然同在，化自然之无尽生命为人生精神生命的无垠，这同样也首先是从时间哲学角度来思考与处理人生问题的。老子论"道"，称为万物本根，无臭无味复为无形，"视之不见名曰夷；听之不闻名曰希；搏之不得名曰微。此三者，不可致诘，故混而为一"。这里，一便是道，道虽是"物"，却"是谓无状之状，无物之象，是谓惚恍。迎之不见其首，随之不见其后"。什么缘故？因为道是无形的，看不到、听不见、抓不住、摸不着，在形这一点上不可致诘，而分明可以被人所体悟到，道首先是一种时间性的存在，而并非空间性存在。因为是时间性的存在，道总是处于永恒的运动之中，永无休止地向对立面转化，"有物混成，先天地生。寂兮寥兮，独立不改，周行而不殆，可以为天下母。吾不知其名，字之曰'道'，强为之名曰大，大曰逝，逝曰远，远曰反"[39]。可见道的时间属性是很显然的。《庄子》有"时为帝"这一著名哲学命题，非常重视时间的流变。《庄子》所谓"卵生毛"、"鸡三足"的哲学观也是典型的时间哲学。这种哲学观初看

---

[39] 《老子》第十四、第二十五章，王弼《老子注》，第7、7—8、14页，《诸子集成》第三卷，上海书店出版社，1986年版。

不易理解，"其实，只要在其中加上时间的因素予以考虑，一切就都豁然而通。在时间中，卵会变成鸡，鸡当然有毛；鸡会跑，跑动中就会给人'三足'的印象；所以不能把'卵'和'鸡'孤立起来看待，不能只知道它们是空间地存在的（即不变的——原注），而不同时也是时间地存在的"。在庄子及其后学看来，空间中存在着的一切都不是独立自足的，"空间的内涵也在时间之中，存在的一切只有配合着时间才有可能'自足'，而存在与非存在都只不过是时间问题"[40]。运动的本质是时间，空间固然是一客观存在，但归根到底是依时间的运行而存在，这是中华古代典型的宇宙观亦即时空观。

由此不难理解为何《周易》关于时的论述如此繁多了。在《周易》看来，宇宙人生的本涵是时，时就是气的运动方式与存在方式，运动就是世界之第一存在。时是易理之根本。易理是由卦象符号所表达的，正如王弼所言："夫卦者，时也；爻者，适时之变者也。"[41] 在八卦中，八卦方位的往复流变首先是一个时的问题。坎卦为水为北为冬，阴气极盛阳气始生之时；震卦为木为东为春，阳气渐长之时；离卦为火为南为夏，阳气极盛而阴气始生之时；兑卦为金为西为秋，阴气渐长之时，文王八卦方位的四正卦是自然四时运行的卦符模式，它将世界万物的发展运动归结为时。在《周易》巫学智慧中，时的适或不适往往是与筮之吉凶观念联系在一起的。从卦之爻位看，每卦六爻之第二爻位与第五爻位，被称为

---

40 赵军：《文化与时空》，第 29 页，中国人民大学出版社，1989 年版。

41 王弼：《周易略例·明卦适变通爻》，楼宇烈《王弼集校释》，下册，第 604 页，中华书局，1980 年版。

中，因为两者分别处于每卦之下卦与上卦的中间，如果阴爻处于第二爻位或阳爻处于第五爻位，便是"得中"，得中之爻则往往为吉爻。"得中"即"得时"，不仅是一个空间性概念，更重要的是一个时间性概念。《周易》的六十四卦方位图、八卦方位图以及每卦之六爻方位，一般学者误以为它们都是卦爻的空间模式，其实，它们所表示的首先是世界万物运动的时间模式，其每卦之爻所象征的是事物运动的时序而不是物序，所谓吉爻是适时之爻，凶爻就因为于时不合。《周易》巫学智慧中的"时中"观，所谓"以亨行时中也"[42]，指的就是"得中"之爻的吉象。比如，乾卦九五爻"飞龙在天，利见大人"、坤卦六二爻"直方大，不习无不利"、需卦九五爻"需于酒食，贞吉"以及讼卦九五爻"讼，元吉"等爻都是时中之吉爻。有些虽然并非阴爻居下卦中位、阳爻居上卦中位，也就是说并非得中，但是由于下卦之"中"与上卦之"中"都表示时序极好，即使阳爻居下卦第二爻位（阴位）、阴爻居上卦第五爻位（阳位），在占筮中也往往是吉利之爻，比如睽卦九二爻虽是阳爻居于阴位，但由于这二爻居于下卦之中位，也是吉爻；解卦六五爻虽为阴爻居于阳位，又由于这五爻居于上卦之中位，又是一个吉爻。有些卦爻，虽然并非处于"时中"之最佳状态，由于爻与爻之间具有应比关系，也是时序极佳的吉爻，比如遯卦"刚当位而应，与时行也"，损卦"损刚益柔有时，损益盈虚，与时偕行"，艮卦"时止则止，时行则行，动静不失其时，其道光明"，都是适时之卦爻。王弼说：

---

42 《易传·象辞》，朱熹《周易本义》，第 70 页。

> 夫卦者，时也。爻者，适时之变者也。夫时有泰否，故用有
> 行藏。卦有小大，故辞有险易。一时之制，可反而用也。一时之
> 吉，可反而凶也。故卦以反对，而爻亦皆变。是故用无常道，事
> 无轨度，动静屈伸，唯变所适。故名其卦，则吉凶从其类；存其
> 时，则动静应其用。寻名以观其吉凶，举时以观其动静，则一体
> 之变，由斯见矣。[43]

时中之爻、处中位之爻以及爻与爻之间具应比关系的爻往往为吉，这不是绝对的，爻际关系非常复杂多变，所谓"用无常道"、"唯变所适"，时永远是一个变量，只有变是无休无止的，我们领悟《周易》关于时的文化哲学观念时千万不能持机械、滞碍的态度，思路须圆融才是。

时在《周易》文化哲学中的意义巨大，它作为《周易》美学智慧的文化内核与灵魂，其重要意义表现在它建构起中华古代的时间美学观，即尚变美学观。易理之意蕴无穷，而变是其基本性德。古人云，易者，变易、简易、不易也。《周易》认为世间一切都在变化流迁，整个宇宙是一个变化无休的大历程。"变通者，趣（趋）时者也。"易穷则变，变则通，通则久。变然后不穷而通，通乃久而无息，这里的久就是一个时间范畴。在宇宙时间的大流程中，宇宙与人未有穷时。穷者极限，极限之时并非意味着世界末日和人的穷途末路。正如《周易》乾卦变坤卦、坤卦变乾卦，泰变否、否变泰以及坎变离、离变坎之类那样。所以《易传》称："在天成象，

---

43 王弼：《周易略例·明爻适变通爻》，楼宇烈《王弼集校释》，下册，第604页，中华书局，1980年版。

在地成形，变化见矣。"变易是旧的流逝、新的创生。"富有之谓大业，日新之谓盛德，生生之谓易。""易之为书也不可远，为道也屡迁，变动不居，周流六虚，上下无常，刚柔相易，不可为典要，唯变所适。"是矣。这种变在《周易》看来当然是有序次而有规律的，天下之动不可乱也，"天下之动，贞夫一者也"。"易简而天下之理得矣。"[44] 天下之变虽繁，而贞（正）于一，这是简易。就变动言，天下是至繁的，就变动之有常而不乱言，天下又是至简的，所以简易中又蕴含着不易，即是说，变本身是不变的。可见，《周易》对自然宇宙和人类社会的运动抱着变化的文化观，认为美在变易之中，美就是变。《周易》对时和时机的企盼总是抱着巨大的审美热忱，对处于不断变易之中的自然美的关注则表现为，与其说是欣赏美的静态，不如说是从美的静境深入，去品味动的自然生命流溢的意蕴。朝晖晚霞、风云变幻、沧海桑田，不是将审美观照固置在这些物形的静止特征上，而是赞赏其时间的流动。王夫之说："天地之德不易，而天地之化日新。今日之风雷非昨日之风雷，是以知今日之日月非昨日之日月也。""江河之水今犹古也，而非今水之即古水；灯烛之光昨犹今也，而非昨火之即今火。水火近而易知，日月远而不察耳。爪发之日生而旧者消也，人所知也。肌肉之日生而旧者消也，人所未知也。"[45] 由此可见对"时变"的重视。中华古人对过去、现在和未来尤其持有纵深的历史感觉与体悟，无论是在民族、国家、家庭或是个人处于顺利或危难之际，好回忆过去和展望

---

44 《易传·系辞》，朱熹《周易本义》，第 321、338、321、287 页。

45 王夫之：《思问录·外篇》，《船山思问录》，上海古籍出版社，2000 年版。

未来或是人伦关系中的尊祖崇宗、望子成龙等，都说明了中华民族具有对时间的顽强与自觉的审美意识。伟大中华非常重视历史，这一点与古希腊人相比是不同的，古希腊的著名历史学家希罗多德在其历史著作中对 400 年之前的史实语焉未详，这主要并非历史知识的贫乏，而是觉得没有必要多加记载。伯洛赫的《希腊史》说："在 5 世纪以前，希腊人没有人想到要记下或报告历史事件。"据说有一个记载两个城邦之间条约的碑刻上，只说该条约"从今年起 100 年内有效"，而没有写明"今年"是何年[46]，这种对历史的健忘与疏漏，是对时间的漠视。所以斯宾格勒说，希腊"古典文化并没有记忆，没有这种特殊意义的历史器官"[47]。古印度的历史十分悠久，但是这个民族至今留下来的关于印度上古时代的历史著作却出奇地少，这个民族巨大的文化精力，更多地投注于对神、梵天的创造虚构和宗教的膜拜，而对祖先的过去缺乏足够的热情。但中华民族的"历史器官"是尤其发达的，世界上没有一个民族像我伟大中华这样为后代留下了如全部二十五史这样浩繁的历史著作，从其字里行间可以强烈地领悟到"龙的传人"对时间的钟爱。这种特殊的历史嗜好早在《周易》本经的巫学智慧中就播下了种子，而后在《易传》的审美智慧中得到光大，放射出奇丽的美。

在《周易》看来，无论自然史还是人类社会史都是时间的流动。古代易学研究中有"十二辟卦"即"十二消息卦"之说，即以十二卦分主一年四时十二月，象征阴消阳长、阳消阴长、盛极而

46　赵军：《文化与时空》，第 15 页，中国人民大学出版社，1989 年版。

47　［德］斯宾格勒：《西方的没落》，上册，第 21 页，商务印书馆，1963 年版。

衰、周而复始的时之变化规律，其时序为：

复卦	一阳息阴	建子	十一月	冬
临卦	二阳息阴	建丑	十二月	冬
泰卦	三阳息阴	建寅	正月	春
大壮卦	四阳息阴	建卯	二月	春
夬卦	五阳息阴	建辰	三月	春
乾卦	六阳息阴	建巳	四月	夏
姤卦	一阴消阳	建午	五月	夏
遁卦	二阴消阳	建未	六月	夏
否卦	三阴消阳	建申	七月	秋
观卦	四阴消阳	建酉	八月	秋
剥卦	五阴消阳	建戌	九月	秋
坤卦	六阴消阳	建亥	十月	冬

十二卦的阴阳消息表示出时序的周期性变化。从复卦的一阳始生于下，到临卦二阳息生、泰卦三阳息生、大壮卦四阳息生、夬卦五阳息生、乾卦六阳息生而达到阳气极盛，再到姤卦一阴消、遁卦二阴消、否卦三阴消、观卦四阴消、剥卦五阴消、坤卦六阴消而达于阴气极盛，坤卦之后，一切又从复卦开始，如此周复循环不已，是一种关于自然时序的思维模式。

《周易》又以卦的推移运动象征人类社会的进化。古代有"六经皆史"说，史者，时也。《周易》作为"群经之首"，其中某些卦的排列被认为是社会时序的表现。

章太炎曾说：

至于《周易》，人皆谓是研究哲理之书，似与历史无关，不知《周易》实历史之结晶。

乾坤代表天地，《序卦》云：有天地然后有万物。故乾、坤之后，继之以屯。屯者，草昧之时也，即鹿无虞，渔猎之征也。匪寇婚媾，掠夺婚姻之征也。进而至蒙，如人之童蒙，渐有开明之象也。其时娶女，盖已有聘礼，故曰见金夫不有躬，此谓财货之胜于掠夺也。继之以需，则自游牧而进于耕种，于是有饮食燕乐之事。饮食必有讼，故继之以讼。以今语译之，所谓面包问题，生存竞争也。于是知团结之道，故继之以师。各立朋党，互相保卫，故继之以比。然兵役既兴，势必不能人人耕种，不得不小有积蓄，至于小畜，则政府之滥觞也。然后众人归往强有力者，以为团体之主，故曰：武人于于大君，履帝位而变疚。至于履，社会之进化，已及君主专制之时矣。泰者，上为阴，下为阳，上下交通，故为泰。否者，上为阳，下为阴，上下乖违，故为否。盖帝王而顺从民意，上下如水乳之交融，所谓泰也。帝王拂逆民意，上下如冰炭之不容，所谓否也。民为邦本之说，自古而知之矣。自屯至否，社会变迁之情状，亦已了然。[48]

胡朴安氏则对《周易》六十四卦逐一以"古史立场而解说之"，最后得出结论："乾、坤两卦是绪论，既济、未济两卦是余论。自屯卦至离卦，为草昧时代至殷末之史；自咸卦至小过卦，为周初文、武、成时代之史。"[49]

48　章太炎：《历史的重要》，《章太炎卷》，山东文艺出版社，2006年版。
49　胡朴安：《周易古史观·自序一》，上海古籍出版社，1986年版。

　　尽管章、胡二氏统以中华古史流变解说《周易》六十四卦的卦序排列，因过分执著于此解而难免会给人以某种捉肘之感，但由此所折射出来的历史哲学确是以时的文化智慧为其纠结点的。也许不能不说是《周易》关于时的文化哲学启动了他们说易的灵感。

　　正如前述，《周易》文化哲学的哲理沉思是时间型的。时间、变化、运动、回复等，构成了《周易》美学智慧文化哲学基础的概念丛，可简称为时。本书后文将要着重论述的一系列《周易》美学智慧的基本范畴，其实都是以时为其文化哲学底蕴的。比如阴阳这一对范畴，无论在哲学还是美学中，都并非首先实指两个性质相反的物，而是指两物的两种互对、互补与互动的随时态势，阴阳相互涵摄各以对方的存在运动为存在运动之条件、随时而变，此即《周易》所谓"一阴一阳之谓道"。阴、阳两极皆不自足，都不能孤立存在，阴、阳的互动好比钟摆，向左摆动的势能转化为向右的势能，向右摆动的势能转化为向左的势能，是一种对待交接状态，由此达到动态的均衡。当然，这种阴阳的互逆互顺、互对互补运动之所以是永恒的，乃是因为在《周易》文化哲学观念中被假定为没有任何"摩擦力"，所以是一种"超稳定结构"、"超稳定"的美。与阴阳这一对范畴成系列的，是刚柔、动静与虚实等，这些范畴在中华古代审美智慧体系中都是些基本范畴，显得很是活跃，其中每一范畴的两极也并非独立自足，而是相互涵摄的，其范畴的内在机制在于其不息的运动，是一种流动的气蕴，中华古代审美智慧并不执著于其中之一极，而在相互之涵摄中放射出智慧的光芒。唐君毅指出：

　　　　易中表现物之相涵摄与实中皆有虚，以形成生化历程之思想，则随此可见。如地自表面观之，明为纯粹之坚固物质，天体之日月星辰，希腊人或以为只是火光，无物体之实质性者，或视为超越之神所居住。而依易教，则地之德为坤，坤之德曰柔，乃以 ☷ 表之。据易所言，天之功为贯入地中，以引出地中之植物者，其德为乾为刚，此即表示一种"于地之坚固之实质中，识取其虚涵性，而于天之运行作用及其与地感通中，认识其实在性"之态度。故在易经之思想中，一物之实质性、实在性，纯由其有虚能涵摄，而与他物相感通以建立，而不依其自身以建立。[50]

天地、阴阳、刚柔与虚实等，都是你中有我、我中有你，相互感通，此之谓涵摄。涵摄这一范畴的内蕴，是气性的，首先是时间性的，然后才是指空间意义上的相互包容。所以《周易》所推崇的美之境界，是时间甚于空间的。《周易》六十四卦以乾坤两卦为最重要。所谓乾坤，易之门户也。乾坤是父母之卦，关于天地之易理，也首先是时间优先的。

《易传》说："天行健，君子以自强不息。"[51] 天之刚健的美，在于其"行"，天之空间位置的变化是在时间流程中进行的。《周易》复卦卦辞称"反复其道，七日来复"。《易传》进而解说为"天行也"，这是说由姤卦到遯、否、观、剥、坤、复卦，即从姤卦的一阳消到复卦的一阳来复，历七变，这是一个天道运行的消息盈虚过程，故曰"天行"。这分明是将天体的运动纳入时间的流变中，而并不注重天体空间位置的改变。这种哲学思辨，赋予天之阳刚的

50　唐君毅：《中国文化之精神价值》，广西师范大学出版社，2005 年版。

51　《易传·象辞》，朱熹《周易本义》，第 43 页。

美以及君子"自强不息"的美以流溢的意蕴。《易传》诠释坤卦卦义时，有"坤厚载物，德合无疆"[52]之解，这是从大地空间角度入手的，然而又说"坤道其顺乎，承天而时行"[53]，将坤道的展现归结为对于天行的依随，注重其时间属性。中华古代有来自易理的所谓"天高地厚"之语，其中传达的固然是关于天地的空间意识，不过比如"天长地久"与"地老天荒"等，其语义还是强调天地运转的时间意识。邵雍说："易之数，穷天地终始。"[54]这是说到了易理也是易之美学智慧的根本。古今中国人有句家喻户晓的俗语，叫作"天时、地利、人和"，这是说，欲成功一事，必具天、地、人三大要素，而推天时为第一。王夫之不无深刻地指出："天地之可大，天地之可久也。久以持大，大以成久。若其让天地之大，则终不及天地之久。"[55]久即时也。古今中国人所谓宇宙观即时空观，其中宇宙之宙，通久即时间。《尸子》称"四方上下曰宇，往古来今曰宙"。《淮南子》也说："往古来今谓之宙，四方上下谓之宇。"[56]宙，是指宇的时间运动。

《周易》所反复强调的时及其运动、变易之类的终始根源与文化本质是什么？是气。问题又回到了前文的论述。

西方古代的朴素唯物论从其一开始就试图从某种具有固定形体的物质中寻找自然现象的本质，将万物以及万物之美视作不可分割

---

52 《易传·象辞》，朱熹《周易本义》，第142、56页。

53 《易传·文言》，朱熹《周易本义》，第61页。

54 邵雍：《皇极经世·观物外篇》，《四库术数类丛书》，第一册，上海古籍出版社，1990年版。

55 王夫之：《周易外传》卷四，中华书局，1977年版。

56 《淮南子·齐俗训》，陈广忠《淮南子译注》，第514页，吉林文史出版社，1990年版。

的粒子性物质单位的凝聚，古希腊的原子说是其代表。古代西方的哲学家、美学家与艺术家的文化眼光，首先加以严重关注的是物质的实体，这实体首先被看作是空间存在，英文 Universe（宇宙）是指实体性的空间存在。然而，中华古代以《周易》为代表的气（精气）论，则试图从某种未成形质中寻找自然现象无限多样性的统一，便是氤氲之气，便是太极。气是未成形质的连续性的物质存在与时间运动。如果说西方古代所谓原子是粒子性的基本物质元素，那么，源自《周易》巫学智慧，继而上升为哲学、自然科学与美学的气则弥漫于一切、浸润于一切，它无间隙、无中断、无头无尾、无形无体、无有一刻静止。

> 希腊哲学家有以水为万有本根者，有以火为万有本根者，而在中国则似无有。此即由于中国哲学家认为水火等都是有形之物，皆不足以为本根。[57]

《周易》以气为万有以及美之本根，便是"一阴一阳之谓道"的道。所以"阴阳虽是两个字，然却只是一气之消息，一进一退、一消一长；进处便是阳，退处便是阴；长处便是阳，消处便是阴，只是这一气之消长，做出古今天地间无限事来"[58]。气的运动屈伸往来，是宇宙空间依随时间的演变。"屈伸往来者气也，天地间无非

57　张岱年:《中国哲学大纲》，第 64 页，中国社会科学出版社，1982 年版。

58　《朱子语类》卷七十四，黎靖德编《朱子语类》，第五册，第 1879 页，中华书局，1994 年版。

气。"[59] "二气交感，化生万物……气之流行，充塞宇宙。"[60]

这种肇自《周易》巫学智慧所认可的气，经过哲学、自然科学与美学的升华蜕化，有点"接近于现代科学所说的场"[61]，场（field）是"波"。现代自然科学有"波粒二象"学说，是说自然万物由在空间中存在的基本粒子、原子与分子构成，而且由在空间中连续分布、在时间中连续运动的电场、磁场与引力场等物质构成。前一类物质构成物质实体，后一类物质构成虚空，前为粒子性物质，后为非粒子性的"波"。在一定条件下，这两类物质可以转化，如"波"与别物相互作用可呈示量子效应而具有粒子性，粒子性物质由于运动而呈现如电子衍射那样的波动效应。因而波粒相依相存相转，《周易》的气、形观与此有所类同。吕坤说：

> 形者，气之橐囊也；气者，形之线索也。无形，则气无所凭借以生；无气，则形无所鼓舞以生。形须臾不可无气，气无形则万古依然在宇宙间也。[62]

如果说"第一个把希腊人系统思想的注意力吸引到自己身上来的物理现象，是'实体'，也就是在一切现象的变化中那种'不变的东西'"[63]的话，那么，"在古代中国关于物理世界的构思中，连续性、波和循环是占优势地位的。在这里，'精'（气——引者注）

59　黎靖德编：《朱子语类》卷三，《朱子语类》，第一册，第34页。

60　朱熹：《楚辞集注》卷三，上海古籍出版社，1979年版。

61　何祚庥：《唯物主义的"元气"学说》，《中国科学》，1975年第5期。

62　吕坤、洪自诚：《呻吟语》，卷四十一，岳麓书社，1991年版。

63　［德］海森伯：《海森伯论文选》，第21页，翻译组译，上海译文出版社，1978年版。

有时差不多可以翻译为辐射能"[64]。李约瑟这种关于气为辐射能的论断值得深思。

德国古代著名数学家、哲学家莱布尼茨，第一个将易之八卦与数学二进位制相联系，他曾指出：

> 气，在我们这里可以称之为"以太"，因为物质最初完全是流动的，毫无硬度、无间断、无终止，不能分为部分。它是人们所想象的最稀薄的物体。[65]

所以，对中国古代科技史深有研究的李约瑟还同时指出：

> 中国和欧洲之间最深刻的区别也许是在于连续性和非连续之间的重大争论方面，因为，正如中国的数学都是代数而不是几何学一样，中国的物理学忠实于一种典型的波动理论，而一贯对原子加以抵制。
>
> 他们先验地倾向于"场"论。[66]

要之，中华古代的气论——时论，严重地影响了中华自然科学的文化思维模式，奠定了中华哲学与美学的智慧基础与精神气质。气是《周易》审美文化智慧的文化哲学之根，一方面根植于《周

64　［英］李约瑟：《中国科学技术史》，第四卷，第 32 页，科学出版社、上海古籍出版社，1999 年版。

65　［德］莱布尼茨：《致德雷蒙的信：论中国哲学》，《中国哲学史研究》，1981 年第 4 期。

66　《中国传统科学的贫困与成就》，《科学与研究（研究资料）》，1982 年第 1 辑。

易》的巫学智慧，另一方面又与西方近现代的科学"波粒"论相接近，关于气的时间哲学以及由此哲学所范定的《周易》美学智慧，既是古老而悠远的，又与近现代的西方美学智慧相联系，这便是《周易》文化哲学及其美学智慧的伟大、动人之处。成中英曾在一次来华学术演讲中认为：中国哲学的原点是《易经》，它构成了儒道释哲学内在发展的生命和逻辑结构；它揭示了中国传统辩证思维的特点是对立→变化→统一，是整体化、定位化、内部沟通化、应变化、创新化的思维方式；它是中国古代生活世界、变化世界、价值世界（及其审美世界）的总结；它的多元一体化和一体多元化的思维方法，对调整欧洲和英美哲学流派的诠释互融的关系也提供了方法论前提。因而，《易经》这个原点也是中西哲学的原点[67]，而怀德海称《周易》的气—时哲学为"过程哲学"。凡此见解值得深长思之。

67　按：见成中英：《西方哲学发展趋势与中国哲学世界化》，《文汇报》，1987 年 8 月 18 日。

第四章 符号美学智慧的源起

从这一章开始，我们要对《周易》美学智慧的一些基本内容直接地逐个加以解析，并尽可能进而探讨其深远的历史和现实影响。《周易》美学智慧是一个有机的文化系统，其卦爻语辞符号以及由卦爻语辞符号所传达的数理智慧、意象氛围、生命冲动、阴阳变易、中和境界、人格理想以及太极氤氲等审美意识，彼此交融激荡、互补互合，构成了中华古代独特的美的旋律与意蕴。《周易》美学智慧的独特性，首先是与其特有的卦爻符号系统以及卦爻符号系统与语辞之间所构成的动态联系分不开的，我们的论述须从这里开始。

第一节 符号美蕴的奇风异趣

没有一部中华古籍，甚至还没有发现世上有哪一部著作，像《周易》这样具有神奇的语辞符号，符号主要用以巫术占筮，继而发育为数理科学、哲学、伦理学以及美学因素等的卦爻系统，它是与众不同的。西汉末年扬雄所作《太玄》，曾以奇（—）、偶（--）、和（---）三个基本符号构建"四重"而"八十一首"的图式，然而在人文思维上，《太玄》是拟易之作。班固云："（扬雄）实好古而乐道，其意欲求文章成名于后世，以为经莫大于易，故作太玄。……皆斟酌其本，相与仿依而驰骋云。"[1] 可以说，《周易》的卦爻符号体系独一无二。正是这卦爻符号及其与卦爻辞所构筑的复杂联系，使《周易》具有独异的文化面貌和美风流韵，而令人感动。

《周易》以阴爻、阳爻、八卦与六十四卦等符号建构起一个具有美学意蕴的符号模式。构成的基础材料是阴爻 **--**、阳爻 **—**。正如前述，据学者考辨，阴爻阳爻的文化原型是"数字卦"，是从原始巫术占筮的实践中发展起来的。从"数字卦"到阴爻阳爻的确立而被社会所广泛认同，是一个漫长的历史过程。它大致上经历过这样几个文化思维阶段：一、中华先祖由于原始社会生产力极度低下，人的文化智慧来不及展开与深化，他们在远古巫术占筮活动中只得将人的吉凶命运归结为神秘的"数"，由此发明了"数字卦"即所谓"奇字"，产生以数为操纵人之命运的无时无处不在的异己力量的朦胧的文化思维。二、这种文化思维在漫长的巫术占筮活动中由于千百年间一再地被重复，导致思维可能的进化与自觉，人们先是误以为神秘的数是世界的本质，继而由于社会实践的反复磨炼与生活实践中计数的需要，数的神秘面纱被不断地揭除，终于进而在原始哲学与美学意义上，萌生了数为世界万物之本原的文化意识，便是《易传》所谓"当万物之数也"[2]。此时，人的思维处于非

1 班固：《汉书·扬雄传》，《汉书》卷八十七下，第872页，中华书局，2007年版。
2 《易传·系辞上》，朱熹《周易本义》，第307页。

理性中涵溶原始理性、在原始理性中渗以非理性因素的互逆互补境地，关于数的文化思维既是非理性的，又是理性的。当人的原始理性之剑奋而斩断非理性的神秘巫术意识时，他倾向于原始哲学思维的明智与美学思维的明丽；当人的非理性的巫术迷雾遮掩理性智慧之光时，则并非意味着原始哲学与美学思维因素的绝灭，而是被包容或压抑。两者的涵摄既产生了巫学智慧的诡谲，又增添了原始哲学与美学思维的神奇。前者是"信以为真"、"信以为美"；后者则"真然后信"、"美然后悦"。三、前述两个阶段实际上是以数为基本思维范畴、以数为万物本原、将世界数化的一种主观心理形式阶段。它是客观世界的心灵化。其心理内容必然要求寻找或创造一种适当的表达方式即符号加以表达。这便是"数字卦"的出现。正如前文所述，据考古发现，《周易》"数字卦"中数的符号，原本应该有九个，表示一到九这九个自然数，依次写作━、━、☰、☰、☒、∧、十、丿丶、久。由于中华古人有直行书写的习惯，刻在西周青铜器铭文、竹简铭文之后以及殷周甲骨上的"数字卦"，从目前所发现的卦例看，大都是一卦六个数字中一与六两个数字出现最多，而二、三、四三个数字不见，推想是因倘将表示二三四这三个数字直书在同一卦中，不易区别其所表现的是哪几个数的缘故。从数的奇偶角度看，一这个数除了表示它自身，还可表示三、五、七、九；六这个数除了表示它自身，还可表示二、四、八，因此，"数字卦"中的一、六出现最多并非偶然。这种二三四数字的省略，符合思维简化的原则，世界的万物是"多"，本质则"一"，思维的简化意味着人的思维运动从现象到本质、从万殊到实一的追摄。张政烺指出："殷周易卦中一的内涵有三，六的内涵有二、四，已经带有符号的性质，表明一种抽象的概念，可以看作阴阳爻的萌芽了。"[3] 但是这种符号的抽象并非到此结束。从出土的西周中期之后的甲骨卦例看，其中有新出现的九这个数，这种情况可能意味着"数以九为纪"的周人崇九文化意识的渗入。"数字卦"对数的进一步简化、调整和选择，使最后的卦数定型为：以九代替一进而代表前述所有奇数，以六代表前述所有偶数。在《周易》中，九是阳爻的别称，不管老阳、少阳都称为九，是阳爻的一个共名；六是阴爻的别称，不管老阴、少阴都称为六，是阴爻的一个共名。比如六十四卦☰（乾卦），自下而上依次读作初九、九二、九三、九四、九五和上九；又如☷（坤卦），自下而上依次读作初六、六二、六三、六四、六五和上六。九和六分别代表性质相反而相谐的阳爻和阴爻。在古人心目中，世界的本质是数，而且万物之美丑本质也在于数，九、六两个具有共名意义的数是吉是凶进而是美是丑，在六十四卦中的关键是它们是否适时。适时者，则吉则美；不适时者，则凶则丑。九、六两个数的美丑本质，在八卦和六十四卦中又不可能赤裸裸地呈现在人们面前，凡本质都是隐的，作为万物美丑之本质的符号显现，便是构成八卦、六十四卦的基本符号阴爻阳爻。两个爻符具有至简至繁的美学特征的因素；纷繁复杂多变的宇宙万物在《周易》中只用这两个符号表示，归结为九、六两个数，此外别无其他，这是至简；阳爻阴爻（九、六）又象征宇宙万物及其运动，它们包罗无遗，这是至繁。至简至繁是其美学因素之抽象具象、本质现象意蕴的同"时"并存、同"时"对应。这

3　张政烺：《易辨》，《中国哲学》，第十四辑，人民出版社，1988年版。

里的时，依《周易》看来是时间的变动进而所引起的空间的变动，所以《易传》说，"爻也者，言乎变者也"，"爻也者，效天下之动者也"。

阴爻阳爻的美学本蕴是斯。然而由于年代的久远、考古发现的时代的局限等因素，使得阴阳爻的美学智慧原型数千年间几为数的文化意识观念所湮没。这种情况导致了人们对阴爻阳爻美学智慧原型的种种猜测性解析，在所处时代美学思潮的催激下重构关于阴阳爻的种种美学意蕴。比如根据《易传》"悬象乎日月"的易学观，从汉代直至今天，一直有以"日月为易"的思想解释阴爻阳爻，阳爻是日的象征，阴爻是月的象征，认为日月自然之美就体现在这两个爻象符号之中。有的《周易》学者认为："易卦的基本组成成分'—'阳爻和'--'阴爻，也应该是来源于日、月、五星的星象。这就是说，'—'阳爻渊源于日象，'--'阴爻渊源于月象，原始氏族社会的人们，观察到太阳呈圆形，将它画成⊙形，这就是后来演化而成的'日'字。原始氏族社会的人们，还观察到月亮呈☽形，这就是后来演化而成的'月'字。古代的人们将⊙象的圆圈展平拉直，就构成了'—'阳爻；将☽象的两划平列连画起来，就构成了'--'阴爻。"[4] 虽然阴阳爻源自日月星象的见解可能并未揭示阴阳爻的文化原型，但在美学上，将阴阳爻与日月自然相联系，可以说是一种不自觉的将易与自然美相结合的美学思考。又如，根据《易传》"天一，地二"的易学观，有的易学家以为阴爻阳爻两个符号是天地的象征："古人为何以'—'象阳，以'--'

4　乌恩溥：《周易——古代中国的世界图示》，第13页，吉林文史出版社，1988年版。

象阴？窃谓：最初乃以'一'象天，以'--'象地。盖古人目睹天体混然为一，苍苍无二色，故以一整画象之；地体分水陆两部分，故以两断画象之。《系辞上》论天地之数曰：'天一，地二。……'天数所以为一，因天体为一，象天之爻亦为一画也；地数所以为二，因地体分水陆两部分，象地之爻亦为两画也。足证'一'本象天体，'--'本象地体。古人又认为天为阳类之首，地为阴类之首，因而扩展之，以'一'象阳类之物，以'--'象阴类之物，于是'一'成为代表阳性概念之符号，'--'成为代表阴性概念之符号。"[5]易之阴阳爻符到底是否源自古人对天地阴阳的认识与表现，可以继续讨论。但其美学思维的价值，是与前述所谓阴阳爻象征日月的观念相同的，都体现了一种以自然宇宙为观照对象的宏观的美学视野。再如，所谓"阴阳爻象征男女生殖器官"说，这是上世纪20年代弗洛伊德精神分析学说传入后所引起的一种易解。郭沫若曾经指出："八卦的根柢（指阴阳爻——引者）我们很鲜明地可以看出是古代生殖器崇拜的孑遗。画一以象男根，分而为--以象女阴。"[6]这一关于阴阳爻文化原型的见解，由于它与《易传》所具有的颇为强烈的生殖崇拜文化观念与生命美学意识在一定程度上相吻合而引起重视。但这是战国时期的美学智慧与文化观念，尚不能成为《周易》本经之阴爻阳爻是男女生殖器象征这一易之美学观的佐证。所以，张政烺主张阴阳爻符源自数字说，认为："二十年代，弗洛伊德心理学盛行，许多学者用男女生殖器解释阴阳爻，风靡一

5　高亨：《周易大传今注》，第30—31页，齐鲁书社，1979年版。
6　郭沫若：《中国古代社会研究》，人民出版社，1964年版。

时，现在有了考古材料，知其说全不可信。"[7] 然而，这并不等于说整部《周易》没有关于性的生命美学智慧，相反却很丰富深刻，这个问题留待后述。

阴爻阳爻源自日月、天地与男女生殖器等三说，由于纯粹建立在哲学推理的逻辑基础上，缺乏"数字卦"一般有力的考古实证而可能较少说服力。不过这种猜想又与《易传》所载伏羲氏创卦"近取诸身，远取诸物"相遥对。阴阳爻与男女之性相联系是"近取诸身"，与日月、天地相联系是"远取诸物"。这里的诸身与诸物，都首先是《周易》巫术占筮所关注的对象，然而也是《周易》哲学与美学智慧所观照的对象，它们都是自然与自然之美的因素。

尽管在阴爻阳爻的美学智慧原型问题上，对爻符源自数的感悟与理解以及爻符象征日月、天地与男女诸说未可一视同仁，可是阴阳爻符的建构，是对纷繁复杂的自然现象与社会现象之两种品类、性质、时态与趋势的观念性把握，开始朦胧地意识到世界从浩瀚时空到草芥细末既一分为二又合二而一，其间渗透着初步哲学因素的思辨与美的意绪。读者将会看到，随着本书的展开，全部《周易》美学智慧每一对范畴的基本框架，其实都在讲"一"如何分为"二"，"二"如何合为"一"。关于这一点，当代读者也许会嫌其过于肤浅，但在殷周之际，中华古人已能以性质相反相成、互对互补与互逆互顺的阴爻阳爻两个符号，来表达对于宇宙万物的某些见解，是了不起的。人们也许对《易传》所谓"一阴一阳之谓道"之类的哲学与美学智慧不以为然，认为这是比较后起的思想（一般认

7　张政烺：《易辨》，《中国哲学》，第十辑。

为《易传》写成于战国中后期至西汉初），但是我们应该看到，这种智慧的前期思维因素却早已存在于阴爻阳爻的符号模式之中，在时代上要比《易传》之写成早约五六百年，它对于整个中华民族美学智慧的建构及影响真是不可估量。《周易》泰卦九三爻辞说："无平不陂，无往不复。"假如我们承认中华古人发明爻象符号在前而写作、编撰卦爻辞文在后，则可以将这泰卦九三爻辞，看作是受阴阳爻符意义的启发而对基本易理也是《周易》基本美学智慧的一种文辞表达。在阴阳爻符发明之后，中华美学智慧史上便不断有关于"一分为二"、"合二而一"的美学命题相继提出。如春秋时期，史墨说"物生有两"，比如"体有左右，各有妃耦（配偶）"[8]；晏婴以羹之和作比，认识到了"清浊、大小、短长、疾除、哀乐、刚柔、迟速、高下、出入、周（《说文》云："周，密也。"——引者注）疏，以相济也"[9]。在先秦时代的《老子》一书中，曾经提出过比如生死、祸福、善恶、贵贱、主客、大小、上下、长短、体用、正奇、难易、静躁、张歙、与夺、兴废、强弱、刚柔、有无、盈虚与美丑等许多对具有美学意蕴的范畴，所谓"天下皆知美之为美，斯恶已；皆知善之为善，斯不善已。故有无相生，难易相成，长短相较，高下相倾，音声相和，前后相随"，所谓"将欲歙之，必固张之；将欲弱之，必固强之；将欲废之，必固兴之；将欲夺之，必固与之，是谓微明"[10]。凡此真乃不胜枚举。在解说《周易》本经的

8　《左传·昭公三十二年》，杨伯峻《春秋左氏传注》，中华书局，1981年版。

9　同上书，《左传·昭公二十年》。

10　《老子》二章、三十六章，王弼《老子注》，第1—2、20—21页，《诸子集成》第三卷，上海书店出版社，1986年版。

《易传》中，有如天地、乾坤、阴阳、尊卑、刚柔、动静、损益、
盈虚、意象、形神、往复、进退、生死、方圆、远近、天人与美恶
（丑）以及天文人文之类具有一定美学智慧因素的概念也比比皆是。
至于尔后中华美学智慧的发展，还有许多新的对应互摄的美学概念
放射出智慧的光芒（这里从略），它们共同构成了中华美学澎湃不
息、奔腾向前的大潮。而考其源头，大约就是渗融着一定的数理意
蕴的阴阳爻符。

《周易》八卦也是具有一定美学智慧因素的特殊符号。

八卦是在阴爻阳爻基础上经过三重叠合而建立起来的一群整合
的卦符，所谓八卦者乾坤震巽坎离艮兑，其基本卦性又影响六十四
卦美学智慧的建构。《易传》说："乾，健也。坤，顺也。震，动
也。巽，入也。坎，陷也。离，丽也。艮，止也。兑，说（悦）
也。"[11] 在八卦的卦符卦义中，包蕴着一定的美学智慧因素。

乾，从倝从乙。倝音全，日出光芒万丈、朗朗白昼之意象；
乙，到达之义。太阳照临，万物资生。阳明发达，光辉璀璨，刚健
之阳气沛然流溢，这是阳天之大美。古人云，"乾卦本以象天，天
乃积诸阳气而成"[12]。阳气是宇宙本元，"大哉乾元！万物资始，乃
统天。云行雨施，品物流形"。其美不可名状。太阳给人以温暖与
光明，自然可能成为原始初民最早的审美对象，对太阳的乾德即刚
健之美很早就有所领悟，这是必然的。同时，尽管太阳光华普照给
人以生命的热力，尤其一年之际寒冬过去、春回大地、万物葱茏，

11 《易传·说卦》，朱熹《周易本义》，第 352 页。
12 《周易正义》，王弼、韩康伯注，孔颖达疏，上海书店出版社，1990 年版。

或者一日之际黑夜过去、旭日东升，原始初民对太阳的感激钟爱之情自不待言，然而太阳有时又酷热难忍，使河流干涸，土地旱裂，植物枯萎，人畜灾难重重。所谓"逮至尧之时，十日并出，焦禾稼，杀草木，而民无所食"[13]。人们又必然对太阳怀有怨恨与敬惧的心情，于是有拜日的心理和拜日的活动，太阳同时又是原始先民的崇拜对象。《周易》八卦以乾卦为第一卦，说明这是古人对天对太阳既审美又崇拜的一种复杂的文化心态，以乾为第一，又说明人们对阳天的密切关注，无论就审美或崇拜意义而言，人们对此既持有热烈而深沉的人文意识，又满怀着喜忧参半、真挚虔诚的感情。

坤，从土从申。土为大地，涵养万物。土者，吐也，万物如同从大地吐出，土地是为万物之母。《易传》说："坤厚载物，德合无疆；含弘光大，品物咸亨。"这是对大地的赞美诗。大地宽广沉厚、万物受其滋养而亨通无限，堪与乾美相媲。然而，乾之美以统天为本，则坤之美以顺承天为前提，"至哉坤元，万物资生，乃顺承天"[14]也，坤性为顺。坤之本性既然为土为吐为顺，蓄养万物，则必为含蓄之美。"阴虽有美，含之以从王事，弗敢成也。"[15]这里，乾卦既为阳天，则坤为阴地，王，指乾阳之天，可以说，如果乾阳之美是主体美，则坤阴之美为依存美。从卦象符号看，坤卦☷不同于乾卦☰，以六短画象征，取"虚则含之"之象。再从八卦的坤卦两相重叠而成六十四卦中的坤卦卦象䷁看，其依存美的这一特点显而易见。坤卦六爻之六二爻得中而谦处于下卦，六五爻虽居

---

13 《淮南子·本经训》，陈广忠《淮南子译注》，第352页，吉林文史出版社，1990年版。

14 《易传·彖辞》，朱熹《周易本义》，第56、55页。

15 《易传·文言》，朱熹《周易本义》，第62页。

上卦之中位，却无居尊之傲。这是从坤卦六五爻辞"黄裳，元吉"看出来的。这里稍作解释：在古代五行五方五色五味等的文化对应模式中，黄与五行中的土、与五方中的中相对应，与土相对应符合坤理，与中相对应符合坤卦六五中位之说，说明坤卦六五爻以柔顺居上卦之中，地位显赫，而爻辞所谓黄裳之裳，却象征坤卦六五爻的谦下之美德，古代服装为"上衣下裳"之制，裳在下也。古人在解释六五爻辞时说："黄是中之色，裳是下之饰。坤是臣道，五居君位，是臣之极贵者也；能以中和通于物理，居于臣职，故云'黄裳，元吉'。"[16] 这种黄裳之爻符，在《周易》看来首先是大吉大利（元吉）的，又是一种美善之德。《易传》说得很明白："黄裳元吉，文在中也。"[17] 这里的文，按《周易正义》的解读："既有中和，又奉臣职，通达文理，故云文在其中，言不用威武也。"威武者，乾之阳刚；柔顺处下，坤之阴柔。坤性柔顺，它是依存于乾的，这种美学智慧渗融着一定的伦理观念。这并不意味着坤阴绝对没有其相对独立的美，坤阴是否是美，就看其能不能适时，此之所谓"坤至柔而动也刚，至静而德方。后得主而有常，含万物而化光。坤道其顺乎！承天而时行"[18]。坤性本自柔顺，但并非绝对柔而无力，它适天时而变动导致柔中含刚，极为安静但柔美之德生气流溢播于四方，坤阴含吐物华、依天时而运行发舒，确是不同于乾阳的另一种意蕴丰富复杂的美。正如前述，坤不仅从土而且从申，申者，神也，申是神的本字。坤之字义隐伏着神性透露的一个信息，即中华

---

16 《周易正义》，王弼、韩康伯注，孔颖达疏，上海古籍出版社，1990 年版。

17 《易传·象辞》，朱熹《周易本义》，第 60 页。

18 《易传·文言》，朱熹《周易本义》，第 61 页。

古人在对天进行审美兼崇拜的同时，还对地抱着审美兼崇拜的文化态度，对于古老的农业文化而言，除了天时，土地是其重要命脉。自古祭祀地神之风一向很盛，"地载万物者，释地所以得神之由也"[19]。东方大地广大无垠，万物人类，皆赖地以生，因而人们对于土地，实在也是很感激的。但大地上又常常江河横溢、火山爆发、地震频作，人则死于非命，故中华古人对于大地又时时惧怕，既感激，又恐惧，对大地的崇拜便在所难免。既审美，又崇拜，这种对大地、坤阴的审美观照同样也是复杂的。

　　震，从雨辰声，震者动也，雷震而雨，万物萌动。震为雷，雷始发于春、极盛于夏而渐衰于秋。"震为雷。雷，动物之气也；雷之发声，犹人君出政教以动中国之人也：故谓之震。"[20]"震，动也，此象雷之卦，天之威动，故以震为名。"[21]震是令人畏怖的自然现象，所谓"震来虩虩"是也。震又是富于生气的自然现象，它是乾阳为坤阴所迫、阳气突然发舒的象征。清代易学家陈梦雷说，"震卦，一阳动于二阴之下，动而震惊，故为震。"[22]震卦☳为阴阳二气冲突而相激相荡相和的象征，所以有震惊、警策的涵蕴。《易传》说震"恐致福也；'笑言哑哑'，后有则也"[23]。具有人处恐惧之境而自我警惕的意思，告诫人们需"恐惧修省"，这是道德说教，也是一种哲学、美学智慧的反映。古人云："震之为用，天之威怒，所以肃整怠慢，故迅雷风烈，君子为之变容；施之于人事，则是威严

19　班固：《白虎通义》，《白虎通疏证》(全二册)，中华书局，1994 年版。

20　李鼎祚：《周易集解》引郑玄注，中华书局，1985 年版。

21　《周易正义》，王弼、韩康伯注，孔颖达疏，上海古籍出版社，1990 年版。

22　陈梦雷：《周易浅述》三，第 791 页，上海古籍出版社，1983 年版。

23　《易传·象辞》，朱熹《周易本义》，第 237—238 页。

之教行于天下也。故震之来也，莫不恐惧，故曰'震来虩虩'也。物既恐惧，不敢为非，保安其福，遂至笑语之盛，故曰'笑语哑哑'也。"[24] 恐惧警省致福是一伦理圆满境界，由于此中寄寓着处危而后安、惕惧修持内美的辩证哲理而与美学智慧相沟通。人处于危难之际，虽有如履薄临深之可惧，有内忧外患之交乘，但只要惕励修省，必能处危而后安、绝处而逢生，这也是一种美善的人生境界。震作为象征自然界雷震现象的八卦符号，隐寓了人对这种大气磅礴的自然现象在畏怖中升腾起来的崇高之感，与乾、坤两卦一样，震卦之符号也是富于美学意蕴的。

巽，象风之卦，其义为入，巽为风，风之本性通行于天下而无孔不入。古人云："巽者，卑顺之名。《说卦》云，'巽，入也'，盖以巽为象风之卦，风行无所不入，故以入为训。若施之于人事，能自卑巽者亦无所不容。然'巽'之为义，以卑顺为体，以容人为用，故受'巽'名矣。"[25] 巽之卦符为☴，两卦相重为六十四卦的巽卦䷸。根据《易传》"阳卦多阴，阴卦多阳"的原则，与震卦性质为阳相反，巽卦一阴二阳，故为阴卦。根据易理，阳主阴从，故巽卦有"卑顺"之义，这是伦理学意义上的解读。但是，我们倘以八卦之巽放入六十四卦之巽中考察，其美学思维的关注点，正如前述坤卦"至柔而动也刚"的美学意蕴一样，也在于辩证地指明巽卦之审美特性，并非一味强调卑顺而往往以刚健之美为上。黄寿祺、张善文说："如初六勉以'武人之贞'，六四嘉以'田获'之功；两

---

24 《周易正义》，王弼、韩康伯注，孔颖达疏，上海古籍出版社，1990年版。
25 同上。

爻均须柔而能刚则美。九三以刚屈柔而生'吝'，上九以阳盛极而有'凶'；两爻均因丧失刚德致危。至于二、五之吉，前者以刚中之道顺事神祇，不屈于威势；后者以中正之德申命行事，居一卦之尊。可见，六爻关于'顺从'的义理，无论是下顺乎上，还是上被下顺，均不离两项原则：（一）'巽'之道在持正不阿；（二）'巽'之时在有所作为。因此，所谓'顺从'，当本于阳刚气质，与'屈从'之义格格不入。"[26] 这是中肯之见，也是深知易理美论的表现，可与古人所谓"巽之为道，岂柔弱畏懦之义"说相对应。

坎，陷也，坎为水为雨，水性在于流动陷落。坎卦符号为☵，对照金文水字写作ᔉ，可见由坎卦符号演变而来，这符号是水流的象形。从坎卦符号看，八卦之坎一阳陷于二阴之中，阳实阴虚，为坎陷之义。六十四卦之坎，在卦序中紧随大过卦之后，"过极必陷，坎所以次大过也"。然而，与涵含于震卦之中的美学智慧一样，虽然坎险重重，凶危不迭，只要内心不失诚信、刚毅充实，就可以排险解难，前路光明通达。陈梦雷说，坎卦"全象取一阳在中，以为内实有常，刚中可以有功，时世有险而此心无险，故虽险而亨。此全卦之大旨也"[27]。其实，这也是坎卦美学智慧的"大旨"。在重重险阻中"内实有常"，这是人格之美的光辉。人之处险所以能够做到不乱、不虚自己的胸襟抱负信念，实是内心已经把握了事物发展总趋势即时之发展趋势的缘故，即在处险之时，能看到踏平坎坷、取得通途、胜利在即的那时（那天），这用《易传》的话来说，叫

---

26 黄寿祺、张善文：《周易译注》，第 474 页，上海古籍出版社，1989 年版。

27 陈梦雷：《周易浅述》二，第 502 页，上海古籍出版社，1983 年版。

作"险之时用大矣哉!"[28] 大在何处？危机之时亦即生机之时。

离，丽也。离为火，金文火字写作 𣂪，象离卦一阴藏于二阳之间。八卦中的离一阴丽于上下两阳之间，有附丽之义。"离，丽也，明也。于象为火，体虚丽物而明者也。又为日，亦丽天而明者也。"[29] 这便是《易传》所云，"日月丽乎天，百谷草木丽乎土"。[30]丽者，美丽，离为美。离之美包含自然美与人工美两大类，日月与野生的百谷草木只要成为人的审美观照对象，可以是自然之美，经过人之劳动实践实际改造、创造的百谷草木之类，可以是人工之美。《周易》六十四卦以乾坤两卦为首，以既济未济两卦为终，体例上分上下两经而上经终于坎离，故坎离两卦乃天地之心、造化之本。在河图中，天一生水而地二生火，坎藏天之阳中，受明为月。离藏地之阴中，含明为日。坎为水而司寒，离为火而司暑。坎为月而司夜，离为日而司昼。这是坎与离的时机转递。所以在先天八卦方位图中乾南坤北，后天八卦方位图则离南坎北，所以坎离是乾坤的继体，坎与坤相对而离与乾相对。乾卦象征天，包括天空与天体（以太阳为代表），实际指整个宇宙，乾是宇宙（天）的美德；离卦象征日，有时也象征日月之美。

艮，依《说文》之解，"从匕目，匕目犹目相匕不相下也"。金文写作 𦣻，为怒目相视之象，转义为"山"，山有静止严峻的象征性意蕴，所以《易传》说，艮为山为止。艮有止义。人的心理、行为动止应随时而定，此则"时止则止，时行则行；动静不失其时，

---

28 《易传·象辞》，朱熹《周易本义》，第 158 页。

29 陈梦雷：《周易浅述》二，第 513—514 页，上海古籍出版社，1983 年版。

30 《易传·象辞》，朱熹《周易本义》，第 161 页。

其道光明”[31]。这是说人的心理欲念和行为举止是否美，就看人能不能审时度势，因时而决定自己的行止。杨万里说：“大哉止乎！有止而绝之者，有止而居之者，有止而约之者。‘艮其背’（艮卦卦辞——引者按），所以绝人欲而全天理，此止而绝之也；‘时止时行’，必止乎道，此止而居之也；‘思不出其位’，而各止其分，此止而约之也。”[32]这里杨氏所谓“三止”，实为一“止”，即“止”心。抑制心欲，斩断妄想，行为举措合乎正道（有点类似佛教八正道中的“正思维”、“正定”），安于本分，这是“绝人欲而全天理”，这种对艮义的易解，立刻使人想起了宋明理学那个“存天理、灭人欲”的老命题，却未必契合《周易》原旨。从其美学智慧看，《周易》艮卦以山为象征，为象山之卦，山岿然静止，有岿然不动、冷峻之静美。从艮卦符号☶看，它与震卦☳互综，震卦阳动而进，阴动而退，一阳爻生于二阴爻之下；震卦之初九、六二同时爻变，即成坎卦☵，此时一阳陷于二阴之中而成陷险之象；九二、六三同时爻变，而为艮卦，直待一阳爻高居于二阴爻之上无可再进便停止运动归于静止，这是动极而静。静止是山的形态，更是山的时态，山之静美是因时而变的。

兑，悦也。正秋之卦，秋天万物成熟，令人愉悦。兑卦在文王八卦方位为西方之卦，与四时的秋相对应，孔颖达说，“兑，西方之卦，取秋物成熟”[33]之义。这是象征秋时的美与美感。兑卦又象征润泽，兑为泽。《易传》说：“丽泽，兑。”正如前述，丽者为美，

---

31 《易传 · 彖辞》，朱熹《周易本义》，第 240—241 页。

32 杨万里：《诚斋易传》，上海古籍出版社，1990 年版。

33 《周易正义》孔颖达疏，上海古籍出版社，1990 年版。

可见泽因美而令人喜悦。从六十四卦的兑卦符号☱看，为兑下兑上之象，丽者，又通俪，有并偶之意，俪之原义指两头美鹿并偶。所以王弼说："丽，犹连也。施说（悦）之盛，莫盛于此。"[34] 此深谙兑卦上下兑为并连泽象之易理。宋代程颐由此加以发挥："丽泽，二泽相附丽也。两泽相丽，交相浸润，互有滋益之象。"[35] 六十四卦的兑卦，犹如两潭泽水并连而相辉映，同增其美感。《易传》说："兑，说也。刚中而柔外，说以利贞，是以顺乎天而应乎人。"[36] 说，即悦。是对卦符的诠解。兑卦九二、九五爻，各处于内、外两卦的中位，故云刚中，刚阳居中象征天之内质为健阳与人之内心实诚而不虚弱无力虚饰夸伪。六三、上六各为柔爻，各处于下兑、上兑之上位，所以称为"柔外"，象征秋天之时阳气渐衰、阴气渐长以及人之接人待物柔美和悦，这种愉悦既顺乎天道又合于人情。"纵观全卦大旨，无非说明：阳刚不牵于阴柔，禀持正德，决绝邪诣，才能成'欣悦'之至美；反之，偏离正德，曲为欣悦，则不论是取悦于人，还是因人而悦，均将导致凶咎。"[37] 这一易解，是偏于道德伦理的，说的主要是道德的美善与道德的愉悦。然而，这种道德之美善与愉悦，是既顺乎天则又应乎人情的，是道德人情的天则化、天则的道德人情化，天、人双方的相互对接涵摄，一方面是天成了道德之美的符号，另一方面人之道德人情升华到天则之美的高度。毋庸置疑，在这道德人情之善中渗融着一定的美学意蕴。

34　王弼：《周易注》，《王弼集校释》下册，第505页，楼宇烈校释，中华书局，1980年版。

35　程颐：《周易程氏传》，中华书局，2011年版。

36　《易传·象辞》，朱熹《周易本义》，第261页。

37　黄寿祺、张善文：《周易译注》，第480页。

前文仅是对阴爻阳爻与八卦结合六十四卦中的有关卦符的美学智慧所作出的初步论述。不难看出，《周易》美学智慧的文化起点，是它那独具魅力的卦爻符号。这符号系统是中华古人的独特创造。西方当代符号学美学的代表人物恩斯特·卡西尔曾经指出：人之作为人出现在地球上，则意味着他处于两个"宇宙"之际。人不仅必然地处于物理宇宙即自然宇宙之间，这是一般的动物也是如此的；而且也不可避免地、更重要的是处在他自己所创造的符号"宇宙"之间。符号是人、人性、人之时空意象以及各种文化的表征和提示。

> 人不再生活在一个单纯的物理宇宙之中，而是生活在一个符号宇宙之中。语言、神话、艺术和宗教则是这个符号宇宙的各部分，它们是织成符号之网的不同丝线，是人类经验的交织之网。

这位德国当代著名的哲学家进而指出：

> 所有这些文化形式都是符号形式。因此，我们应当把人定义为符号的动物（animal symbolicum）来取代把人定义为理性的动物。

这是一个关于人，从而也是关于文化、美学的著名定义。的确，人不仅是"理性的动物"，人还具有一定的文化心灵，有想象、情感、意志与宗教意识等，这一切都不是"理性的动物"这一定义所能概括的，倒是"符号"这一范畴所可包容的内容。因为首先是"符号化的思维和符号化的行为是人类生活中最富于代表性的特征"。在恩斯特·卡西尔看来，只有用"符号的动物"这一定义来取代关于人的原有文化见解，"我们才能指明人的独特之处，也方能理解对人开放的新路——通向文化之路"。[38]

假如我们剔除卡西尔以及苏珊·朗格、罗兰·巴特符号论美学的历史唯心主义因素，把符号理解为客观存在的自然宇宙、社会人生的能动表述，同时又是人的主观文化心灵、思维、情感与意志等的综合展示，那么，这种符号美学意蕴倒好像是特意针对《周易》美学智慧而言的。《周易》卦爻系统是中华古人所创造的文化符号"宇宙"，这个宇宙图式，一方面是客观自在的物理宇宙（自然）、社会人生的能动反映，另一方面又是人的文化心智与情感等心理因素的表现，而且这文化心理本身就是客观世界的人化。在这符号宇宙中，首先是用以占筮的卦爻——尽管不无神秘、神圣的神灵观念，其文化本质却是人企图通过巫术"作法"（法术），对自然、社会与人心加以安排和控制，占筮符号毕竟是古人企望把握自然以就人事的文化表现，它不是哲学与美学却存在着通向哲学与美学境界的文化内驱力。这种文化意味在《周易》中早已存在着。《易传》保留了不少原先作为巫术占筮符号的文化意义与文化特征，总体上却大致由战国至汉初时人将这符号"宇宙"进行哲学、伦理学与美学等文化意义上的改造，由阴爻阳爻、八卦与六十四卦所构成的符号宇宙没有改变，然而其符号的意蕴却在一

---

38 ［德］恩斯特·卡西尔：《人论》，第33、34、35页，甘阳译，上海译文出版社，1985年版。

定程度上得到了更新，这便是罗兰·巴特所谓符号的"能指"没有改变，而符号的"所指"却改变了。被改变的"所指"便是包括《易传》美学智慧在内的新的符号意义。关于这一点，在高亨的易解中常常被特别用力地指出来，即区别《周易》经、传的不同符号意义。如果说《周易》本经的符号是巫术吉凶的象征，那么《易传》的符号虽然还是老样子，却在一定程度上被美学化、艺术化而成了美丑的象征。这种从《周易》本经之巫术吉凶向《易传》美学之美丑的转移是《周易》美学智慧的一个常见的现象。

比如晋卦☷☲，为坤下离上之象。《周易》本经晋卦卦辞说，"康侯用锡马蕃庶，昼日三接"。大意是：初封于康地的周武王之弟（称康侯）在异国征战得胜，虏马众多（蕃庶），昼夜之间多次将战利品（马）进献给武王。这条卦辞，实际是以周初故事表示晋卦符号象征吉利，其"所指"在于巫术。然而在《易传》中，同是这一卦符，却被赋予了新的美学意义。《易传》说："晋，进也。明出地上，顺而丽乎大明。"从卦符看，晋卦坤在下而离在上，坤为大地，离为火，火的自然原体是太阳，即这里所称"大明"。整个晋卦，象征太阳从地平线喷薄而出冉冉上升而普照大地，其自然景象何等之美，不仅太阳美，而且由于坤地在离（日）下是坤附丽于离，大地也显得光辉灿烂了。又如剥卦☷☶，坤下艮上之象。其卦辞云："不利有攸往。"显然是个凶卦。《易传》却据其凶险之意进一步引发出其相应的美学智慧来，即"丑"。"剥，剥也，柔变刚也。"[39] 剥

---

39 《易传·彖辞》，朱熹《周易本义》，第179、139页。

卦之所以象征丑，那是因为剥是剥落的意思，象征万物剥落、凋零。从符号看，剥卦五个阴爻聚居于下，阴势尤盛；一个阳爻孤处在上，阳气衰微，是破败衰颓之象。李鼎祚云："阴气侵阳，上至于五，万物零落，故谓之'剥'也。"[40] 显然，在《周易》看来，阴盛阳衰就不是一种美。

苏联美学家鲍列夫说，符号的系统即"符号关系场"。要理解符号的象喻意义，必须放在一个符号关系场中去考察。卡西尔指出，艺术可以被定义为一种符号的语言，美必然地而且本质上是一种符号关系场，场（field）即《易传》所谓气的感应、气的意蕴，是一切艺术美所应具备的，它是由场所造就与传达的。我们对照《周易》觉得所言不差。不仅美，而且丑以及崇高、滑稽、悲与喜等美学意义本质上也可以以符号来象征。

第二节 "符号关系场"——数的对称均衡之美

前文指出，由《周易》阴爻阳爻、八卦与六十四卦所构成的"符号关系场"的内在文化机制是数，数为世界万物的本原，所谓"当万物之数也"，数不仅是卦爻符号系统的巫术文化之魂，而且进而也是其审美文化之魂。这里，笔者想就这一论题加以进一步的论述和展开。

《周易》中的数，首先表现于整个巫术占筮操作过程，都是数与数的运演，巫术占筮操作就是"算数"，在这"算数"中包蕴着

40　李鼎祚：《周易集解》，上海古籍出版社，1989 年版。

关于数的原始审美意识。

《易传》说：

> 天一、地二；天三、地四；天五、地六；天七、地八；天
> 九、地十。天数五、地数五，五位相得而各有合。天数二十有五，
> 地数三十，凡天地之数五十有五。此所以成变化而行鬼神也。[41]

这里所谓"天地之数"即"大衍之数"，为用以占筮的基本和
原初的演算之数，古人以天地之数自一至十作为占筮的基数，其本
意在于得天地自然之灵气，依靠天启增加巫术的灵力。然而在这巫
术的虔诚意识之中，却有原始审美意识在潜生暗长。这主要以自一
至十的所有奇数为天数、偶数为地数，天奇地偶，建构起天地对应
的数的框架，在思维方式上，为以后的中华美学智慧提供了美学意
义相对应的思维模式，即一对六、三对八、五对十、七对二、九对
四，构成五个数群，每一数群都是天地、奇偶的有序对应，它们各
自与蕴含着八卦原理的河图之数相一致，即河图的五个方位：北，
一对六；南，七对二；东，三对八；西，九对四；中，五对十，在
美学上，显示出天地自然及其相互关系的均衡之美，这是本然如此
的自然内在的美，用清代著名易学家陈梦雷的话来说，叫作"此旨
天地之自然，非人力所能损益也"[42]。这种天地之数的有序对应，在
古人的原始思维中真是神秘莫测，故以"鬼神"两字名之，它原本

---

41 《易传·系辞上》，朱熹《周易本义》，第303—304页。

42 陈梦雷：《周易浅述》四，第1243页，上海古籍出版社，1983年版。

说的是巫术的神秘和迷信，却与后代关于鬼神的审美意识相联系，比如，说某一建筑、雕塑或工艺美术的成就之登峰造极，其美难以言状，就称之为"鬼斧神工"；言人之才华出众、出人意料，美其名曰"鬼才"；唐代著名大诗人李贺之诗善于状"鬼"，其风格诡谲奇丽，以"鬼诗"之美称颂于后世，以及中华古代诗论中的神奇、神似、神韵诸美学范畴，其实都与《周易》的鬼神观念相勾连。在《周易》中，鬼神原本是人们巫术崇拜的对象，凡被崇拜者，都在人们的观念中被虚构为完美无缺，这种观念发展到审美领域，它一方面破除了对鬼神的迷信，同时却以鬼神去形容艺术、人格或自然之完美。

《易传》说：

> 大衍之数五十，其用四十有九。分而为二以象两，挂一以象三，揲之以四以象四时，归奇于扐以象闰，五岁再闰，故再扐而后挂。[43]

这是以蓍草（策）进行巫术占筮的过程，其间都是数的运演。我们在前一段引文中看到，所谓"大衍之数"之和为五十五，这里却说"五十"，证明在"五十"之后"转写脱去'有五'二字"[44]，也证明《易传》这前后两段引文当初并非出自一人之手，证明脱文遗漏早在《易传》成书时已经形成。这一点这里暂且不表。占

43　《易传·系辞上》，朱熹《周易本义》，第304—305页。

44　金景芳：《学易四种·易通》，吉林文史出版社，1987年版。

筮之初，取蓍草五十，随意取出一根不用，象征太极；随意将
四十九策分成两份，象征天地；再在象征地的一份中随意取出一策
以象征人、象征大地为人之母亲，此时天地人"三才"齐全，称
为"挂一以象三"。再以四策为一组，一组一组地分象天象地的两
份筮策，以象四时。这样分策必有余数，一共可有四种情况：或
余一、或余二、或余三、或余四，称为"归奇于扐"。"奇"，指
余数，象征闰月，由于中华阴历历法五年之内必有两次闰月，称
为"五岁再闰，故再扐而后挂"。此时，象天象地两份筮策之余
数必成对应，即天数余一，地数余三；天数余二，地数余二；天
数余三，地数余一；天数余四，地数余四。必仅该四种情况，没
有其他可能。此时，余数之和或是四，或是八。加上象征人的那
一策，不是五，便是九。再以四十九策减去五或九，此时剩下的
总筮策数不是四十四，便是四十。这是筮策运演的第一步，称
为"一变"。第二步，以剩下之筮策总数四十四或四十重新开始
演算，操作规程一如第一步。经"三变"之后，所剩筮策总数必
有四种情况：三十六、三十二、二十八、二十四。再分别用四去
除，分别得出商数为九、八、七、六。九、七为奇数，八、六为
偶数，九为老阳，七为少阳；八为少阴，六为老阴，可定出一
爻（初爻）。再以相同程序求得第二、三、四、五、六爻，由于每
爻需"三变"才能求得，一卦需经"十八变"才能给定，称"是
故四营而成易，十有八变而成卦"[45]。然后再根据余数与象征人的
那一策之和究竟是多少，定出多数与少数，进而定出变爻或不变

---

45 《易传·系辞上》，朱熹《周易本义》，第307页。

爻，再参考有关卦爻辞对占筮结果进行解说，整个占筮过程方告完成。[46]

从占筮操作全过程中，我们同样可以领悟到蕴含其间的美学智慧，即数之关系与时序的无穷变化之美。随着占筮操作过程的逐步展开，宏观意义上的总体面貌得以展现。先是太极浑沌——继而化生天地——接着天地生人。同时四时运行，在四时运行中五年二闰。古人关于宇宙时序的这种描述，反映出中华童年的稚朴和童趣。尤其在"十八变"的占筮过程中，包含着丰富而深刻的时变的智慧，在中华古人看来，人的吉凶命运取决于数之关系、时序的千变万化，从而呈现与吉凶相对的人生之美丑境界。宇宙是变易不息的大化流行，变易是有序的。中华古人的文化观念中并非没有空间观念，仅仅认为空间是依时间而存在而运行而变化不息的，所以吉凶之轮回、美丑之明灭、善恶之交替是非常迅速的，美其实是时变大化的一瞬间所激发出来的光华，它是"符号关系场"无限时变可能性中的一种最佳时机。

时空秩序的均衡之美及其原始审美意识，也可以从八卦的图式中见出。

八卦图式，无论先天八卦方位抑或后天八卦方位，都为宋人所描绘，但其思想之源来自《易传》。《易传》说："天地定位，山泽通气，雷风相薄，水火不相射。"[47] 根据这一论述，可以画出先天八卦方位图即伏羲八卦方位图，其方位配置为：乾（天）南、坤

46　按：参见拙著《周易精读》，第294—303页，复旦大学出版社，2009年版。

47　《易传·说卦》，朱熹《周易本义》，第348页。

（地）北——天地定位；艮（山）西北、兑（泽）东南——山泽通气；震（雷）东北、巽（风）西南——雷风相薄；坎（水）西、离（火）东——水火不相射。从卦符看，八卦构成了四对交错之卦，即它们按爻序正好阴阳互逆，乾☰与坤☷交错；艮☶与兑☱交错；震☳与巽☴交错；坎☵与离☲交错，表现出严格的有序性。如果说，阴爻、阳爻象征秩序及其流变运行的两种对立、对待、对应与统一的万物之时态，那么，先天八卦方位图作为时空秩序及其运动的基本思维模式，则传达出客观宇宙秩序在永恒运动中所具有的对称性均衡之美。整个宇宙，从宇观的星系太空、宏观的天地自然与人类社会到微观的人之心理及其物质的分子、电子、中子、质子、基本粒子，看似千头万绪、变化无穷，却在无限丰富的客观自在中，保持着动态的均衡，八卦图式的美，正是时空秩序均衡之美的基本而真实的描述。再从八卦方位图的方位次序看，自乾一、兑二、离三至震四，向左旋，称为"顺布"；自巽五、坎六、艮七至坤八，向右旋，称为"逆布"，顺逆相对应。乾对坤（一加八）、艮对兑（七加二）、震对巽（四加五）、坎对离（六加三），其和都等于九。从卦符数量看，四组对应的卦符数之和，各自都为三阳爻三阴爻，可以说，时空秩序的均衡动态之美在此表现得淋漓尽致。先天八卦方位图虽然实为北宋邵雍托名伏羲所绘，其智慧却始于先秦，先秦时人已有关于对称性均衡的美学智慧之萌芽，这是了不起的。

后天八卦方位即文王八卦方位也具有美的均衡智慧。《易传》说："帝出乎震，齐乎巽，相见乎离，致役乎坤，说言乎兑，战乎乾，劳乎坎，成言乎艮。"[48] 可据此画出后天八卦方位图。《易传》的这一论述，其大意为：震卦象征东方和春分，此时大自然生机元气催发草木抽叶萌蒂（蒂原作帝，帝，蒂之初文，王国维《观堂集林》称"帝者蒂也"）。巽卦象征东南方和立夏，此时万物一齐蓬勃生长，生机盎然。离卦象征南方和夏至，此时万物正在长成，其生态之美交互辉映。坤卦象征西南方和立秋，此时万物依凭地气致养，继续成长催熟。兑卦象征西方和秋分，此时万物终于成熟，皆令愉悦。乾卦象征西北方和立冬，西北为阴地，乾为纯阳，阴阳交结，自然之生机已是潜伏在此。坎卦象征北方和冬至，此时万物已经归藏，有如陷落劳倦。艮卦象征东北方和立春，此时万物旧体已亡而新机复萌。该八卦方位图自震卦始，按顺时针方向依时旋转，将阴阳交感的坎离、震兑配置于四正方位，将阴阳不相交感的乾巽、坤艮配置在四维方位上，体现了"乾坤退居，六子用事"的原则。从其象征性卦义看，描述了一年四时植物终始的整个历程，是一个万物衰长、生灭的时态模式，它不是直接模拟时空秩序及其运变，而是时空动态秩序在万物随时生长链上的体现。古人云："先天为体，后天为用。""先天"、"后天"体现了体用关系。先天八卦方位图传达出时空的对称性均衡之美，后天八卦方位图显现非对称性均衡之美。

古人以为八卦之原型的河图、洛书也以数的和谐排列，象征时空秩序的均衡。洛书（图示）是一个自一至九的九个数的有序排列，以阳数一三五七九、阴数二四六八的变演象征一年四时阳

---

48 《易传·说卦》，朱熹《周易本义》，第349页。

（天）气、阴（地）气的消长历程，阳数以圆圈象征，阴数以圆点象征，阳数排列在四正与中位，阴数排列在四隅。阳一在北，象征冬至之阳气始生；阳三在东，象征春分之阳气渐增；阳九在南，象征夏至之阳气极盛；阳七在西，象征秋分之阳气渐消。阴二在西南，象征立秋之阴气已起而阳气始衰；阴六在西北，象征立冬之阴气渐增；阴八在东北，象征立春之阳气渐起；阴四在东南，象征立夏之阳气渐增。其美学思维模式在于"戴九履一，左三右七，二四为肩，六八为足"[49]。这九个数的和谐排列，实际是一个魔方和数学矩阵，古人称为"纵横图"，即该图纵横任何一行以及两对角线的三数之和都是十五（见表），它是世上最早的矩阵图，具有严格的数理均衡的美感。洛书之数序也称九宫数矩阵，是中华古贤的发明与发现。后来南宋数学家杨辉在此三行矩阵基础上发展出四、五、

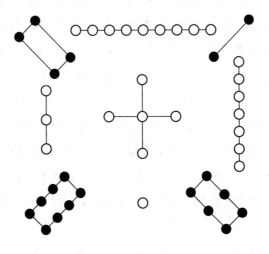

---

49   朱熹：《周易本义·图说》，第2页。

4	9	2
3	5	7
8	1	6

六、七、八行矩阵，其数理即由 1 到 n^2 个自然数排列的几阶矩阵，其排列要满足这样一个公式，即各行各列和主对角线数字之和为 $\frac{1}{2}$n（n^2+1）[50]，它又一次以数的完美排列显示了时空秩序的和谐，折射出八卦方位这一"符号关系场"的美的数理意蕴。

从《周易》六十四卦方图看，六十四个卦构成了三十二对交错关系，显示了完美的对称性，显现出六十四卦的全部交综、自综和错综关系。在此图的一条对角线上，依次排列着坤、小过、坎、大过、颐、离、中孚和乾八个自综卦，另一条对角线上，又排列着泰否、归妹渐、既济未济、随蛊四对错综卦。从这六十四卦方图之每一卦的上下体卦符看，也显示出精彩的有序性。从横列看，所有八个横列每列每卦的下卦都是一样的，第一列每卦下卦均为坤，第二列均为艮，第三列均为坎，第四列均为巽，第五列均为震，第六列均为离，第七列均为兑，第八列均为乾；其上卦在每一横列中都依次为坤、震、坎、兑、艮、离、巽、乾。从直行看，每一直行的上卦又都是一样的，第一行每卦上卦均为坤，第二行均为震，第三行均为坎，第四行均为兑，第五行均为艮，第六行均为离，第七行均为巽，第八行均为乾；其下卦在每一直行中又依次为坤、艮、坎、巽、震、离、兑、乾。综观六十四卦全图[51]，富于美感。

假如对这六十四卦方图进行二进制数学翻译，其严格的对称均

50　按：参见钱宝琮主编：《中国数学史》，第 122 页，科学出版社，1981 年版。

51　按：参见董光璧：《易图的数学结构》，第 48—49 页，上海人民出版社，1981 年版。

衡之美也可以从有序的数字排列中领悟到（见表）。

000000	000100	000010	000110	000001	000101	000011	000111
001000	001100	001010	001110	001001	001101	001011	001111
010000	010100	010010	010110	010001	010101	010011	010111
011000	011100	011010	011110	011001	011101	011011	011111
100000	100100	100010	100110	100001	100101	100011	100111
101000	101100	101010	101110	101001	101101	101011	101111
110000	110100	110010	110110	110001	110101	110011	110111
111000	111100	111010	111110	111001	111101	111011	111111

（注：以阴爻为 0，阳爻为 1。）

以上仅从三方面初步探索《周易》卦符的数理之美，揭示时空秩序动态的对称均衡。其实《周易》的数理及数理之美学意蕴，远非仅仅表现在前文所论及的这些内容中，它的深邃的智慧是需要以专著的形式来论述的，这里只是择其基本以窥探一二。当然，我们仍须再一次指出，这种数理原本与巫学智慧非常牢固地纠合在一起，在远古时代，数的聪明智慧是注定要遭受巫术这种愚昧文化方式的奴役的，那时，数具有既是抽象又是具象、既是非理性又是理性的原朴文化意蕴，这与科学昌明时代人类关于数与数之观念是不同的。在《周易》巫术中，数一方面具有原始理性因素并由这原朴理性因素趋向于纯粹理性抽象的心智功能，另一方面数又总是与种种巫术兆象与迷信纠缠在一起，从而平添了中华巫术的神秘性和文化魅力。然而正是因为有数这种《周易》巫性智慧的心智内核，才使得有可能将《周易》巫学发育为成熟的数学科学、哲学、伦理学与美学等。一旦《周易》的美学智慧等撕下巫术神秘的面纱而独立呈现时，我们发现整个世界突然明朗而灿烂无比，而原本渗融在巫学智慧中的数，以其冷峻的沉思与和悦的微笑，以其独特的美之光辉，突然照亮了整个世界，照亮了人心。是的，数的觉悟，是民族智慧的真正觉悟，是人类理性的大觉醒。由基尔克、拉文、斯科菲尔德编著，聂敏里中译的《前苏格拉底哲学家》一书指出，数是人类思想的理性成果。要是没有数学与数的知识、理念，世界便是混乱而昏暗的。亚里士多德说，数是"更高一级的实在"，"一切其他事物，就其整个本性来说，都是以数为范型的"[52]。

笔者发现，将古希腊毕达哥拉斯学派关于数的文化与美学智慧同《周易》卦爻符号的数理意蕴稍作比较，是十分有意思的。罗素曾经说过，毕达哥拉斯是古希腊最有趣味而又最难理解的人物之一，关于他的传说几乎是一堆难分难解的真理与荒诞的混合。我们不知道此公是否是古希腊的巫术家，但是毕达哥拉斯学派内部施行的种种"规矩"，却分明是巫术的禁忌："1.禁食豆子。2.东西落下了，不要拣起来。3.不要去碰白公鸡。4.不要掰开面包。5.不要迈过门闩。6.不要用铁拨火。7.不要吃整个的面包。8.不要掐花环。9.不要坐在斗上。10.不要吃心。11.不要在大路上行走。12.房里不许有燕子。13.锅从火上拿下来的时候，不要把锅的印迹留在灰上，而要把它抹掉。14.不要在光亮的旁边照镜子。15.当你脱下睡衣的时候，要把它卷起，把衣上的印迹摩平。所有这些诫命都属于原始的禁忌（引者注：指巫术禁忌）观念。"[53] 多少这样的禁忌沉重

52　[希腊]亚里士多德：《形而上学》，989^{b}29–990^{a}12、985^{b}32–33，商务印书馆，1959年版。

53　[英]罗素：《西方哲学史》上卷，第60页，何兆武、李约瑟译，商务印书馆，2015年版。

地压在心上，可见心灵是怎样的不自由，可是在这种巫术意绪的痛苦纠缠中，心灵的沉思却奇迹般地了悟宇宙的本质，将数看作世界与美的本质。

毕达哥拉斯派思想家们最早把数设想为一种无所不包的真正普遍的要素。它的用处不再局限在某一特殊的研究领域以内，而是扩展到了存在的全部领域。当毕达哥拉斯作出他的第一个伟大发现时——当他发现音调的高度依赖于震动弦的长度时，对哲学和数学思想的未来方向具有决定意义的并不是这种事实本身，而是对这种事实的解释。毕达哥拉斯不可能把这种发现看成是一种孤立的现象。最深奥的神秘之———美的神秘，似乎在这里被揭示出来了。对希腊精神来说，美始终具有一种完全客观的意义。美就是真，它是实在的一种基本品格。如果我们在音调的和谐中发现的美可以被还原为一种简单的数的比例的话，那么，正是数向我们揭示了宇宙秩序的基本结构。[54]

毕达哥拉斯的头脑一方面与荒诞的巫术禁忌相联系，另一方面他的思维又毫不犹豫地沾染于美的底蕴，从而以整个心智去愉悦地拥抱真理。这种西方古老的精神现象与东方更为古老的《周易》的"数文化"、"数巫术"、"数美学"遥相呼应。《周易》巫术"数学的符号从一开始就被某种巫术的气氛所环绕"，后来在《易传》的哲学与美学中，"数不再笼罩在神秘之中。相反地，它被看成是理智

---

54 ［德］恩斯特·卡西尔：《人论》，第267—268页，上海译文出版社，1985年版。

世界的真正中心，它已经成了找到一切真理和可理解性的线索"[55]。当然，毕达哥拉斯所理解的时空秩序和谐之美，是客观自在，而《周易》所揭示的是时空秩序之均衡的动态美，实际是包括人与人心的和谐以及宇宙与人、人心之亲和关系在内的。在古人看来，时空并不外在于我，我亦不在时空之外，时空与我并非对立，而是物我浑契、天人合一。所以时空秩序的均衡则意味着主客观的统一。同时，正因为古希腊美学注重美的客观性，正如卡西尔所言，美始终具有一种完全客观的意义，美就是真，而《周易》所认可的时空秩序之美，是包括人文在内的，尤其与人文中的道德伦理有更多的联系，美在许多意义上实指道德的善和人格价值。所以在《周易》中，与巫性相系的"数学理性是人与宇宙之间的纽带，它使我们能够自由地从一端通向另一端。数学理性是真正理解宇宙秩序和道德秩序的钥匙"[56]。而且，《周易》中的"数"，还与命理观相系，有"命定"的意义。

第三节　线之美

　　时空秩序统摄社会人生以及人格模式的美学意蕴，是《周易》所揭示的数符关系场。数是在《周易》美学智慧的萌动时期早就孕育着了，便是用以巫术占筮的"数字卦"，它是数的符号。古人云，筮者数也。《周易》占筮恰是一种独具一格的"数巫术"。而这种数理意蕴的符号表现，是象征偶数奇数的阴爻阳爻。尽管《周易》阴

55　［德］恩斯特·卡西尔：《人论》，第 275 页。

56　［德］恩斯特·卡西尔：《人论》，第 22 页。

爻阳爻、八卦、六十四卦构成巫术占筮的"伪技艺",而升华为科学、哲学、伦理学与美学等因素的智慧变化无穷,但是基本的符号只有阴阳之爻两个。阴爻阳爻的符号形态是线条,我们的论述需回到对阴爻阳爻这种基本的线之符号的观照与分析上来。

线的符号来自《周易》卦爻符号的前身"数字卦"。它是动态而自由的,其特有的空间造型(线形是空间存在、视觉对象),非常朴素、简洁地作用于我们的感官,实际上却是时间流变在空间中留下的轨迹。源自巫术占筮的线之符号的文化底蕴是数,它在科学、哲学与伦理学尤其在美学中得到了净化和升华。

> 净化了的线条如同音乐旋律一般,它们竟成了中国各类造型艺术和表现艺术的魂灵。[57]

要问中华传统艺术美的基本特点是什么,它无疑是多方面的,就其符号形态来说,是以线造型、以线表现。《易传》云:"上古结绳而治,后世圣人易之以书契。"[58]上古结绳为的是记事记数,后来发展为书写镌刻,阴阳爻成了中华汉字与书法艺术美的萌芽,虽然是传说,却揭示了书法艺术以线造型与阴阳爻符之间的历史与人文联系。

汉字以线象形指事达意、以点画结构,是线条符号的有机集成。约公元前7000—前6000年陶器上刻划的线条符号,是一种"前文字"形式,它是以线造型的。3000多年前殷代的甲骨文,书

---

57 李泽厚:《美的历程》,第44页,文物出版社,1981年版。
58 《易传·系辞下》,朱熹《周易本义》,第326页。

体细劲挺直，笔画无顿挫轻重，也是以线造型的。殷周时期铸在钟鼎、货币、兵器等青铜器上的金文即钟鼎文，其书体齐整，风格浑朴圆转，字形变易多姿；春秋战国时期刻在石簋、石鼓上的文字即石鼓文（亦称籀文）结体略呈方形，风格雄强而凝重；公元前221年秦始皇统一天下，实行"书同文"政策，废除六国异体，由丞相李斯具体统一简化字体以创小篆（秦以前称大篆），其书体略呈长方形而规整，点画圆匀古朴；相传秦末程邈在狱中所整理、发明的隶体，字形简化，变圆就方，笔画改曲为直，改连笔为断笔，使结构趋于扁平，用笔精巧工整，发展到东汉，注意轻重顿挫，有波势之美。这些字体无一不是以线造型的。后来，一种新体楷书盛于六朝，到唐代达于巅峰，书体平整规矩，减却了原先汉隶的波势而给人以齐肃之美感。颜真卿的恢宏博大、柳公权的挺拔刚劲、欧阳询的坚韧劲险以及尔后元代赵孟頫的秀逸婉约等，历来所公认的四大楷书名家将书法的线之符号艺术发挥得淋漓尽致。而行书以东晋王羲之《兰亭序》为"天下第一"，其俊逸潇洒、雄强飘举、神完气足之美撩人心魂。又有草书点画连绵、偏旁假借，行笔流畅而龙飞凤舞。其中章草是隶书体的简写急就，字字独立，内含隶意；今草为楷体的快写急就，笔势牵连，点画飞动。更兼唐代张旭、怀素的狂草用笔放纵奔宕、飞腾灵动、气贯如虹。总之，所有书法艺术的美都是线条之美，是线与线的拼接与联络，是点画按一定科学与美学规律的有机构连，而其原型，可以说是《周易》的阴爻▄▄与阳爻▅。

阴阳之爻这两个符号是最简单不过的了，然而其实是一切汉字书体的基础材料，凡基础，正如真理一样，总是简易朴素的。这两个相对应的线之符号，从其"数字卦"中所分别象征的奇数、偶数看，确是两个；从奇数、偶数都是数这一点看，又可归结为一个。这里，我们不妨可以将阴爻 ▬ ▬ 看作阳爻 ▬ 的线条之"断"，将阳爻 ▬ 看作阴爻 ▬ ▬ 的线条之"连"，两者互为异体又合二而一，由此，我们毋宁将阴阳爻看作"一画"，既是一分为二，又是合二而一的。宗白华先生说：

> 中国画家在万千绘画的形象中见到这一笔画，而大书家却是运此一笔以构成万千的艺术形象。
>
> 千笔万笔，统于一笔，正是这一笔的运化尔。[59]

我们观照每一个汉字，其实都是一画或一画的演变。横竖是一画，横折、竖折、钩、撇、捺、挑等，是一画的变体，它们在美学意蕴上，是社会人生的人格体验在一定空间形式上所刻下的时间运动的轨迹。在此意义上我们可以进一步领悟到，汉字中的点，可以看作社会人生流迁瞬时的象征。

阴爻阳爻两个线之符号，实由象形而来。在"数字卦"中，一的符号是 ▬，表示孤零零的一件东西；二的符号是 ▭、三的符号是 ▤、四的符号是 ▥，分别象征两件、三件、四件东西。只是前文已经说过，代表二、三、四的三个符号由于直书之故，写在同一卦中不易分辨，才在"数字卦"中隐然不见，但其以线之符号象征事物及其数量的智慧与观念确是存在的，它们都是蕴含数理意义

59　宗白华：《美学散步》，第141页，上海人民出版社，1981年版。

的象形符号。五这个筮数，在"数字卦"中写作✕或✕，实际是✕，
表示前后左右、东南西北与人之站在中央为五方，✕这一符号两条
直线交叉将空间划分为四个领域，其交叉点就表示人站中央的位
置。五这一汉字，实由"数字卦"中的✕转化而来，既象形又指
意。其余前述一二三四这些汉字也都是象形兼指意的。由阴爻阳爻
所构成的八卦符号，正如前文所述，也具有象形兼指意的性质，比
如坎卦符号是水之象征（☵），离卦符号是火之象征（☲），等等，这
是一看便知的。

《周易》爻符及卦符的线之符号的象形、指事与会意性质，影
响到汉字及书法艺术美的建构。东汉大书家蔡邕说：

> 凡欲结构字体，未可虚发，皆须象其一物，若鸟之形，若虫
> 食木，若山若树，若云若雾纵横有托，运用合度，方可谓书。
> 或象龟文，或比龙鳞，纤体放尾，长翅短身，穰若黍稷之垂
> 颖，蕴若虫蛇之棼缊。[60]

然而，汉字从象形始而并非终于象形，这不同于某些如实再现
物象的绘画艺术。"从一开始，象形字就已包含有超越被模拟对象
的符号意义，一个字表现的不只是一个或一种对象，而且也经常是
一类事实或过程，也包括主观的意味、要求和期望。这即是说，象
形中即已蕴含有指事、会意的成分。"[61]汉字以及书法艺术由此成了
抽象的线条符号，被升华与净化了的线条符号象征世界的流变，生

---

60 蔡邕：《篆势》，人民美术出版社，1984年版。
61 李泽厚：《美的历程》，第40页，文物出版社，1981年版。

命的意韵，由于它的抽象性而成为"有意味的形式"。形式说复杂也复杂，千变万化，横竖、点捺、挑钩，姿态各异；大小、上下、倚正、虚实、主从、续断与枯润，等等，其线条的流动飞扬或顿挫凝仁，决不是程式化、模式化的死形式，而是流动着生命神韵的；形式说简朴也简朴，只是一画一笔而已，整个社会人生皆在一画一笔中现出光辉，这有点像佛家所谓从一滴水见大千世界，在一画一笔中生气灌注、人情流溢而哲理美韵隐逸其间。

> 所以中国人这支笔，开始于一画，界破了虚空，留下了笔迹，既流出人心之美，也流出万象之美。[62]

罗丹也说：

> 一个规定的线（文）通贯着大宇宙，赋予了一切被创造物。如果他们在这线里面运行着，而自觉着自由自在，那是不会产生出任何丑陋的东西来的！[63]

这可以说是源自《周易》卦爻符号（线）的艺术美的灵感，表现在汉字与书艺中，而且也表现在中华传统绘画中。中华民族的艺术头脑自古何等执著于线条，以至于在创造种种艺术之时，总愿以线条来构建艺术意象，表现情态物理，抒寄心志胸襟，以线来传达

62　宗白华：《美学散步》，第143页，文物出版社，1981年版。
63　海伦·萝斯蒂兹：《罗丹在谈话和书信中》，引自《美学散步》第139页，上海人民出版社，1981年版。

他们对宇宙与人生的理解和领悟，绘画只是其中之一。传统书学画理总说"书画同源"，此源同在何处？一句话，源于对客观事物现象的象形，进而指事、会意而同以线条加以表达。其历史先声，自是十分古老。从今天能见得到的史料看，可能以《周易》的爻符为最早。因为，阴爻阳爻相传为神话传说中的人物伏羲所首创，距今约十万年[64]，这固然不能作为信史来看待，伏羲也并非实有其人，然而伏羲作为远古发明爻符、具有聪明智慧的一个"共名"，却是中华文化史上一种十分古老的历史面貌。目前所发掘的"数字卦"，是比较晚近的东西，不等于说这种数符仅仅发端于比较晚近的时代。相反，其源起一定是遥远的。"数字卦"的源起是一个漫长的历史过程，并非一蹴而就，在"数字卦"之前一定还有一个漫长的成型期。考虑到这一点，笔者毋宁相信，在所谓《周易》爻符创自约十万年前伏羲时代的传说中，必定存留着若干真实的史实遗韵。以线造型、以线表现的爻符的文化之根，必埋在深深的历史土壤之中。它们既是汉字的雏形，也是画的雏形，是书画同一的始源性符号。

从与《周易》美学智慧关系尤为密切的"日"这一线之符号看，它既是字符又是画符，曾经经历过从具象象形到抽象表现的漫长历史过程（图示）[65]：

<hr />

64 按：据《中国历史年表》，距今约十万年，是"传说中的伏羲时代"。《中国历史年表》
    第 2 页，中国社会科学院历史研究所编制，中国社会科学出版社，2002 年版。

65 按：参见何新：《诸神的起源》，第 9 页，三联书店，1986 年版。

　　这里所列出的"日"之线形演变的九个阶段，最终演化为线条，是书画合兼的线形符号。这些符号多见于新石器时代的文化层，在商周甲骨文和金文中也时常出现，只是越到晚近，其符号愈见简化罢了，一直到写为"十"。这个符号其实并非是数字"二五得十"的"十"，它在《周易》卦爻筮符之前身的"数字卦"中被识读为数字"七"（见前文）。从书画之象形角度看，是对太阳光辉的简化造型，是一种光芒四射的美的形象，从其所含寓的意义看，是表示太阳的刚阳之性，这在"数字卦"中是以"七"这个奇数来表示的，七是日的象征。早在大约写成于殷周之际的《周易》复卦卦辞云："复：亨。出入无疾，朋来无咎；反复其道，七日来复。"大意是说，复卦讲的是天体运行的阴阳反复之道。阳气剥尽复为阴，阴气剥尽复为阳，其出入、来往、消长无疾害、无咎弊，以七为一周期是天行的规律。所以《易传》作解云："反复其道，七日来复，天行也。"[66] 可见"数字卦"的数字"七"（写作十，后来在《周易》中转变为"少阳"），与"日"这个线之符号在意义上是相对应的。这种文化现象既能说明书画同源（像汉字与书法艺术一样，中华传统绘画是以线造型表现的），又可由此看出，线的艺术实与《周易》爻符相联系；《周易》爻符与其前身符号体系"数字卦"一脉相承，数符又与更为原始古老的事物之象形符号相勾连，它们都是线性的，线之符号反映出中华传统绘画展现于空间的时间意识。

　　线之美，曾经受到西方古代和近代不少美学家与艺术家的关

---

66 《易传·象辞》，朱熹《周易本义》，第142页。

注。古希腊的柏拉图曾经说过："我说的形式美，指的不是多数人所了解的关于动物或绘画的美，而是直线和圆以及用尺、规和矩画出的直线和圆所形成的平面形和立体形。"[67] 18 世纪的荷加斯则以蛇形线为美，他在将蛇形线与直线相比较后指出，"蛇形线是一种弯曲的并朝着方向盘绕的线条，引导眼睛去追逐其无限多样的变化，能使眼睛得到满足"。因此，可以将它"称为富于魔力的线条"[68]。席勒在其《论美书简》中也曾对线之美发表过见解。不过，西方关于线之美的认识，一般仅将其看作是一种形式美，认为仅是一种形式意义上的轮廓线，这可从文艺复兴时达·芬奇的言论中见出，"太阳照在墙上，映出一个人影，环绕着这个影子的那条线，是世间的第一幅画"[69]。

中华传统画论对线的认识却是富于深刻的美学意蕴的，这种深邃的精神气质可以说是由《周易》所奠定和赋予的。就线条之缘起这一点看，《周易》阴阳爻符提供了中国画的线条模式的基础，发展到《易传》，从阴阳爻符升华起哲学与美学层次的阴阳观念，而提出了"一阴一阳之谓道"这一命题，以阴阳两类线之符号的对立对待对应以及互融互转而在智慧中扪摸到宇宙与人生的本质规律，这便是"道"。正如前文所述，就阴阳爻的合二而一态势看，阴阳爻两个符号实则"一画"。一画是生气灌注的浑然整体，清代大画家石涛云：

67　［希腊］《柏拉图文艺对话集》，朱光潜译，第 298 页，人民文学出版社，1963 年版。

68　［英］威廉·荷加斯：《美的分析》，人民美术出版社，1984 年版。

69　［意］列奥纳多·达·芬奇：《达·芬奇笔记》，新星出版社，2010 年版。

> 太古无法，太朴不散。太朴一散，而法立矣。法于何立？
> 立于一画。一画者，众有之本，万象之根，见用于神，藏用于
> 人。……一画之法，乃自我立，立一画之法者，盖以无法生有法，
> 以有法贯众法也。[70]

这是说，太古时期鸿蒙混沌，太朴未分天地阴阳，自然无法可
立。而有待于太朴裂变而生天地阴阳，其变易的法则也就显现出来
了。《周易》以阴阳爻符象之。就阴阳爻符内蕴太朴之道而言，只
是一画罢了。所以一画者，众有之本，万象之根。绘画之笔墨线
条，都由太朴此道的根上来，它朴素得不能再朴素，却在画中可以
状山川人物之秀错，鸟兽草木之性情，池榭楼台之气度以及表心灵
胸臆之幽微，从而极尽其妙。否则，笔墨线条剥离支碎，神形未
备，气滞理碍。

中华传统画论强调，能否掌握源自《周易》的一画之道是创造
画之意境的关键。意境来自画家对一画之道的领悟，并善于将此领
悟转化为美的笔墨线条。意境的创造是在笔下线条的运行、往复、
曲折、盘旋过程中进行的，笔下线条的千变万化皆不能离开此道。
道之本体一切具足，故以悟道为本旨的中国绘画尤其文人山水画以
线布形且以水墨染之，用古人的话来说，叫作"意足不求颜色似"。
线条之墨法仅为水墨之一色（只具浓淡、干湿、枯润种种变化），
一色是与线条之一画相对应的。一色等于无色，而无色至色。一画
之道永无休止，因而当体道之一画化作具体笔墨线条时，便须时时

70　石涛：《画语录·一画章第一》，人民美术出版社，1959年版。

体现其运化的美感。比如山水画在笔墨技巧上常用皴法，无论披麻皴还是劈斧皴，都是线条的流变。披麻皴以若干线条的大致平行运笔状物传情，造成画之形象舒缓的节奏，传达淡泊、澹和的意境，劈斧皴以短线、断线相构，不是细气长吁，而是粗息短促，如斧劈般有力而节奏加频，给人以淋漓、刚直而冲动的感受。同时，以《周易》一画之道为美学底蕴的中国传统绘画，其笔墨线条的运行亦颇讲究，它体现了道的生命韵致和画的艺术风格："从线条的动力看，其力内蕴，可见于古雅一格；其力外露，则近乎奇倔一格；其力似乎不足而实有未尽，常带含蓄，耐人寻味，多半属于生拙一格；其力一发而不可收，奔腾弗息，而又始终饱满不衰，则为纵恣一格的特征。至于落笔之际，线条的动力、动势、动率三者皆若不经意，却又相互配合得恰到好处，则偶然一格有之，而在文人画艺术风格中，如能达到这一情境，要算是最为难能可贵的了。"[71]

　　书与画艺中的线之美令人目不暇接，线与线的观念情趣来自《周易》象征时变的卦爻符，同样寄寓着一定的数理概念与观念。

　　《易传》云："上古穴居而野处，后世圣人易之以宫室，上栋下宇，以待风雨，盖取诸大壮。"宫室即指建筑。原始初民本野处在无遮无掩的自然界中，后来穴处而居，不过仍是很不舒适的，后来有智慧超群者发明了建筑物，栋柱直立而屋宇向两边下垂，以躲避风雨。《易传》说，这在《周易》大壮卦象中已经可以见出。所以古代时以"大壮"为宫室建筑的代用词，《艺文类聚》称"太极

71　伍蠡甫：《中国画论研究》，第 51 页，北京大学出版社，1983 年版。

殿者，资两仪之意焉，大壮显其全模，土圭测其正影"，"创兹秘宇，度宏观于大壮"[72]等，都反映出大壮卦与建筑的意义连接。大壮卦☳，为乾下震上之象，乾为天，震为雷，是天上雷震、大雨滂沱之时的自然景象。这景象本来对中华古人来说是很恐怖的。现在有了宫室，人安全地住在家里，见风雨雷震而深感壮美无比。大壮卦符自然是以诸个阴阳爻符构成的，这些爻符都是表示时变的线条，爻符的集合象征雷雨之时建筑物岿然屹立于大地的景象以及人心的自豪。因此，尽管古代易学家有将大壮卦象解释为宫室的象形，认为其上卦为震，《易传》称"震"为"苍筤竹"为"萑苇"，象征以竹、苇为建造材料的建筑物，其下卦为乾，象征天，据《易传》之解，又可解为君，为父，引申为人。竹、苇覆盖于栋柱之上，为"茅茨不翦"之屋，而人民安居其内，真是豪迈得很。这是从建筑之空间意蕴上解此卦象，亦言之成理。然而不可忽略的是卦时、爻时的意义。第一，上古之时无有宫室，直待宫室发明人才进入"大壮"的生活境界，此种境界是依时而出现的。第二，雷雨大作之时的人之"大壮"生活境界又不同于平时，它比平时更令人有壮美与崇高之感。可见中华古人在审视建筑的美时，将其看作一种庞大的空间存在，更进一步体会到其在时间中存在的美感，德国谢林与黑格尔称建筑为"凝固的音乐"，建筑物是"凝固"不动的空间造型，却在空间的"凝固"中渗融着时间流动的美，早在《周易》大壮卦符中已经深深地孕育着。当然，中华古代建筑的线条造型之美同样是丰富的，北京紫禁城鲜明的中轴线便是一个显例。

---

72 《宋大诏令集》，卷一七九，中华书局，1962年版。

第五章　意象美学智慧的滥觞

　　在中华美学史上，意象这一美学范畴所含蕴的意义丰富而深邃，意象美学智慧源远而流长，对于建构中华美学的智慧体系显得地位重要、作用巨大和影响深远，也从一定角度和层次，反映了中华民族独特的文化心理、美学思维和艺术情趣。

　　意象这一美学智慧的源头在哪里？中外学界的一些见解颇不一致。上世纪20～30年代，随着西方现代主义美学思潮初次入传中土，作为西方现代主义美学思潮之一的西方意象主义（imagism）的东渐，在一些学人头脑中曾经造成一个错觉，以为意象美学智慧是西方的舶来品，直到现在，还有人认为意象美论原是"欧风美雨"。其实，二十世纪初叶在英、美文坛上名噪一时的意象派诗歌思潮，尽管在美国至今犹存而未尽，作为一个文学运动，从其创始者庞德宣告成立到大致销声匿迹，也只有五、六年的短暂时光。西方意象派诗歌艺术的美学之根，除了中世纪的欧洲哲学、近代柏格森的美学之外，又以中华古代注重意象的诗歌为其精神渊源之一。我国"五四"前后，由于新美学原则的崛起而对传统文学进行口诛笔伐之时，西方却在大量译价和学习中华古典诗歌的传统，一时汉诗英译著作竞相出版，西方意象主义诗歌的"大师"从中华古典诗歌中深深地领悟到意象的美，那流溢充沛的意象气韵令人叹服，由此推动西方意象主义美学的理论建构。所以应当说，尽管属于西方现代派的意象主义曾经在二十世纪 20～30 年代的中国文坛流渐，然而，我们毋宁可以在一定程度上，将这种意象主义的东来，看作中华古代的意象美学智慧西去欧、美而经过改造得到的反馈。尽管中华古代的意象美论由于历史的力量而与西方现代的意象主义相牵连，但两者在历史源流和范畴的内涵、外延上并不是同一个东西。中华意象美学智慧其源甚古。闻一多曾经指出："《易》中的象与《诗》中的兴……本是一回事，所以后世批评家也称《诗》中的兴为'兴象'。西洋人所谓意象、象征，都是同类的东西。"[1] 说"西洋人所谓意象、象征"和"《易》中的象与《诗》中的兴""都是同类的东西"，可能尚欠推敲。但我们可以从这一论述中见出，易之象、诗之兴与西方现代主义所谓"意象"的联系。

中华意象美学智慧的源头在《周易》。

第一节 《周易》意象观的内在美学结构

笔者在第四章已经谈到，《周易》巫学也是其美学的基点是阴阳符号，由阴爻阳爻、八卦与六十四卦所构成的"符号关系场"，构建了一个含蕴一定数理文化内容的时空秩序，大道至简，说明中华古人是从卦爻符号来看待、解说世界的。《周易》文化与美学智慧的特异性，首先是由其独一无二的符号体系所呈现的。可用一个

---

1 《闻一多全集·甲集》第 118—119 页，三联书店，1982 年版。

象字加以概括。

《易传》关于象的论述俯拾皆是。

> 是故夫象，圣人有以见天下之赜，而拟诸其形容，象其物宜，是故谓之象。
>
> 是故易者，象也。象也者，像也。
>
> 在天成象，在地成形，变化见矣。
>
> 是故吉凶者，失得之象也，悔吝者，忧虞之象也。
>
> 成象之谓乾，效法之谓坤。
>
> 见乃谓之象，形乃谓之器。
>
> 古者包牺氏之王天下也，仰则观象于天，俯则观法于地，观鸟兽之文与地之宜，近取诸身，远取诸物，于是始作八卦。
>
> 参伍以变，错综其数，通其数，遂成天地之文，极其数，遂定天下之象。[2]

这是说，象是圣人"见天下之赜"的媒介与工具；象的功能意义是象征；象是对天时而言的，天象、地形相对，地形是天象的派生，两者成其形象，可显现自然宇宙的变化，这称之为成象为乾，效法为坤，坤是由乾所决定的；天象、地形的变化，又决定了人事的进退；而八卦使爻符成一系列，这是象的集成；伏羲氏始作八卦，是对天象、地形仰观俯察，对鸟兽之文、诸身诸物远近观取的结果；这种象的文化底蕴便是数。

---

2 《易传·系辞》，朱熹《周易本义》，第318—319、326、284、288、295、314、322—323、309页。

从"圣人设卦观象，系辞焉而明吉凶"[3]可知，象是《周易》本经巫学智慧的一个元范畴，指爻象卦象、爻符卦符，它原初是显现人的吉凶命运的种种预兆。王弼注云"兆见曰象"，可谓一语中的。这种象与象的观念自然是具有一定神秘意味的，孔颖达作疏云："象，言物体尚微也。"[4] 老子曰："视之不见名曰夷；听之不闻名曰希；搏之不得名曰微。"[5] 这是指玄微之道，亦指象。《周易》巫学智慧的象，原本能显现神秘对象那无力搏握的"微"性，能显示人之吉凶命运的蛛丝马迹，它不同于"形"，象是已现踪迹却尚未真正成形的巫术前兆。

虽然在一般认为成书于殷周之际的《周易》卦爻辞中始终未见一个象字，然而，《周易》的卦爻"符号关系场"，便是后来《易传》所说的象。这足以证明，在中华古人的原始思维中，起码在殷周之际，已有关于象的文化意识。

由此可以扪摸《周易》巫学智慧关于象的内在结构，它有四个层次。

其一，指神秘对象，即巫术前兆。从其所谓客观自在性而言，它似乎不依赖于人的主观心理而独立存在和运动发展，是人的意志所不能左右的。比如山进地裂、无云而雷、白牛产黑犊、乌鸦怪叫以及狮吼虎啸狼嚎马嘶猿啼犬吠等，都可能在古人巫术神秘的头脑中成为前兆物象。《周易》卦爻辞所记载的诸如枯杨生稊、枯杨生

---

3 《易传·系辞上》，朱熹《周易本义》，第287页。

4 《周易正义》，王弼、韩康伯注、孔颖达疏，上海古籍出版社，1990年版。

5 《老子》第十四章，王弼《老子注》，第7页，《诸子集成》第三卷，上海书店出版社，1986年版。

华；舆说（脱）辐；剥床以足，蔑（梦）；羝羊触藩；丰其蔀而日中见斗；鸣鹤在阴，其子和之；月几望，马匹亡；密云不雨以及小狐濡其尾等等自然现象和社会现象，都是这样的巫术神秘对象。

其二，由神秘对象所投射到中华古人心头的心象，即巫术前兆迷信意绪。从文化心理机制看，古人在其漫长而艰难的实践中，由于对客观事物的本质规律常常"搏之不得"，由于意外地成功或失败，却不明其因，必然会在大喜悦或大恐惧中产生一种心理趋势与心理要求，既注意与人的实践行为有关的客观事物发展链条中的种种前期现象，又渴望预知人之实践行为的后果。人对这种前因后果是非常关心的。并且，为了这种预知实践后果的渴望，愈加专注于客观存在与发生发展的种种事物变易的前期现象，认为其后果是由前因所决定的。不幸的是，由于知识的贫乏，导致了对于因果律的滥用，明明是两种或两种以上在因果链上毫不相干的事物，可以在巫术前兆迷信观念的驱使下加以对接和重构，指鹿为马，张冠李戴，得着风便是雨，将它们看作永恒地具有神秘联系，从而使得人们执著地去完成整个巫术过程。这种物象在神秘心灵中的映射，成了整个巫术行为的心理内驱力，即所谓"见（现）乃谓之象"。

其三，指爻象卦象。这里又分两个层次：（一）当古代还没有利用《周易》卦爻符号进行巫术占筮之前，人们通常用以占卜的方式是各种物占与龟卜等，由于深感自然或社会物象的神秘，在前兆迷信意绪支配下，于是发明了爻象卦象的占筮符号体系。（二）后人利用先人发明的《周易》卦爻符号进行占筮，在占筮过程中所出现的、能预卜人之命运吉凶休咎的变爻、变卦。这两种爻象、卦象都是受前兆迷信意绪所支配的信从巫术的心灵虚象的外化，它以符号形式展现。这种象是客体物象通过心灵虚象这一中介而获得的文化符号呈现，不同于客体物象，不是客体物象一般的实象，然而相对于心灵虚象而言，由于它是心灵虚象通过一定物质媒介（卦爻符号）的外观，可以说是另一种实象。

其四，这种实象一旦外现，则意味着人的命运就此注定了。它在进一层次上映射、回归于受筮者的心灵，表现为信从《周易》巫术占筮的魅力和信从占验的结果，进一步复制与重构对《周易》巫术占筮的迷信，它又成为未来新的巫术占筮的文化心理基础和心理内驱力。这是受前述实象即卦爻符号刺激而产生的新的一种心灵虚象。

要之，整个《周易》巫术占筮过程，是一种象的运动与转换，它有四个阶段、四个层次，往复循环，以至无穷，图示如下：

这里值得注意的是，从《周易》卦爻符号系统的发明，以及利用《周易》进行巫术占筮的全过程看，四个层次是象在实虚之际的连续运动与转换，也是意伴随着象的连续运动与转换。第一层次固然是客体实象，就其本身而言似乎是客观自在的，似无意可言。可是客体实象一旦进入巫术占筮过程，就被蒙上了一层神秘的意的色彩，是一定的意促使客观自在的物象纳入巫术占筮过程，意促成了对一定物象的发现，"枯杨生稊"原是客观自在的，无所谓神秘与否，一旦作为巫术前兆，则必有一定之意渗融其间。第二层次是客观自在的物象在一定神秘巫术之意的催化下所形成的心灵虚象，由于此意既是一定客观物象的心理映射，同时心理映射绝不可能将象之因素过滤干净而成为赤条条的抽象，因而，心灵虚象实际是一种意象。第三层次是将心理意象还原为实象，却并不是客体物象的模拟再现，而是半抽象亦即半具象的表现，卦爻符号是线条的有机集成，不是客观自在物象的再现，而是涵溶着一定巫术意义（意）的符号，这种实象其实也是意与象的统一。第四层次作为信从占验结果的心灵虚象，自然还是一个不离开一定的象之因素的巫术占筮之意的意象结构。

《周易》巫术占筮的象，指作为巫术前兆的心灵虚象，以及爻象、卦象（人工创造和在占筮过程中所出现的巫术前兆）；所谓意是人对巫术前兆的神秘感觉、领悟、体验与判断。这是《周易》巫术关于意象的内在结构。这里值得注意的是，所谓"实象"，实指客观存在事物的"形"，人之所以知道其客观存在，是主体主观认知的结果，故而客体对象与卦爻符号作为"实象"，都是与"意"相系的。

这种关于意象的巫术内在结构，对于我们解析《周易》意象美学智慧的内在结构有些什么意义呢？

在笔者看来，不仅有意义，而且意义重大。

实际上，《周易》意象美学智慧与其关于意象的巫学智慧是异质同构的。

《周易》美学智慧的意象之美也具有四个层次，也是意与象的相互连续运动与转换，其美学的内在结构，包括客观自然与社会对象，客观对象的审美心理意象，具有一定审美意蕴的艺术形象以及接受者接受过程中所产生的审美心灵境界。

一、《易传》云，中华古人仰则观象于天，俯则观法于地，观鸟兽之文与地之宜，近取诸身，远取诸物，这可以概括为"观物取象"。目的为了"以通神明之德，以类万物之情"[6]。这里，所谓"神明"原指神灵，在具有巫术迷信的中华古人看来，神则明，人则暗，因称神灵为神明。神灵的德性是"明"，所以人要通过巫术这一文化方式使神人的德性相通。所谓"万物之情"，在巫术中原指无数的巫术前兆。然而在《周易》美学智慧中，由于阴爻阳爻、八卦与六十四卦是一种时空秩序与世界模式，所以将"神明之德"解说为阴阳变化的美德，将"万物之情"解说为通于人性的万物之情状，则大致是可以的。孔颖达云："俯仰远近，所取不一，然不过以验阴阳消息两端而已。'神明之德'，如健顺动止之性；'万物之情'，如雷风山泽之象。"[7]在《易传》看来，"健顺动止"是乾坤震兑之性以及雷风山泽之象，在一定条件下是美的，比如乾卦就具有元亨利贞之美。而客观物象便由巫术之兆象升华为审美对象。这种对象可从两层次上去加以认识。首先，是客观自在的自然与社会物象。此时，主客之间的审美关系并未建立，审美过程并未开始，物象的客观自在性意味着它游离在审美关系与审美过程之外，可称为对象 A。其次，是进入了审美关系和审美过程的自然与社会物

---

6 《易传·系辞下》，朱熹《周易本义》，第 323 页。

7 《周易正义》，王弼、韩康伯注，孔颖达疏，上海古籍出版社，1990 年版。

象，可称为对象 B。对象 A 是就事物本体而言的，对象 B 是就事物认识而言的，尽管审美活动是一种关系到认知、情感、想象和意志等心理因素的复杂过程，但其主要的是一认识活动。所以说，对象 B 是对象 A 的审美化。就审美而言，《周易》意象美学智慧所直接涉及的物象，是"观物"之物，而不是自在之物，也就是说是作为审美对象的物象。此时，一切自然对象或社会对象都离开其自在形态，进入审美关系，则意味着它们都已不是外在于人的物理实体和物理实象，而是被灌注了一定人之心灵意绪的审美对象。它们或是美的对象或是丑的对象。美丑对象就对象 A 意义而言，是客观自在的，无所谓美丑；就对象 B 而言，是在审美关系中所建构起来的一种对象的审美属性。此时，尽管对象 B 来自客观自在的物之实象，但由于对象与主体之间建立了审美关系而使实象着有我之意绪色彩。然而主观心理意绪归根结底是由客观自在的物象所触发、所规定的，客体物象是审美的外在触因。

《周易》的"观物取象"是一重要的巫学命题，通过观物而取万物之兆象，必然培养锻炼了中华古人对万物形象的审辨力与悟解力，从取象到判定命运之吉凶；从吉凶到生成爱憎之感情和愉悦痛苦等情感；再由这种巫术情感意绪反射到其相应的万物之象上，从而建构起客观物象之美丑以及美感丑感。于是观物取象就历史地升华为一个重要的美学命题了。这一美学命题有两点是值得注意的：第一，审美过程是以物为触因而从心开始，大自然和社会的万有实象和形态撞击着主体的心胸，通过观这一中介令物我建立审美关系，有如郑板桥所谓"眼中之竹"；第二，观的注重点是象，而不是物之物理、化学或生物学之类的属性，是谓取象，是心灵首先通过视觉等而捕捉对象的整体形象，而不是理智上的条分缕析，不是意志上的厚此薄彼，而是充满情感的整体观取。这正是巫术捕捉兆象的过程，在历史与文化的陶冶中，可能也是审美捕捉美丑形象的开始，仅仅两者观物取象的意不同罢了。也正因为巫术首先观取的是物象而非其他，由于客体物象是审美关系得以建构的触因，因此作为巫术兆象的物象，可能会升华为审美对象，巫术兆象是历史地开启了通向审美的门户。

二、观物取象是一个过程，它可以是一瞬间的，也可以持续一个时段，不管怎样，都会在主体心灵引起反响、留下痕迹，造成由审美对象所投射的心灵虚象，它是审美对象的心灵内化，也是客观审美实象虚化为内心审美意象的过程，是主体领悟与味象的过程。所以应当说，《周易》观物取象之所谓象，不仅包括客观审美物象，而且包括其相应的审美心灵虚象。这种虚象实际是主体审美心灵对客观物象的受纳、反射、激动、沉思和心至神会，《易传》称之为"感"（咸）。"观其所感，而天地万物之情可见矣。"[8]孔颖达云，"'咸'道之广，大则包天地，小则该万物。感物而动，谓之'情'也。天地万物皆以气类共相感应，故'观其所感，而天地万物之情可见矣'"[9]。在《易传》看来，这里的天地万物自然包括人在内，皆有气之流贯其中，故而共相感应，实际可指审美过程中物我、主客之间的心灵契会。这是意象审美内在美学结构的第二层次，用《乐记》的话来说，叫作"感于物而动"，郑板桥则称之为"心中之竹"。无论对自然现象或社会现象的审美还是艺术欣赏，都有这一

---

8 《易传·象辞》，朱熹《周易本义》，第165页。

9 《周易正义》，王弼、韩康伯注，孔颖达疏，上海古籍出版社，1990年版。

内心体验和应意味象的过程，是应象而起的意的激荡、凝仁、流溢和净化，是因味象而澄怀、游目而静虑、观物而涤神的灵府澡雪。

三、《周易》意象观的另一个著名命题是"立象以尽意"。这里，暂且不论"立象"是否能够"尽意"，这是另一个论题，留待后文去评说。立象在巫术中原是为了明断吉凶，却又揭示了意象观美学内在结构的第三层次，即是郑板桥所谓"手中之竹"的层次。当观物取象即客观物象心灵化之后，审美心灵虚象往往是一个骚动不安的心理因素，由于主体原在生命力的冲动，由于人的本质力量总是期待着获得全面实现和自我肯定，因而，它渴望外在表达，导致见意而立象。立象，是一种创造。中华古人认为，见意的最佳方式是立象，立象是对客观物象经过心灵虚化之后的直观整体把握。所以，此时的"象"已不是天地自然与社会人事之象，而是"人心营构之象"。因为经过人心营构，富于生命意蕴，它是多义而动变的。比如居六十四卦之首的乾卦，其卦象既是用于巫术占筮的兆象，有巫术意味；在《易传》中又具哲学意蕴，表示中华古代阴阳哲学观中的事物之阳性意识；又是阳刚之美的符号象征，包蕴着阳刚美学意识；而且还具有伦理意蕴，它象征君与父，如此等等，不一而足。其实《周易》六十四卦的每一卦象都是意蕴多兼的，蕴含着丰富的智慧因素，卦象以及构成卦象的爻象的智慧覆盖面是很大的，象有限而意无穷。钱锺书说：

> 象虽一著，然非止一性一能，遂不限于一功一效，故一事物之象可以子立应多，守常处变。[10]

---

10 钱锺书：《管锥编》，第一册，第39页，中华书局，1979年版。

此论深谙象之三昧。冯友兰受朱熹关于"空的物事"之见的影响，也曾经以另一种表述方式表达过大致相同的见解。他认为，易象是一个"空套子"，"似乎什么都可以填进去，解说得通"，这正是易象这种古代东方智慧模式的无穷魅力与易象所传达的易道之广大，正如《易传》所言：

> 范围天地之化而不过，曲成万物而不遗，通乎昼夜之道而知，故神无方而易无体。[11]

人心营构的易象相对于潜藏在人之心灵的意念与意绪而言，由于它以线条造型，具有"见"的形象特征而是一种实象；相对于客体物象，由于它是人之意蕴流溢于其间而与客观事物的实象不同，它实际是人之心意的载体，是意与象的结合。象不仅是意的媒介，而且直接就是意的感性显现与外射。这里象的重要地位与巨大功能表现为，范围天地之化育，囊括万物而无有遗漏，使阴阳晦明的道理互为贯通，所以易象虽简，只是阴爻阳爻两个符号以及两个符号的不同组合，而其所表现的神韵奥妙无尽，易理的万千变化也不胶柱于一隅。

易象的智慧模式，自古就塑造了中华的美学智慧与艺术精神，它道出的是艺术意象的真谛。易象的智慧包括了对艺术审美、艺术形象的悟解，又超出艺术的阈限。中华艺术自古强调神似而贬形似，不是在艺术中模拟一个自然，而是再造一个意象的"宇宙"。

---

11 《易传·系辞上》，朱熹《周易本义》，第293页。

这用王夫之的话来说是"造乎自然"。

在中华美学史上,意象观的美学思潮一直奔流不绝,考其智慧源头之一,则无疑始于易象。固然不能将《周易》的爻象、卦象等同于艺术审美意象,然而在艺术审美意象中却深蕴着易象的文化基因。易象有以小见大、以简寓繁、以有限启无限、乘一总万的特点,这也便是艺术符号、艺术审美意象的特点,易象与艺术之象有相通的一面,所以闻一多曾发表过"易中的象和诗中的兴""本是一回事"的见解。意象是整体浑成的。"意象应曰合,意象乖曰离。"[12] 合则生,离则死,则必"意象衡当",即外足于象、内足于意才为上乘。

易象的智慧模式,一直"遥控"着中华古代文学主流——抒情诗体、写意画体以及书法艺术中的草书等的美学性格。易象熔裁物我,以抽象线条及其组合表现易理(意),成为中华美学、艺术史上蔚为大观的表现性而不是再现性艺术审美思潮的历史先河。其实《周易》卦象对客观物象的表达反映都是半抽象性地表现,没有一个卦象是具象性的,比如泰卦卦象☷为乾下坤上,象征天地交合,天气轻扬、地气重浊,故成交合之势,是半抽象性表现天地的感应。倘具象地再现天地的空间位置,倒是应该画为坤(地)下乾(天)上才是。又如颐卦卦象☶,钱锺书先生说它象人之口腔,但这易象也并非严格具象意义上的口腔之形。中间四阴爻状牙齿,上下两阳爻为上下颚,也是被抽象简化了的。倘以具象再现的要求,则实在难以阴阳爻符画出卦象。

这一点对艺术的影响非同小可,由此刺激了一般不重物象之

---

12 《何大复先生全集》,卷三十二,《明代论著丛刊》,中国台湾伟文图书公司,1977 年版。

再现，崇尚情感之宣泄的抒情诗的勃发，而使具体状事状人的赋体（直陈其事）诗的发展受到阻抑，文学历史上，像《孔雀东南飞》《琵琶行》《石壕吏》这样杰出的偏重于赋陈其事的诗作是比较少见的。《诗》三百首赋、比、兴三体齐备，而以比、兴尤为后人所推重。《离骚》的传统，也是抽象表现诗人的忧愤之情而抒情气质极浓的。明清小说如《水浒》《三国》《金瓶梅》等写人状事惟妙惟肖，确实可称为再现性艺术，但它们都起于民间，是市民审美意识的反映，这种美学风格在古代一般的墨客骚人看来非文学艺术之正宗，在所谓正统的美学头脑中，它们视"小说"为"街谈巷议"之末流。《红楼梦》代表中华古代小说艺术的顶峰，但它是充分诗化的。元代杂剧以及明清的京、昆戏曲等，尽管都有一个故事情节作框架，但也一般都具有强烈的抒情意味。白朴的《梧桐雨》、汤显祖的《牡丹亭》，以及诸多京、昆戏曲都有大段的"唱"，其实都是强调半抽象表现人物情感的抒情诗在戏剧中的体现。戏曲中四个龙套表现雄兵百万、一根马鞭在空中挥舞表现策马奔驰、演员台步三二表现行遍天下等，都是以龙套、马鞭、台步之类作为符号，对相应剧情进行半抽象处理。这种艺术风格和手法尽管在漫长的历史中转换多姿，使人不大想到它们的文化原型究竟是什么，但细辨之，不能不说是《周易》以抽象卦爻符号表现易理（意）留存至今的历史影响。又如，且不说唐代张旭、怀素的狂草，明末清初朱耷的大写意受易象观念尤深，以宋代张择端的《清明上河图》论，不用说它是在力求具象地再现汴梁清明时分的人物风光，但这一画作长卷又与西方古代要求严格形似于客观物象的画作仍有不同，它的散点透视仍不同于人在实际生活中见到的汴梁人物风光，在此意义上可以说，这幅名画不是西方再现性艺术那样按照生活的本来面目去再现生活的，它已经作了一定的抽象和约简，可以由此隐约见出《周易》"立象"以"见意"的意象观在画家深层意识中的影响。

不难见出，虽然我们不能武断地将中华古代的美学思潮一概归结为"表现"，因为实际情况并非如此，但要是从《周易》美学智慧所开启的传统及实际历史影响来看，认为中华的艺术审美理想偏重于"表现"，则大致是平实之论。叶朗说："《易传》讲'观物取象'，显然也不是重'表现'的美学。"[13] 依笔者之愚见，《易传》的观物取象，立象以见意，恰恰是讲表现和象征的，是关于"表现"的美学。《易传》仅将宇宙万物与社会人事的至繁至深，仅仅概括为阴阳爻两个简单符号及其有序复合，这难道还不是抽象、"表现"？

四、在《周易》巫术占筮中，易象得以建构之后，即通过占筮，问著于神灵，详知人之吉凶命运之后，必进入一种生活境界，人或安宁、或恐惧，且喜悦、且忧伤，这种心灵境界是作为命运前兆的爻象、卦象所刺激而生的，此时人又重新沉浸在由易象所激起的意中。此意，是易象的象外之旨。就审美而言，在立象之后，一旦象被投入接受领域，由于美之象与象之美都是意蕴灌注的，作为一种审美意义上的召唤结构，必然召唤美与艺术的接受者，使接受对象的外在意象与接受主体的内在审美心灵对撞融契，从而重新建构一种新的审美境界。这境界不是接受对象之意象结构的机械复演，也并非接受主体原发的内在审美心态因素的无羁激荡，而是对象意蕴与主体心灵之间的浑契和感发。接受对象召唤接受主体的

13　叶朗:《中国美学史大纲》，第11页，上海人民出版社，1985年版。

审美心灵创造力，起而弥补、开拓与创造一个不离物我的新的艺术与审美之境，此之所谓"境生于象外"。它是又一个审美心灵虚象，不过已经不同于在审美酝酿、艺术构思阶段属于审美者与艺术作者个人的心灵虚象，而是以接受主体内在审美心灵为心理依据、熔炼接受对象意象结构之后的再创造，它是意象的叠加。犹如古代抒情诗的意象，在时间兼空间的语境中，营构意境与氛围，接受者以个体的灵心独运，从而接受对象的召唤而开拓了新的审美意象。这种境界的开拓不以明晰的逻辑为心理起点，而是以象为基元的。所以中华古代的艺术和美的欣赏与批评，一般强调的都是不离象的品味、领悟和顿悟，所发展的是一种点悟式的感性化批评。这并不是说，点悟式的欣赏与批评，在审美心理层次上一定是很肤浅的，而是将审美判断渗融在"味象之中"。古人有一个历史与民族致思表理达情的"嗜好"，就是当他们面对美与艺术世界需要表情达理之时，总携象而行，而不愿以赤裸裸的理性判断（意）独行其是。这不能不说是《周易》意象美学智慧打下的民族与历史烙印。意象是一整体，意与象永不分拆。所以，后人根据《周易》意象美学观所发展的"境生于象外"这一命题中的境，也仍然是一个审美意象。我们今天读刘勰《文心雕龙》这部文学理论大著，其理论深度（意）在古代可堪称代表，但字里行间，意象叠出，宛若诗章。如刘勰认为宇宙间一切有文采的事物（包括文学）都根源于道，都是道的显现，这个道理如果让古希腊柏拉图、亚里士多德写起美学论文来，必条分缕析"形而上"得很，而我们的文论美学前辈写出来的，却是一系列留在纸上的意象运动轨迹，而将理性判断融渗其间。且看刘勰怎样论道之文："文之为德也大矣，与天地并生者何哉！夫玄黄色杂，方圆体分，日月叠璧，以垂丽天之象；山川焕绮，以铺理地之形，此盖道之文也。"又"傍及万品，动植皆文，龙凤以藻绘呈瑞，虎豹以炳蔚凝姿。云霞雕色，有踰画工之妙；草木贲华，无待锦匠之奇。夫岂外饰？盖自然耳。至于林籁结响，调如竽瑟；泉石激韵，和若球锽"[14]顺便说一句，刘勰的美论大作首先在内容见解上受《周易》的影响很大，比如这里所征引的论"道之文"的观点，除了明显留下老庄关于"自然之道"的哲理思维烙印外，还熔裁着《周易》关于"天文"（后详）的识见。这种思维、识见的表达，确是熔意循象而出的，这样的实例在《文心雕龙》中比比皆是。唐代司空图的诗论将诗分为二十四品，即雄浑、冲淡、纤秾、沉着、高古、典雅、洗炼、劲健、绮丽、自然、含蓄、豪放、精神、缜密、疏野、清奇、委曲、实境、悲慨、形容、超诣、飘逸、旷达、流动。每一品都用两句四言诗加以描述，目的在启发读者了悟其中深意。如论"雄浑"："具备万物，横绝太空。荒荒岫云，寥寥长风。"论"高古"："月出东斗，好风相从。太华夜碧，人闻清钟。"论"豪放"："天风浪浪，海山苍苍。真力弥满，万象在旁。"可谓美"象"灿烂、妙"意"连涌。读这样的文论美篇，不仅可获理智的快感，而且可享葱郁的美感。这是说，光凭知性的解析似还不够，还必须靠直观的悟觉。

中华古代文学艺术重意象的创造与传达，它是《周易》所开启的意象美学智慧的发扬光大。尽管意象一词最初是由刘勰在《文

---

14 刘勰：《文心雕龙·原道第一》，范文澜《文心雕龙注》，上册，第4页，人民文学出版社，1958年版。

心雕龙》中提出的，但是意象美学智慧的思想萌芽，则无疑应追溯到《周易》本经。《周易》提出的象，尤其易象的发明与运用，都是渗融着一定之意的。所以起码在《易传》中，《周易》意象美学智慧的内在机制实际上已经形成。在《周易》看来，有象无意或有意无象都是不可思议的，象中包含着意。意，就是象的底蕴，《周易》称之为"几"、"神"："夫易，圣人之所以极深而研几也。唯深也，故能通天下之志；唯几也，故能成天下之务；唯神也，故不疾而速，不行而至。"[15] 几即机，事物发展的机微奥玄，神在这里可解为神奇难测的事物的本质规律，它们是意通过象所洞察、把握的自然宇宙与社会人事的真，但真不是一些纯粹抽象的柏拉图式的理念，而是与象始终不可分割的道。

要之，我们可以将《周易》意象美学智慧的内在美学结构归结为如下图式。它所揭示的，实际是美与艺术从客体物象的审美"观取"、融冶于心、立象以见意到被接受、再创造意象的循环往复而向上的一个过程，是意与象的矛盾、融合运动。

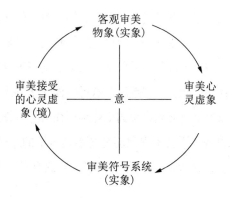

---

15 《易传·系辞上》，朱熹《周易本义》，第311页。

第二节 "立象"能否"尽意"

从《周易》意象美学智慧结构的内在层次，我们一般地见出了意与象之间的动态联系，意是象的内化，象是意的外化；或曰意是象的内在现实，象是意的外在实现，二者相互对应。然而这种对应，难道是同构的吗？

这就涉及《易传》所提出的关于"书、言、意、象"的一个著名美学命题。

《易传》云：

> 子曰："书不尽言，言不尽意。"然则圣人之意，其不可见乎？子曰："圣人立象以尽意，设卦以尽情伪，系辞焉以尽其言，变而通之以尽利，鼓之舞之以尽神。"[16]

大意是说：孔子认为，书面文字不能完全表达人的言语，言语不能完全表达人的思想意绪。然而圣人的思想意绪，难道就无法体现了吗？不是的。孔子说，圣人创立了卦爻符号这独特的易象来进行体现，设立阴阳爻、八卦与六十四卦等易象系统来完美地表现自然万物的本在性质和社会万物的性状，以"系辞"这种书面文字方式来完全地表达圣人的言语，以整个卦爻象系统的变化会通而穷尽万物的功能，于是人们受到鼓舞以为《周易》立象能完全表达言语的意义。"书所以记言，言有烦碎，或楚夏不同，有言无字，虽欲书录，不可尽竭于其

---

16 《易传·系辞上》，朱熹《周易本义》，第 317 页。

言，故云'书不尽言'也。""意有深邃委曲，非言可写，是'言不尽意'也。"[17] 可是易象则不然，它是能尽意的。陈梦雷说：

> 言之所传有尽，象之所示无穷。立象尽意，指伏羲所画之卦爻，包含变化无有穷尽，虽无言而吉凶同患之意悉具于中，所谓尽意也。
>
> 六十四卦之中，善恶真妄无所不具，所谓以尽情伪也。[18]

尚秉和也说：

> 意之不能尽者，卦能尽之；言之不能尽者，象能显之。[19]

而这里"鼓之舞之以尽神"一句，说《易》者众说纷纭，笔者认为采如下之说比较稳妥：

> 此一句总结立象尽意、系辞尽言之美。圣人立象以尽其意，系辞则尽其言，可以说化百姓之心；百姓之心自然乐顺，若鼓舞然，而天下从之，非尽神，其孰能与于此？[20]

显然，在《易传》看来，立象是完全能够尽意的，因为卦爻之

---

17 《周易正义》，王弼、韩康伯注，孔颖达疏，上海古籍出版社，1990 年版。

18 陈梦雷：《周易浅述》四，上海古籍出版社，1983 年版。

19 尚秉和：《周易尚氏学》，中华书局，1980 年版。

20 《周易正义》，王弼、韩康伯注，孔颖达疏，上海古籍出版社，1990 年版。

象原是远古圣人伏羲所缔造的。这种源自《周易》本经的意象观，涉及"书、言、象、意"四范畴之间的错综联系，实际上"书、言、象"都是所谓能指的符号，可概括为象；意为所指，即符号的意义，所以可将它们简化为意与象的结构关系。

那么，象究竟能不能尽意呢？

其实，无论普通人还是所谓智者圣人所创造的象，一概都是不能尽意的，即"言不尽意"。

从客体物象到物象的心理储存即审美心理虚象（心灵意象）；从心理虚象到饱蕴一定意义的美与艺术之象的表达；从美与艺术之象的表达，到审美接受，是四个彼此连接又不同的系统。四者的动态联系是，客体物象是意的唯一源泉与根据；主体审美心灵是作为审美对象的客体物象的能动反映；美与艺术之意象符号，又是主体审美心灵的客观表现；而最后的审美接受，是一种再创造，其四者的联系，有如郑板桥所谓"眼中之竹"、"心中之竹"、"手中之竹"而再一次"心中之竹"。

《周易》所谓立象能尽意这一命题如果能够成立，则意味着动态的四个环节的美与艺术之象（其原型是卦爻之象）能够绝对传真，它提供了主体审美心灵感受与领悟的准确而完整无遗的信息图景，美与艺术的接受者作为译码者，能够从象这一符号中严格反演与其唯一对应的立象作者的意（即心理意绪）。要做到这一点，首先是当客体物象映射于美与艺术创造者心灵时，其心理虚象（意象）也是绝对传真的。简言之，客体物象→审美心灵虚象→美与艺术之象的表达→审美接受的心灵虚象，即从"眼中之竹"→"心中之竹"→"手中之竹"→"心中之竹"，是绝对传真的。换言之，这四个系统即客（实）、主（虚）、客（实）、主（虚）的动态四者之间，必须完全同构对应、同态对应，这是立象能够尽意的必要条件。否则，必然是立象未能尽意（言不尽意）。显然，在人类文化思维与美学智慧的发展史上，立象、尽意的事从未发生过，即使圣人"立象"，亦做不到"尽意"。立象而尽意，是违背人类思维也是违背审美规律的。

原因在于，任何客观物象的心理储存、心理储存的符号感性外现即审美意象的传递转换，都只能是一种简化同态关系而无法做到同构同态对应与绝对传真。客体物象作为审美对象一旦进入审美主体的审美心灵领域，为心灵所感觉、悟对与知解，从而构成审美心理模型，必然要经过一定的理性抽象，否则客观物象无法进入心理领域，无法构成相应的审美心理模型。而由这种审美心理模型"翻译"为外在的感性符号即美与艺术之象时，又必然有所选择、有所集中概括，必然会遗漏许多主体认为不重要、不必加以注意的东西。就是说，这外在感性符号（表达）不可能是心理模型、更不可能是客观原型的绝对复现。对于某一个客体物象而言，主体对它的审美心理反应只能取某一个或某几个角度与层次，不可能包罗其所有的角度、层次意义。偏偏任何客观对象的角度与层次是无限的，是主体的心灵所无法穷尽的。尽管在审美活动中，人因某一具体客体物象的刺激所构成的审美心理模型，看起来比原在物象可能增加了许多东西，因为一旦将这一审美心理模型复现为外在的审美感性符号系统即美与艺术之象时，人们常常发现已立之象是何等想象奇特、虚构夸张，然而实际上想象、虚构与夸张的成分，只是通过审美心灵这一中介，接通并复现出这一客体物象与自然宇宙、人类社会中其他客观物象的部分内在联系而永远不可能穷尽一切联系。至于审美接受，作为再创造，亦不同于作品即符号系统所提供的审美信息。可见，无论内蕴怎样丰富深刻的美与艺术之意象，它与其客体原型与心理模型之间永远不是同构对应关系，立象不能尽意即言不尽意，是颠扑不破的美与艺术的真理。

我们欣赏李白的《望庐山瀑布》："日照香炉生紫烟，遥看瀑布挂前川。飞流直下三千尺，疑是银河落九天。"非常惊叹于此诗的艺术虚构与想象何等丰富奇特。然而仔细想来，这首诗实际所写到的，只是客体物象庐山瀑布与无数宇宙事物、社会事物本就客观存在的无数联系之中的某些联系，即它与宇宙银河的联系，其他一切联系都被舍弃了，也不得不舍弃，是将瀑布想象为银河，又将银河想象为自天而落的飞瀑，是两种意象的叠加与组接。表面看来，这首诗写庐山瀑布似乎由于审美心灵的创造而增添了原先瀑布所没有的意象，实际上这种心灵的创造与意象的增添，只是形象地突现了瀑布与宇宙、社会间无数联系中的某些联系罢了，它没有也不可能写尽庐山瀑布的一切方面与层次。就是说，人们对庐山瀑布的观照与领悟是无穷无尽的，庐山瀑布在各人心目中的审美虚象各不相同，如果大家来写庐山瀑布，有多少人就会有多少种写法，绝不会雷同。而不管有多少骚人墨客来写这瀑布，也不用担心会把它写尽。同时，即使是同一个人来写庐山瀑布，其所吟所诵、形之笔墨的也只是作者对此客观物象感悟中的一部分，有许多感觉与悟解只可意会、不可言传。

立象不能尽意是普遍规律，其实一切美与艺术的创造都是立象不能尽意的。客观物象所集合的元素最为丰富无限，审美心灵意象次之。因为，就审美个体而言，其实践的广度与深度是极有限的，就审美群体整个人类而言，其实践的范围是远为深广了，然而以宇宙之浩大与悠远，相比之下人类的历史还是极短暂的，其实践领域仍然是十分有限的。因此，无论个人还是群体，作为审美心灵储存，其通过社会实践，从自然宇宙与社会生活中所采集到的信息元素，其实也只是其无限总量中的一部分。对人而言，宇宙与社会的奥秘与未知领域是永远存在的。因而可以说，人的审美心灵所集合的元素又较客观现实为少。而在人的审美心灵储存总涵之中，有许多下意识、无意识与潜意识的因素实际上已积淀于心理领域而可能未被审美主体所自觉地感觉与意识到，因此，当人们运用一定外在的审美感性符号来表达此审美心灵元素时，这一部分心灵元素往往会被遗忘和忽略。而且人在运用外在审美感性符号表达审美心灵元素之时，也并非总是得心应手的，辞不达意的情况常常发生，人的苦恼是心有余而言不足。于是，这外在审美感性符号所能表达的心灵元素必然显得更少了。《周易》言不尽意这一美学命题揭示了这一规律。

这自然不等于说《周易》意象美学智慧观在立象能否尽意问题上的美学见解是彻底悲观的。《易传》一方面引用孔子言论说书不尽言、言不尽意；另一方面又指出由圣人所立之象是可以尽意的。这固然有抬高圣人之嫌，而更重要的，是揭示了象在传达人的心理信息因素进而反映客观物象方面的特殊功能，即所谓尽意的功能。在《周易》巫术占筮中，卦爻符号这种易象似乎是尽意的，在信从卜筮的古人心目中，巫文化世界其实就是人之心灵所营构的整个宇宙，这种心灵宇宙是现实宇宙与现实社会投射于人之心灵的神秘意象，所谓"大衍之数五十，其用四十有九"的"十八变"占筮操作的神奇，表现在"此所以成变化而行鬼神也"、"触类而长之，天下之能事毕矣"[21]。故就审美而言，某种意义上，立象又似乎可以尽意，这典型地体现出儒家的言意观。

这里的尽意之尽，其实是不尽之尽，便真是审美意象的真谛所在。因为作为人类析理表情达意的符号——象，虽然不能与客体物象、主观心灵做到同构对应，因而立象不能尽意，但是，这种通过人心所营构的外在感性之象，由于人在创造它之时，已被认同为它是整个自然宇宙与社会人生的整体的凸显，具有广泛而深刻的象征意蕴，它固然不能与客体物象、主观心灵做到同构对应，却是客体物象与主观心灵的同态对应的模式与范型，它那葱郁而灿烂的感性特征，恰恰在审美意义上，似乎能够涵摄一切的一、一的一切，似为美和艺术之意象的底蕴所在。

这种意象观，正如《易传》所言："其称名也小，其取类也大；其旨远，其辞文；其言曲而中，其事肆而隐。"[22]关于这段美学名言，韩康伯注云："托象以明义，因小以喻大。"[23]象虽小而由于它是整个世界（包括客观、主观世界）的模态，故取类之大，因小以喻大。孔颖达疏云："其旨远者，近道此事，远明彼事，是其为意深远。若'龙战于野'，近言龙战，乃远明阴阳斗争，圣人变革，是其旨远也。其辞文者，不直言所论之事，乃以义理明之，是其辞文饰也。若'黄裳元吉'，不直言得中居职，乃云黄裳，是其辞文

21　《易传·系辞上》，朱熹《周易本义》，第303—304、307页。

22　《易传·系辞下》，朱熹《周易本义》，第335—336页。

23　《周易正义》，王弼、韩康伯注，孔颖达疏，上海古籍出版社，1990年版。

也。其言曲而中者，变化无恒，不可为体例，其言随物屈曲，而名中其理也。"[24] 关于这段疏文，这里稍作解说，以明其意。这里所言龙战于野，为《周易》上六爻辞。坤卦发展到上六，坤阴即将转化为乾阳，这种转化的内在依据，是坤阴与蕴含于坤阴之中的乾阳因素的相互斗争冲突而引起的，乾为龙，故称龙战。野，蔡渊云："野者，极外之地。上居极外，故称野也。"这是说，坤阴与乾阳之战发生在上六爻。所以说，龙战于野作为称名为小的象，却揭示了其意深远的阴阳之理。"黄裳元吉"为坤六五爻辞。黄，坤地正色，古人有天玄而地黄之说。裳，人上体之服称衣，下体之服称裳，衣在上，为乾；裳在下，为坤。所以黄裳是坤阴的象征。由于坤六五意味着此时坤阴处于尊位，但还没有上升到上六爻位，故虽临尊位而自守其坤，所以称为"元吉"（大吉）。可见，《周易》析理表情达意，并不"直言"，而用喻象，若黄裳元吉然。其效果是言曲而中、名显其理。这正好揭示了审美意象的特征。这也便是司马迁论《离骚》审美特征时所说的："其文约、其辞微，其志洁、其行廉，其称文小而其指极大，举类迩而见义远。"[25] 象虽约、微、小、迩，但它的审美蕴涵却是很大的。

正如前述李白《望庐山瀑布》一诗所揭示的那样，这种审美心灵意象的感性外化，尽管其实际所描述的只是庐山瀑布与自然宇宙、社会人生所构无数联系中的一、二种联系，也远远没有写尽诗人本人以及人们对庐山瀑布的种种感受和体悟，但是由于这一审美

---

24 《周易正义》，王弼、韩康伯注，孔颖达疏，上海古籍出版社，1990 年版。

25 司马迁：《屈原贾生列传第二十四》，《史记》卷八十四，第 505 页，中华书局，2006年版。

感性的外化之象与客观审美对象以及审美心灵模型是同态对应的，作为美与艺术的审美召唤结构，却能调动接受者的审美心灵功能，从而填补它原先所留下的大量空白。在审美观照中，使人深感这首诗意象丰富、饱满而深邃，具有深致的意蕴，体现出诗人宏观的审美观照，表现出诗人壮阔博大的审美胸襟，给人的感受是仿佛诗人的心灵拥抱着整个宇宙。

立象不能尽意而又似立象能够尽意，这是《周易》意象美学智慧所馈赠于我们令人费解又韵味无穷的一个问题，它深刻地揭示了美与艺术意象在尽与不尽之间的审美属性。由此我们不难感悟《周易》美学智慧的深邃。尤其当我们想到，这种意象美学智慧萌于久远的《周易》巫术占筮意象体系时，便不能不为此而深受感动。

在历史长河中，《周易》意象美学智慧曾经不断地开拓了中华民族的美学思维。

先秦老子论道，称"道可道，非常道；名可名，非常名"。道作为形而上的宇宙的实存者与一般规律，作为社会人生的准则与典范之精髓，它是"有物混成，先天地生，寂兮寥兮，独立而不改，周行而不殆，可以为天下母"的，然则"吾不知其名，字之曰'道'"。虽"道之为物，惟恍惟惚。惚兮恍兮，其中有象；恍兮惚兮，其中有物。窈兮冥兮，其中有精；其精甚真，其中有信"，却又"视之不见，名曰夷；听之不闻，名曰希；搏之不得，名曰微"[26]。道是这样一种东西，它客观实存，是自然宇宙与社会人生的本质与底

---

26 《老子》第一、二十五、二十一、十四章，王弼《老子注》，第1、14、12、7页，《诸子集成》第三卷，上海书店出版社，1986年版。

蕴，由于不能用感官去把握它，也就只能用心灵去体悟它，虽然其中有物、有象、有精而有信，却因它总是处于恍惚窈冥状态，所以对道称名立象固不能，对它进行言表描述更不能了。但又必须以一定的文字、语符对它进行言说，于是只好勉强取个名字为道。这里，悟道之人总是处于两难之境，无可名说又要强为之说，于是只能言不尽意、立象难以尽意。我们不知道老子建构他的道论之时，是否从一般认为起于殷周之际的《周易》卦爻筮符中受到启迪，老子不仅以为道之本体无可言说，而且认为就连为明道而立象也是不可能的，既无以立象，也不能通过立象来尽意，这是与《周易》的言意、意象观不尽相同的。《周易》则认为虽然书不尽言，言不尽意，但并没有彻底否定文字（书）、语言这些广义的象符表情达意的功用，而且认为卦爻符号这种狭义的象符由于不同于一般的书和言，而同时得出立象可以尽意的结论。然而，从《周易》本经的意象智慧的萌芽，到《老子》无可言说的道论之间却有可通之处。在老子看来，正因为道之本体无可言说，道才具有一种永恒的魅力，它无限地催迫人类对它的探索与象征，由此创生无尽的哲学、美学与艺术等，企图穷尽永远无法穷尽的道，人类的智慧包括美学智慧就在对道的无限追索中得到锻炼、建构、提高与净化。人自觉地强迫自己永远追寻那个永远无法达到的终极目标，却在对道这一自然宇宙与社会人生终极目标的追寻中，不断地完善自己、肯定自己、实现自己的本质力量。这正是科学、哲学、美学与艺术的智慧真谛！老子的尴尬与痛苦，表现在他一面声言道无可言说，一面又以"五千言"不得不勉强地向人诉说他所体悟的道。其实这也是一切人的尴尬与痛苦，同时也是人的智慧的奇妙、深邃与伟大。人总是在二律背反的境遇中塑造自己。而《周易》的意象美学智慧，则通过《易传》在一定程度上综合了先秦儒、道的意象观，它一方面认为书不尽言，言不尽意，这颇通于道；又说圣人立象可以尽意，由于肯定圣人、将圣人之立象看作对所谓终极真理的把握（尽意）而又具有儒的特色。但就其审美意义而言，尽意之尽，实是不尽之尽，又与言不尽意说以及先秦道家的道论互相勾连。

庄子的言意、意象观显然是老子道论的继承与发展，又深受《易传》意象美学智慧的影响。庄子是读过《易传》中某些篇章的，这可以从其著作中看出来。《庄子》云："夫尊卑先后，天地之行也，故圣人取象也。""天尊地卑，神明之位也。"[27] 这是对《周易·系辞传》"天尊地卑，乾坤定矣；卑高以陈，贵贱位矣"思想的引用，尤其"圣人取象也"一句，说明庄子是懂得易象之理的。庄子对《周易》意象美学智慧的发展，主要表现在他提出了"得意而忘言"这一命题：

> 筌者所以在鱼，得鱼而忘筌；蹄者所以在兔，得兔而忘蹄；言者所以在意，得意而忘言。[28]

筌为捕鱼之具；蹄，兔网。庄子这一命题的逻辑是，既然言不尽意，可见此意难得，说明得意的重要，所以得意而忘言、重意而轻言是必然的。这一美学表述，启引了后世诸如注重文学艺术内

---

27 《庄子·天道》，王先谦《庄子集解》卷四，第83页，《诸子集成》第三卷，上海书店出版社，1986年版。
28 《庄子·外物》，王先谦《庄子集解》卷七，第181页。

容、重神轻形、推重风骨与神韵等美学智慧的建构，构成了得意忘言的美学观。它对魏晋人物品鉴即对人自身内在之美的审美也具有深远影响。当时人物品鉴是朝廷取士、臧否人物的重要途径，然而倘片面倚重人物容貌、以貌取人，往往会失之偏颇，有如《抱朴子》所言："闻汉末之世，灵献之时，品藻乖滥。英逸穷滞，饕餮得志；名不准实，贾不本物。"[29] 真正糟糕透顶。怎么办呢？重神而轻貌，推重人的内在气质、学养与精神而不执滞于人的外在容颜皮相，后来就发展为对人物神韵气质风度的审美。"时人目王右军，飘如游云，矫若惊龙。""有人叹王恭形茂者云，濯濯如春月柳。""裴令公目……山巨源，如登山临下，幽然深远。"[30] 凡此，可以看作得意而忘言的审美观在人物品鉴中的活用。

魏晋玄学的开山祖之一王弼又从《周易》和老庄意象美学智慧中发展了他的玄学意象美学观，他的见解建构在言、意、象三者的互动联系中：

> 夫象者，出意者也；言者，明象者也。尽意莫若象，尽象莫若言。言生于象，故又寻言以观象；象生于意，故可寻象以观意。意以象尽，象以言著，故言者所以明象，得象以忘言，象者所以存意，得意以忘象。[31]

29 《抱朴子·名实》卷二十，葛洪：《抱朴子·外篇》，杨明照《抱朴子外篇校笺》，中华书局，2004年版。

30 按：《世说新语》"容止"、"赏誉"篇，刘义庆著、刘孝标注，《世说新语》卷五，第163、164页；卷三，第109页，《诸子集成》第八卷，上海书店出版社，1986年版。

31 王弼：《周易略例·明象》，楼宇烈《王弼集校释》，下册，第609页，中华书局，1980年版。

这是融合易理之对于庄子得意而忘言说的诠解与发挥。在王弼看来，在言、意、象的三者结构中，意作为主体对客体物象的观感与悟解是根本的。因为有意在心，故立象以尽意；因为象之难解，故托言以明象。意生象、象生言，故寻言以观象、寻象以观意。既然言是明象的中介工具，象是存意的中介，那么，忘言忘象而独存其意便是必然的。此意，就是易理，就是老庄之道，就是玄学之无。这无，就是在《周易》之道与老庄之道基础上所开放出来的灿烂智慧之华，同时受到佛学之雨露的滋润。

魏晋是人与美学大觉醒的时代。此前西汉自武帝始"独尊儒术"之风盛炽，一直到东汉学界说易言多象数、死守章句、谶纬横行，故王弼以无破除世人对于易象的迷恋执著，为冲破经学的传统思想牢笼而另创天地之举。《周易》的意象是同态对应的，故一意可以多象，一象可以多意。比如刚健这个意，既可以龙这一象来象征，也可以马或《周易》大壮卦九三爻辞所说的羝羊来象征，这是一意多象；又如柔顺这个意，既是大地之性状的心理反映，又可以牝马来象征，这也是一意多象。再如乾卦这一卦象，其意蕴具有巫学、伦理学、自然科学与美学等多侧面多层次，便是一象多意。所以意象二者既是同态对应而非同构对应，是一个松散的结构。可见，卦象虽为原有，阴阳爻、八卦与六十四卦这一易象系统千古依然，不可更变，却通过象而时出新意，不可穷尽。王弼的忘言忘象得意说是对思想自由的启悟，开了不拘泥于易象而新见迭出、独领风骚的新风气，正如汤用彤所言：

　　吾人解《易》要当不滞于名言，忘言忘象，体会其所蕴之义，则圣人之意乃昭然可见。王弼依此方法，乃将汉易象数之学一举而廓清之，汉代经学转为魏晋玄学，其基础由此而奠定矣。[32]

《周易》意象美学智慧曾经给魏晋时代陆机的文论以不小的启迪。陆机说，作文"恒患意不称物，文不逮意，盖非知之难，能之难也"[33]。意不称物指作者的审美心灵元素对有关审美物象的反映必然是不完全的；文不逮意指作者所创造的外在审美符号系统（这里指文章，包括文学作品）对审美心灵元素的表现又是不完全的，所以陆机要求作者尽可能地感于物而志于学，为的是使文章尽可能地称物而逮意，这是《周易》立象不能尽意的新表述。陶潜《饮酒》诗云："结庐在人境，而无车马喧。问君何能尔，心远地自偏。采菊东篱下，悠然见南山。山气日夕佳，飞鸟相与还。此中有真意，欲辩已忘言。"此诗写出了诗人面对南山，东篱采菊，目既往还，心亦吐纳，情往似寄，兴来如答的审美意趣，妙在言不尽意，诗象有限而诗意无穷。刘勰也是认为立象不能尽意的。他说，创作构思之初，往往因受客体物象的刺激而创作欲显然十分强烈，一旦提起笔来写成作品，又为未能尽吐心曲而深自遗憾："方其搦翰，气倍辞前；暨乎篇成，半折心始。何则？意翻空而易奇，言征实而难巧也。"[34] 范文澜注云："言语为表彰思想之要具，学者之恒言也。然其所以表彰思想者，果能毫发无遗憾乎？则虽知言善思者，必又苦

32　汤用彤：《汤用彤学术论文集》，第216页，中华书局，1983年版。

33　陆机：《文赋·小序》，张少康《文赋集释》，人民文学出版社，2002年版。

34　刘勰：《文心雕龙》，卷六，范文澜《文心雕龙注》下册，第494页，人民文学出版社，1958年版。

其不能也。思想上精密足以区别，而言语有不足相应者；思想上有精密之区别，言语且有不存者。无论何种言语，其代表思想，虽有程度之差，而缺憾则一也。据此，知言语不能完全表彰思想，而为言语符号之文字，因形体声音之有限，与文法惯习之拘牵，亦不能与言语相合而无间。故思想发为言语，已经一层障碍，由言语而著竹帛，又受一次朘剥，则文字与思想之间，固有不可免之差殊存矣。"[35] 这使我们想起当代西方的语言哲学观，由于语言（象）不能完全表达思想（意），而主张淡化甚至主张消解语言的逻辑功能，从而直观被语言所掩盖的世界的见解，这也使我们想起唐代禅宗的美学，禅宗不立文字、提倡机锋、当头棒喝、妙在顿悟，要求跳出语言文字这一障围，直观悟入，有如世尊拈花、迦叶微笑。由于"言不尽意"，便索性彻底打烂语言文字这劳什子而直观本心；然则丢弃了语言文字这个象，又不得不捡起世尊拈花式的象，一边是言不尽意，一边又须立象以尽意，仍然陷落在《周易》意象美学智慧所建构的二律背反之中。唐释皎然说："不睹文字，盖诗道之极也。"[36] 这是禅学对诗学的渗透，也是《周易》意象美学智慧通过庄子、王弼的得意而忘言说所留下的思想痕迹。司空图要求"不著一字，尽得风流。语不涉己，若不堪忧"。[37] 我们重温这样的唐人言说，犹如品味当代西方语言哲学的新篇，也看到了《周易》意象美学智慧的历史遗影和庄禅的无言心声。晚唐杜牧以诗著称，认

35 刘勰：《文心雕龙》，范文澜《文心雕龙注》，下册，第500页，人民文学出版社，1958年版。

36 皎然：《诗式》卷一，李壮鹰《诗式校注》，人民文学出版社，2003年版。

37 司空图：《二十四诗品》，浙江古籍出版社，2013年版。

为"凡为文以意为主，以气为辅，以辞采章句为之兵卫"[38]。为文是否以气为辅，暂且勿论。所谓以意为主，正如宋代苏轼评说王羲之的书法艺术"萧散简远，妙在笔墨之外"[39]那样，是将《周易》言不尽意的意象美学老命题，翻为意主象从的新表述。宋明理学学者杨时说："学诗不在语言文字，当想其气味，则诗之意得矣。"[40]雪峰义存对其徒众有云："吾若东道西道，汝则寻句逐句，吾若羚羊挂角，汝向什么处扪摸?"[41]羚羊挂角，无迹可求，这正是舍象存意的圆融无碍境界。就中华传统画论而言，也深受《周易》意象美学智慧的浸染。早在唐代，张彦远就指出，画艺重在"骨气"，"皆本于立意而归乎用笔"[42]。明清之际的画家王昱指出，"写意之画落笔须简净，布局布景，务须笔有尽而意无穷"[43]。写意之画尤其惜墨如金，寥寥数笔，已是构象在前，旨在宁少笔墨之象的羁系而追摄意蕴的幽远。

总之，从《周易》言不尽意，到庄禅舍象取意、以意为主的美学见解，意象美学智慧随着中华古代美学史的展开而萌生、继承、发展与开拓。在此期间，有以西晋欧阳建《言尽意论》为代表的"言尽意"说另标一派，认为名、言不仅是"辩物"、"畅志"的符号工具，而且指出辩物、畅志直接就是名、言的内在性能，所谓"理得于心，非言不畅；物定于彼，非名不辩"，"欲辩其实，则殊

38　杜牧：《樊川文集》，卷十三，上海古籍出版社，1978 年版。

39　苏轼：《经进东坡文集事略》，卷六十，中华书局，1979 年版。

40　杨时：《龟山先生语录》，国家图书馆出版社，2003 年版。

41　道原：《景德传灯录》，顾宏义《景德传灯录译注》，上海书店出版社，2010 年版。

42　张彦远：《历代名画记》，卷一，人民美术出版社，1963 年版。

43　苏轼：《东坡论画》。沈子丞《历代画论名著汇编》，第 403 页，文物出版社，1982 年版。

其名；欲宣其志，则立其称"[44]。这可以看作《周易》圣人立象以尽言之思想的片面承传。欧阳建自称"违众先生"，他的言尽意论由于排斥了《周易》言不尽意这另一侧面层次的见解，不免跌入从字面解易的窠臼，须知就《周易》意象美学智慧的整体而言，立象以尽意（言尽意）应与言不尽意命题"活参"起来看，其真义在于不尽之尽。因而归根结底，立象能否尽意呢？在尽与不尽之际。

第三节　从意象到意境

中华意象美学智慧，源自古人对《周易》本经卦爻符号系统与卦爻辞的创造，融通人对自身命运、境遇的企盼与悟解，已如前述。现在要问，意象与"就中国艺术方面——这中国文化史上最中心最有世界贡献的意境的特构"[45]究竟有何关系？又是怎样从《周易》美学的意象说转化为意境说的？

有一种观点认为意境与意象无涉，认为中华古代美学史上意境说的孕育成熟，源于印度佛教的东渐与佛经的翻译。明确提出"意境"这一美学范畴的是唐人，首见于王昌龄的《诗格》，作为美学范畴，在唐之后才得到普遍运用与发展，并由王国维发展到极致。又有一些外籍华人学者如黄国梁及外国汉学家等，反以为所谓意境即意象，不承认从意象说到意境说美学的传递与嬗变。

笔者认为不可以将意象与意境人为地分拆，或任意混淆这两个美学范畴内涵与外延的差异。美学智慧的积累是一个漫长的历史过

44　欧阳询：《艺文类聚》，卷十九，上海古籍出版社，1982年版。
45　宗白华：《美学散步》，第58页，上海人民出版社，1981年版。

程，其发蒙、发展与成熟首先表现为民族文化心理的长期积淀，尔后发展为一定的理论形态。对中华美学中的意象、意境及前者向后者转化应作如是观。

在笔者看来，与西方美学典型说一起，堪称中外美学智慧双璧的中华美学的意境说，尽管在其发展过程中，不可避免地接受了老庄文化智慧的濡染和佛学的影响，但其文化心理基因，仍可从《周易》的巫学、经由意象这一中介窥其一二。

什么是意境？意境有时被称为境界。宗白华曾说：

> 人与世界接触，因关系的层次不同，可有五种境界：（1）为满足生理的物质的需要，而有功利境界；（2）因人群共存互爱的关系，而有伦理境界；（3）因人群组合互制的关系，而有政治境界；（4）因穷研物理，追求智慧，而有学术境界；（5）因欲返本归真，冥合天人，而有宗教境界。功利境界主于利，伦理境界主于爱，政治境界主于权，学术境界主于真，宗教境界主于神。但介乎后二者的中间，以宇宙人生的具体为对象，赏玩它的色相、秩序、节奏、和谐，借以窥见自我的最深心灵的反映；化实景而为虚境，创形象以为象征，使人类最高的心灵具体化、肉身化，这就是"艺术境界"。艺术境界主于美。[46]

在这里宗白华实际将艺术境界看作人生的第六境界。我们可以将这六个境界再归纳为四个境界，即将功利境界、伦理境界和政

46　宗白华：《美学散步》，第 59 页。

治境界合并为求善境界，包括求人之生理的满足和求人际关系的和谐，再加上求真境界（学术境界、认知境界）、崇拜境界（宗教境界）和审美境界（艺术境界）。

大凡人生就在这求善、求真、崇拜与审美四境界中出入往来而俯仰自得。人生境界，正如钱锺书所言，犹如围城之内外，城里的人要逃出去，城外的人要冲进来，事业也罢，婚姻也罢，艺术也罢，大抵如此。由此演出壮丽缤纷的人生活剧，或愉悦或悲苦、或圆融或滞碍、或此岸或彼岸、或处顺境或堕逆境。四种境界的形成，是人之各个侧面层次的人生需求的实现或肯定，且往往呈交错态势。美国心理学家马斯洛曾将人生需求归纳为生理需求、安全需求、归属和爱的需求、尊重需求、对认识和理解的需求、美的需求和自我实现的需求[47]，虽然这主要是从个人、个性的自我完善角度立论的，但大体上与宗白华的六境界说以及这里所归纳的四境界说相通。马斯洛未明言人的宗教崇拜需求，实际上在"归属和爱的需求"中就包含了这一点，其文化实质是人的心理行为归属于宗教之神及其变体世俗之神。

宗白华将艺术审美境界建构在介于求真的学术境界和崇拜的宗教境界之间，对于我们解译中华古代的艺术审美意境，何以起自《周易》本经的巫学智慧，以及何以通过意象智慧得以建构，具有启发意义。

中华古代美学的意象和意境的文化原型，确是建立在《周易》

47　按：参见［美］弗兰克·戈布尔：《第三思潮：马斯洛心理学》，第40—47页，上海译文出版社，1987年版。

原始巫学智慧所包容的原始理性认知和"原始宗教崇拜"（这里指
巫术）两者的基础之上。

正如前述，《周易》本经所建构的卦爻符号系统，是一个由象
数浑契于其间的"阴影"结构，是神秘的符号系统、世界模式与秩
序。所以称为阴影结构，是因为这一符号系统包蕴着原始数理、原
始巫术与原始艺术审美等萌芽因素，是一个原始文化智慧的意象系
统，数和崇拜神灵的原始智慧都溶涵在巫术占筮的阴影之中，这阴
影实际指伟大中华先祖的原始人文意识及其意象结构，它将后世一
切人生境界的智慧基因都容纳其中，包罗无遗却并未昭然若揭，故
称为阴影结构。艺术审美意境与原始理性认知、原始巫术崇拜的关
系尤为密切，因为原始理性发展了人的求真心理，而原始巫术崇拜
的神灵意识则刺激了人的准宗教想象从而也刺激了艺术审美想象，
并且伴随着人之情感的波动震荡，恰好为艺术审美意象的诞生准备
了必要的"意"这一心理条件。在此意义上可以说，《周易》巫术
占筮的阴影结构，成了在种种原始意象基础上，发展出艺术审美意
象的人文温床。

笔者在所著《巫术：周易的文化智慧》中曾经指出，不能将
巫术等同于宗教，然而巫术中包含着一定的神灵意识。处于巫术神
秘氛围之中的人，其历史地位有点不同于处于宗教秩序中的人。尽
管根本上巫术占筮与宗教崇拜，都是人对于神灵的崇拜，但是人在
巫术占筮中对神灵的态度只是跪倒了一条腿。这当然并不说明人在
神灵面前三心二意，而是说人在巫术占筮中除了肯定神灵的智慧和
力量，还肯定了人自身，或者毋宁说人就是神。《周易》用以进行
巫术占筮的一整套筮符系统无疑具有神性、巫性和灵性，但又相信

这是人的智慧可以把握的。比如河图、洛书由"天"所授，却是圣人可以掌控的；六十四卦的筮符体系为通于神灵的圣人所创制、所推演，但这卦爻智慧的神奇奥秘，又是凡夫俗子可以领会的。不像宗教境界那样神人、天人之间的内在对立和人彻底地向神跪下，从而剥夺了人的主体意识，在巫术占筮中，存在着原始意义上的神人、天人合一，正如《尚书》所谓"神人以和"，其实《周易》八卦模式就是一个"神人以和"的境界。在这境界中，取得了原始意义上神人、天人与物我的浑契，这正是从巫术原始意象即阴影结构走向艺术审美境界的历史必由之路。巫术智慧在肯定神灵的同时肯定人的尊严，既仰仗神灵威力，又不全盘否定人为作用；既是关于神灵的迷误，又是人智的清醒；既使"数"无可奈何地受巫术"愚昧"的奴役，又使数映照出"前科学"的原始理性晨曦；巫术"伪技艺"据说是由神灵启悟而来，但巫术趋吉避凶这一目的本身，却是为了人而不是为了神；巫术中种种先兆据称是神灵的警示和预告，却使人通过对自然、社会种种兆象的观察和领悟，获得构成艺术审美境界所必须的对意象的审辨和表现力。某种意义上可以说，巫术占筮为人创造原始艺术审美意象一般地打开了文化思路，准备和开拓了一个天人合一的思维框架，它是主客、物我的浑一。巫术智慧还为艺术审美意境的创构，经过原始意象的陶冶而积聚了人的原始情感。随着吉凶兆象的呈现，人的情感一会儿惊恐莫名、一会儿欣喜若狂，一会儿忧虑深重，一会儿又觉得"旁行而不流，乐天知命，故不忧"、"安土敦乎仁，故能爱"。而从总体功能看，巫术给人以盲目乐观的向往，使人似乎能够满怀希望安渡难关。巫术总是给人以人自己深知一切事物的起因、后果与料事如神的错觉。弗雷泽说，巫术将人的情感和精神境界，盲目地指向未来，"把对美好未来的憧憬化作双翼，去引诱那些疲倦的探索者和追求者，带他穿过密布的乌云和失望的现实，翱翔于碧海蓝天，俯瞰天国的美景"[48]。巫术情感的波涌浪颠，是与艺术审美的情感因素相联系的。

艺术审美的意象与意境的相同之处表现在，两者都有一个主客、物我谐调的浑契结构。意象尤其艺术意象，是意的流溢、象的心灵虚化。《易传》说，"见（现）乃谓之象"。象即意而意即象，象、意互渗而成意象，艺术意象的审美性，是天人、物我与主客合一的。明人王廷相说："夫诗贵意象透莹，不喜事实沾著，古谓水中之月，镜中之影，可以目睹，难以实求，是也。"比如《诗》三百篇比兴叠出，意象流溢；《离骚》引喻借譬，不露本情，此兴佛家之语曰"色韫本根，标显色相，鸿材之妙拟，哲匠之冥造也"。王廷相进而批评杜甫的《北征》、韩愈的《南山》、卢仝的《月蚀》与元稹的《阳城》，说它们"漫铺繁叙，填事委实，言多趄贴，情出附辏，此则诗人之变体，骚坛之旁轨也"。这样的诗一旦投入接受领域，必"言征实则寡余味，情直致而难动物也"。所以要"示以意象，使人思而咀之，感而契之，邈哉深矣，此诗之大致也"[49]。一般而言，王廷相这一长段论意象之文，用以论评意境也是不错的。因为意象与意境都反对机械地模拟实象，都忌直露，都要求情志含蓄隽永，都应该富于暗示性和象征性，这是从易象发展而来

48　［英］詹·乔·弗雷泽：《金枝》上册，第55页，陕西师范大学出版社总社有限公司，2010年版。

49　王廷相：《与郭介夫学士论诗书》，《王氏家藏集》，第二十八卷。

的。这是意象的"大致",也是意境的"大致"。

然而,如果我们在讨论意象与意境两者的相同之处时,抹煞两者的显著差异,那么中华古人为什么在意象说之外又创意境论呢?是的,意象与意境的智慧底蕴差别必须辨明。

其一,就两者的主客、物我浑契的结构来说,意象和意境所达到浑契的层次与深度不同。如果说意象主要是就艺术审美所涵摄的广度而言的,那么,意境主要指艺术审美所达到的深度。所以我们平时通常不说"意象深刻"或"意境广大",而言意象壮阔或意境深邃,有意境之作一定显得意象丰富,意象万千之作未必意境幽远。从意象到意境,是以境代象而韵味不同。象是空间性的、外在的,而境是审美主体的意与象的悟对契合而达到的深致程度,是由"味象"而来又超越于象之阈限的一种境界。我们欣赏屈原的《离骚》,深感其想象丰富奇特、意象瑰丽且意境深邃。《天问》诚然是有意境之作,但它主要以意象取胜,使人深感诗人的胸襟横绝太空,与宇宙同其博大。相比之下,杜子美的《北征》、韩昌黎的《南山》之类固然是好诗,但其"正言直述则易于穷尽而难于感发"[50],显得意象具足而意境少欠,说其"骚坛之旁轨"则并非苛评。相传为李白所作的《菩萨蛮·平林漠漠》和《忆秦娥·箫声咽》"二词为百代词曲之祖"[51],其中《忆秦娥》一曲浩歌啸吟云:"箫声咽,秦娥梦断秦楼月。秦楼月,年年柳色,灞陵伤别。乐游原上清秋节,咸阳古道音尘绝。音尘绝,西风残照,汉家陵阙。"

50 李东阳:《怀麓堂诗话》,《怀麓堂诗话校释》,人民文学出版社,2009年版。

51 黄升:《唐宋诸贤绝妙词选》,国家图书馆出版社,2011年版。

王国维称："太白纯以气象胜。'西风残照，汉家陵阙'，寥寥八字，遂关千古登临之口。"[52] 这首"伤别"之作不仅以意象胜，而且以意境胜，妙在意象、意境两浑。

其二，正因为意境是意超越于象而达到境的深致程度，不仅意与境浑，而且"境生于象外"。在这关乎主客、物我浑和的美学智慧结构中，特别强调"我"之"心意"的感性显现，是一种因心意突破景象阈限所再造的虚灵、空灵境界。艺术审美之尤为虚灵、空灵的境界，虽肇自易象及其象征，确也经过庄学的滋润与佛禅的激发而来。

境界，原指时空。许慎云，境的原字是竟，"乐曲尽为竟"，从竟从土。界者通介，《说文》："界，竟也。"在许慎之前，古籍已屡有境、界二字的出现，都用作空间范畴。《诗》云："无此疆尔界。"《战国策》："楚使者景鲤在秦，从秦王与魏王遇于境。"[53]《庄子》："定乎内外之分，辩乎荣辱之境，斯已矣。"[54] 这里的境、界二字，指空间意义上的疆土和界限，显与《说文》将境、界解作时间范畴不同，所以后来段玉裁在为《说文》作注时，就将此二说统一起来，认为境界指时间空间："曲之所止也。引申之凡事之所止、土地之所止皆曰竟。""竟俗本作境。今正。乐曲尽为竟。引申为凡边界之称。界之言介也。介者，画也。画者，介也。象田四界。"可以看出，最初的"境界"含义，多具空间意义；转而指时

52　况周颐、王国维：《蕙风词话·人间词话》，第 194 页，人民文学出版社，1984 年版。

53　《战国策·秦策》，何建章《战国策注释》，中华书局，1990 年版。

54　《庄子·逍遥游》，王先谦《庄子集解》卷一，第 3 页，《诸子集成》第三卷，上海书店出版社，1986 年版。

间；终而时空兼备。最早古籍中的"境界"指实境实界，后来便渐渐由实境实界向虚灵的心理和艺术审美境界转移。庄子的所谓"荣辱之境"，其实已指虚实兼备的境界，既指实在的生活境况、境遇与处境，也指这种荣辱相与的生活实境在心灵中的反映，它是虚灵的。早在先秦原始道学中，虽然老子并未直言"境界"，但他指出的"道"，其实就是一种源自精神自然的人生境界，道者，"大象无形"，所谓"无状之状，无物之象"、"惟恍惟惚"，这是虚灵境界。因为它是虚灵的，所以通于艺术境界。庄子进而提出"象罔"，认为仅以视觉、言辩和理智皆得不到道之玄奥境界，必须象罔才能得之，所谓"乃使象罔，象罔得之"[55]。象罔境界在有形无形、虚与实之际。古人云："象则非无，罔则非有，不皦不昧，玄珠（道）之所以得也。"宗白华进而加以阐发："非无非有，不皦不昧，这正是艺术形相的象征作用。'象'是境相，'罔'是虚幻，艺术家创造虚幻的境相以象征宇宙人生的真际。真理闪耀于艺术形相里，玄珠的烁于象罔里。"[56] 这种"虚幻的境相"，正如庄子的"心斋"、"坐忘"一样，它是艺术审美意境说的一个前奏，盛于唐之后的意境说中，确有老庄尤其庄学象罔说的遗传因子。

艺术审美意境的内在结构虽在有无、虚实之际，但古人其实并不以为有与无、虚与实平分秋色而只要折衷起来看就行的，而是偏重于对无、虚的悟解。道之本涵是无、是"虚"。庄子说"虚室生白"、"唯道集虚"，此之谓也。所以中华古代艺术如要创造出意境

---

55 《庄子·天地》，王先谦《庄子集解》卷三，第70页。

56 宗白华：《美学散步》，第68页，上海人民出版社，1981年版。

来，必须十分重视和表现诗境、词境、画境、书境和乐境等的虚灵时空。王夫之云：

> 论画者曰，咫尺有万里之势，一势字宜着眼。若不论势，则缩万里于咫尺，直是《广舆记》前一天下图耳。五言绝句，以此为落想时第一义。唯盛唐人能得其妙。如"君家住何处，妾住在横塘。停船暂借问，或恐是同乡"，墨气四射，四表无穷，无字处皆其意也。[57]

"无字处"是虚，是无，却是其意所在，意境在此构成，笔墨未到而灵气推荡于其间，洋溢于艺术形象之外而墨气四射，四表无穷。因而可以说，意象与意境都强调有无、虚实相生，但意境更注重虚、无、空、远和幽、深的表现，更注重艺术意象的心理与哲理意蕴，更注意开拓中国人的宇宙意识和心灵境界。

在此意义上我们的确可以说，老庄尤其庄学对中华艺术审美意境说的形成，起了推波助澜的作用。

而印度佛学的东渐、佛经的翻译又有力地影响到中华艺术审美意境这一美学范畴的最终完成。

佛教有"六根"说，眼耳鼻舌身意是为六根，意为六根之一。佛教认为，眼耳鼻舌身前五根是"四大所成之色法"，色者，指一切事物现象，属于感性层次，是感官所可把握的对象，称为色境；而意根为心法，意是一种心境。小乘佛教所谓意，指"前念意

---

57 王夫之：《薑斋诗话》第四十二，《清诗话》，第19页，上海古籍出版社，1999年版。

识"；大乘佛教又说为所谓八识论之第七"末那识"。意由思量而起，《成唯识论》卷五云："薄伽梵，处处经中说心意识三种别义：集起名心、思量名意、了别名识。"集起，是佛教所谓阿赖耶的别名，一切现行法于此识薰其种子之义为集，由此识生一切现行法之义名起。思量，是思虑量度事理的意思，指静虑沉思。了别，指对佛法、事物本相的了悟。所以"心意识"三者虽有分别，实为一体。《俱舍论》四云："集起故名心，思量故名意，了别故名识，心意识三名所诠义虽异，而体是一如。"《止观》云："对境觉知，异乎木石，名为心，次心筹量，名为意。"又，境者，"心意识"所游履攀缘之境界也，意之所游履谓之法境，事物实相为妙智所游履而了悟谓之有境界。《华严梵品行》："了知境界，如幻如梦。"《杂譬喻经》："神是威灵，振动境界。"《无量寿经》上："比丘白佛：斯义弘深，非我境界。"《入楞伽经》九："我弃内证智，妄觉非境界。"尽管佛经有时称境界为"境土"，可能给外道以境界指实在区域的错觉，实际佛教所谓境界亦即意即境，是指空幻的心理氛围，指对佛法与佛之本相的神秘直觉了悟，佛教境界是一种智慧的内证，有如所谓西方净土与涅槃境界之类，都是这样崇佛的心理内证，所以倘弃内证，就是妄觉，就是"非境界"。

这种内证境界或曰意境说，为中华艺术审美意境这一美学范畴的最终建构提供了新的智慧因素，它主要表现在两方面：

一、它使中国人所体悟的艺术意境更虚静、更空灵。佛教的沉思静虑进一步开拓了中华艺术的东方静美境界，从而倡言品诗如参禅、品画如悟道的审美境界。我们知道，在《易传》中已有"静"这一概念，《老子》亦有"致虚极，守静笃"的哲学见解，但由于易老所倡言的静、虚只在世间而非出世间，常不免系累滞碍，在佛家看来是并不彻底的。只有佛之静虑沉思，因所观悟的对象在出世间，实际上无实际对象，只是一种心的幻相、意的幻相，是彻底的静、彻底的虚，它一尘不染，圆融无碍，是一种宇宙精神意趣。它促成了中华艺术审美境界建构在出入于易老和庄禅，往还于世间、出世间之际，从而显得风光无限，意味无穷。可以说，这种宇宙精神意趣，是自然本根通过佛教这一神秘文化方式的超拔升华，在艺术意境的创造与欣赏中，又通过艺术对自然、社会生活的观悟，使这种精神意趣得到回归与复返，脱尽了神秘的氛围而使意境深邃。"古磬清霜下，寒山晓月中。诗情缘境发，法性寄筌空。"[58] 这是易、老（庄）、佛三者的共生和融，取景在世间而悟契在境外。境，象外也，诗涉象而不为象滞，是谓有意境。这便是唐人司空图所谓"象外之象，景外之景"、"不著一字，尽得风流"[59]，不粘著于一字，便意境自生，便是刘禹锡说的"境生于象外"[60]，有如孙楚诗"朔风飘歧路，零雨被秋草"，诗的意境缘象而生却在象外流溢。宋代大诗人苏轼的意境说也是深受佛禅影响的："欲令诗语妙，无厌空且静。静故了群动，空故纳万境。阅世走人间，观身卧云岭。咸酸杂众好，中有至味永。"[61] 这就是说，欲诗之妙而不要怕空与静，却是愈空愈静而愈妙，因为空境可以收纳宇宙万象，静境可以涵摄宇宙群动。空静之境亦即虚静之境，意与境合，思与境偕。另一宋人方

58　皎然：《皎然集》卷一，《诗僧皎然集注》，乾源俊主编，汲古书院，2014 年版。

59　司空图：《二十四诗品》，浙江古籍出版社，2013 年版。

60　刘禹锡：《董氏武陵集纪》，上海古籍出版社，1979 年版。

61　苏轼：《送参寥师》，《四部丛刊》，《集注分类东坡先生诗》，卷二十一，于民主编《中国美学史资料选编》，第 283 页，复旦大学出版社，2008 年版。

回有《心境记》存世，他认为意境之境是一心灵境界，与客观之象之景不可混同。故境存乎心，艺术创造与欣赏欲治其境莫如治其心。方回举陶潜《饮酒》诗为例："结庐在人境，而无车马喧。问君何能尔，心远地自偏。"人人结庐在世间，而独渊明感到无车马之喧，什么缘故？人与人心境不同。"顾我之境与人同，而我之所以为境，则存乎方寸之间，与人有不同焉者耳。"方回的结论是：心即境也。治其境而不于其心，则迹与人境远，而心未尝不近；治其心而不于其境，则迹与人境近，而心未尝不远。"[62]诗的心境，因缘象（以庐、车马、山气、东篱、飞鸟之类为诗象）而发，有易之根因深蕴于此，又受老庄之学的濡染，终而融渗着佛理因素。

二、佛教境界说又提升了中华艺术审美意境说的悟性因素。佛教重悟，尤其唐代禅宗的顿悟、妙悟说对艺术意境这一美学范畴的建构影响深广。顿悟，是对本相凝神观照、沉思静虑、不加思索的了悟，是瞬间的直觉悟对。艺术审美意境的构成少不了顿悟、妙悟的心理机制。就艺术创作而言，"学诗浑似学参禅，竹榻蒲团不计年。直待自家都了得，等闲拈出便超然"[63]写诗倘入"世尊拈花，迦叶微笑"式的顿悟、妙悟境界，便好诗自裁而成。禅诗悟对的对象与目的自是不同，而都需直觉、灵感与悟对则是相通的。严羽曾说："大抵禅道惟在妙悟，诗道亦在妙悟。且孟襄阳学力下韩退之远甚，而其诗独出退之上者，一味妙悟而已。惟悟乃为当行，乃为本色。"[64]从悟这一点而言："说禅作诗，本无差别。"所以

62 方回：《桐江集》卷二，江苏古籍出版社，1988 年版。

63 魏庆之：《诗人玉屑》，上册，卷一，上海古籍出版社，1982 年版。

64 严羽：《沧浪诗话·诗辨》，郭绍虞《沧浪诗话校释》，人民文学出版社，1962 年版。

一旦进入悟对之境，便能出入诗禅自如。"禅，心慧也；诗，心志也。慧之所之，禅之所形；志之所之，诗之所形。谈禅则禅，谈诗则诗。"[65] 北宋大诗人黄庭坚自称"是僧有发，似俗悟空，作梦中梦，见身外身"[66]，他先后于名僧法秀、祖新、惟清处习禅，从而参透禅机，也便熟谙诗理，使其诗变前体，妙脱蹊径，富于意境，在此意义上可以说："说禅作诗，本无差别。"[67] 正如清代王原祁所言，"作画，于搦管时，须要安闲恬适，扫尽俗肠，默对素幅，凝神静气"、"自然水到渠成，天然凑泊，其为淋漓尽致无疑矣"[68]。就艺术欣赏而言，其意境的传达与再创造也是在顿悟、妙悟中完成的。禅者尚机锋，参活句，含蓄凝炼而启人悟对，诗家亦在心悟。"识文章当如禅家有悟门，夫法门百千差别，要须有一转语悟入。"[69] "说诗如说禅，妙处在悬解。"[70] 中华古代士大夫一向推崇易老的观象悟理，"以神遇而不以目视"、"无听之以耳而听之以心"，深受其哲学智慧的熏染，大抵魏晋之后又深受禅悟，尤其禅宗顿悟、妙悟观的培养，从而使唐以后的中华艺术意境说更重心境、内证与悟入，不仅在艺术创造，而且在艺术欣赏中，将意境的有无推为审美之第一要素，这是必然的，正如王国维所言："词以境界为最上，有境界则自成高格。"[71]

65　释绍嵩：《亚愚江浙纪行集句诗·自序》，国家图书馆出版社，2006 年版。

66　吴曾：《能改斋漫录》，卷八，上海古籍出版社，1979 年版。

67　李之仪：《姑溪居士前集》，卷二十九，上海古籍出版社，1987 年版。

68　王原祁：《雨窗漫笔》，西泠印社出版社，2008 年版。

69　魏庆之：《诗人玉屑》，卷十五引，上海古籍出版社，1982 年版。

70　张扩：《东窗集》卷一。

71　王国维：《人间词话》，《王国维遗书》第十五册，第 1 页，上海古籍书店，1983 年版。

前文我们简略地论证了意象与意境的差别，由此可以看出意象说又是如何转化为意境说的。在这转换过程中，老子、庄子和佛学智慧对中华艺术审美意境说的建立，都曾贡献了许多智慧。

不过这里仍想强调指出，倘鉴于前述内容，便认为"从理论上说，老子和庄子的这个思想，就成了意境说的最早的源头"[72]，或认为中华意境说的建构仅是佛学的馈赠，是颇值得商榷的。因为，艺术审美意境虽然重虚静、空灵、顿悟与妙悟，但这一切艺术之心境的培育，又是始终离不开物象之实在、实有的，其智慧的源头，是易象。

当我们强调艺术审美的意时，可以而且应该如庄子、王弼那样"得意而忘象"，但是倘要追寻意象，意境的内在结构，则得意之余却不能忘象。因为象实际是意象，从而也是意境的支架，在象的基础上才能产生意境，意境作为审美心灵的幽深境界，是在象外，可是艺术对意境的表现与传达，又是始终不能离开象的。老庄确曾屡次谈到象，其年代大致与《周易·系辞传》论象年代相仿，但是《易传》关于象的思想智慧，其实早已储存在大致成书于殷周之际的《周易》本经之中。中华艺术审美意境说的文化源头，其实不在老庄、更不是佛学，而是《周易》本经的筮符即卦爻象及其象征的意义，其年代自然比老庄、佛学更其悠远古老。

这并不是说，可将易象及其意义混同于艺术审美意境。前文已经谈及，易象和意境都有象征性、暗示性，两者相通。可是，易象及其意义之间的结构关系，是比较松散的，同一个意可用不同的卦

72　叶朗:《中国美学史大纲》，第131页，上海人民出版社，1985年版。

象来象征、暗示，如阳刚既可用乾卦也可用大壮卦来表现。而艺术审美意境的构成则意与象、意与境互谐更其紧密，其象不能随意更改，更改必导致意境的改变或丧失。钱锺书有云：

> 易之有象，取譬明理也。"所以喻道，而非道也。"（语本《淮南子·说山训》）求道之能喻而理之能明，初不拘泥于某象，变其象也可；及道之既喻而理之既明，亦不恋着于象，舍象也可。到岸舍筏，见月忽指，获鱼兔而弃筌蹄，胥得意忘言之谓也。词章之拟象比喻则异乎是。诗也者，有象之言，依象以成言。舍象忘言，是无诗矣，变象易言，是别为一诗甚且非诗矣。故易之拟象不即，指示意义之符（sign）也；《诗》之比喻不离，体示意义之迹（icon）也。不即者可以取代，不离者勿容更张。[73]

易象为意的寄宿之遽庐，而诗象是意的归宿之苑囿，一在寄宿，意、象可以不即；一在归宿而意、象不离，这是两者的差别。不即者易之境界，不离者诗之境界。诗之境界包括整个艺术审美意境，更多地表现为主观（我、意）对客观（物、象）的拥抱，它一天人、齐物我、统主客、融意象于心之一境。

---

73 钱锺书：《管锥编》，第一卷，第12页，中华书局，1979年版。

第六章　生命美学智慧的发蒙

本书第四、第五章，仅仅论述了《周易》卦爻符号本身的美学意蕴及意与象的美学关系，来不及对所谓"言不尽意"、"立象以尽意"的"意"究竟包含什么美学智慧进行颇为深入的探讨，从这一章开始，我们试图涉足这一领域。

笔者以为，《周易》卦爻符号及卦爻辞作为信息载体所表现和传达的意，首先可用一个"生"字来概括，其生命美学智慧涵蕴于整部《周易》，后文将要论证的阴阳、中和与太极等等美学范畴，其实都是生命美学智慧的变体、流迁和旨归。

《易传》是一部在《周易》本经基础上所发展的、兼容先秦道家智慧和阴阳五行学说的先秦儒学经典，儒家的一个基本思想为"生"。梁漱溟云：

> 这一个"生"字是最重要的观念，知道这个就可以知道所有孔家的话。孔家没有别的，就是要顺着自然道理，顶活泼顶流畅地去生发。[1]

---

[1] 梁漱溟：《东西文化及其哲学》，《梁漱溟全集》，第一卷，第448页，山东人民出版社，1989年版。

《周易》的美学智慧（修订本）

可谓一语中的。其实先秦道学也是重"生"的。不过，儒家重视人的氏族群体生命，道家则重视人的个体生命，两家的生命美学智慧不同。在《易传》中，成对立互补态势的儒道两家并非各执一端、分庭抗礼，而是在基本具有儒家文化性格的生命美学智慧中熔铸了道的因素，同时有阴阳五行智慧渗透其间，构成了一种非常美妙的生命美学智慧的奇观。

这种生命美学智慧对整个中华美学和艺术的建构影响深巨。在中华审美文化史上，《周易》是最早触及"生"这一永恒的美学主题的。正如苏渊雷所言：

> 综观古今中外之思想家，究心于宇宙本体之探讨、万有原理之发见者多矣。有言"有无"者，有言"终始"者，有言"一多"者，有言"同异"者，有言"心物"者，各以己见，钩玄阐秘，顾未有言"生"者，有之，自《周易》始。
>
> 故言"有无"、"终始"、"一多"、"同异"、"心物"，而不言"生"，则不明不备；言"生"，则上述诸义足以兼赅。易不骋思于抽象之域、呈理论之游戏，独揭"生"为天地之大德、万有之本原，实已摆脱一切文字名相之网罗，而直探宇宙之本体矣。[2]

所言是。

2　苏渊雷：《易学会通》，第62、65页，中州古籍出版社，1985年版。

第一节　生殖崇拜的原始冲动

正如前述，据考古发现，《周易》卦爻符号的文化原型是"数字卦"，而并非生殖崇拜的象征，这不得不使诸如"八卦的根柢我们很鲜明地可以看出是古代生殖崇拜的孑遗。画━以象男根，分而为╍以象女阴"[3]的学术见解面临困难，但这不等于说，在《周易》本经（《易经》）和《易传》中不存在生殖崇拜的文化意识及其生命美学智慧。恰恰相反，关于这方面的内容显得既丰富又深刻。恩格斯曾经说过："根据唯物主义观点，历史中的决定性因素，归根结底是直接生活的生产和再生产。但是，生产本身又有两种。一方面是生活资料即食物、衣服、住房以及为此所必需的工具的生产；另一方面是人类自身的生产，即种的繁衍。"[4]人类的整个生活、文化包括审美等，其实都建立在这两种生产基础之上，生活资料的生产解决人的衣、食、住、行，借以延续人的个体生命；人自身的生产即种的繁衍，自然是与生活资料的生产同时进行的，为的是传宗接代、延续和发展人的群体生命。考整部《周易》，包括其巫学与美学智慧，其实都与这两种生产及其关系有关。关于人自身生产这一永恒的文化与美学主题，可以说在《周易》中是被思考和阐述得最多的，其间和渗着智慧的沉思和情感的激动。而其作为生命美学的文化前奏，是关于人的生殖崇拜原始意识的自然表露。黑格尔曾经指出：

3　郭沫若：《中国古代社会研究》，第 23 页，人民出版社，1977 年版。

4　[德]恩格斯：《家庭、私有制和国家的起源》，第一版序言，人民出版社，1972 年版。

在讨论象征型艺术时我们早已提到，东方所强调和崇敬的往
往是自然界的普遍的生命力，不是思想意识的精神性和威力而是
生殖方面的创造力。[5]

在古代印度，生殖崇拜之风盛炽于世，其突出表现是对男子
性器的炫耀，称之为"林加"崇拜。古代印度湿婆神的创造就是生
殖崇拜的象征。诸多艺术门类掺和着原始神话、图腾与巫术的狂
热，都描述和表现了这方面的文化内容。如印度塔的文化原型是一
些像塔一样上细下粗的石坊，是为男性器官的象形，其建造的唯一
目的，象征男性生殖而供人崇拜。古希腊著名历史学家希罗多德曾
经在其史学著作中谈到，源自古代印度而后扩展到埃及、希腊的生
殖崇拜仪式，是在酒神祭典歌舞中，由女性提着一种长达一肘（古
尺名，约长三分之二米）的东西代替男性器官游行。"印度人所描
绘的最平凡的事情之一就是生殖，正如希腊人把爱神奉作最古的神
一样。生殖这种神圣的活动在许多描绘的形象里是很感性的，男女
生殖器被看作最神圣的东西。"[6]大量的人体雕塑艺术，包括佛教雕
塑艺术如《持拂药叉女》、《树神药叉女》等，作为印度古代的维纳
斯形象，其实都在崇拜与讴歌生殖的伟丽。印度古人认为，种姓的
贵贱是由人之肉体的再生所决定的，梵我合一的最高的自然宇宙与
社会人生境界，充分体现在人的生殖中。因而对于生殖的崇拜，就
是对梵天、毗湿奴和湿婆的崇拜。黑格尔在其《美学》中，曾经引

5　[德]黑格尔:《美学》，第三卷上册，第40页，朱光潜译，商务印书馆，1979年版。
6　[希腊]希罗多德:《历史》，卷二，《希罗多德〈历史〉选》，王敦书译，商务印书馆，1965年版。

用印度伟大史诗《罗摩衍那》的一个著名传说来说明这一点。他写道："湿婆和乌玛交媾，一次就达一百年之久，中间从不间断，使得众神对湿婆的生殖力感到惊惧，替将来的婴儿担忧，就央求湿婆把他的生殖力倾泻到大地上去。……湿婆听从了众神的央求，不再进行生殖，以免破坏了整个宇宙，就把精液倾泻到大地上；经过火炼之后，这堆精液就长成了白山，把印度和鞑靼隔开。乌玛对此勃然大怒，就诅咒世间一切当丈夫的。"黑格尔在叙述这个神话传说时说："这些描绘简直要搅乱我们的羞耻感，因为其中不顾羞耻的情况达到了极端，肉感的泛滥也达到难以置信的程度。"[7] 以至于《罗摩衍那》的英译者许莱格尔没有勇气按照原有文字将这一神话传说加以直译，这一描绘是近、现代人的贞洁感和羞耻感所难以承受的。其实，这在当时不能算是污秽的笔墨，它真实地反映出处于性炫耀文化期的远古印度人那种稚朴、直率的原始生殖崇拜心态。

这种文化心态同样以不同程度、不同方式表现在《周易》之中。《周易》六十四卦和卦爻辞及《易传》十篇，对人之生殖也可谓耿耿于怀，一往情深。它强烈地躁动着一种共存于生殖崇拜意识的生命美学精神，可以说，没有哪一部中华先秦古籍如《周易》这般对人"生"倾注了如此巨大而虔诚的热情，蕴含着独特而深邃的美学意蕴。

《周易》本经以乾卦为第一卦，它象征龙，第一卦又称龙卦。龙，首先是中华古人所创造的用以进行巫术占筮的卦象，乾卦六爻辞记载了龙从潜到现、从跃到飞的过程。"初九：潜龙勿

7　［德］黑格尔：《美学》，第二卷，第49、57页，朱光潜译，商务印书馆，1979年版。

用。""九二：见龙在田。""九四：或跃在渊。""九五：飞龙在天。"
传说龙又是中华民族的远古图腾与神话的主角之一，即在"万物有
灵"观念支配下，将龙认作本氏族、本民族的"老祖宗"，并且对
之殷殷崇拜。而对祖宗的崇拜，不是崇拜祖宗的亡灵，而是崇拜其
生殖力[8]。因此，关于龙的远古图腾与神话传说，其文化智慧的基点
实际是崇拜人自身的生殖。

中华古代以伏羲为传说中的先祖之神。《竹书纪年》指出，伏
羲氏谱系都是龙族，有长龙氏、潜龙氏、居龙氏、降龙氏、上龙
氏、水龙氏、青龙氏、赤龙氏和白龙氏等。龙的形象综合了许多动
物的特征，宋人罗愿说，龙角似鹿、头似驼、眼似龟、项似蛇、腹
似蜃、鳞似鱼、爪似鹰、掌似虎、耳似牛，但这是后人心目中的
龙，最早的龙象基本为蜥蜴形。在甘肃甘谷县西坪出土的母系氏族
社会晚期的文化遗存中，有一个彩陶瓶，上面绘有龙象，是蜥蜴形
的。蜥蜴俗称"马蛇"。王充在《论衡》中说："世俗画龙之象，马
首蛇尾。由此言之，马蛇之类也。"[9]西汉长沙马王堆中出土的帛画
"龙凤导引升天图"中的龙，也是蜥蜴形的。龙的文化原型所以为
蜥蜴形，关键是由于蜥蜴的头部可状人体男根之形的缘故，寄托着
中华古人对男性生殖的崇拜。难怪在中华古代神话传说中，伏羲是
什么"人首蛇身"，原来伏羲就是传说中具有伟大生殖力的东方华
夏之祖，伏羲就是东方之龙。后人心目中的龙，又融渗了龟、蛇之
类形象特征，也是因为象人体男根而成了龙体的一部分。今天，民

8　按：参见周予同：《孝与生殖器崇拜》，朱维铮编校《周予同经学史论》，上海人民出版
　　社，1983年版。
9　王充：《论衡·龙虚篇》，《诸子集成》第七卷，第61页，上海书店出版社，1986年版。

间还有舞龙的盛典，这种龙灯的挥舞，实际是人对自身生殖力的炫耀，象征对祖宗的崇拜，其意蕴有如印度古代女子在祭典歌舞时手中提着的那个"林加"。

恩斯特·卡西尔指出："中国是标准的祖先崇拜的国家，在那里我们可以研究祖先崇拜的一切基本特征和一切特殊含义。"[10] 德·格罗特也说，从自古以来中国人顽强传沿的祭祖习俗可见，我们不能不把对双亲和祖宗的崇拜，看成是中国人社会生活的核心诉求。这种特征和含义表现在对龙的崇拜中，由此就将诸多美的品格赋予龙，这便是乾。乾者刚健，有"元、亨、利、贞"四性。《易传》云："元者，善之长也。亨者，嘉之会也。利者，义之和也。贞者，事之干也。"[11] 这是说，祖先的生殖力亦即龙的生命力，是生物之始，美中之美；乾与坤相交，使生命亨通、万物嘉美；龙的生殖则意味着"生物之遂，物（指乾坤）各得宜"[12] 的生命和谐境界；这种乾坤相交的和谐境界是人间正道与事理的本体。《周易》以乾为首卦，可见对龙这一男性祖宗的生殖力何等推重。汉字"祖宗"的"祖"，其本字为"且"，是男性器官的象形，后加一偏旁"示"，表示对"且"的崇拜。据考古发现，在华县护村早期龙山文化遗址和西安客省庄龙山文化遗址中，都有由泥土塑造烧制的陶祖出土，后来有的民族将石祖或木祖供奉在村口或屹立于岩洞之中，以供人膜拜。四川木里俄亚乡卡瓦村供有一个石祖立在山洞里，作为女子膜拜的对象，供求育之用。这说明这种崇祖遗风与《周易》乾卦的

---

10 ［德］恩斯特·卡西尔：《人论》，第109页，甘阳译，上海译文出版社，1985年版。

11 《易传·文言》，朱熹《周易本义》，第44页。

12 朱熹：《周易本义》，第44页。

设立，皆出于同一原始文化心态。

与乾卦关系尤为密切的是坤卦，构成了阴阳、刚柔、动静、虚实互对与互应的态势。乾坤犹如男女，所谓"乾道成男，坤道成女"[13]。乾坤又如父母。古人有云，乾坤正而八卦正，于是六十四卦俱正矣。乾坤，易之门。乾为阳物，坤为阴物。阴阳合德，刚柔有体。"乾坤，易之蕴。"王夫之云："要之绷缊升降，互相消长盈虚于大圆之中，则乾坤尽之，故谓之'蕴'，言其充满无间，以爻之备阴阳者言之。又谓之'门'，言其出入递用，以爻之十二位具于向背者言也。"所以乾坤构成了一个"并建"宇宙的结构。王夫之又说："乾坤并建而统易，其象然、其数然、其德然。"[14]乾坤的象、数、德其实都与生殖崇拜攸关。"大哉《周易》乎！乾坤并建以为大始，以为永成，以统六子（指震、巽、坎、离、艮、兑六卦），以函五十六卦之变；道大而功高，德盛而与众，故未有盛于《周易》者也。"[15]乾坤有如男女和合。坤卦上六爻辞云："龙战于野，其血玄黄。"这是说，龙在原野上交合，流出黑黄相杂的鲜血。这里，战可训为接。许慎《说文》云："《易》曰'龙战于野'，'战'者'接'也。"朱骏声也说："'战'之为言'接'也，阴阳交接和会，大生广生。"[16]陈梦雷云："阴宜从阳者也。纯阴在上，盛于阳矣，故与阳皆有龙象。盛则必争，故有战象。上动不已，进至于外，故有战于野之象。阴虽极盛，岂能独伤阳哉，故有两败俱伤

13 《易传·系辞上》，朱熹《周易本义》，第 285 页。

14 王夫之《周易内传》，卷五，九州出版社，2004 年版。

15 王夫之《周易外传》，卷五，中华书局，1977 年版。

16 朱骏声：《六十四卦经解》，中华书局，1958 年版。

之象。气阳血阴，阳衰于阴，故与阴皆有血象。"[17]从战与血两字不难见出，《周易》作者对人之生殖行为的描述与悟解。

《周易》上经部分三十卦以乾坤两卦为始，寄托着中华古人生殖崇拜的意念；下经部分三十四卦以咸恒两卦为首，同样寄托着生殖崇拜意绪。咸 ䷞，艮下兑上之象，艮为少男、兑为少女，取少男少女相悦交感之意。咸卦六爻爻辞描述了少男少女的整个相感过程："初六：咸其拇"；"六二：咸其腓"；"九三：咸其股"；"九四：……憧憧往来，朋从尔思"；"九五：咸其脢"；"上六：咸其辅颊舌"。这里，拇，"足大指也"[18]。腓，《说文》云："腓肠也。"段玉裁注"腓肠谓胫骨后之肉"[19]，俗言小腿肚。股，大腿。憧憧，心意活跃无定、情感亢奋。脢，"背脊肉"[20]，位于"心之上，口之下"，何楷认为："脢在口下心上，即喉中之梅核。今谓之三思台是也。动而迎饮食以咽，思则噎。"[21]辅，牙床。这大意是说，初六，以大足指受感而欲动，象征少男少女彼此始起爱意；六二，以小腿肚受感而想抬腿迈步，象征男女彼此开始接近；九三，以大腿受感象征男女的实际追随；九四，此时少男少女之间已是感情交融热烈，所谓"朋从尔思"，即以你思为我思，彼此心心相印了；九五，这是说由于感情过分激动而如喉头哽塞说不出话来；上六，最后是相感之道已成，少男少女结为夫妇，故以面颊口舌相感来形容其亲昵程度。咸卦以"近取诸身"的方式立卦，以人体部位自下而上取

---

17 陈梦雷：《周易浅述》，卷一，第93页，上海古籍出版社，1983年版。

18 陆德明：《经典释文》。

19 段玉裁：《说文解字注》，上海古籍出版社，1981年版。

20 《周易正义》，王弼、韩康伯注，孔颖达疏，上海古籍出版社，1990年版。

21 何楷：《古周易订诂》，中国台湾商务印书馆，1986年版。

象表现男女情爱的由浅入深，颇为模式化却也颇为严肃地道出了男女情爱的自然相感过程。荀子云："咸，感也。""易之咸，见夫妇。"[22] 陈梦雷说："咸卦，下艮上兑。取相感之义。兑少女，艮少男也。男女相感之深，莫如少者。又艮体笃实，兑体和悦。男以笃实下交，女心说（悦）而上感，感之至也。故名为咸。"[23] 咸卦表现男女的彼此追慕爱悦，恒卦䷟取巽下震上之象，有如震男巽女的结合，象征夫妇关系的专一和恒久，这种情爱观自然是比较后起的，而同样内蕴着生殖崇拜观念，因为在古人看来，倘这种结合不是恒久不衰的，必对人之生殖不佳，此即恒卦上六爻辞所谓"振恒，凶"也。这里的振，依郑玄解为"摇落"[24]。

其余如屯、蒙、渐、归妹、豫、颐、解、泰、否诸卦，其意都与生殖崇拜的文化意识有关，在此不一一赘述。惟否卦九五爻辞有"其亡，其亡，系于苞桑！"的动人呐喊，读来令人感叹。这一句的大意是说：要断子绝孙了，要断子绝孙了，家族生死的命运都系在苞发的桑树身上。古人在巫术中，以桑树含苞吐叶为家族子嗣兴旺的吉象，反之为凶。故一见桑树，精神就顿时紧张起来，因为笃信桑树的荣枯预示了家族的兴衰。桑树在远古被尊为生命之树、生殖之树，就是所谓"社木"，崇拜生殖的对象。"立成汤之后于宋，以奉桑林。"[25] 而崇拜的目的，是要借其"灵气"，繁衍子

22 《荀子·大略》，王先谦《荀子集解》，卷十九，第 326 页，《诸子集成》第二卷，上海书店出版社，1986 年版。

23 陈梦雷：《周易浅述》二，第 527 页，上海古籍出版社，1983 年版。

24 按：见陆德明《经典释文》，中华书局，1983 年版。

25 《吕氏春秋·慎人》，高诱注《吕氏春秋》，第 160 页，《诸子集成》第六卷，上海书店出版社，1986 年版。

孙，故桑林在远古为男女自由野合之处。关于这一点在古籍中时有
记载。"燕之有祖泽，当齐之社稷，宋之有桑林，此男女之所属而
观也。"[26] 此以桑林与祖泽、社稷并提，对桑林佑"生"的钟爱之情
自不待言。难怪在汉乐府中，与情爱相关的罗敷绝伦之美与陌上之
桑相连。相传桑林曾是大禹与涂山女的交会之处，屈子曾云："禹
之力献功，降省下土方。焉得彼涂山女，而通之于台桑？"[27] 王逸注
云：这是说大禹治水途中，与涂山女"通夫妇之道于台桑之地"。
传说殷代"三仁"之一的"伊尹生于空桑"。"其母居伊水之上，
孕。梦有神告之曰：'臼出水而东走，毋顾。'明日视臼出水，告其
邻。东走十里，而顾其邑，尽为水。身因化为空桑。故命之曰伊
尹。此伊尹生空桑之故也。"[28] 这则在桑林受孕、以桑为母的神话，
明显地具有生殖崇拜的观念痕迹。故《诗》云："维桑与梓，必恭
敬止。"[29]

　　《周易》的生殖崇拜意绪，也可以从"姓"这一汉字中见出。
姓的本字是生，甲骨文中的生，像一株树：🌱，蕴含着人之生于桑
林的原始意象。甲骨文中的姓字，写作：🜨，像一个女子对生命之
树即桑林的跪拜，是祷求多子而崇生的符号表现，也是远古母系氏
族社会以女性为长为姓的历史遗影。

26　《墨子·明鬼》，孙诒让《墨子间诂》，卷八，第 142 页，《诸子集成》第四卷，上海书
　　店出版社，1986 年版。
27　屈原：《天问》，程嘉哲《天问新注》，四川人民出版社，1984 年版。
28　《吕氏春秋·本味》，高诱注《吕氏春秋》，卷十四，第 139 页，《诸子集成》第六卷，
　　上海书店出版社，1986 年版。
29　《诗·小雅》，陈子展：《诗经直解》，下册，卷十九，第 687 页，复旦大学出版社，
　　1983 年版。

在《易传》中，这种源自《周易》本经的生殖崇拜观念，得到了强烈的表达，并且升华为具有哲学、伦理学与美学智慧因素。

《易传·系辞上》云："夫乾，其静也专，其动也直，是以大生焉；夫坤，其静也翕，其动也辟，是以广生焉。"这是什么意思呢？尚秉和说："远谓乾天，迩谓坤地。复阳动北，南行推阴，《左传》谓之射，故曰其动也直，直故大。姤阴动南，下虚，虚则能容，故曰其动也辟，辟故广。"[30] 此以复、姤两卦的消息盈虚解说乾坤的动静专翕直辟，虽可备一说，实不得要领。高亨说："天静而晴明，其形为圆；天动而降雨雪，其势直下。圆形则无不包，直下则无不至，是以能大生。"又云："地静而不生草木，则土闭；地动而生草木，则土开。唯其能闭能开，是以能广生。"[31] 这是将乾坤释为天地，动静专翕直辟成了天地的属性，似难自圆其说。唐人李鼎祚则云："乾静不用事，则清静专一、含养万物矣。动而用事，则直道而行、导出万物矣。一专一直，动静有时，而物无夭瘁，是以大生也。""坤静不用事，则闭藏微伏、应育万物矣。动而用事，则开辟群蛰、敬导沉滞矣。一翕一辟，动静不失时，而物无灾害，是以广生。"[32] 这一解说，将乾坤之属性与万物随时而变联系在一起，富于哲学意味。然而，这里"乾坤"的意义其实并非如此广泛，它实际专指人的生殖和合。

我们在前文已有引述，"乾，阳物也；坤，阴物也"，这里的乾坤，即指男女人体的"阳物"和"阴物"。专，《经典释文》作

30　尚秉和：《周易尚氏学》，卷十八，中华书局，1980年版。

31　高亨：《周易大传今注》，卷五，第517页，齐鲁书社，1979年版。

32　李鼎祚：《周易集解》，上海古籍出版社，第214页，1989年版。

"抟",通"团"。翕,李鼎祚引宋衷言:"犹闭也。"[33] 辟,《经典释文》
释为"开"。因而这一段《易传》名言的大意是说:阳物处静之时,
其形团团,处动之时,直遂不挠,其功能在于"大生",即太生、原
生;阴物是静闭而动开的,其功能在于"广生"。所以还是陈梦雷据
朱熹之见而善解《易》之原意:"乾坤各有动静。静体而动用,静别
而动交也。直专翕辟,其德性功用如是,以卦爻观之亦然。"[34]

这里,《易传》以直率、淳朴无邪的语言所庄严地描述的两性
行为,在古人看来,决不是轻佻、油滑和淫邪,而是神圣无比的,
有如前述印度史诗《罗摩衍那》的有关描述,其直露程度真令现当
代人深感残酷,却正因不加任何道德的修饰而让人直感生殖意识的
原始风貌。

理解了这一点,我们才能真正领悟到,何以《易传》说"生
生之谓易"[35] 的道理。生是易理的根本,生是《周易》的重要范畴,
《周易》讲变通而非滞碍,这些思想都是生这一范畴派生出来的。
"阖户谓之坤,辟户谓之乾,一阖一辟谓之变,往来不穷谓之通。"
《周易》对生的关注可谓刻骨铭心。

第二节 生命美学智慧的意义层次

《周易》生命美学智慧是建构在生殖崇拜原始文化基础之上并
且与其相纠缠的,它有三个意义层次:

---

33 李鼎祚:《周易集解》,第 214 页。

34 陈梦雷:《周易浅述》四,第 1014 页,上海古籍出版社,1983 年版。

35 《易传·系辞上》,朱熹《周易本义》,第 295 页。

肯定与讴歌人之生殖的原初与伟大品格；

以人的生殖观念领悟"天文"（自然美）与"人文"（人工美）的原初生成与本质；

以生命美学观界说天人合一之美的最高境界，从而完成了从形而下的人"生"向形而上的自然宇宙、社会人生本体美学智慧的升华与超越。

首先，《周易》"庄严地纯洁地描写本体的两性"[36]。认为人的生殖繁衍是宇宙间原初与最伟大的美，这种美学意绪具有稚朴、原古的文化风韵。

《易传》在生殖崇拜观念的诱导下，对乾坤即男女两性的"生"执著关注，并且发出由衷赞叹："大哉乾元！""至哉坤元！"[37] 由于直探人的生命本始而在先秦美学史上显得不同凡响。当人们接触那些卦爻符号及其文辞诠释时，可以深深感受到古人关于人的原在生命律动意蕴的情感领悟。

《易传》所谓"乾元"、"坤元"，是阴阳两性生命底蕴的别一说法。分别而言，刚健的乾与柔顺的坤各具有作为生命之元的潜能与亲合力。生命之元，即《易传》所谓阳物、阴物之精，指人体内存的生生不息的"精气"，是宇宙间所有生命形态中最高级的人的生命潜核与精华，其功能在于延续人类群体生命，本有各向对方亲合的"动"势，具有原初、伟大（大）而且至极（至）的美质。当《周易》的美学审视目光首先注视着具有"大"美与"至"美的人

---

36 《周予同经学史论著选集》，第 80 页。

37 《易传·彖辞》，朱熹《周易本义》，第 40、55 页。

的生殖之元而不是人的精神时，人们对这一朴素唯"物"的美学智慧印象深刻。《周易》将乾坤二元认作人"生"的原初性状，由此涵渗其尚"生"美学智慧的物质基础与逻辑原点，体现出中华古代朴素生命美学智慧的文化底色。

综合地看，乾元、坤元由于彼此亲合的动势为生命本身所固有断非外力所致，必然使两者趋向自然结合。王夫之云：

> 感者，交相感；阴感于阳而形乃成，阳感于阴而象乃著。
>
> 物（按：指人的阳物、阴物）无不相感应之理。
>
> 有阴则必顺以感乎阳，有阳则必健以感乎阴，相感以动而生生不息。[38]

如果说，《周易》上经的乾坤两卦是对生命之元的颂歌，那么，其下经的咸恒两卦是对乾坤二元自然相感的赞美。前文已经说过，咸是感的本字。"因为感字去掉心，成为咸，以象征无心的感应，这是异性间自然、必然的现象。"[39]首先从男女两性的生理而非心理角度看待这一点，显示了《周易》生命美学智慧的本色。

从乾坤二元自然相感分析，最美的是《周易》所谓"保合太和"境界。这里的和，我们在后文将设专章论述，它不是由先秦史伯、晏婴所提出的直接与音乐美相关的和，也并非泛指不同事物谐调统一的那种相对平衡状态，而是正如东汉荀爽所指，其为"阴

38　王夫之：《张子正蒙注》，卷一、卷九，中华书局，1975年版。

39　孙振声：《白话易经》，中国台湾星光出版社，1981年版。

阳相和各得其宜"。这一见解可谓深谙《周易》以两性相感为和的真实。乾坤二元以精气为一源，呈示生命的细缊状态；细缊发展为成熟的性别各异的生命个体，此即《易传》所谓"乾道成男，坤道成女"；而男女相感则意味着成熟的生命个体在新的生命意义上又回归于生命细缊的动态层次，这也便是生命原本之和。宇宙间人的生命历程重新开始了，因生命细缊的自然相和而创造人生的"大和"境界，这是现实人生"光辉的日出"！《周易》对这种生之境界推崇备至，以纯朴、神圣和大言不惭的态度，将人之生殖认作美的底蕴。

进而，《周易》将生这一范畴从人自身生殖角度推移扩大，从对人"生"的朴素领悟去推演自然美（天文）和人工美（人文）的原初生成与本质，这在中华古代美学史上可谓独具一格。

此可由联系文辞分解贲卦卦象见出。《易传》云：

> 贲亨。柔来而文刚，故亨。分刚上而文柔，故小利有攸往，天文也。[40]

贲卦☲卦象离下艮上。它由三阳爻、三阴爻对应穿插构建，彼此文饰，象征阴阳往来亨通。贲卦下卦为离☲，离即火，火可指太阳，太阳为天体，天为乾，因而离的原初本体是乾☰。离的生成是坤卦的一个柔爻来就于乾☰，促成乾体九二变异为六二。离者，丽，美也。离的美无疑是乾坤（男女）相感即"柔来而文

---

40 《易传·彖辞》，朱熹《周易本义》，第135—136页。

刚"所创生的。贲卦上卦为艮 ☶，艮为山，山属大地的一部分，大地即坤，因而艮的原初本体为坤 ☷。艮的生成又显然是坤卦的变演，是乾的一个刚爻未交于坤 ☷ 的结果，坤的上六被乾卦上九所替代而生成艮，故云"分刚上而文柔"。

由此我们可以清楚地见出，由于贲卦下卦离 ☲ 的本体是乾卦，上卦艮 ☶ 的本体是坤卦，因此，贲卦的卦体原型其实是乾下坤上之象，即泰卦。泰是什么？《易传》说："天地交，泰。"可见，泰的美学意蕴仍然执著于乾坤二元自然相感这一逻辑基点。

总之，无论从贲卦下卦离与上卦艮抑或贲卦的原型泰卦来看，都呈示出乾坤相感"大和"的关于人之生殖的素朴理解。这就是中华古人心目中的"天文"即《周易》所认可的自然之大美。试问，还有什么比"天地交"此自然之大美以及由于"天地交"而派生万物这种自然美更美呢？以人的生殖来比附、界说自然美原初生成与本质的美学智慧，具有人本意义的生命美学的观念烙印。

人工美（人文）是相对于自然美（天文）而言的。这也可从贲卦的分析中见出。《易传》说："文明以止，人文也。"[41]

从贲卦的象征意义看，贲卦下卦为离，离为火，火即光明，如前所述，由于其下卦离是坤的一个阴爻"文"饰乾的结果，因而光明就是文明，火就是文明。而贲卦上卦为艮，艮为山，山性岿然静止，因此，整个贲卦就具有"文明以止"的意义。

这里所谓文明，指色彩与动态美丽的自然火象，而且进一步可指人类对火的发现与运用。文明以止的"止"，《易传》指山（艮）

---

41 《易传·象辞》，朱熹《周易本义》，第 136 页。

的静止，有的《周易》研究者据此认为"就外卦（按：上卦）说是艮体，艮为山，同时又是指人有文明礼仪则能各止其所当止"，指"礼仪上的分寸不可逾越"[42]。止，可转义为伦理规范。笔者以为尚可作进一步引申。因为，以儒学为基本文化品格的《易传》是强调人为的，具有强烈的伦理价值取向又远远不限于伦理。止，有人为举止、停止、阻止、禁止与人迹所至等等涵蕴，它应是一个包括伦理内容的"人为"范畴。止就是包括审美实践在内的"人为"。

就审美而言，人类文明的东方曙光是从对火的发现与运用升起的，人从对火的把握发现与欣赏火的美，从而导致了对一切人为文明之美的领悟。这种文明，按照主体求真向善审美的内在尺度对客体加以积极的改造，不限于礼仪。因此，凡是合规律、合目的的人为实践及其创造成果，都可以说是文明以止即人文的，人在对象上肯定性地、形象性地实现人的本质，这是自然的人化与人工美。而我们在分析天文时早就指出，贲卦是离与艮的结合体，即火（文明）与止（人为）因素的相契。这种相契恰好不无诗意地描述出人工美（人文）的主客浑一境界，犹如阴阳和合，契合无间，这说明《周易》仍以人的生殖观念去解释人工美（人文）生成的深层根源与本质。

那么，与天文、人文相联系的天人关系又是如何呢？《周易》进一步将人的生殖观念作了宇宙与人生本体意义上的概括抽象，认为天人本如人的男女生殖那样合一，天人合于"生"，天人合一境界是《周易》所推崇的最高层次的美的和谐。

在西方古代，一般认为天人关系是原本对立的。当西方古代

42　徐志锐：《周易大传新注》，第 146 页，齐鲁书社，1986 年版。

由于痛感天的压迫、导致对天的敬畏与感激而衍生出发达的宗教意识之时，古代中国人却淡于宗教，认天人关系为亲和关系。这一学术见解已为学界所普遍接受。然而天人合一于何处？合一的底蕴又是什么？却是一些可待进一步探讨的问题。就《周易》美学智慧而言，人们一般地从本经的原始巫术观念中挣脱出来，通过《易传》的理论建构，在世间而非出间发展天人合一的美学智慧。当西方古代由于接受基督教的影响，由于尝够"原罪的苦果"，企图通过人为努力改变人的困境，以便重新回到上帝怀抱，一旦"上帝死了"，便全力向自然进击，由此发展近现代的科学思维之时，古代中华却一般没有这种原在的罪恶感，在这里通过《易传》的阐发，观念地采摘古代东方美学智慧之树上的"快乐之果"，主要以基于人的生殖观之上儒家的政治伦理说去化解天人之际的原在对立，同时实现政治伦理的天则化与天则的人情化，实际上认定天主要是人间政治伦理的"符号"。同时，与作为"五经之首"的《周易》构成对立互补态势的老庄之说，主张在寂寥、虚静、独与天地精神往来的人生中体悟道的完美，实质上仅将天看作一个审美观照的符号。而先秦道家的根本智慧也是生发于生殖崇拜观念的。《老子》云：

> 谷神不死，是谓玄牝。玄牝之门，是谓天地根。[43]

谷，虚空。神，变化难测。不死，喻变演无尽。玄，幽深无

---

43 《老子》，第六章，王弼《老子注》，第4页，《诸子集成》第三卷，上海书店出版社，1986年版。

穷。牝，母性。严复云："以其虚，故曰'谷'；以其因应无穷，故称'神'；以其不屈愈出，故曰'不死'。"[44]这是说，虚空而玄秘的母性的生殖永不停息，母性的生殖之门，是生成天地万物的总根源。这里，所强调的是玄牝，是从玄牝的生殖所悟出的道，进而将天地万物之根归于玄牝之门，是从人之女性生殖出发去作哲学逻辑上的推演，进而认为天地万物始于玄牝。玄牝是属人的，天地万物作为自然，可以用一个天字来概括，所以老子的谷神、玄牝之论，不仅是从人的生殖观念出发的，而且符合天人合一的中华传统文化思维模式。所以，无论先秦儒、道，都在热衷于建构古代东方版的天人合一的美的世界图式，使现实人生温馨、亲和地陶然于天人本自合一的美的境界。当然，如果说先秦儒家的美学是尚雄的，那么恰恰相反相成，先秦道家体现于今本《老子》的美学，则是守雌美学。

依《易传》所言，《周易》六十四卦每一卦的六爻重叠结构都是天人合一的象征性图示。其中上两爻象征天道，下两爻象征地道，中两爻象征人道。天（按：指自然宇宙，包括《易传》所说的天地）人之际构成了美学智慧中亲密的世界统一体，不是彼此隔绝而是相互融通的。《易传》所谓"是以立天之道曰阴与阳，立地之道曰柔与刚，立人之道曰仁与义，兼三才而两之，故易六画而成卦"，所谓"六爻之动，三极之道也"[45]，包含着这个意思。这里的三才即三极，指天地人，实际上指的是天人即自然宇宙与社会人生

44　严复：《老子道德经评点》，见陈鼓应《老子注译及评介》，第85页，中华书局，1984年版。

45　《易传·说卦》、《易传·系辞上》，朱熹《周易本义》，第347、288页。

之两极，属天的阴阳、柔刚与属人的道德仁义在"六爻之动、三极之道"的每一卦中得到重合。这种动态的卦象结构，依时而运转，是天人之际相摩相荡生命运动的简化形式，天人合一境界就呈显在卦爻恒变之中。

在《周易》所建构的天人合一的人文模式中，其天人关系与地位是对应对等的。我们知道，先秦儒家智慧一般地强调人为，认为宇宙浩大而人具有卓越的道德力量从而热衷于天下的伦理性改造。孔夫子固不必言，他奔波于诸侯列国之际，为的是"克己复礼"，重在人为；孟轲心目中人的形象，以其"浩然正气"立于天地之际；成书稍晚于《易传》的《荀子》说："水火有气而无生，草木有生而无知，禽兽有知而无义，人有气有生有知亦且有义，故最为天下贵也。"[46] 又说："不可学、不可事而在人者，谓之性；可学而能、可事而成之在人者谓之伪。"[47] 所以，"性者，本始材朴也；伪者，文理隆盛也。无性则伪之无所加，无伪则性不能自美。性伪合，然后圣人之名一，天下之功于是就也"[48]。这里的伪，是人为的意思。人为需以性为基础，但"无伪则性不能自美"。事物之美不美固然起自本始材朴的性，却以人为为转移。先秦儒家所追求的天人合一之美，是以人为为中介、使天合于人的美，往往将人为的实践局限于政治伦理领域，主旨在于使天则向道德化的人事相合；先秦道家也追求天人合一的现实人生境界，但正如一般认为成书于

---

46 《荀子·王制》，王先谦《荀子集解》，卷五，第104页，《诸子集成》第二卷，上海书店出版社，1986年版。

47 《荀子·性恶》，王先谦《荀子集解》，卷十七，第290页。

48 《荀子·礼论》，王先谦《荀子集解》，卷十三，第243页。

《易传》之后的《庄子》所言，"吾在天地之间，犹小石小木之在大山也"[49]。宇宙浩大，人却渺小，人是自然的有机部分，人的精神只有消融于自然才算找到了归宿，"无为而无不为"意味着返璞归真，便是天人源自一道又归于一道的天人合一的最高境界，人的精神道遥于天则，是人回归于天之无挂无碍的悦乐。自然，先秦道家虽然一般地认为人力渺小，主张无为哲学，由于同时认为人的精神超越境界就是自由无羁的道这一本体，天人合一于无为之道，因此并非主张人向宗教皈依，而只是人合于天的审美境界。

　　《周易》的天人合一美学智慧起自巫学、以先秦儒学精神为其基本质素自无疑问，但又不完全等同于儒，热衷于伦理却不等于其审视目光仅仅专注于伦理，它也往往越出儒的伦理界限，向道的境界眺望。《易传》云，"一阴一阳之谓道"[50]。道，指自然宇宙永恒大化的本涵，自然宇宙及其变演社会人生的大美，是在阴阳对立、对应与对待的永恒时间的历程中得以生成与展现的。显然，《易传》关于道的哲学与美学敏思，是与老庄之道有相通之处的，它吸取了早期道家老子关于自然宇宙与社会人生之本质形而上的逻辑思辨，具有老庄的思维因子而少有其道的玄虚色彩和对超功利自由的追求。在此天人合一结构中，一方面重人，如前所述，《周易》卦象的天道、地道、人道三者，以人道居中，所谓"有一物必有上下……则必有中，中与两端则为三矣"。尚中即是尚人，这种推崇人的尚中思想，基于儒而有背于道。另一方面，又如汉人所言，六十四卦每一卦象

49　《庄子·秋水》，王先谦《庄子集解》，卷四，第101页。
50　《易传·系辞上》，朱熹《周易本义》，第293页。

的二、五爻位处于下卦、上卦的中位，往往由于"得中"而为吉爻，如乾卦九五、坤卦六二等都是完美之至、神圣之极的吉爻。由于二、五爻位又是象征地道与天道的，因此，这里的尚中观念又是对天的肯定，这就多少蕴含着道家学说重天即重自然的智慧因素。既以人为尊，又推崇天的完美，既重人又尚天，天人在伦理与审美上互不偏废，这是《周易》天人合一美学智慧的特别之处。

而且更重要的，在《周易》看来，天人是同构的。从《易传》行文的显在逻辑看，这种天人之同，同在人为天所生。《易传》说："有天地然后有万物，有万物然后有男女。"天地犹如人之亲父母，不仅生万物，而且生作为万物之灵长的人。既然人为天地所生，则凡是天地所具备的品格特质与美，人亦应具备，反之亦然。董仲舒云：

> 人之（为）人，本于天，天亦人之曾祖父也，此人之所以乃上类天也。[51]
>
> 人副天数。……天以终岁之数成人之身，故小节三百六十六，副日数也；大节十二分，副月数也；内有五脏，副五行数也；外有四肢，副四时数也；乍视乍暝，副昼夜也；乍刚乍柔，副冬夏也；乍哀乍乐，副阴阳也。[52]

在生这一点上，天人本不二，不必言合。但隐藏在这种显在逻

---

51 董仲舒：《春秋繁露·为人者天》，《春秋繁露义证》，《新编诸子集成》，第一卷，中华书局，1992 年版。

52 董仲舒：《春秋繁露·人副天数》，《春秋繁露义证》，《新编诸子集成》，第一卷，中华书局，1992 年版。

辑之下的潜在逻辑恰恰在于，实际上《周易》还是从人的生殖角度去理解天人关系的，是将人的生殖之生这一概念普泛化、抽象化达到形而上的思辨境界之后，用来解说天人关系及其和谐。

> 天地绷缊，万物化醇。男女构精，万物化生。[53]

这不是说男女构精使万物化生，而是相信万物化生犹如男女构精，天人在生这个问题上所遵循的是同一规律。这是将万物看作与人一样是具有生命的，而且认为万物生命的延续，是因为阴阳相互感应交合之故：

> 天地不交，而万物不兴。
>
> 凡物之精，此即为生，下生五谷，上为列星。流于天地之间，谓之鬼神；藏于胸中，谓之圣人。[54]

天地与人一样，皆以交合而生，无生则不成世界，无生则不布万物。因而王夫之将其归结为：

> 天地之间，流行不息，皆其生焉者也。[55]

来知德则称为：

53　《易传·系辞下》，朱熹《周易本义》，第333页。

54　《管子·内业》，上海古籍出版社，1989年版。

55　王夫之：《周易外传》，卷六，中华书局，1977年版。

摩荡者，两仪（指阴阳——引者）配对。气通于间，交感相摩荡也。惟两间之交感相摩荡而后生育不穷。

泰者，通也。天地阴阳相交而和，万物生成。

天地以气交，气交而物通者，天地之泰也。[56]

陈梦雷以不同的语言说出了同一个意思：

天气上升，地气下降，则不交而物不生。地气上升，天气下降，则相交而物生。相交者，天交乎地，地交乎天也。其不交者，天与天"交"而地与地"交"也。不交乎此，则交乎彼矣。不交，则天地或几乎息矣。相交而生物者，天地之用也。不交而不生物者，天地之体也。[57]

这里所谓天地之体的体，即前引陈梦雷"静体而动用"的体，实际是指天地、乾坤二元的相对静止状态。

可见，在《周易》文化与美学审视中，只有一个大写的生字，生是易理根本之一，从自然宇宙到社会人生是一个生生不息的大系统。

《周易》诸多卦象都涉及生这一文化、美学母题。《周易》如此推重人的生命现象与生命境界，一定是因为凡是人总难免一死的缘故，是因为个体生命过于短暂，炎黄祖先生得过于艰难、活得过于艰难的缘故。对生与死的重视，以及生的欢乐与死的悲哀，某种意

---

56 来知德：《周易集注·系辞上》，上海古籍出版社，1990年版。

57 陈梦雷：《周易浅述》四，上海古籍出版社，1983年版。

义上决定了关于世界与人生的种种哲学、美学思考与价值取向。倘人可以不死，则人的生死荣枯以及由此而引起的悲欢离合还有什么关心的必要？这个世界上悲天悯人的宗教、渗透着人生深重忧患意识的哲学、美学与艺术也就失去了绚烂的光彩或者根本不可能存在，人的精神生活也就有如清汤寡水、淡而无味。

《周易》由于十分重视人的生殖、生命及其生命境界，不是无视死，却忌言死。翻遍整部《周易》，言生者俯拾皆是，仅一处偶见一个死字，便是《易传》所谓"原始反终，故知死生之说"[58]。认为人生"死生"之道，从生殖繁衍角度看，是生为人生之原始；死乃个体生命之终，却断非人生之灰色的否定，而是新一代生命历程的开始，反其终，又是生。在《周易》看来，人的个体生命可以衰灭，而群体生命长存，子子孙孙未有穷时，生命群体绵绵不绝。在这生命意识中，蕴含着对于时间智慧的悟解。恩斯特·卡西尔指出：

即使时间，最初也不是被看作人类生活的一个特殊形式，而是被看作有机生命的一个一般条件。有机生命只是就其在时间中逐渐形成而言才存在着。它不是一个物而是一个过程——一个永不停歇的持续的事件之流。在这个事件之流中，从没有任何东西能以完全同一的形态重新发生。

有机物绝不定位于一个单一的瞬间。在它的生命中，时间的三种样态——过去、现在、未来，形成了一个不能被分割成若干个别要素的整体。[59]

---

58 《易传·系辞上》，朱熹《周易本义》，第291页。
59 ［德］恩斯特·卡西尔：《人论》，第63页，甘阳译，上海译文出版社，1985年版。

无论人的生命还是自然、社会之天地万物，都是有机整体，作为时间历程中永生的大化流行，生是时间运动的文化内涵，时间是生的运化方式。显然，《周易》作为其美学智慧的独特视角是执著于生的。王夫之说得好，"《易》言往来，不言生灭"[60]。人之生死犹如往来，有往则必有来。它强调一个新字，便是卡西尔所谓"从没有任何东西能以完全同一的形态重新发生"。即使偶言死，"由致新而言之，则死亦生之大造矣"[61]。

《周易》从讴歌与肯定人之生殖的原点出发，将生看作自然宇宙与社会人生（天人）合一的纠结点，对现实人生始终抱着纯真而乐观的审美态度，不知道也不承认什么是死，什么是生命本在的痛苦，什么是原罪、绝望与"世界的末日"，对生死问题持一种豁达而潇洒的人生态度，生生不息的美学智慧成了中华民族的精神底蕴之一，它折射出伟大中华无限生命力的光辉。《周易》用一只巨手，奋力地将人生现实之死的阴影推到历史后面去，执著于向往生的原朴、生的伟大、生的"刚健、笃实、辉光、日新其德"[62]。

不过，《周易》的生命美学智慧又是被包裹在严实的原始巫术文化的硬壳之中的。以生为大吉，以死为大凶，正因死之凶险才忌言死，所以《周易》巫性占筮的目的是趋吉避凶，其美学生死观是与巫术吉凶观紧紧纠缠在一起的。吉凶观念体现出人对死的恐惧与对生的企望，蕴藏着人既崇拜死、又崇拜生的原始意识。并且，由于对死这一自然之恶的恐惧与无可奈何，更加重了对生这种自然之

---

60 王夫之：《周易内传》，卷五，《船山全书》第一卷，岳麓书社，1988 年版。

61 王夫之：《周易外传》，卷二，中华书局，1977 年版。

62 《易传·象辞》，朱熹《周易本义》，第 149 页。

善的崇拜。古人重视人之生具有两个相关的意义：由于深受死的巨大威胁，又暂时不理解生究为何物何事，惶惶然地企求实际上的种族繁盛、人丁兴旺并寻找对生的精神寄托。而崇拜生，可在精神上达到对死的超越，由此铸造乐生的民族文化与美学性格，在崇生的沸腾而冰冷的原始意识中，内涵着乐生的审美意识。这个问题后文还将论及，暂不赘。

总之，《周易》从人的生殖发展到具有宇宙与人生天人合一文化内容的美学智慧，就其人生层次而言，半是糊涂、半是清醒地对两性的生殖繁衍之美一往情深；就其以人生为底蕴的自然美与人工美观念来说，是将现实人生两大类美的创生与本质，看成如人之生殖一般崇高而神圣的；就天人合一的美的最高和谐而言，它无意中猜到了天人之际在时间历程中的有机联系，却留下了过于浓烈的血缘气息。《周易》诗意般葱郁地将活蹦乱跳的人生属性赋予自然，却把天地为父母那种畏天的说教撒向人间。当天被人格化、父母化时，圣人也随之被天则化、权威化。当天人关系被血缘化时，它缔造了中华美学智慧的生命意蕴，发展了丰富的艺术想象，而这种天人合一美学智慧的熠熠闪光，又可能在一定程度上阻塞基于天人对立的科学思维。《周易》一书中不是没有原始理性的思维，但这种思维一般未曾受原始宗教的洗礼，却遭到了原始巫文化与伦理思维的双重扭曲与奴化，作为一种精神"补偿"，便有准宗教的伦理智慧起而填补因缺乏发达的科学思维而留下的空白。天人合一的美，也便显露出时而严厉、时而和蔼，时而清晰、时而模糊的面容，使人在半是梦境、半是现实中享受生的欢愉，其美学情思的历史天平奇妙却令人不无遗憾地向乐生恶死的一边倾斜，一定意义上奠定了古代中华美学智慧的内在文化生命基础，《周易》重视人的生殖，是其灿烂而暗淡的序幕。

第三节　生之美论的历史洪流

《周易》生命美学智慧巨大而深远的历史影响不容低估。当我们试图把握中华美学发展跳动的脉搏时，感到有一股宏大的以人"生"为深刻意蕴的美学思潮在历史的长河中汹涌澎湃。当《周易》将关于人"生"的意识，提高到世界与人生的本体观念时，它便在中华文化的大泽中四处漫溢渗透。在美学领域，以"形、神、气"为一组之有机的中心范畴，演化出一系列重要的美学观念与审美理想。它们的内涵外延因时代流迁而有所发展，其文化原型大凡可以追溯到《周易》甚至此前。

《易传》之前，形、神、气作为各别概念已在诸多古籍中见出。《左传》所谓"盐虎形"，《尚书》之"偏于群神"、"神人以和"与《国语》"天地之气"等记载时见于篇什，《论语》中"神"字凡十七见，《老子》中凡七见。形、神、气三者并未形成对举互摄的概念群，仅仅具有事物形状（形）、神灵（神）以及天地之气与哲理意义之气等内涵。未从人的生命现象与底蕴深度去加以理会，偏重于人所崇拜的对象性态。

在《易传》中，可以隐约见出"形、神、气"这一概念范畴群构成了"生"之美论的大致框架。

关于"形"，《易传》云：

在天成象，在地成形，变化见矣。

见乃谓之象，形乃谓之器。[63]

形是与象相对的一个范畴，天象远而地形近；天象明灭可见，而地形器具可触。地形器具不仅指大地形状，而且指在大地上生活的一切具有生命的动植物，其中包括人及人的形体。韩康伯说："象，况日月星辰；形，况山川草木也。悬象运转，以成昏明；山泽通气，而云行雨施，故变化见矣。"[64] 这里"云行雨施"，引自《周易·象传》"云行雨施，品物流形"一语。

这是说，大地万物由于天象变演，风云变幻而雨露普降，促使各别事物蒙生、发育，不断改变其形状，其中也包括人之形体的生长。云行雨施又被古人简化为云雨一词，如在宋玉赋中即可见出，是一个特有的男女相感隐语，它始于《易传》。男女相感意味着新生命形体的诞生，故反转来可以说，在《易传》关于形的范畴中，已包含着由男女相感（云雨）而孕生的人之生命形体的悟解。

关于"神"，《易传》云："阴阳不测之谓神。""知几，其神乎。"[65] "神也者，妙万物而为言者也。"[66]

这里所谓神，指阴阳变化的神妙。阴阳亦指男女，男为阳，女为阴，古人以为男女交感而生子嗣是神妙莫测之事。"神也者，变化之极，妙万物而为言，不可以形诘者也，故曰'阴阳不测'。"[67]

---

63 《易传·系辞上》，朱熹《周易本义》，第 314 页。

64 《周易正义》，王弼、韩康伯注，孔颖达疏，上海古籍出版社，1990 年版。

65 《易传·系辞》，朱熹《周易本义》，第 295、332 页。

66 《易传·说卦》，朱熹《周易本义》，第 351 页。

67 《周易正义》，王弼、韩康伯注，孔颖达疏，上海古籍出版社，1990 年版。

神即"几"(机)。"几者动之微，吉之先见者也。"[68] 几呈动态，实指事物生发的先兆与人的盎然生机，神奇而不可以形诘求，生机是生命之形体的属性。

关于"气"，即《易传》所谓精气。"精气为物，游魂为变，是故知鬼神之情状。"[69] 朱震认为："气聚为精，精聚为物。反终则魂升魄降散而为变。鬼，归。神，伸。"[70] 阴阳之精气交合意味着人之形体的始生，魂升魄降、阴精阳气的散亡又意味着人之形体的死亡，故生为神而死为鬼。唐李鼎祚《周易集解》引郑玄语："精气谓之神，游魂谓之鬼。""精气为物者，为阴阳精灵之气，氤氲积聚而为万物也。游魂为变者，物既积聚，极则分散，将散之时，浮游精魂，去离物形，而为改变。则生变为死，成变为败，或未死之间变为异类也。"

可见，《易传》虽未明确地以"形神"、"形气"与"神气"作三者范畴的对应互融，但关于"形、神、气"这一概念群，一般是从人"生"的角度加以规范的。正如前述，所谓形，不专指人的形体又包括人体在内；其神，即人的精神，指人体生命的升华、功能及其令人赞叹的意蕴；其气，指人体的原初生命物质及其功能。形因气而生、因神而活；神是建立在人之气、形之物质基础上神妙的精神现象；气作为人体的原初生命物质及其功能，是形神的生机（几）。气因几而神，气作为生命的原初物质升华到神的境界必以几为中介。这种神的美妙境界，曾经激起中华古人心灵深处的欣喜

68　《易传·系辞下》，朱熹《周易本义》，第 332 页。

69　《易传·系辞上》，朱熹《周易本义》，第 291—292 页。

70　朱震：《汉上易传》，上海古籍出版社，1989 年版。

或惶恐，几虽然因其形"微"而难以作为视觉对象，"不可以形诘求"，却是人的审美心智情愫可以加以领悟的对象。古人以为，人之气变幻莫测、出神入化、微妙之美不可言状。《易传》论几之时，并未承认与人生之气、神相对应的几之有形，不以为人的生命之几根本无形，仅仅认为形微而无以表象观照罢了，因而可以说，《易传》在论及气、神和几这些范畴时，实际上仍包含着对形的领悟，即在对人之生命崇拜兼审美中，孕育着以气为人生底蕴的"形神"说。这在中华美学史上开启了"重神轻形"的历史先河，后代重神似、轻形似的美学智慧由此肇始。

这一关乎人的生命的美论发展到汉代，先由所谓"旨近老子"的《淮南子》，建构起一组颇为完整的"形、神、气"的审美范畴群：

> 夫形者，生之舍也；气者，生之充也；神者，生之制也。一失位则三者伤也。[71]

人的外在形体（形）、内在精神气质才识智慧（神）与人的生命根元（气），统一构成一个完美的人的形象，缺一则其美自损或无美可言。但三者的关系不是对等的，分别呈现人之生命进而是人生之美的三层次、三境界：外在形体之美是气（精气）的完满的物质性外化；内在精神气质之美是气的心灵升华；气则是外在形体、

---

71 《淮南子·原道训》，高诱《淮南子注》，第17页，《诸子集成》第七卷，上海书店出版社，1986年版。

内在精神（形神）两美的根元，这是人的本质之美。如果说，古希腊所推崇的完美的"人"，是由柏拉图所谓的"理式"即上帝所创造（生命底蕴）、体魄强健（形）而且智慧超拔（神），那么，东方中华所钦羡的"人"，则是以气为本始、生气勃勃、神采奕奕、形神兼备的祖先生殖力的杰作。

《周易》的生命美学智慧尤其重气，将天地万物都看成如人一般地具有生气，这直接启发了魏晋曹丕"文以气为主"的美学表述。

曹丕《典论》大多已佚，其中《论文》一篇因被选入《文选》而流传至今。曹丕指出："夫阴阳交，万物成。"[72] 这正如东汉王充所言"天地合气，万物自生，犹夫妇合气，子自生矣"、"夫人之所以生者，阴阳气也。阴气生为骨肉，阳气生为精神"[73]一样，都是直接从《周易》生命智慧中承传下来的思想。在中华美学史上，曹丕第一个将文与气相联系，提出"文气"这一美学范畴。在此之前，《乐记》首先提出了"乐气"的观念："地气上齐，天气下降，阴阳相摩，天地相荡，鼓之以雷霆，奋之以风雨，动之以四时，暖之以日月，而百化兴焉。如此，则乐者天地之和也。"乐之和，因采天地之气而成之，又称乐气。《乐记》说："德者，性之端也；乐者，德之华也；金石丝竹，乐之器也。诗言其志也，歌咏其声也，舞动其容也。三者本于心，然后乐气从之。"[74] 因此李泽厚、刘纲纪认为，"乐气"观念是"后来的'文气'说的重要渊源

72　曹丕《典论·论文》，郭绍虞《中国历代文论选》，第一册，上海古籍出版社，1984年版。

73　王充：《论衡·自然篇》《论衡·订鬼篇》，第177、222页，《诸子集成》第七卷，上海书店出版社，1986年版。

74　《礼记·乐记第十九》，杨天宇《礼记译注》下册，第650页，上海古籍出版社，1997年版。

之一"[75]，曹丕"文以气为主"的美学观可上溯至孟子"浩然之气"说。无论《孟子》《乐记》还是《典论·论文》的气论，都导源于《易传》"精气"说，《易传》"精气"说又导源于《周易》关于巫术之气的观念。曹丕云："文以气为主，气之清浊有体，不可力强而致。"这是第一次将"文"（文章，包括艺术）看作如人一般具有内在生命意蕴的整体，从此中华文论、美论都坚持有机生命观。又将气看作能够决定文之内在美学品格的艺术作家的自然与人文禀赋，所推重的是撰"文"者的天生才气，并以有无生命之气为评判文学艺术的尺度。曹丕遍评建安七子，认为"孔融体气高妙"、"公干（刘桢）有逸气"、"应场和而不壮"、"孔璋章表殊健"以及"徐干时有齐气"[76]，等等，时而以阳刚之"健"气说之，时而以阴柔之"逸"气说之，反映出以《周易》生命美学智慧了悟文学艺术现象的一种意识的自觉。曹丕关于气有"清浊"的观念，发展为文学艺术的风格论。正如葛洪所言，气有清浊，使"才有清浊，思有修短，虽并属文，参差万品"。故"文贵丰赡，何必称善如一口乎?"[77]

《周易》生命美学智慧的进一步发扬，将气这一范畴改造为"生气"是合乎逻辑的。因气必生，生必依存于气，生、气不能互拆。依《易传》所见，生是气的功用，气本具动势，于是顺理成章，由生气又演化为"生动"这一重要的美学范畴。气的流溢

75 李泽厚、刘纲纪主编：《中国美学史》，第二卷上册，第29页，中国社会科学出版社，1987年版。按：《礼记·乐记第十九》"乐气"一词，有学者以为系"乐器"之误。如本为"乐器"，则李、刘所言无据。

76 曹丕：《典论·论文》，郭绍虞《中国历代文论选》，第一册，上海古籍出版社，1984年版。

77 葛洪：《抱朴子·辞义》，上海书店出版社，1986年版。

是生动，生动之至而至于"神"而必进入"韵"的境界，韵是生气的波动流转与人生内蕴，于是又有"气韵"这一美学范畴应运而生。

徐复观说，曹丕《典论·论文》所说的气，"多是统体的说法，综合性的说法。而魏晋南北朝时代，则多作分解的说法。综合性的说法，是把一个人的生理的生命力所及于文学艺术上的艺术性的影响，及由此所形成的形相，都包括在一个气字的观念之内。从这一点说，气韵的'韵'，也应当包括在气的观念之内。但若分解地说，则所谓'气'常常是由作者的品格、气概，所给予于作品中的力的、刚性的感觉"[78]。气从《周易》指人之生命的原初物质及其功能，发展到《典论·论文》指艺术作者的品格、气概，指艺术作者基于生理心理基础上的旺盛的内在生命力，演变为一个审美心理学范畴，同时因审美主体生气灌注而必然会使其所创造的艺术形象神完气足。所以实际上曹丕所说的气，已是包含"韵"味在内的，只是未说而已。气的流转圆融是韵。韵的古字是钧、均，其古义指调音之器，成公绥注"音均不调"之均，称其为古韵字。韵原指音乐之美的境界，此境界为和。曹植《白鹤赋》有"聆雅琴之清韵"的咏叹，嵇康《琴赋》有"改韵易调，奇异乃发"的歌吟[79]，这里，韵指生机盎然的音乐的律动谐调。一切艺术都与音乐相通，所以气韵这一审美范畴也就适用于一切艺术。明唐志契云："盖气者有笔气、有墨气、有色气，俱谓之气；而又有气势、有气力、有气机，

---

78 徐复观：《中国艺术精神》，第140—141页，春风文艺出版社，1987年版。
79 按：参见徐复观《中国艺术精神》，第144页，春风文艺出版社，1987年版。

此间即谓之运（韵）。"[80] 有气而倘若未达到一定的圆融程度则未必
有韵。南朝谢赫首创绘画六法，其一云"气韵生动是也"。这是从
作为视觉艺术的绘画中观悟到了音韵之美的境界。日人金原省吾
由此解释为："谢赫之韵，皆是音响的意味，是在画面所感到的音
响。即是：画面的感觉，觉得不是由眼所感觉的，而感到恰似从自
己胸中响出的一样，是由内感所感到音响似的。"[81] 中国绘画以线条
造型，这是《周易》卦爻符号所留存的历史传统，这一点前文已有
论及。但绘画之线条用墨有生死之别，线条流贯、气机充沛，才成
气韵之境。气韵是超越线条用笔的精神意境，实际是老子"大音希
声"的境界。

所谓境界，恰与唐人所推重的"意境"相融汇。发展到宋代的
书学画论，气韵之韵这一范畴尤为时人所重。黄庭坚主张"凡书画
当观韵"：

> 观魏晋间人论事，皆语少而意密，大都犹有古人风泽，略
> 可想见。论人物要是韵胜，尤为难得。蓄书者能以韵观之，当得
> 仿佛。[82]

这是以韵为最高审美尺度，是品人也是品文而由人及文，其美
学思路肇自《周易》。

80　唐志契：《绘事微言》，人民美术出版社，1985年版；《志契·论画》，沈子承编《历代
　　论画名著汇编》，第220页，文物出版社，1982年版。
81　［日］金原省吾：《支那上代画论研究》，日本岩波书店，1924年版。按：所谓"支
　　那"，是对中国的蔑称。
82　《豫章黄先生文集》，卷二十八，上海书店出版社，1989年版。

然而宋人对韵的倚重，由于"意境"的载刺而尤其追摄人生与艺术境界的幽深与空灵。范温《潜溪诗眼》提出"不俗之谓韵"、"潇洒之谓韵"、"生动之谓韵"以及"简而穷理之谓韵"等四说，其实未及韵之旨归。"有余意之谓韵。"有如"尝闻之撞钟，大声已去，余音复来，悠扬宛转，声外之音"。故"韵者，美之极"。"凡事既尽其美，必有其韵；韵苟不胜，亦亡其美。"[83] 韵是一种深远无穷之味，这又在后代美学中开启了"韵味"说。明祝允明将"韵"与"象"对接如此等等，在此不赘。从《周易》的"精气"（气）到魏晋南北朝的美论倡言"气韵"，经唐代"意境"说的濡染而到宋代独标其"韵"，这可以看作传统易学与庄禅之道的融合。中华美学的"意境"说，是易老、庄禅汇融的精神产品，发展到后代的书画理论而尤重韵格，正可说明意象美学与生命美学两股智慧之流的交融。

《周易》所谓"精气"（气）的品质是永恒流动而内在的，气流为生，生者为动，气韵生动；气滞为死，死则气散，无韵可言。生为气之聚，死为气之散，人与艺术之内在生命力相对于死而言，是刚性的。正是基于这一对易理的领悟，才在古代"骨相"、"骨法"基础上，以曹丕之"文气"说为中介，从《周易》所言之气，衍生出刘勰的"风骨"说。刘勰标举风骨，尤其体现出对《周易》生命美学的深刻理解和领悟。

骨是由气这一范畴所派生出来的，在内在性、刚性这一点上两者颇为一致。但气性流转而骨无流动的品性，刘勰看到了这一点，

83　钱锺书:《管锥编》，第四册，第1362页，中华书局，1979年版。

所以从《毛诗序》采一"风"字，合创风骨这一美学范畴，可谓深谙易理。《广雅·释言》云："风，气也。"《庄子》也说："大块噫气，其名为风。"风是自然大气的流动，自然不同于《周易》所言生命之气，但生命之气与风都具有流动的特性，所以可以风代气。从字面上看，风骨无有气性，似乎离易之气已远，实则这里以风喻气，似不失为易学本色。刘勰有云："辞之待骨，如体之树骸；情之含风，犹形之包气。"可见风与气相对应。文章、艺术如人一般，既要有刚健的形体，又要其内在精神之气充沛而洋溢。

《文心雕龙》对风骨说释义甚详：

> 结言端直，则文骨成焉；意气骏爽，则文风清焉。
> 故练于骨者，析辞必精；深乎风者，述情必显。
> 若能确乎正式，使文明以健，则风清骨峻，篇体光华。[84]

风骨是《周易》所推崇的刚健生命力的"活参"说法。如果说，刘勰所谓"神思"指艺术的想象及内在气韵，那么，所谓风骨则尤重于体现文章、艺术及艺术家人格内在气韵的刚度。这是生命的顽健与雄强。"缀虑裁篇，务盈守气；刚健既实，辉光乃新。"[85]不仅旨接易理，而且连语言也是从《周易》有关言辞中脱胎而来的，《周易》大畜卦卦辞不是曾说"刚健笃实辉光日新"么？

84　刘勰：《文心雕龙·风骨》，范文澜《文心雕龙注》下册，第513页，人民文学出版社，1958年版。

85　刘勰：《文心雕龙·风骨》，范文澜《文心雕龙注》下册，第513页，人民文学出版社，1958年版。

《周易》生之美论都从这气字上来。气是生命的原朴性状，这
一点不知启悟了后人多少充满智慧的头脑。比如明代李贽的美学
"童心"说，以其倡导个性解放、冲破理学樊篱与回归于本心为特
征。人之本为气，归本返璞，就是回到童心境界，这是易也是老
庄给予的启迪。李贽认为学"六经"使童心泯灭而误人子弟，使
人成"假人"、言成"假言"、事成"假事"、文成"假文"，惟"匹
夫无假，故不能掩其本心"[86]。要求以"童心"写至文而表现童心、
童趣：

> 且夫世之真能文者，比其初皆非有意于为文也。其胸中有如
> 许无状可怪之事，其喉间有如许欲吐而不敢吐之物，其口头又时
> 时有许多欲语而莫可所以告语之处，蓄极积久，势不能遏。一旦
> 见景生情，触目兴叹，夺他人之酒杯，浇自己之垒块，诉心中之
> 不平，感数奇于千载。既已喷玉唾珠，昭回云汉，为章于天矣，
> 遂亦自负，发狂大叫，流涕恸哭，不能自止。宁使见者闻者切齿
> 咬牙，欲杀欲割，而终不忍藏于名山，投之水火。

这是说，为人为文须以童心处之，写"真性情"为第一要旨，
需崇尚童心之论。"夫童心者，绝假纯真，最初一念之本心也。"[87]
所谓"本心"，其实就是《周易》所言的"童蒙"。《周易》有蒙卦，
蒙者，生命之初，气运之始，绝假纯真，一尘不染。而后世之教化
即为启蒙，《易传》称之为"蒙以养正"。李贽并非一概反对"蒙以

86　李贽：《焚书》，卷三，《焚书·续焚书》，中华书局，1975 年版。
87　同上。

养正"而主张回归无知无欲的蒙昧状态，而是要求挣脱传统礼俗偏见虚伪而返其本真，这不能不说是易学关于"童蒙"之说同时也是老庄之道给他的启示。

明公安派独拈"性灵"二字来做文学旗帜，也可以看作是《周易》生命美学智慧的历史遗韵。袁氏兄弟认为文学之至美在于表现"性灵"。文学"大都独抒性灵，不拘格套，非从自己胸臆流出，不肯下笔"[88]。这里所谓"性灵"，正如前文已有论述，性者，本始材朴，无需"学"、无需"事"，为人生而有之，指人未经社会教养所"污染"的生命原始；灵者，其繁体为靈，从巫，显然原指巫术灵气，又指"天地间一种慧黠之气"，天生才气。性灵说旨在要求文学发乎真"性"、感于"灵"动，表现人的原初而非矫饰的生命意蕴，主张文学回归于现实人生的原初境界并使精神得以澡雪。这自然也是受启于《周易》生之美论而产生的一种文学审美理想。袁中道曾经说得明白，文学之"趣韵"不是别的，"凡慧则流，流极而趣生焉"。"慧"即"慧黠之气"，即指原初的生命灵气，该灵气之流动构成"趣韵"，所以袁宏道也说："夫趣得之自然者深，得之学问者浅。当其为童子也不知有趣，然无往而非趣也。"[89]"孟子所谓不失赤子，老子所谓能婴儿，盖指此也，趣之正等正觉最上乘也。"而"年渐长，官渐高，品渐大，有身如桎，有心如棘，毛孔骨节俱为闻见知识所缚，入理愈深，然其去趣愈远矣"[90]。这一见解是与李贽"童心"说相通的。在袁氏看来，易学之"元气"、"童蒙"以及

88　袁宏道：《袁中郎全集》，卷三，上海古籍出版社，1981 年版。

89　袁中道：《珂雪斋集》，卷一，《珂雪斋集》上册，上海古籍出版社，1989 年版。

90　袁宏道：《袁中郎全集》，卷三，上海古籍出版社，1981 年版。

老庄之道或佛学之"正等正觉"，可以"性灵"一词来沟通，它是一种无牵无挂、无滞无碍的人生和艺术境界。

清代石涛的画论依易理提出"蒙养"之说，更见易道广大深微。石涛有云：

> 写画一道，须知有蒙养。蒙者因太古无法，养者因太朴不散。不散所养者，无法而蒙也。未曾受墨，先思其蒙，既而操笔，复审其养。思其蒙而审其养，自能开蒙而全古，自能尽变而无法，自归于蒙养之大道矣。[91]

这一美学智慧亦得悟于《周易》蒙卦。蒙，人之初始，混沌氤氲。有如童蒙，因教化未开、少智少欲，是人生最接近于生命原始具有自然天趣的境界，石涛称之为"天蒙"。石涛认为，作画作为后天之"养"，自是"天蒙"的逆反开展，故"务先思天蒙"，"未曾受墨，先思其蒙"，使思趣回归于蒙境。倘仅囿于笔墨技法，则必为法所缚，未得自由；如果理趣情思执著追求蒙的境界，立意在蒙，技法得心应手，那么，自能以画品回归于生命本始的蒙境和无法至法的自由。这便是"以我襟含气度，不在山川林木之内，其精神驾驭于山川林木之外。随笔一落，随意一发，自成天蒙"[92]。这种美学蒙养观，实际源自《周易》生之气论，亦是表现在中国古代画论中的童心说和性灵说。

---

91 石涛：《清湘大涤子题跋》，汪释辰辑，邓实、黄宾虹编，《美术丛书》本，上海神州国光社印行，1936年版。

92 同上。

　　《周易》"形、神、气"三维结构的生命美学，还与老庄之学一起，消解了传统"骨相"之学、在魏晋时期促成了对人体美和自然美的发现。

　　骨相之学起自上古而盛炽于汉世，原为巫术，颇与《周易》本经的巫学同类。它以人体形貌及骨相为占，即以其为兆，占验人的吉凶命运。古人以为，虽则人命难知，似一生前程未卜，却可以预先从人的骨相看出来，所谓"人命禀于天，则有表候于体"、"表候者，骨法之谓也"。相传黄帝等"十二圣"之所以为"圣人"，其形貌长相就不同于一般。"传言黄帝龙颜，颛顼戴午，帝喾骈齿，尧眉八采，舜目重瞳，禹耳三漏，汤臂再肘，文王四乳，武王望阳，周公背偻，皋陶马口，孔子反羽" [93]，真正是"贵贱在于骨法，忧喜在于容色，成败在于决断" [94]，"相人之形状颜色，而知其吉凶妖祥" [95]。

　　虽然骨相之学具有浓重的迷信成分，却在《周易》生之美论的催激下，首先在汉代，形成了一套从人之骨相入手，注重德才、选贤择能的人伦品鉴的原则与方法。

　　刘劭著《人物志》上中下三卷，要求品人必从其形、探其骨、悟其神，认为人之形体是内在精神气质、道德涵养的表现，故品人须从形入神。刘劭兼用象与生之易理，指出人的精神气质"著乎形

93　王充：《论衡·骨相》，《论衡》第 23 页，《诸子集成》第七卷，上海书店出版社，1986年版。

94　司马迁：《史记·淮阴侯列传第三十二》，《史记》卷九十二，第 551 页，中华书局，2006 年版。

95　《荀子·非相》，王先谦《荀子集解》卷三，第 46 页，《诸子集成》第二卷，上海书店出版社，1986 年版。

容，见乎声色，发乎情味，各如其象"。他说，人的"心质"是与仪表相对应的，"心质亮直，其仪劲固；心质休决，其仪进猛；心质平理，其仪安闲"。认为"夫容之动作，发乎心气。心气之征，则声变是也。夫气合成声，声应律吕"。而容貌颜色为心理气质之表征："夫声畅于气，则实存貌色。故诚仁必有温柔之色，诚勇必有矜奋之色，诚智必有明达之色。"心神显于目，"征神见貌，则情发于目。故仁，目之精，悫然以端；勇，胆之精，晔然以强"。刘劭还说：

> 物生有形，形有神精，能知精神，则穷理尽性。性之所尽，九质之征也。然则平陂之质在于神，明暗之实在于精，勇怯之势在于筋，强弱之植在于骨，躁静之决在于气，惨怿之情在于色，衰正之形在于仪，态度之动在于容，缓急之状在于言。[96]

从这里可以清楚地见出，这种人伦品鉴的原则，内涵着易理的影子，由于《周易》尤重人之生命及其气，便在上古承传而来的"骨相"之学基础上，促使世人重视人体自身、人体与内在精神气质关系的关注与发现，在人伦品鉴说中，蕴含着《周易》关于人之生的文化智慧。同时，《周易》在论及气及其人之生机时认为，气之"几微"不可以形诘求，而可以卦爻之象来表现。这一易理启发了后人，认为既然"象"象征人之内在之气以及超乎象外的神，那么，人的形貌仪表（象），则直接便是其心气、心神与心质

---

96 刘劭：《人物志》，《人物志注》，宗教文化出版社，1996 年版。

内在精神意蕴的表征，外在形体是内在气质的符号，它们共同统一于"生"。

这种人伦品鉴思想发展到魏晋，又在易学、老庄尤其庄学的进一步熏染中，演变为人物品藻的美学智慧，这便是对于人体美及其精神气度的发现与肯定，但它不同于古希腊关于人体美的审美理想。古希腊推重人体骨骼的匀称、肌肉的发达、面容的娟好以及人体曲线的丰富、刚健或柔美等，偏重于欣赏人体直露的形象，而中华魏晋时代的人物品藻对人体美的审美则相对含蓄，它从形切入又偏重于神、气，神完气足是人体及内在精神审美的最高理想。

> 嵇康身长七尺八寸，风姿特秀。见者叹曰："萧萧肃肃，爽朗清举。"或云："肃肃如松下风，高而徐引。"山公云："嵇叔夜之为人也，岩岩如孤松之独立，其醉也，傀俄若玉山之将崩。"
> 人有叹王恭形茂者云："濯濯如春月柳。"
> 裴令公有俊容仪，脱冠冕，粗服乱头皆好。时人以为玉人。见者曰："见裴叔则，如玉山上行，光映照人。"
> 时人目王右军，飘如游云，矫若惊龙。[97]

这里所欣赏的，一般并不是直接的人体，而是人体容神之美。气质高雅、风神飘举、胸襟清朗，与古希腊的人体之美相比，属于别一层次。它在美学上，踏破传统的经学荆棘，而熔裁易老，体现出玄学思远尚无的本色，启悟了人们对于洋溢着内在神、气的人体

---

97 刘义庆：《世说新语·容止》，刘孝标注，《世说新语》卷五，第 159、164、160、163 页，《诸子集成》第八卷，上海书店出版社，1986 年版。

形相举止的审美意识，进而思考人的外在形相与内在心神之间的联系。从人之外部形象与内在精神气质的对应中发现与肯定人的生命之美，构成了魏晋"人的自觉"美学的重要内容。《周易》原本对于人的形体之美基本不加注意，但是倚重内在的气、几和神，这为魏晋人物品藻的美学重视人的精神骨气开了历史先河，又通过人之外在形体容止的观照与描述，传达人物的内在风度，既是对《周易》生之美论的发展，也是其继承。先秦儒家崇尚人的内在道德之美（实质是善），也重视人的形相之美，魏晋的人物品藻美学追求固然重在人的精神气蕴，而借助老庄的玄思，已突破了道德樊篱，使关于人的审美阈限从人伦品鉴，发展到对人从形到神的颇为全面的观照，不仅使关于人之生的巫术阴霾开始消褪，而且使人生的伦理精神得到净化，真正显露出品人的审美晨曦。承认人物形相之美是内在神、气之完满体现而确证这种美的相对独立的审美价值，便是萌于《周易》、成于《淮南子》的"形、神、气"一组美学范畴，扬弃了人物骨相的巫术内容而融合庄学的历史发展。在这里加以肯定与讴歌的，是人健美的形体、富于魅力的举止、潇洒的风度与高蹈的气质神韵。这一切，仍是《周易》崇尚人之生的内在血气旺盛与健康观念的表现与发展。古人云，凡有血气者，莫不含"元一"以为质，这里所推重的"元一"，实则是生。

人物品藻美学智慧的横移与外溢，促进了以生为审美理想的对自然美的发掘与肯定。既然在《周易》看来，天人、天文与人文本是合一，且二者合一于生，那么，《周易》对人之生的美的关注，必然会导致对自然美的关注，即将自然界及其美，看作如人一般也是富于勃勃生气的。

王充曾说："天地合气，万物自生，犹夫妇合气，子自生焉。"[98] 这最好不过地道出了天地自然之美与人的生命之美的同构性，在古人看来，天地自然与人"生"一样，都同于"合气"。《易传》曾在实际上以离南坎北、震东兑西的四正卦模式象征人的生命的时空，便是《易传》所言"离也者，明也，万物皆相见，南方之卦也"；"坎，水也，正北方之卦也"；"震，东方也"；"兑，正秋也"[99]。东南西北加上实际存在的中为五方，配以春夏秋冬四时，后来又应以五行金木水火土与五色青赤白黑黄，成为自然宇宙与社会人生的文化模式系统。汉易在原始易学基础上进一步丰富了八卦的涵义，以南方为离为火为夏为赤为朱雀、北方为坎为水为冬为黑为玄武、东方为震为木为春为青为苍龙、西方为兑为金为秋为白为白虎以及中方为土为黄，不仅将人之生命内容而且将自然美的生成与表现囊括在内，用曹丕的话来说，叫作"体五材（五行）之表仪"："有奇章之珍物，寄中山之崇冈。禀金德之灵施，含白虎之华章。扇朔云之玄（黑）气，喜南离之炎阳。歆中区之黄采，曜东夏之纯苍。苞五色之明丽，配皎日之流光。"[100] 在此，曹丕以《周易》八卦方位（空间）尤其结合时间的观念，来解说自然美的生成与审美特征，由于八卦模式同时又是人之生命的模式，所以实际上是从人"生"角度来看待自然美的生成及其审美特征的。

98　王充：《论衡·自然》，《论衡》，第177页，《诸子集成》第七卷，上海书店出版社，1986年版。

99　《易传·说卦》，朱熹《周易本义》，第350、350、349—350、350页。

100　严可均辑《全三国文》，卷四，商务印书馆，1999年版。

于是，当人之生命的观念拓展人的审美眼界之时，人们突然发现自然山水原是满目生机、到处生气盎然，自然山水之美作为人之生命与人生之美的符号与语汇，是通过"生"融合为一体的。"其地坦而平，其水淡而清，其人廉且贞"，"其山崔巍以嵯峨，其水㳒漾以扬波，其人磊砢而英多"，自然成了人格的比拟；而人格在自然的映照下亦愈显其"生"的光彩："太尉神姿高彻，如瑶林琼树，自然是风尘外物"；"王公目太尉，岩岩清峙，壁立千仞"；"山巨源，如登山临下，幽然深远"[101]。自然人之故乡，自然入我襟怀，伟大、磅礴而原初的人"生"之美，人爱山水而山水自来亲人，可谓人杰地灵、天人合一。

这种关于自然美的审美意识，恰与《周易》以"生"为文化原型的天人合一境界说遥相呼应。从人物品藻发展到对自然美的审美，是将自然山水人格化人情化了，也将人的外在形相与内在精神之美融渗于自然、放在包括人之生命在内的自然大系统中去加以考察。

《周易》"生"之美论也影响到对艺术美的评判，必然会将艺术美看作人的生命力的美好象征。比如就中华古代书论而言，书法艺术的美，究其底蕴是一个"生"字。宋代著名词家与书画鉴赏家姜白石，曾经将书法基本笔画比拟为人体部分，认为点如顾盼有神之眉目，横竖有如匀正之骨骼；撇捺好比伸缩有度之手足；挑似行走之步履。唐人张怀瓘说："字之体势，一笔而成，偶有不连，而血

101　刘义庆：《世说新语·言语第二》，刘孝标标注，《世说新语》卷一，第21页，《诸子集成》第八卷，上海书店出版社，1986年版。

脉不断。"[102] 苏东坡说:"书必有神、气、骨、肉、血,五者缺一,不为成书也。"[103] 黄庭坚:"肥字须要有骨,瘦字须要有肉,古人学书,学其二处。"[104] 刘熙载:"书要兼备阴阳二气。大凡沉着屈郁,阴也;奇拔豪达,阳也。""北书以骨胜,南书以韵胜。然北自有北之韵,南自有南之骨也。"[105] 书体作为人之生命气蕴的象征,须自骨老血浓、筋藏肉洁、一气呵成,才成美的境界。

总之,美在于人的生命,美的本质关系到人的生命状态、生命活力、生命底蕴与生命的情感冲动。任何东西,凡是显示人的生命或使人联想到人的生命的,都可能是美的。

在我看来,如果说艺术是用一种独特的暗喻形式来表现人类意识的话,这种形式就必须与一个生命的形式相类似……

你愈是深入地研究艺术品的结构,你就会愈加清楚地发现艺术结构与生命结构的相似之处,这里所说的生命结构包括从低级生物的生命结构到人类情感和人类本性这样一些高级复杂的生命结构(情感和人性正是那些最高级的艺术所传达的意义)。正是由于这两种结构之间的相似性,才使得一幅画、一支歌或一首诗与一件普通的事物区别开来——使它们看上去像是一种生命的形式。[106]

---

102 张怀瓘:《书断》,《历代书法论文选》,华东师范大学古籍整理研究室选编,上海书画出版社,1979 年版。

103 苏轼:《论书》,《东坡题跋》上卷,于民《中国美学史资料选编》,第287页,复旦大学出版社,2008 年版。

104 黄庭坚:《论书》,《黄庭坚书法史料集》,上海书画出版社,1993 年版。

105 刘熙载:《艺概》,上海古籍出版社,1978 年版。

106 [美]苏珊·朗格:《艺术问题》,滕守尧译,第50、55页,中国社会科学出版社,1983 年版。

　　我们平时习惯以"生动传神"、"栩栩如生"、"像活的一样"之类语词，来表达对艺术美的审美感受与审美判断，是在无意中以《周易》生命美学智慧的审美标准评判对象。这能说明，这一古老而永远年轻的美学智慧已经成了民族美学头脑中的"集体无意识"。伟大中华的重"生"、恋"生"心魂，便是一种生生不息、顽强奋斗与一往无前的民族精神。

第七章　阴阳美学智慧的建构

这一章将要加以讨论的《周易》阴阳美学智慧，实际是其生命美学的变体与发展，它包含三方面的内容：一、"阴阳"与"生"的意义关联；二、与阴阳美学智慧相涵摄之天地（父母）观中的崇天（父）意识与恋土（母）情结；三、阳刚、阴柔与刚柔相济美学范畴的建构。

第一节　阴阳与生

首先，让我们对"阴阳"这一范畴与人之生命的意义关联问题略加论述。

中华古代哲人论"阴阳"甚详，可以说历代未废，阴阳这一对偶范畴一直是古代哲思所深切关注的对象。根据目前所见出土资料，甲骨文中未见阴字，或尚有而未及发掘、译识；甲骨文有阳字，刻作𤽈。金文阴字作𦙃（见《平阴币》）、𠇗（见《大阴币》）或𨹟（见《古钵岳阴都司徒》）；金文亦有阳字，写作𣆪（见《农卣》）或𤾷（见《虢季子白盘》）。许慎《说文》释阴，称"水之南、山之北也，从阜，会声"。阳，"高明也，从阜，易声"。阴阳两字

的繁体写作陰陽，皆从阜。阜者，山，窿起之陆地。会昜，阴阳本
字。段玉裁认为，后世由于阴阳两字流布于世而废弃会昜不用，这
是言之成理的。后世由陰陽代替会昜两个原字。既然"水南山北"
为阴，则作为对偶范畴，水北山南为阳，阴阳原指背阳、向阳之
处。山北为阴、山南为阳，阴阳实际是由山的位置走向与太阳运转
所构成的关系所决定的。可以肯定，所谓阴阳，原为天时地理的一
对范畴。可能在甲骨文与钟鼎文时代，中华古人的阴阳观念，还没
有与人的生殖联系起来，更无什么哲学意义。

学界一般认为成书于殷周之际的《周易》本经有阴字，仅一
见，即中孚卦九二爻辞"鸣鹤在阴，其子和之"的阴字。该阴取古
义，指背阳之处。《周易》夬卦卦辞有"扬于王庭"一语。扬，《说
文》云："飞举也，从手，昜声。"陽与揚皆从昜，字根同一，可以
看作陽（昜）字的派生字，有"光明正大地公布、宣扬"的意思。
在本世纪 70 年代湖南马王堆出土的《帛书周易》中，原《周易》
通行本中的"扬于王庭"，在这里写作"陽于王庭"，看来不为无
由。此陽（昜），取义已从天时地理向社会人事的意义推移。但尚
未与人的生殖观念紧密地挂起钩来。

一般认为成篇于战国至汉初时期的《易传》，论阴阳之处甚多：

　　潜龙勿用，阳气潜藏。[1]
　　履霜坚冰，阴始凝也。[2]

1 《易传·文言》，朱熹《周易本义》，第50页。
2 《易传·象辞》，朱熹《周易本义》，第58页。

阴疑（凝）于阳必战，为其嫌于无阳也。[3]

乾，阳物也；坤，阴物也。阴阳合德，而刚柔有体。[4]

　　《易传》所论阴阳，已是一对偶范畴，其间富于哲理美蕴，其智慧底蕴已从指天时地理发展为专指男女两性，并由指男女两性而上升为哲学、美学意义上事物两极的对立互补范畴，建构起一个既指天时地理、又指男女父母等一切事物两极的互对互补性质、功能与态势的易之哲理模式。

　　根据前文的论证可知，《周易》的基本美学智慧，是以卦爻符号所象征的"生生而有条理"，它所建构的符号系统，是永远充满生机、生生不息的世界。在这世界之中，一切事物之间及每一事物内部，一定条件下都存在着两相对立、对应、互为转化的性质、功能与态势，处于永恒运动变易转换之中。这以两个字来概括，便是阴阳及其相系。自从阴阳这一对偶范畴概念和观念进入《周易》审美文化视域，它就将始为人之生命、继而为人生的审美条理化了。阴阳，生命运动中两种互为涵摄的力量，生命的互对、互应、互动与互根，构成了生之易理的双向流动和观念底蕴。正如古代先哲所云：

易以道阴阳。[5]

3 《易传·文言》，朱熹《周易本义》，第63页。

4 《周易·系辞下》，朱熹《周易本义》，第334、335页。

5 《庄子·天下篇》，王先谦《庄子集解》卷八，第116页，《诸子集成》第三卷，上海书店出版社，1986年版。

> 阴阳一太极之实体，惟其富有充满于虚空，故变化日新，而
> 六十四卦吉凶大业生焉。阴阳之消长隐见不可测，而天地人物屈
> 伸往来之故尽于此。知此者，尽易之蕴矣。[6]

阴阳这一对偶范畴，高度概括了"天地人物屈伸往来"之理，天地者，自然也；人物者，男女、父母也。天地指自然宇宙，人物指社会人生。屈伸往来，指两者的双向流转，这是《周易》阴阳美学智慧的根本。

这种双向流转关系是生的关系。阴阳与生构成关系，主要是说阴阳从天时地理范畴向人的生命与人生领域的意义转换，指从人的生殖角度，将自然宇宙与社会人生整个世界看成互逆互顺的两元、两极。而且认为阴与阳之间也是互生关系，正如陈梦雷所指明："阴生阳、阳生阴，其变无穷，易之理如是。"[7]

远古巫文化中人的文化头脑，也许原来只知有所谓吉凶，阴阳这一对偶性范畴的生成与介入，揭开了古代中华智慧进化史上的光辉一页。人们试图以理性思维来否定巫学思维与情感中那些非理性思维因素，试图以阴阳论来廓清巫术的迷雾，这是原始哲学、美学思维对原始巫术文化的挑战。《说卦传》说"观变于阴阳而立卦"，这里的阴阳，实为战国时人的文化及其美学观念，而不是远古中华"立卦"之时的思想。根据已经出土的"数字卦"资料，古人"立卦"之初，是只有吉凶而无阴阳观念的，立卦为的是占验人的命运吉凶，不可能进行关于阴阳的哲理与美理思考。因此，与其说当初

---

6 王夫之：《张子正蒙注》卷一，中华书局，1975 年版。
7 陈梦雷：《周易浅述》四，第 1008 页，上海古籍出版社，1983 年版。

"观变于阴阳而立卦",倒不如说"观变于吉凶而立卦"。

然则,既然远古中华先祖对其自身的命运总是深感把握不住,那么在关于生命、生活的危机与生机的吉凶观中,必然会滋生命运多变而捉摸不定的文化意识。"易穷则变",但等时机;时来运转,"变化见矣"。所以应当说,不是先有阴阳观念,才从观念中衍生出关于变的生命与美学智慧;而是先有由此及彼、由彼及此的变的意识,才在文化与美学观念中建构起阴阳这一对偶范畴。中华古人必然曾经领悟到,既然人的命运吉凶可以因时而变,那么推而广之,则一切事物都是"变动不居"的,而变总是在两个不相同的事物中进行的。

因此,是巫学的吉凶观,为后代基本属于哲学与美学思维层次的阴阳观,提供了关于自然与社会人生变幻无定的思维种子。以阳对应于吉、阴对应于凶,阴阳观是对吉凶观的超越与升华,可以说,阴阳受胎于吉凶,又脱胎于吉凶,这是原始巫学的解体,是哲学与美学智慧的省悟。

中华原巫文化的覆盖面极广,举凡与人相关的种种自然现象与社会现象,都可能是人的巫术占卜或占筮对象,几乎达到了"无事不占"的地步。其中,尤其自然现象的生灭运化和人的生殖繁衍,作为中华古人生活的命根子,自然成为巫术卜筮所极为关注的领域。本书前文已经说过,华夏先民的生殖崇拜观念又是极强的,别的暂且勿论,仅属于新石器时代具有男性生殖器模型的文化遗址就有多处,它们为我们留下了父系社会早期人的生殖崇拜意识的强烈信息。这些遗址主要有:陕西西安客省庄遗址、陕西铜川市李家沟遗址、河南郑州二里岗遗址、河南淅川下王岗仰韶文化遗址、河南信阳三里店遗址、甘肃甘各灰地儿遗址、甘肃怡夏张家嘴遗址、广西坛楼矿遗址、广西钦州独料遗址、山西万荣荆村遗址、山东潍坊鲁家口遗址以及湖南安乡度家岗遗址等[8]。应当指出，正是在这种漫长而强烈的古代生殖崇拜的文化氛围与熏陶之中，升华了关于生的哲理思考与美学描述，而言生则不能离开阴阳这一对偶性范畴，或者可以说，阴阳生殖观，是由生之观念裂变而来的，阴阳便在人的文化观念中成为对偶对待的生之二元。进而便对阴阳这一范畴进行普泛的理解和阐释，不仅成为对男女、父母、牝牡而且是对自然天地、大小、有无、形神、生灭、虚实、动静、刚柔、真假、善恶以及美丑等一切对偶性范畴的高度哲学概括和美学提炼，就是说，这里的生是一元范畴，从生派生出先是属于人之生殖观念的阴阳，进而是对阴阳生殖观的超越，建构起属于哲学与美学智慧层次的阴阳观。换言之，一切事物之间及事物内部两相对立、对应的性质、功能和态势，都可以阴阳来概括。生是气的流转，气是生的物质基础。世界无处不是生，也无处不是气，气虽然摸不着、看不见，却实实在在地弥漫于自然和社会人生领域，这便是前引王夫之所谓阴阳之实体（生气）"惟其富有充满于虚空"的意思。而到处是生、到处是气的世界，总是既分为阴与阳两部分，又阴中有阳、阳中有阴，阴生阳、阳生阴的，是一个生生不息的浑整的世界。中华古人对这个美好的世界非常执著，在生和阴阳如此简洁的言辞中，蕴含着对这一美的世界的全部美感和本质的把握。

因此，当《易传》说"乾坤，其易之门邪！乾，阳物也；坤，

8　按：参见宋兆麟《原始的生育信仰》，《史前研究》创刊号，1983年版。

阴物也"之时，我们须知这里所谓物，就不是指一般的物，而是指所谓"男女构精"的精气。在《易传》看来，理解了这一点，就找到了入易的门径。由此可知，原来《易传》所谓"天地绸缊，万物化醇，男女构精，万物化生"[9]的哲学与美学思维所取的角度，是"近取诸身"而后才"远取诸物"的，是由近及远、由人及物的。《易传》所谓"生生之谓易"[10]、"天地之大德曰生"[11]，等等，始终包含着对于生之阴阳的深刻理解与审美观照，是将阴阳看作生这一范畴的展开。

考阴阳学说之缘起，并非始于先秦儒家，先秦诸子中首先倡言阴阳哲学与美学观的，是道家始祖楚人老子，虽然关于这一点，曾经令梁启超氏深感惊讶，他说，"最奇者，《易经》（按：当指《周易》本经）一书，庄子所谓'易以道阴阳'者，卦辞、爻辞中仅有'中孚'九二之一条单举一'阴'（按：此阴并无哲学、美学意蕴）字"，"《彖》、《象》两传中，刚柔、内外、上下、大小等对待名词，几乎无卦不有；独'阴阳'二字，仅于此两卦（指乾卦、坤卦）各一见，可谓大奇"[12]。然而，一旦《易传》援"阴阳"观入易并加以改造发展，才真正从人之生命和人生角度，建构起辉煌的阴阳美学智慧，这是先秦诸子其余学派所难以比拟的，将阴阳学说与儒家一贯推重的生（最典型地表现在《周易》之中）之文化观念对接，形成独具风采的生之阴阳美学智慧，是《易传》对中华美学的杰出贡

---

9 《易传·系辞下》，朱熹《周易本义》，第 334、333 页。

10 《易传·系辞上》，朱熹《周易本义》第 295 页。

11 《易传·系辞下》，朱熹《周易本义》第 322 页。

12 按：见梁启超《阴阳五行之来历》，《古史辨》第五册。

献。周予同曾经指出："儒家的根本思想出发于'生殖'崇拜；就是说，儒家哲学的价值论或伦理学的根本观念是'仁'，而本体论或形而上学的根本观念是'生殖崇拜'。"[13] 由于其本体论在于生命说，因而它的美学智慧也无疑生发于生之阴阳，并且围绕着生之阴阳这一基本框架展开，阴阳观成为先秦儒家关于生命智慧的哲学与美学解析，这在《易传》中表现得很充分、很鲜明也很纯朴。"一阴一阳之谓道"，道就是生与易理之根本。"是故易有太极，是生两仪"[14]，两仪指阴阳、指天地。所谓"云行雨施，品物流形"[15]的"云"为阳，"雨"为阴，"云雨"一词起于《易传》，是中华古代特有的一个男女交感隐语。这都说明，"在这些文字里，我们一目了然地知道儒家是在用哲学而又文学（美学）的笔调，庄严地纯洁地描写本体的两性"[16]，歌颂本体之两性的化育。尔后关于阴阳两性的哲学与美学，成为思考的中心及其沸腾的思潮。

比如，荀子论自然美，"列星随旋，日月递炤，四时代御，阴阳大化，风雨博施，万物各得其和以生，各得其养以成"[17]。自然宇宙的流渐，是阴阳大化之美的展现，美由阴阳交合而生，用荀子的话来说，叫作"阴阳接而变化起"[18]。这里的接，交合之意，显然由《易传》所谓"阴疑（凝）于阳必战"[19]的思想脱胎而来。魏晋玄学

---

13 《周予同经学史论著选集》，第 77 页，朱维铮编，上海人民出版社，1983 年版。

14 《易传·系辞上》，朱熹《周易本义》，第 314 页。

15 《易传·彖辞》，朱熹《周易本义》，第 41 页。

16 《周予同经学史论著选集》，第 80 页，朱维铮编，上海人民出版社，1983 年版。

17 《荀子·天论篇第十七》，王先谦《荀子直解》卷十一，第 206 页，《诸子集成》第二卷，上海书店出版社，1986 年版。

18 《荀子·礼论篇第十九》，王先谦《荀子集解》卷十三，第 243 页。

19 《易传·文言》，朱熹《周易本义》，第 63 页。

鼻祖之一王弼也看出了这一点，"夫阴之所求者阳也，阳之所求者阴也"[20]，阴阳之互求，就是《周易》所谓交感，"相切摩也，言阴阳之交感也"[21]，交感是两性生命之战之接。所以自然美的生成与本质，在古人看来就是始于《周易》的生之阴阳。

又如人工美，《礼记》论礼乐之源时说："乐由阳来者也，礼由阴作者也，阴阳和而万物得。"礼乐是阴阳在社会人生领域的特殊表现，乐由阳来，礼自阴作，乐阳礼阴，乐统和而礼辨异，礼乐是阴阳的对立统一。就乐而言，也是阴阳的互对互应，其十二律分阴律、阳律两类，其数各为六，称六律、六吕，此即阳律（六律）：黄钟、太簇、姑洗、蕤宾、夷则、无射；阴律（六吕）：大吕、夹钟、仲吕、林钟、南吕、应钟。阴阳交响、律吕协调，乃成乐音。就绘画而言，中华传统山水讲究虚实布局，便是虚为阴、实为阳，阴阳之易道入于画理。其余诸如画之艺术形象的前后、大小、倚正、聚散、浓淡、枯润、续断、收放、远近与疏密等艺术之美，其实都是阴阳之完美的感性显现。这用唐人张彦远的话来说，叫作"阴阳陶蒸，万象错布。玄化无言，神工独运"[22]。就书法艺术来说，中华历来有"一画"之论，一画起于易理，是"蒙"的原朴境界，其间已存阴阳之胚素，这是本书前文论《周易》意象美学智慧时已经说过的。而就书法艺术意象、风格而论，也是阴阳的对应和谐，如相对于元人赵孟頫书法的秀丽婉约而言，唐人颜真卿的书艺属于"阳"性；而相对于颜体之恢宏博大来说，则赵

20　王弼：《周易略例》，楼宇烈《王弼集校释》下册，第591页，中华书局，1980年版。

21　韩康伯：《周易注·系辞上》，《周易正义》，上海古籍出版社，1990年版。

22　张彦远：《历代名画记》，卷二，第26页，人民美术出版社，1963年版。

孟頫的书艺属于"阴"性。有的学者论书艺将褚遂良与颜真卿相
比较：

> 褚书用笔极为敏感，一落笔即向上提，提到几乎要离纸而
> 去，复缓缓下落，愈落愈低，到达笔划末端一顿煞住，或以一波
> 荡开。有人说"颜字入纸一寸，褚字离纸一寸"，这描写很切当。
> 诚然颜字用笔好像铧犁耕田，吃入大地，翻起湿土，掘成犁沟；
> 而褚字用笔好像舞者脚尖轻盈的飞跃和下落，点出严谨而优美的
> 节奏。
>
> 颜字笔划粗实，结构严密，字与字，行与行，缀扣紧密，
> "有"与"无"相对立，而"有"以优势把"无"排斥、征服。
> 在褚帖中，"有"和"无"相容纳，相辉映，相渗透，造成一片
> 空阔与宓静。[23]

不用说，褚笔褚字为阴，颜笔颜字为阳。无论是阴是阳，倘要
入于化境，都须生气充盈，取真于自然。正如宋代书画论所言，世
之评书画者，专重一个自然之生字："妙于生意能不失真，如此矣，
是能尽其技。尝问如何是当处生意？曰：'殆谓自然。'"这里所谓
自然，实为阴阳"天地生物，特一气运化尔"[24]。

总之，阴阳之易理弥漫于自然与社会人生领域，渗透在自然美
与人工美全部生气意境之中。

23　熊秉明：《中国书法理论体系》，商务印书馆，1984 年版。

24　董逌：《广川画跋》卷三，《书徐熙牡丹图》，何立民点校，浙江人民美术出版社，2016
年版。

天下之万声，出于一阖一辟；天下之万理，出于一动一静；天下之万数，出于一奇一偶；天下之万象，出于一方一圆，尽起于乾坤二画。[25]

"乾坤二画"，即《周易》的阴爻阳爻，即为阴阳。阴阳揭示了世界的两极框架，一切都是阴阳及其演化。

凡论必以阴阳大义。天阳地阴，春阳秋阴，夏阳冬阴，昼阳夜阴。大国阳，小国阴；重国阳，轻国阴。有事阳而无事阴，信（伸）者阳而屈者阴。君阳臣阴，上阳下阴，男阳女阴，父阳子阴，兄阳弟阴，长阳少阴。贵阳贱阴，达阳穷阴。取（娶）妇姓（生）子阳，有丧阴。制人者阳，制于人者阴。客阳主人阴。师阳役阴。言阳黑（默）阴。予阳受阴。诸阳者法天……诸阴者法地。[26]

试问，这个世界还有什么东西不能概括在生之阴阳的观念之中？阴阳以生命的本体内蕴，成为中华古代朴素的哲学矛盾论、美学智慧观与艺术辩证法。

阴阳与生之形气的关系尤为紧密，一方面触及生这一易理的根本，另一方面与本书前文所论证的气这一《周易》美学智慧的文化哲学基础相勾连，所以王廷相首先从生之形气角度，对阴阳作了明确的理论界定：

25 《周易正义》，王弼、韩康伯注，孔颖达疏，上海古籍出版社，1990年版。
26 《黄老帛书·称》，马王堆汉墓帛书整理小组《马王堆汉墓帛书［壹］》，第二册，文物出版社，1974年版。

> 阴阳在形气，其义有四：以形言之，天地、男女、牝牡之类
> 也；以气言之，寒暑、昼夜、呼吸之类也；总言之，凡属气者皆
> 阳也，凡属形者皆阴也；极言之，凡有形体以至氤氲芴苍之气可
> 象者皆阴也，所以变化、运动、升降、飞扬之不可见者皆阳也。[27]

　　阴阳有形、气、总、极四个层次，一切事物的阴阳属性、功能
与态势之美丑、悲喜、壮美与优美、崇高与滑稽，等等，皆可纳入
这四个层次之中。总之，对于自然美与人工美而言，一切事物，都
是阴阳之化的结果。

　　可以将这一节所论《周易》阴阳与生之关系以及阴阳美学智慧
的生成，概括为这样一条发展线索：

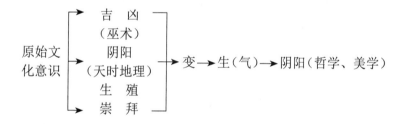

第二节　崇天（父）意识与恋土（母）情结

　　学界在讨论《周易》阴阳美学智慧问题时，有一种"崇阳抑
阴"之说，认为《周易》在阴阳、乾坤、天地、男女、父母这一系
列两相对待互补的关系问题上，是重前者而轻后者的。这一见解不

27　王廷相：《慎言·道体篇》，《王廷相集·慎言》，中华书局，1989 年版。

是没有一点道理，比如《周易·系辞传》开篇第一句就说："天尊地卑，乾坤定矣。卑高以陈，贵贱位矣。"这最明确不过地传达出崇阳抑阴的文化伦理观念。

不过，就总体意义上的《周易》阴阳美学智慧而言，与其说它是崇阳抑阴的，倒不如说"崇阳恋阴"更为准确。这一《周易》文化学从而也是其美学命题所关涉的阴阳，正如前述，"以形言之，天地、男女、牝牡之类也"。与阳相对应的，是乾、天、父、男；与阴相对应的，是坤、地、母、女。正如《易传》所云：

> 乾，天也，故称乎父；坤，地也，故称乎母；震一索而得男，故谓之长男；巽一索而得女，故谓之长女；坎再索而得男，故谓之中男；离再索而得女，故谓之中女；艮三索而得男，故谓之少男；兑三索而得女，故谓之少女。[28]

索，据唐陆德明《经典释文》引王肃云："求也。"犹言"索求"、"求合"，指阴阳相求。《周易》八卦乾坤、震巽、坎离、艮兑，以乾坤为父母，其余六卦为父母相求所生的男女六子。从卦符看，震、坎、艮三卦的卦爻结构皆为一阳爻而二阴爻，为阳卦，象征长男、中男、少男；巽、离、兑三卦的卦爻结构皆为一阴爻二阳爻，为阴卦，象征长女、中女、少女。所以说，整个八卦是一个阴阳结构，是乾震坎艮四阳卦对应于坤巽离兑四阴卦，构成乾坤、天地、父母、男女的阴阳互求、天人合一的易之系统图景。所以庄

---

28 《易传·说卦》，朱熹《周易本义》，第353—354页。

子云："至阴肃肃、至阳赫赫。肃肃出乎天，赫赫发乎地。两者交通成和，而物生焉。"[29] 管子云："是故阴阳者，天地之大理也。"[30] 扬雄云："阴阳杂厕，有男有女。"[31]《黄帝内经》亦说："阴阳者，天地之道也，万物之纲纪，变化之父母，生杀之本始，神明之府也。""阴阳者，血气之男女也。"[32] 凡此种种见解，都采自《周易》阴阳观及其发展。

无疑，《周易》是崇阳亦即崇天、崇父、崇男的。《周易》六十四卦以象征阳性的乾卦为第一卦，其间所熔裁的意识，不同于传说所谓以艮为首卦的夏代"连山易"，也与传说所谓以坤为首卦的殷代"归藏易"不同。这种易之智慧天平所呈现一定程度的倾斜，很显明地反映出父系社会典型的崇阳、重男、尚父与拜天的文化意识与审美理想。本书前文所论《周易》崇拜男性生殖功能之强烈意绪，就是一个明证。由于崇拜男性生殖，《周易》文化意识中含有不少崇拜男性祖先的思想因素，它是构成其阴阳美学智慧的重要构成部分，主要表现为祭祖，如《周易》萃卦卦辞云："萃：亨。王假有庙，利见大人，亨利贞，用大牲吉。"亨，享祭之意。假，王弼《周易注》："至也。"这是说君王以大牲即牛为祭品，到宗庙以至诚之心"感格"于祖先神灵。

萃卦六二爻辞云："引吉，无咎。孚乃利用禴。"禴，古时四

---

29 《庄子·田子方第二十一》，王先谦《庄子集解》卷五，第131页，《诸子集成》第三卷，上海书店出版社，1986年版。

30 《管子·四时》，上海古籍出版社，1989年版。

31 扬雄：《太玄·玄图》，《太玄校释》，《新编诸子集成续编》，中华书局，2014年版。

32 《黄帝内经·素问·阴阳应象大论篇》，《中国历代美学文库·先秦卷下》，第359、361页，叶朗总主编，高等教育出版社，2003年版。

时祭之一，殷代称春祭为禴，属于祭品相对微薄的一种祭式。"禴，殷春祭名，四时之祭省者也。"[33] 这是说，只要儿辈诚心诚意，即使春祭祭品微薄，也能感动祖宗神灵，可引获吉祥，不致受害。升卦六四爻辞云："王用亨于岐山，吉，无咎。"用，据《说文》解，"可施行也，从卜从中"。写作用。用字的构造是卜字与中字重叠，其意涵显与卜筮相关。卜，卜问、占问之意。中，原指古人用以测日影（即古代所谓"晷景"）的一种装置，写作中或中，中的中间一竖表示测日影的标杆，中间一竖连同口表示测影的装置，≈表示随时而具有方向性的变移的日影，故用是一个与《周易》卜筮相关的汉字。这里的亨，有享祭义，非亨通之亨。《经典释文》云："亨，祭也。"岐山，在今陕西岐山县东北之境，周族始祖古公亶父曾率族自豳迁于山下周原，为周族发祥地。这一爻辞的意思很清楚，是说周王来到岐山祭祖，占问其自身的命运，所得结果大吉大利，无有咎害。归妹卦上六爻辞云："女承筐无实，士刲羊无血，无攸利。"这是记述新婚夫妇到宗庙祭祀祖先以佑生儿育女的一条爻辞。郑康成注："宗庙之礼，主妇奉筐米。"《士昏礼》云，妇人三月而后祭行。"[34] 古代婚俗，女子嫁到夫家，三个月后随夫同去宗庙祭祖，以筐盛米、宰羊取血为祭品。这一条爻辞则记述说，女子手捧的筐里无米，其夫宰羊也没有采到羊血，这是祖宗无以佑助，后嗣以绝的凶险之兆。从卦象看，上六爻处于归妹卦之终，因全卦第三爻位为六三而非九三，上六与六三没有构成应的关系，这是不吉利

33　李鼎祚：《周易集解》，中华书局，1985 年版。

34　郑玄：《周易》，郑康成注，四部丛刊初编，张元济等编，上海涵芬楼影印，上海商务印书馆，1935 年版。

的爻象，好比女子承筐却无实，男子宰羊而无血，也就无法献祭于祖宗。来知德云："今上与三，皆阴爻，不成夫妇，则不能供祭祀矣。'无攸利'者，人伦以废，后嗣以绝，有何攸利？"[35]睽卦六五爻辞云："悔亡，厥宗噬肤，往何咎？"大意是说，要是我的祖宗神灵在冥冥之中享用了我供献的祭品，则必能保佑我，懊恼也就没有了，往后还有何害呢？这里，厥，其也，可引申为我。"噬，啮也。肤，皮也。"[36]震卦卦辞云："亨。震来虩虩，笑言哑哑，震惊百里，不丧匕鬯。"震卦卦象结构为 ☳，一阳爻生于二阴爻之下，二阴爻压迫一阳，阴阳互为激荡而必为雷震。这里，亨，享也，祭祀之意。虩，《释文》释为"恐惧貌"。哑，《释文》解作"笑声"。匕，羹匙；鬯，香酒。这是说，祭祖之时，恰逢惊雷滚动，令人威怖恐惧，祭祖者由于对祖宗内怀精诚，深信祖宗神灵的保佑，也就似乎不闻雷声，内心欢愉，做到以羹匙取香酒奉献于祖宗神灵时，镇静若定。这样的儿辈长子（震为长男），真正是祖业王位的合格继承者。所以《易传》在解说这一条卦辞时说："'震来虩虩'，恐致福也。""'震惊百里'，惊远而惧迩也。出可以守宗庙社稷，以为祭主也。"[37]

以上仅是从《周易》卦爻辞随意检索到的有关祭祖的一些内容，读者不难理解中华古人对于祖宗的崇敬。祖指男性家长，属阳，祭祖即崇阳、崇父。从原始巫文化观念看，这是以祖宗为偶像；从原始审美意识分析，这是以祖宗为人生之大美，是以父亲、

35 来知德：《周易集注》，上海古籍出版社，1990 年版。

36 蔡渊：《易象意言》，上海商务印书馆，1939 年版。

37 《易传·象辞》，朱熹《周易本义》，第 237 页。

阳性为美之至；既以父亲为偶像，又以其为大美，构成了先秦儒家以礼仁为伦理之善的核心。

祖字从示从且。据郭沫若及汉学家高本汉解说，且字本义象征阳具及其生殖能力。甲骨文中的祖字写作𝘢，其字形，象征人对且（祖之本字）的崇拜。古汉字与且（祖）字义相近的，有苴字。这是一个与崇父、祭祖意义相关的字。《仪礼·士虞礼》有"祭于苴三"之说；《五经异义》称："祭有主者，孝子以主系正，夏后氏以松，殷人以柏，周人以栗。"苴从且从艸，象征男性祖先坟头之草。另有一个俎字，《说文》云："俎，礼俎也，从半肉在且上。"有以肉（祭品）祭祖之意。

可见，从祖、苴、俎三字字形看，都有祭且、崇且的意思，这除了在原始巫文化意义上崇祖之亡灵以外，还在崇祖中培养了对男阳的原始审美意识，是对且之直接的讴歌。《周易》所赞美的"并不是祖先已死的本身，而在祖先的生殖之功；也可以说，而在纪念祖先所给与我们的生命"[38]。这言中了《周易》阴阳美学智慧的原朴特点。

宗字从宀从示，原指祭祀先祖的建筑物，即祖庙。《说文》云："宗，尊祖庙也。""宗者，尊也。为先祖主者，宗人之所尊也。"[39]由于宗是崇祀祖先的场所，后来便转义为宗族血亲的意思，宗族由血缘维系，是谓"亲亲"。"人类之抟结，族而已矣。"[40]《礼记》云：

38　《周予同经学史论著选集》，第 78 页，朱维铮编，上海人民出版社，1983 年版。

39　班固：《白虎通义》，上海古籍出版社，1992 年版。

40　吕思勉：《中国制度史》，第 378 页，上海教育出版社，1985 年版。

"是故人道亲亲也。亲亲故尊祖，尊祖故敬宗，敬宗故收族，收族故宗庙严，宗庙严故重社稷。"[41]

尊祖敬宗，不仅是一原始巫术与原始伦理文化观念问题，也是中华古代影响深巨的一大美学命题。它的底蕴，就在于对阳、对父亲伟大人格和对天的审美，这是《周易》美学智慧，也可以说是整个中华美学最深层的文化原型之一。学界同仁有将尊祖敬宗仅仅理解为人伦基本模式的，殊不知这一理解，可能忽略了这一命题广博而深刻的美学内容。比如，以阴阳对偶文化观念看待先秦道儒两家的基本美学品格，相对而言，先秦道家的美学是阴性的，是至柔、虚静、守雌的美学；先秦儒家的美学是阳性的，是至刚、实动、恃雄的美学。然而，如果不从积存于《周易》本经的生殖崇拜、尊祖崇宗的"亲亲"思想的原型出发，那么所谓道阴、儒阳就难觅其文化之根。学界有主张儒道同源的，比如胡道静先生就是如此，这是一个值得加以注意的见解。而以笔者的理解，儒道阴阳文化观念之源的同，从现存的文字资料看，大约就同在《周易》本经文辞所表达的崇祖拜宗的文化意识之中。

> 盖古代社会，抟结之范围甚隘。生活所资，惟是一族之人，互相依赖。立身之道，以及智识技艺，亦惟恃族中长老，为之牖启。故与并世之人，关系多疏，而报本追远之情转切。一切丰功伟绩，皆以传诸本族先世之酋豪。[42]

---

41 《礼记·大传第十六》，杨天宇《礼记译注》下册，第586页，上海古籍出版社，1997年版。

42 吕思勉：《先秦学术概论》，第5—6页，民国影印本，上海书店出版社，1990年版。

先世之酋豪，便是氏族、民族的父亲、始祖，他是团族、家国的核心和灵魂。尊祖崇父，既是原始巫术的一大内容，也是伦理观念的独特之处，更与中华原始审美意识相关连。在这里，原始巫术、伦理、哲学与美学原是同构的。其区别只是在于：原始巫术的尊祖崇父意识介乎神与人之间，以情谊论，先世之酋豪，固应保佑我；以能力论，先世之酋豪，亦必能保佑我矣[43]。原始伦理偏重于意志的整肃，而原始审美则偏重于情感与意象的自由。中华古代的"一切关系的原型是家庭"[44]，家庭既是"亲亲"结构，也是"尊尊"结构，它首先是崇父、崇阳的。家又与国相系而同构，家是微观之国，国为宏观之家，家国不能分拆。家国之际讲究的是忠孝是伦理是政治，也是关于人与人格的审美。这种审美情感，也就成为与冷峻的人伦、政治关系对立互补的"人情磁力场"。钱穆曾经对中华古代、古希腊（欧洲古代）和印度古代民族的情感类别作过比较："中国主孝，欧洲主爱，印度主慈。"[45]言之成理。在这家庭主孝结构中，同样渗融着慈与爱。比如就爱而言，指人伦关系之间相互的爱恋，不能不说是属于伦理美学范畴的。爱是人的性灵所特有的品性，是对于至真至善至美的敬畏与倾倒，爱是人性人格意义上的。爱是基于两性也是超越于两性的。当然，爱首先是献给祖宗与父亲的。父亲是政治的权威、伦理的表率，也是美的峰巅。从政治与伦理角度看，"在中国家庭里，典型的父亲可期待完全的尊敬，并且

43　按：参见郭沫若：《十批判书·先秦学术述林》，科学出版社，1954 年版。

44　卢西恩·W·派伊：《亚洲政权与政治》，第 326 页，第 75 页，哈佛大学出版社，1985 年版。

45　钱穆：《文化与教育》，第 3 页，商务印书馆，1942 年版。

不受直接的批评，以报答他为一家的幸福与团结所作的努力。全家都接受这样的观点，即父亲的'丢脸'或出丑是对每个人的侮辱，因此，他作为一家的象征理应对批评极度敏感"[46]。从美学角度看，则被看作是对社会人生之美的最大亵渎。

从积极意义上来说，《周易》阴阳美学智慧中的崇阳、崇父意识，由于子嗣对阳性、对父亲的爱达到了崇拜地步，它大加肯定的是自然和人生之间乾阳的顽强生命力，是民族的生生不息和伟大的团聚力，它所发展的，是以父亲为核心、灵魂的民族的审美群体意识。这一群体意识，可以看作整个中华民族自立于世界之林的民族主体意识。

从消极意义上来说，"中国是一个血缘根基深厚的国度，血缘意识的包容性在文化冲突的近代，已让位给它的排它性，就是说血缘根基外推时的狭隘性和有限性"，"它对超越血缘意识的人道感情常常表现出陌生和不理解，往往把人的问题回归到一个具体的小圈子内来审视，用血缘亲情来代替阻止普遍人格的问题的提出，因而就在新的历史条件下回避了现代化过程中的重要问题——人的问题"[47]。

然而，现代化过程中的人的问题，不仅是一个关于人的个性、个体意识也是关系到人的群体意识和民族集体意识的培养和塑造问题。固然可以说，《周易》阴阳美学智慧中的崇阳、崇父意识，在建构人的个体意识方面具有一定的时代和民族的局限性，但如果看不到或低估其在民族群体意识的形成过程中所起的巨大作用，也是

---

46 卢西恩·W·派伊：《亚洲政权与政治》，第66页，哈佛大学出版社，1985年版。

47 《中国传统文化的再估计——首届国际中国文化学术讨论会（1986）》，第343页，复旦大学历史系编，上海人民出版社，1987年版。

不公允的。

欧西古代关于父子关系的美学思考一般是不重甚而拒绝血缘的。古希腊最著名的神话传说，是俄狄浦斯的杀父娶母，并将这一点看作天意如此，因而是人所不可违逆的命运。黑格尔也曾指出，"罗马并不是什么以古老的种族传下来的"，它"没有天然的家长制的维系"[48]。这种祖宗观念的淡薄，是与西方古代文化不重祖神崇拜有关的。

基督教《圣经》曾作如此记载，有一位青年信徒想要在掩埋他的亡父之后，再来对耶稣行弟子之礼，基督却对他说："让死者去埋葬他们的尸体吧，你自跟随我来！"[49]这是对崇父、亲子之情的断然拒绝。基督又说："要知道谁奉行我的天父的意志，谁就是我的兄弟。""你们不要称呼地上的人为父亲，你们只有一个父亲，就是天父。"基督甚至说："我要使儿子疏远他的父亲，女儿疏远她的母亲，并使媳妇疏远她的翁姑，而去亲近他们的仇人。那爱父母胜过爱我的人，决不是我的追随者。"[50]这清楚不过地表明：古希腊（欧洲古代）及给予欧洲文化巨大影响的基督教文化与审美意识的一个巨大特点，就是世间的父亲不像父亲，更谈不上儿子对世间与之具有血缘联系的父亲的崇拜，在文化观念中，所有人只承认一个"父亲"，便是彼岸的、与一切人都没有血亲联系的上帝。这实在可以称之为"逆子"文化或"杀父"文化。正是在这种深层文化意识的熏染与笼罩下，西方自古以来的美学与艺术智慧偏重于追求历史的

48　［德］黑格尔：《历史哲学》，第 327 页，王造时译，三联书店，1956 年版。

49　《马太福音》，第八章，《新约圣书》卷一，上海圣书公会印发，1925 年版。

50　《马太福音》，第二十三章、十一章，《新约圣书》卷一，上海圣书公会印发，1925 年版。

"断裂"和否弃，一种逆反的文化意绪常常在时代、民族的心胸中激荡、沸腾。剧烈的反传统，是西方美学与艺术时髦而经久不衰的话题。从古希腊、古罗马、中世纪、文艺复兴、17世纪的古典主义、18世纪的启蒙主义、19世纪的批判现实主义直到20世纪的现代主义与后现代美学思潮与艺术思潮，尽管每个历史时期的美学与艺术不可避免会对前一历史时期的美学与艺术大有继承，可是，西方美学与艺术之所以具有如此清晰的历史阶段性，恰恰是因为有一种顽强的"杀父"文化潜意识在不断发挥作用的结果，这种美学与艺术思维的立足点，是对"父亲"的否定。这种思潮的出发点，一般是对"父辈"文化、美学与艺术"理论性"的断然拒绝。西方美学的思维定势与情感流向，尽管决不可能真正做到一切从零开始，它必然是在前人、父辈的成就基础上创立起来的，然而其美学观念，却重在宁可不要任何历史的系累而主张自创一格，其美学与艺术的价值取向，往往在于对创新与未来的肯定，犀利的目光常常关注着对传统剧烈的破坏。因而，西方美学与艺术的历史发展态势，一般表现为大起大落、左冲右突，其发展轨迹，犹如向前行进的锯齿形的曲折的直线。倘从"文脉"（context）观加以概括，则呈现出一种典型的"逆势文脉"趋向。

相比之下，由《周易》所开创的中华古代的"崇父"的文化、美学与艺术观却不同。有的研究者说，"如果西方文化可以算是一种'杀父的文化'的话，那么，中国文化就不妨被称为'杀子的文化'"。[51]这一观点固然有待商榷，中国文化源远流长，支派纷呈，

51　［美］孙隆基：《中国文化的深层结构》，第177页，广西师范大学出版社，2004年版。

具有许多层次与侧面，未可以"杀子"一概而论，然而就《周易》阴阳文化美学观而言，说其具有"崇父"（重父轻子、重过去轻未来）的特点则大致是不错的。据神话传说，驰名遐迩的古代大贤舜就曾遭到其父瞽叟的妒恨，由此舜很受了其父多次无故的毒打。而舜总也逆来顺受，终于为躲避父亲的棍子而逃到荒野里去，仰望苍天号啕大哭。舜的这份"崇父"的"大孝"使其贤德名扬天下，其"完美"的人格使其成为帝尧的王位继承者，尧还将两个女儿娥皇、女英嫁给他。这更加剧了瞽叟的痛恨，并多次设计要杀害舜。舜则以"孝"感天动地而幸免于难，并且维持着家庭的宁静与血缘的亲恋。这一则神话传说使舜成为"二十四孝"之首，在浓重的伦理道德理想中渗融着关于社会人生的审美理想。这一点在《周易》早已种下了根子。如果说西方古代的文化与美学观将死亡留给了父亲，那么中华古代的文化与美学观则将死亡留给了儿子。这种属于父亲而非属于儿子的"美"，具有"一种偏重依恋过去事实的思维倾向"，"倾向于从过去的惯例和周期性发生的事实中，建立一套基准法则，即以先例作为先决模式。换言之，古代人昔日经验的成果在中国人的心理上唤起一种确实感"[52]。

《周易》对乾阳即父之"美"推崇备至。

《周易》乾卦卦辞云："乾：元、亨、利、贞。"《易传》云："元者，善之长也。亨者，嘉之会也。利者，义之和也。贞者，事之干也。"[53] 这里，元指原初，善训为美，长训为首，是说乾阳是父

52 ［日］中村元：《东方民族的思维方法》，第126、127页，浙江人民出版社，1989年版。
53 《易传·文言》，朱熹《周易本义》，第44页。

亲的生理属性，是生命之元，美之首。亨，亨通。嘉，连斗山云：
"两美相合为嘉。"[54] 是说乾阳（男、父）、坤阴（女、母）为世之两
美，乾阳有与坤阴相感相合之美，这就是生命的亨通与繁茂。利，
荀爽云："阴阳相和各得其宜，然后利矣。"朱熹云："利者，生物
之遂，物各得宜，不相妨害。"[55] 是说乾阳在生命流程中的意义，在
于和坤阴各得其宜的和谐。干，李道平："木旁生者为枝，正出者
为干，是干有正义。"[56] 干，这里训为正；贞，亦可训为正，并非贞
问的意思。这是说乾阳作为生命的原始，其美正固，乾阳与坤阴的
交和之事体现了人间正道。这从四个方面讴歌了乾阳亦即父之美
德，是从崇父角度对人之生命元气的肯定。

　　然而，在中华古人"天人合一"观看来，天人本是同构，自
然与人事原本对应，"天人本无二，不必言合"[57]。故崇父意识必与
崇天意识合拍，或者，崇父必然导致崇天。苍天高高在上，渺渺茫
茫，一望无涯，其形象之高大无可比拟，其威仪，其美状，正可拿
来作为人间父亲的象征，这正是《易传》不言父但言天或先言天后
言父却实质在于大歌人间父亲的缘故。《周易》乾卦为了达到对父
亲乾阳之气的美的肯定，不仅以自然天象为象征，以天喻父，而且
在其爻辞中以龙为象，以龙喻父，其大旨无非在于揭示父亲乾阳之
气内在的至德至美。关于龙，目前学界的见解颇不一致，有的认
为是华夏先民的原始图腾符号，是在雷电云水基础上想象而成的；

54　连斗山：《周易辨画》，中国台湾商务印书馆，1969 年版。

55　朱熹：《周易本义》，第 44 页。

56　李道平：《周易集解纂疏》，商务印书馆，1936 年版。

57　程明道：《语录十一》，《二程遗书》卷六，上海古籍出版社，2000 年版。

有的认为是远古中华大地上实存过的一种动物；有的从古人之说，
"龙者，鳞虫之长。王符言：其形有九似：头似驼、角似鹿、眼似
兔、耳似牛、项似蛇、腹似蜃、鳞似鲤、爪似鹰、掌似虎是也。其
背有八十一鳞，具九九阳数。其声如戛铜盘，口旁有须髯，颔下有
明珠，喉下有逆鳞"[58]，实在神异得可以，但从不否定龙的雄伟、飞
动之美，在龙具有可羡的乾阳之美这一点上总是众口一词的。在古
人的审美眼光中，无论潜龙在渊、见龙在田还是飞龙在天，都是阳
气充盈、活力无限、美不可言的，否则为何时至今日，中华大众还
有舞龙灯之类的习俗与审美悦乐呢？本书前文已经谈到，这种龙的
美，实际是人之生命的美。这里想进一步强调，这一人"生"之
美，实际又是乾阳之气的美、父之美。因为关于龙的文化原型，在
于人的生殖崇拜，这一点也是前文曾经论述过的。同时，按照《周
易》的意思，虽然龙之美令人可羡，却并非无论何时何地的龙都
是美的，比如乾卦上六爻辞云"亢龙有悔"，这一龙象就有点不妙，
因为它已飞至天外。唯有如乾卦九五爻辞所言"在天"的"飞龙"，
才是最美满无比的，因为它体现了父之乾阳至盛至美的境界。

可见，作为乾阳之美的象征性符号，龙与天同在，龙与天同
样崇高、博大，龙之美与天之美，其实都是以父之美为其文化原型
的，或者说，龙、天之美的符号实际只是父亲乾阳之美的象征。这
种美学智慧的文化本质在于，为了人在审美意义上对人自身的自我
肯定与自我欣赏，他宁愿将目光转向天上去寻求有力的证明，从而
使这种美学观初具哲学的特色。恩斯特·卡西尔指出，"为了组织

58　罗愿：《尔雅·翼》，石云孙点校，黄山书社，1991年版。

人的政治的、社会的和道德的生活，转向天上被证明是必要的。似乎没有任何人类现象能解释它自身"，而要借助于"天"这一"充满魔术般的、神圣的和恶魔般的力量"。"如果人首先把它的眼光指向天上，那并不是为了满足单纯的理智好奇心。人在天上所真正寻找的乃是他自己的倒影和他那人的世界的秩序。"[59] 审美亦然。《周易》将父之美也就是乾阳之美的尺度无限放大，以至于达到天的程度，从而为这种始为人之生命、继而人生的美奏出了一首响彻云霄的颂歌。

《周易》美学智慧的崇天（父）意识已如前述。应当强调指出，在《周易》美学智慧中，又纠缠着一种恋土（母）情结。尽管《周易》以乾卦为第一、坤卦为第二，以坤阴与乾阳相比，自然是坤在后而乾在前，然而要论坤阴之美，倒是与乾阳之美平分秋色的。

《易传》在论及乾元时，称"大哉乾元"。这里的大，太之本字，有原初、原始的意思，其原义并非指伟大，伟大仅是原初、原始的派生意义。《易传》在论及坤元时，又说"至哉坤元"。这里，至，至极无以复加，转义则与原初、原始相契，至与大相对应。一定意义上可以这样说，至与大是两个对等的范畴概念，乾元与坤元、阳气与阴气及其所象征的天地、父母等，在《周易》中大致是一视同仁的。《周易》六十四卦凡三百八十四爻，其中阳爻、阴爻各为一百九十二，各占一半，这种爻符总体上的对称、对等也说明了这一点。

《易传》盛赞乾德、坤德，一般并无偏废与偏爱。《易传》一

59　［德］恩斯特·卡西尔：《人论》，上海译文出版社，1985年版。

方面称乾"云行雨施，品物流形"、"乾道变化，各正性命，保合太和"；另一方面又称"坤厚载物，德合无疆；含弘光大，品物咸亨"[60]。在《周易》本经中，乾卦卦辞说乾阳具有"元亨利贞"四德，坤卦卦辞亦说"元亨，利牝马之贞"。乾卦以"飞龙在天"喻乾阳之至美，坤卦以"牝马行地"喻坤阴之至美，乾坤共同成为六十四卦之纲。

还有一个现象值得予以注意，就是尽管《周易》乾为首卦，不像传说中的"归藏"易那样以坤为首卦，《周易》确是崇阳的，然而自战国至今，中国人以阳与阴并提时，但称"阴阳"，是阴在前而阳在后，倘然位置颠倒，则未免拗口。这种语词结构现象，可能说明关于女为阴、男为阳的文化观念，首起于重女轻男的母系氏族社会。《周易》所传达的文化与美学意识无疑具有父系性格，却残留着远古母系文化的遗韵，并且直到如今，在中华民族的文化与美学心灵中，仍然积淀着远古那种阴（女）为主、阳（男）为从的意识，这种民族的"集体无意识"，正可说明恋母、恋土情结的顽强性，从一个侧面，表现出我中华民族（主要是汉民族）对昔日所谓"阴文化"，亦即"女文化"、"母文化"、"土（地）文化"的留恋。

《周易》本经对大地、母亲之美一往情深。这首先表现在坤卦六二爻辞中，其辞云："六二，直方大，不习无不利。"关于这一爻辞的解说，易学界一向歧义纷呈。唐人李鼎祚引荀爽之论云："大者阳也，二应五，五下动之，则应阳出直，布阳于四方。"又引干宝之

---

60 《易传·象辞》，朱熹《周易本义》，第41、56页。

说云："阴气在二,六月之时,自遯来也。阴出地上,佐阳成物,臣道也,妻道也。臣之事君,妻之事夫,义成者也。臣贵其直,义尚其方,地体其大,故曰"直方大"。土该九德,然后可以从王事。女躬四教,然后可以配君子。道成于我,而用之于彼,不方以仕学为政,不方以嫁学为妇,故曰'不习无不利'也。"[61] 这是从爻位说对该爻辞作政治伦理学意义上的诠释。今人高亨另辟一说:"大字疑是衍文。直读为《诗·宛丘》'值其鹭羽'之值,持也。方,并船也。习,熟练也。爻辞言:人操方舟渡河,因方舟不易倾覆,虽不熟练于操舟之术,亦无不利。"[62] 此说虽能自圆,只是与该卦的坤义无涉,故不取。以笔者之浅见,这一爻辞是对大地(土)从而也是对人间母亲的赞美。坤卦六爻皆为阴爻,坤为地为母。从爻位看,六二处于全卦下卦中位,又是阴爻,故为中正之爻,最吉也最美。坤卦六二最为纯粹。六五虽处尊位,却是阳位,四重阴而不中,三又不正。惟六二爻中正,所以说"直方大"。"直方大"正是大地(土)美之属性:"地之直方,于其动观之,即生物之无屈挠,见其直;即赋形之无变易,见其方,盖唯承天而动故也。直方则大也。"[63]

大地"不假营修而功自成,故'不习'焉而'无不利'"[64]。这是说,大地宽厚柔顺肥沃,自然天成,无需人力营修而其美自生,用《易传》的话来说,是"地道光也"[65]。"坤至柔而动也刚,至静

61 按:参见李鼎祚:《周易集解》,中华书局,1985 年版。
62 高亨:《周易大传今注》,第 79 页,齐鲁书社,1979 年版。
63 陈梦雷:《周易浅述》一,第 39 页,上海古籍出版社,1983 年版。
64 《周易正义》,王弼、韩康伯注,孔颖达疏,上海书店出版社,1990 年版。
65 《易传·象辞》,朱熹《周易本义》,第 58 页。

而德方。后得主而有常，含万物而化光。坤道其顺乎！承天而时
行。"[66] 大意是说：大地极为柔美但随天时变动却也有刚直的一面，
极为岿然安静而柔丽博大的美德充盈于四方。与天相比，其恒常的
美德顺随天行，大地含吐万物、普载万物，于是化出一片光华、满
目灿烂。大地之美善的本质多么柔顺！美在承天时而运行。清代易
学家陈梦雷说：

> 唯六二柔顺而中正，得坤道之纯者也。正则无私曲而内直，
> 中则无偏党而外方。内直外方，其德自然盛大。不假修习，而自
> 无不利也。不揉而直，不矩而方，不廓而大，故曰"不习"。不
> 待学习，自然"直方大"，故曰"无不利"。[67]

这是中肯的易解。根据《易传》坤阴为"地道也，妻道也，臣道
也"[68] 的观点，又，天之文化原型既然为父，那么地则相应为母，
是谓理所当然。中华古代一向有"地为母"[69] 的文化与美学观念。
地，"凡土之属皆从土。地，元气初分，轻清阳为天，重浊阴为
地"。地与天相对，地阴而天阳。"地之吐生万物者也"[70]，土者，吐
也。《白虎通》云："土，吐含万物，土之为言吐也。"土（吐）原
是地的属性。土与后古时连用，是谓"后土"。后字在甲骨文中写
作𢓜，从后字字形看，从女从子。王国维云，"后字皆从女从子，

---

66 《易传·文言》，朱熹《周易本义》，第61页。

67 陈梦雷：《周易浅述》卷一，第86—87页，上海古籍出版社，1983年版。

68 《易传·文言》，朱熹《周易本义》，第62页。

69 范晔：《后汉书·隗嚣传》，中州古籍出版社，1996年版。

70 许慎：《说文解字》，中华书局影印本，第286页，1963年版。

或从母从子，象产子之形"⁷¹。土的派生词为社，土在甲骨文中写作Ω，这是地乳即"地为母"在文字学上的见证。社，从土从示，象征对土、地也是对后土亦即地母的祭祀、崇拜，《礼记》云："冬至祭天曰郊，夏至祭地曰社。"古代关于社稷、土地的观念是二位一体的，社也是祭土、祭地母之所，有如今日遗存于北京的社稷坛。据有关古籍记载，古时社为一方坛，是应地方之故。方坛之上堆土起一石冢，或曰冢土，实为甲骨文土字的变形。地乳实际也是母乳的象形。所以《礼记》说："社，祭土而主阴气也。"⁷² 社的文化与美学意蕴在于恋土，恋土亦即恋母。社的古体字又从土从示从木，社字古音同叶，为树叶，以象征女阴。这揭示了，上古祭社堆土为冢而且植树以象征生殖的古风。难怪后世建社必须植树，社别称丛社，祭社有桑林之祭、郊梅之祭、郊棠之祭的区别，要旨皆在崇拜地母、女阴。社，又称春社，即所谓"社会"，常在桑林举行，是谓男女幽会。俞正燮云："聚社会饮，谓之社会。同社者，同会也。"⁷³《周礼》又云："以仲春之月，会合男女。于是时也，奔者不禁。"⁷⁴ 社成为恋母、恋土之所，而且由于恋母、恋土，成了人之繁衍生殖、阴阳和会的吉祥之地、美满之地。

这便是起于《周易》本经坤卦的恋土（母）情结，它与乾卦的崇天（父）意识相辅相成，建构起《周易》阴阳美学智慧的二元结构。乾坤就是阴阳，阴阳就是天地，天地就是父母。"乾坤，阴阳

---

71 《王国维遗书二·殷卜辞所见公先王续考》，上海古籍出版社，1983年版。

72 《礼记·郊特牲第十一》，杨天宇《礼记译注》上册，第426页，上海古籍出版社，1997年版。

73 俞正燮：《癸巳存稿》，卷八，世界书局，1977年版。

74 《周礼·地官》，上海古籍出版社，2008年版。

之主也。"[75]

正如王夫之所言，"乾坤并建"，构成了《周易》美学智慧非常鲜明的民族特色。它一方面是人的审美心灵充满了对天的虔诚与敬意，这是一种受父亲关怀与警励的美学精神；另一方面又脚踏实地、依偎在大地母亲温暖之怀抱中，中华自古以来关于"大地母亲"的美学精神肇始于《周易》。从父母看天地，天地犹如父母，美与审美意识在这二元框架中相推相荡，在对天地、父母的敬畏与爱恋之中往复回旋。"是以尊天而亲地也，故教民美报焉。"[76]

从崇天（父）意识看，《周易》的阴阳美学智慧自有其一定的哲学超越精神，它从"近取诸身"的崇父出发，走向了"远取诸物"的崇天境界。天，已经不完全是属于自然范畴的天空、苍穹，而是有意志、有灵性、具有美善的，它是一种笼罩于自然宇宙与社会人生万事万物、人所无法抗拒的巨大精神力量，是中华古人对自然运行和社会人事的存在或发展至高无上的一种理性偶像，也是人间父亲的一个符号，然而这种超越又与真正宗教性的哲学超越不同。《周易》阴阳美学智慧中的天，并不是超越于世界之上的上帝，并不是彻底超验的，它只是属于世间的《周易》天人合一境界的构成因素之一，它不在出世间。

西方传统超越意识中的上帝至真至善至美，它是出世的唯一造物主，是个体灵魂归属的对象：

---

75 《易纬·乾凿度》卷上，［日］安居香山、中村璋八辑《纬书集成》上册，第9页，河北人民出版社，1994年版。

76 《礼记·郊特牲第十一》，杨天宇《礼记译注》上册，第426页，上海古籍出版社，1997年版。

我们信独一上帝，全能的父，创造有形无形万物的主。我们信独一主耶稣基督，他为拯救我们世人而降临，成了肉身的人，受难，第三日复活，升天。将来必再降临，审判死人活人。我们也信圣灵。[77]

中华古代传统超越意识的精神性偶像，是天也是与天绝对浑契的"大人"，是乾阳之气贯通于天人之际互对、互补的两极。《易传》云：

夫大人者，与天地合其德，与日月合其明，与四时合其序，与鬼神合其吉凶。先天而天弗违，后天而奉天时。[78]

大人人格自然是十全十美的，但它不是上帝也并非耶稣基督。与大人品格相关联的，是基本属于此岸时空范畴的天地、日月与四时，而不是彼岸世界。大人已经超越到天的程度，却由于天基本上仍是经验之天，因而大人的精神境界并没有向宗教天国作彻底的飞升。大人不是宗教"天国"的人间代表，因而就美学意义而言，大人的乾阳之美，也就基本扎根在现实的大地上。大人虽"与鬼神合其吉凶"，然而鬼神不是一个成熟意义上的宗教学范畴，而仅是中华古代的巫学范畴。巫术是宗教的文化前奏却不是成熟的宗教，这是为西方文化人类学所一再论证过的。在印度佛教传入中土之前，在中国也只有非常成熟的原始巫术与神话、图腾文化，还没有成熟

77　［美］穆尔：《基督教简史》，第85页，商务印书馆，1989年版。
78　《易传·文言》，朱熹《周易本义》，第53页。

的宗教。整个《周易》美学智慧，并非建构在民族宗教而是建构在巫术文化的基础上，因而，《周易》的大人观与天神观，尽管与鬼神观念具有一般的意义联系，却并不能说明它已经受到了成熟的宗教精神真正严重的濡染与熏习。这里，大人精神之美的最高境界确实是高高在上的天与天命，然而天命，包括后来宋明理学所尊崇的"天理"，不过是现实人生在崇天同时恋土基础上的投射与折光。如果说西方式的上帝，就是个人灵魂以及现实人生之美善所狂热认同的对象，这是因为上帝及天国之美的观念性存在，为西方传统美学观念从世俗现实向上提升提供了一个拉动力，那么，《周易》阴阳美学智慧中的大人与天的理念，却更多地具有恋土的文化特性，它缺乏这样的一种形上的向上的拉动力量。

既崇天，又恋土，既尊父，又亲母，成为《周易》阴阳美学智慧的基本内核。大人，亦即贤人、君子、帝王与父亲的代称，他既翘首向天，同时又匍匐在地，是只有中华古代才有的奇特的文化现象与美学现象。在《周易》本经中，他以"飞龙"自比，追求的是"飞龙在天"的至美境界，却决不愿意走极端飞到"天外"去。用《周易》乾卦爻辞来说，叫作"上六：亢龙有悔"。这是凶，也是丑。因为在《周易》美学智慧的固有模式中，如果要使美突破天亦即大人（贤人、君子、帝王、父亲）的精神局限而呈现"亢"之极端，是不可设想的。难怪儒家之传统诗教，提倡的是"温柔敦厚"、是"平和"。中华古代艺术风格绚烂，在此难以一一述说，而缺乏一种西方艺术那样狂热的酒神精神，是人们所公认的。原来，美与艺术之"亢"，由于超越到中华古人所认同的"天"外去了，早在《周易》那里就被作为异端而否定。不难见出，这种原生的文化与美学意识具有多么深巨的影响。

应当说，对于基本属于此岸的天、此岸的大人，《周易》是尊崇与礼赞的，对于彼岸之天、彼岸之上帝，却不是《周易》美学头脑所思考的对象。

> 在中国文化里，现实的世界就是眼前的这个人的世界，个人得救的方式就是能够养活以及安置自己这个"身"，使得人不朽的方式也是用传宗接代来获得"身体化"的延续，或者，用"立德、立言、立功"的方式使自己在"后世"中获得"心"的不朽。[79]

这何尝不是《周易》阴阳美学智慧的特点之一。它从人之生命出发，进而升华到人生境界，是从"人身"到"人生"，却不愿向人生之外的彼岸超拔。《周易》阴阳美学智慧具有鲜明的回归于现实大地的精神。用《易传》的话来说：

> 安土敦乎仁，故能爱。范围天地之化而不过，曲成万物而不遗，通乎昼夜之道而知，故神无方而易无体。[80]

安土，朱熹释为"随寓而安"，通于恋土。敦乎仁，不失其天地生物之心。"但圣人参天地，赞化育，于此必有道。"[81] 仁者，从人从

79　[美] 孙隆基：《中国文化的深层结构》，第387页，广西师范大学出版社，2004年版。

80　《易传·系辞上》，朱熹《周易本义》，第292—293页。

81　黎靖德编《朱子语类》卷第六十九，《朱子语类》第五册，第1735页，中华书局，1994年版。

二。二人，首先指生我养我的父母，仁是对父母而言的。所以孟子说："仁之实，事亲是也。"[82] 父母就是天地，对父母、天地的爱即事亲之仁。爱必关涉到美。美虽则化成天下，却被天地、父母所"范围"而不可逾越。这是《周易》阴阳美学智慧的基本精神之一。它在天、父的俯视下，也在地、母的襁褓之中。它是尤其富于人情味的。它的恋土（母）情结表现在后世中华美学与艺术中，使美与艺术特别具有亲地的倾向。

就文学而言，不少诗作的取材与主题往往体现出恋土、恋母的强烈诗情。《击壤歌》："日出而作，日入而息。凿井而饮，耕田而食。帝力于我何有哉。"《伊耆氏猎辞》："土反其宅，水归其壑，昆虫毋作，草木归其泽。"《弹歌》："断竹，续竹，飞土，逐宍。"《禳田者祝》："瓯窭满篝，污邪满车。五谷蕃熟，穰穰满家。"以上所引，可以说是中华古代诗坛上初起的田园诗，其节奏，其韵律，充满了对大地的淳朴恋情。由于恋土、恋母，又激发出感人至深的故乡诗情。《大风歌》："大风起兮云飞扬。威加海内兮归故乡。安得猛士兮守四方。"《古诗一首》："步出城东门，遥望江南路。前日风雪中，故人从此去。我欲渡河水，河水深无梁。愿为双黄鹄，高飞还故乡。"《却东西门行》："鸿雁出塞北，乃在无人乡。""田中有转蓬，随风远飘扬。长与故根绝，万岁不相当。""冉冉老将至，何时返故乡？""狐死归首丘，故乡安可忘？"《别诗》："朝云浮四海，日暮归故山。行役怀旧土，悲思不能言。悠悠涉千里，未知何时旋。"

82　《孟子·离娄章句上》，焦循《孟子正义》卷八，第313页，《诸子集成》第一卷，上海书店出版社，1986年版。

308

《杂诗》："朔风动秋草，边马有归心。""人情怀旧乡，客鸟思故林。"凡此，都是随意从《古诗源》(清人沈德潜选)检索的恋土、思乡之作，处处透露出对大地母亲、故里家园的殷殷眷恋情怀。这样的诗作在作为中华古代诗歌顶峰的唐代诗歌中更是多见。如大家所熟知的贺知章的名篇《回乡偶书》："少小离家老大回，乡音无改鬓毛衰。儿童相见不相识，笑问客从何处来。"诗中传达出浓烈而愉悦的乡土之情，此情是专一而永恒的，虽时过境迁而"乡音无改"、矢志不渝。王维《杂诗》："君自故乡来，应知故乡事。来日绮窗前，寒梅着花未?"诗之末句轻轻一问，非常自然地表现出诗人对故土梦牵魂萦的恋情。李白《静夜思》："床前明月光，疑是地上霜。举头望明月，低头思故乡。"这一名作，其乡恋之浓在此毋需赘述。崔颢《长干曲》："君家何处住? 妾住在横塘。停舟暂借问，或恐是同乡。"因为"或恐是同乡"，虽则陌路相逢，立即感情相通，这是中国人才具有的"人情"。而孟郊《游子吟》云："慈母手中线，游子身上衣。临行密密缝，意恐迟迟归。谁言寸草心，报得三春晖?"这首诗对慈母与故乡之恋的意象是重叠的。

由于恋土、恋母，扩而大之同样激发出对故国的热爱，且不说苏武持节、昭君幽怨在他们本人留存下来的诗作中得到了淋漓尽致的表现，在屈原、辛弃疾、文天祥以及岳飞的诗篇中也表现得情深意切。

总之，大地母亲生我、养我，人生于斯、长于斯、老于斯，故土难离，叶落归根，家国不容侵犯，这是中华民族尤其汉民族最美好的传统民族感情和美学心态。这种感情和心态的文化与美学原型，是《周易》坤卦的恋土(母)情结。这一美的苦恋，是《周易》阴阳美学智慧的重要构成部分。《周易》坤卦为中华传统的阴阳美学智慧建构起大地般博大、含蓄、深沉的美学胸怀。《易传》云，坤阴"德合无疆"、"行地无疆"、"应地无疆"[83]，渗融着伦理观念的关于大地的审美意识，是东方古代农业文化的产物，土地是农业的命根与母体。难怪比如中华古代建筑文化一直盛行土葬，"地示在下，非瘗不足以达之"[84]。人子生养于大地坦荡的胸怀，死后掩埋于故乡之土地，是对"母体"虔诚的回归。中华上古曾经盛行过残酷的"人殉"和"牲殉"，在殷墟墓葬艺术中比比皆是。如殷墟第三期建筑艺术遗址，"有一个'奠基墓'，埋小孩1；有'置础墓'9，埋人1，牛33，羊101，狗78"，"乙七基址，埋人1，牛10，羊6，狗20，七个'安门墓'，埋人18，狗2"。[85]夯土台基的建造，"经常用人'奠基'。一般是在台基上挖一个长方形竖穴，把人用席子卷好，填入穴内，再行夯实"。[86]在《诗经》和《史记》中也有记载，秦穆公死而封陵，殉葬者凡一百七十七人，其中包括奄息、仲行与铖虎子等三大贤人[87]。近年所发掘的西安秦公大墓，虽然其建造年代晚于穆公墓，但殉人竟达一百八十二。原来"人殉"、"牲殉"也是一种"艺术"，除了表现残酷的伦理观念，还在于表达人对大地母亲执著的亲恋，此乃"以血祭祭社稷"[88]之谓。

83　《易传·象辞》，朱熹《周易本义》，第56、57页。

84　《礼记·郊特牲第十一》，孔颖达《礼记正义》，北京大学出版社，2000年版。

85　邹衡：《夏商周考古学论文集》第70—80页，文物出版社，1980年版。

86　《新中国的考古发现和研究》，第225页，中国社会科学院考古研究所，文物出版社，1984年版。

87　如《诗·黄鸟》："彼苍者天，歼我良人！如可赎兮，人百其身。""良人"，即指奄息、仲行、铖虎子三大贤人。

88　《周礼·春官·大宗伯》，孙诒让《周礼正义》，汪少华点校，中华书局，2016年版。

《周易》坤阴的恋土、亲地观念不仅受制于崇天（父）意识，而且反作用于乾阳之美，仿佛坤阴有一种磁力，它吸引人的文化与审美目光注视并且安附于人间大地，而难作形而上的宗教灵动与飞越。这在诸多文学诗作中也表现出来了。中国文学史上，屈子的《离骚》是公认的中华古代的浪漫主义杰作，它想象奇特，极度夸张，艺术视野十分开阔，意象恢宏，真乃"心飞扬兮浩荡"（《九歌·河伯》），诗人上下求索："饮余马于咸池兮，总余辔乎扶桑，折若木以拂日兮，聊逍遥以相羊。"（《离骚》）然而其深深依恋的，决不是尘世之外的天国，而是"长太息以掩涕兮，哀民生之多艰"（同前）。虽然在艺术表现手法上采神话传说中的天象入诗，但其审美视角却在民生大地、"内崇楚国之美"。晋陶渊明作桃花源、乌托邦之奇想，有避世、出世之构思，但没有上升到宗教的天国境界。诗人所构想的至美至乐，不过是老子"小国寡民"与"大同"世界的一个地上乐园："土地平旷，屋舍俨然，有良田、美池、桑竹之属，阡陌交通，鸡犬相闻，其中往来种作，男女衣著，悉如外人，黄发垂髫，并怡然自乐。"注者曰："纯然古风。"（《桃花源记》）在唐诗中，李白诗歌的艺术想象力当为数一数二，"故人西辞黄鹤楼，烟花三月下扬州。孤帆远影碧空尽，唯见长江天际流"（《黄鹤楼送孟浩然之广陵》）。别以为这里写到了碧空与天际，就不是表达一种与恋土相联系的诗情，其实诗人所极目的只是远处的地平线。"日照香炉生紫烟，遥看瀑布挂前川。飞流直下三千尺，疑是银河落九天。"（《望庐山瀑布》）想到了银河世界，却最终还是落实到地上来。李商隐的一首《嫦娥》这样写道："云母屏风烛影深，长河渐落晓星沉。嫦娥应悔偷灵药，碧海青天夜夜心。"连月中嫦娥也后悔当初不该偷盗灵药而犯下天条，被罚在月宫独守清孤，那么这样的天，还值得谁去向往、企盼呢？难怪民间传说、戏曲中的七仙女思凡、下凡，要那般执著地来下嫁她的董郎，而孙猴子也不愿在天上做他的"弼马温"，图的是在水帘洞活得自由自在。住在地上的水帘洞又自封"齐天大圣"，可见不是天统地，而是地统天。孙悟空确实跟随唐僧到西天去取过经，而终于还是回到了"东土"。

这一切文学艺术恋土（母）观念的展现，都由《周易》坤卦对坤阴的美的留恋作了它们文化学与美学上的原型。世人读易、究易，指出《周易》如何崇阳、崇天、崇父，这自然不错，然而以笔者浅见，恋母、恋土、恋阴也是易理及其美学智慧的深层结构之一。从传统儒学观点看《周易》美学智慧，其智慧具有一个显在的父—母、天—地、阳—阴结构，以父、天、阳为主；从另一文化角度看《周易》美学智慧，则无疑具有另一隐在的母—父、地—天、阴—阳结构，以母、地、阴为主。这两个结构互逆互顺、互对互应，构成了《周易》阴阳美学智慧的美妙意蕴、境界及其局限。

第三节　阳刚、阴柔与刚柔相济

阳刚、阴柔这一对美学范畴及其观念，实际是由《易传》所酝酿的。阳刚与壮美相应，阴柔与优美相应，后代称阳刚之美与阴柔之美。《易传》这一对美学范畴的酝酿，在中华古代美学史上树立了重要标志。尽管阳刚、阴柔的美学观念直接肇始于阴阳观念，尽管根据前述"数字卦"思想，阴阳观念并非《周易》本经卦爻辞所固有，尽管阳刚、阴柔的美学智慧，一般认为是比较后起、战国时期才有的，它比《周易》本经的问世起码要晚七八个世纪，然而，既然阳刚、阴柔美学观的形成，是一个漫长的历史过程，那么，我们为什么不应去注意在其形成过程中的前期现象呢？

笔者在前文已经多次说过，当中华先民的原始巫术观念开始建构，在意识朦胧之中吉、凶两大原生文化观念的滋生，则意味着中华先民开始意识到，他们所面对的浑沦世界是可分的。漫长的实践活动与思索，使人慢慢领悟到，原来错综复杂、一团乱麻似的自然与社会人生，都普遍存在着两相对应的关系场，而不仅仅是巫术的吉与凶。实践范围的扩大与深入，必然导致人类思维的敏明与文化眼界的开拓，会受到巫术吉凶观念的戟刺。人们注意并且理解，自然与人生之际的天地、雷风、水火、山泽以及男女、生死、寒暑、昼夜、大小、动静与刚柔等都呈现出二元对应态势，于是便将原指日光向背的阴阳概念哲理化与普泛化，建构起朴素辩证的原始哲学阴阳论。这种哲学的启蒙同时是对美学的召唤。

在《周易》本经中，__、_ _两个抽象符号是数的抽象符号，前者指奇数，后者为偶数。乾坤等六十四卦也是数的象征，它们用于巫术占筮，共同构成了筮符系统。发展到《易传》，这些卦爻符号，已经在原有巫术占筮意义的基础上，生发出哲学、美学与伦理学等多种文化意蕴，同时残留着一定的巫术文化因子。现在很难确知，什么时候人们将那两个基础爻符称作阴爻与阳爻，也许是在一个相当长时期内《易传》作者解易的创造吧。一旦有意识地将爻符与阴阳观念相对接，由于爻符本身已经具备了数之抽象的文化秉性，便自然促成了阴阳这对范畴，从原指日光向背较为具体的意义，向形而上的哲学与美学智慧的高度升华，阴阳成为男女、父母、天地、刚柔、动静与生死等一切事物二元的哲学与美学的"共名"。

由于在整个自然宇宙中，天地日月四时等自然现象的变演与人的生命及生活关系尤为密切，由于男女性别关系到氏族、民族的繁衍生存，是当时社会存在与发展的头等大事，因而在《易传》作者将爻符与阴阳观念的对接中，必然首先会将阴爻、阳爻认作男女与天地的象征，从人的生殖现象中揭示出阳刚、阴柔这一对纯粹的美学意蕴。目前美学界同仁论述阳刚、阴柔，一般注意到了阴阳与柔刚之间的对应，却忽略了阳刚、阴柔美学观念与整部《周易》生命美学智慧之间的内在联系。其实，虽然阳刚、阴柔观的文化基因在原始阴阳文化之中，它原始启动于远古的巫术吉凶观、《周易》巫术占筮中数的智慧和关于日光向背的天文地理观，然而关于刚柔的审美意识，却是《易传》从人的生殖现象中概括、提炼出来的。

在《易传》中，男阳而女阴、男刚而女柔的观念，首先不是指男女扩而为父母、天地、日月与四时等的心理、伦理、美理与天理等意义特征，而是属于朴素性生理学上的概念。所谓阳刚、阴柔，指两性即乾元、坤元的不同性状与功能，同时在此基础上发挥为美学智慧。

《易传》结合阴阳论刚柔之处甚多。首先我们应当注意这一论述：

> 乾，阳物也；坤，阴物也。阴阳合德而刚柔有体。[89]

这里的阳物阴物，是指既为乾元又为坤元的人的生殖与生命

---

89 《易传·系辞下》，朱熹《周易本义》，第334—335页。

"精气"，阴阳合德就是《易传》所谓"男女构精"。这里的德，通得，阴阳合德即阴阳合得，指男女之性的交感。而刚、柔则指交感时的两种性状。所以阳刚、阴柔原指人之生命的原始，这种生命原始在《易传》看来是"美"。从人的生命现象之阴阳、刚柔生发开去，建构起关于阳刚之美、阴柔之美的美学智慧，从"近取诸身"到"远取诸物"，将自然与社会人生的一切美归纳为壮美（阳刚）和优美（阴柔）两大类。

> 大哉乾乎！刚健中正，纯粹精也。
> 坤至柔而动也刚，至静而德方。[90]

天的阳刚之美与地的阴柔之美，是两大类的自然美，且以刚柔与动静相联系。以天与地相对应，天动而地静，天刚而地柔。阳刚与阴柔这一对范畴的意义是相应的，我们不能将其理解得太死板太生硬，需圆融一点才是。以天与地对，前者阳刚，后者阴柔。就地而言，静则为阴柔，动则为阳刚。其余万物万事，皆可作如是观。其实不仅刚、柔，而且阴、阳这两个范畴也是相应的，以天与地相对应，为天阳地阴。就天本身而言，又自有其阴阳，正如《易传》所言："是以立天之道曰阴与阳，立地之道曰柔与刚。"这是富于辩证法的。

阳刚、阴柔的美学智慧，也对社会美作出规范，将其分为两大类。在《易传》看来，社会美是与政治伦理观念纠结在一起的，

---

90 《易传·文言》，朱熹《周易本义》，第51、61页。

"天尊地卑，乾坤定矣"，而"乾道成男，坤道成女"[91]。从美学的角度看，乾男的阳刚之美与坤女的阴柔之美彼此无分高下；从社会政治伦理角度看，则属天的阳刚之美为尊而属地的阴柔之美为卑，这里的美是有等级的。男女、父母、父子、夫妻、母子与君臣等，以前者为阳刚，后者为阴柔。就男或女、君或臣等自身所作所为而言，又有阳刚、阴柔之别，所以《易传》说，君子应当知微知彰，知柔知刚，才不负万夫之望。

阳刚之美与阴柔之美不是孤立存在与发展的，它们相摩相荡，在一定条件下相互转换：

> 是故刚柔相摩，八卦相荡。
> 刚柔相推而生变化。[92]

八卦指天地雷风水火山泽，以天雷火山为阳刚、地风水泽为阴柔，推之于人伦，则父与长男、中男、少男为阳刚，母与长女、中女、少女为阴柔。然而只要具备一定条件，这种阳刚之美与阴柔之美是可以互相转化的。如果从地球（大地）看天穹（包括天穹中的诸多星体），是天阳刚地阴柔；假设有朝一日人类登上宇宙中的另一星球，从那星球看宇宙，那么，本是作为地的地球就上升为天，作为天的那一星球就降格为地，由于立足点和视角的不同，岂不是原先所谓的天（人类登上的那一星球）为地之阴柔、原先所谓的地（地

---

91 《易传·系辞上》，朱熹《周易本义》，第 284、285 页。
92 《易传·系辞上》，朱熹《周易本义》，第 285、288 页。

球）为天之阳刚么？在夫妻、父母与父子关系中，以夫、父为阳刚，以妻、母为阴柔。就母子关系而言，则母为阳刚，子为阴柔，这是指子幼小之时；一旦子长大成人，则子为阳刚，母为阴柔。

《周易》阳刚、阴柔美学智慧的真正意义，是对于艺术美基本品类的规定与开拓，从而给予艺术美的创作与接受以巨大影响，开始成为中华艺术美学的一对独具民族文化智慧内蕴的美学范畴。如果说，《易传》关于阳刚之美与阴柔之美的美学观念主要是就自然美与社会美而言的话，那么大致到了魏晋及其后，这一对美学范畴就日益为艺术家、文学家所认可，成为分析艺术美现象的一对基本范畴。正因为阳刚、阴柔首先是指自然美、社会美的两种基本类型和风格，所以，当进而用以规范艺术美时，就显得更为深刻而贴切。因为艺术美是自然美和社会美的能动反映，是在自然美与社会美基础上的艺术创造。美是人的本质力量的积极性的对象化，在对象化过程中包含着具象兼抽象因素，而对于阳刚之美与阴柔之美而言，那种被对象化了的人的本质，尤其与人的生命（生殖）力量相联系，所以两种艺术美的基本类型与风格，实际是经过哲理化与审美化过程之人的生命力量与意蕴在艺术与艺术观念中的体现。人的生命分阴分阳、分柔分刚，艺术美也就具有刚性美与柔性美这两种基本品类与风貌，艺术的壮美与优美成为从人之生命到人生，扩而至于自然（天阳地阴）的象征。而依《易传》所见，"精气为物，游魂为变"[93]，天地万殊，其底蕴无非一"气"而已。就自然而言，"成天地者，气也"[94]。"虽有万形，冲气

---

93 《易传·系辞上》，朱熹《周易本义》，第 291 页。

94 杨泉：《物理论》，孙星衍辑，一卷，平津馆丛书之三，凤凰出版社，2010 年版。

一焉。"[95] 就社会而言，则亦气贯其际，比如在社会道德领域，"我知言，我善养吾浩然之气。……其为气也，至大至刚，以直养而无害，则塞于天地之间。其为气也，配义与道；无是，馁也"。这里指的是社会人生的精神气候，实际指道德精神性气质。这个气，与道德之心、志相浑契。"不得于心，勿求于气，可；不得于言，勿求于心，不可。夫志，气之帅也；气，体之充也。夫志至焉，气次焉；故曰：持其志，无暴其气。"[96] 虽气与心、志相契，但后者为前者之帅，后者是前者的道德精神性衍化。就人而言，人是社会文化的动物，是自然与社会的"明灯"与"火炬"，是人的存在，分出了自然与社会。人是宇宙的精华，万物的灵长。荀子云："水火有气而无生，草木有生而无知，禽兽有知而无义，人有气有生有知亦且有义，故最为天下贵也。"[97] 引申一句，人有气有生有知有义而且有美，人之美是统摄自然与社会万类的原生之美、原型之美。因为人之生气是冠表万美的。气轻扬者为天、重浊者为地，粗者为物、精者为人。人既属于自然，又属于社会，为气之精华。艺术美作为人性、人格的象征，是人心情感的审美流溢，所以艺术美是气之精华的精华。而气分阴阳、人分阴阳，遂成阳刚、阴柔之美。生命的底蕴是气，人生与人格的底蕴也是气，气是人的本质力量的根元，也是阳刚、阴柔之美的底蕴。阳刚、阴柔的自然哲学基础是人的生命之气，这一对美学范畴受到人生道德

95　王弼：《老子注》，第四十二章，第27页，《诸子集成》第三卷，上海书店出版社，1986年版。

96　《孟子·公孙丑章句上》，焦循《孟子正义》卷三，第117—118、114、115—116页，《诸子集成》第一卷，上海书店出版社，1986年版。

97　《荀子·王制篇第九》，王先谦《荀子集解》卷五，第104页，《诸子集成》第二卷，上海书店出版社，1986年版。

的濡染，而在艺术领域光灼千秋，这一光华是由《周易》所点燃的。

在中华古代文学艺术史上，具有阳刚与阴柔风格的作品迭相竞美。以灿烂的殷周青铜艺术为例，殷二里冈期的兽面乳钉纹方鼎、兽面纹鼎、兽面纹壶和兽面纹罍；殷中期的夔纹扁足鼎、殷文丁时代的司母戊方鼎、殷墟早期的龙虎尊；西周成王时期的何尊及铭文以及春秋晚期的牺尊等艺术器型，一般具有狞厉的阳刚之美。相比之下，殷墟中期的黄觚，春秋早期的齐侯盂与鱼龙纹盘，春秋晚期的莲鹤方壶，战国中期的错金银龙凤方案以及西汉早期的长信宫灯等[98]，一般具有娟好的阴柔之美。以雕塑艺术为例，富于阳刚之气的，可以仰韶文化期的人象陶塑，殷代的虎食人卣，秦始皇墓的武士俑，汉代霍去病墓前的"马踏匈奴"石雕，荆轲刺秦王画像石，北魏云冈的"露天大佛"，唐代乾陵的坐狮石塑，唐代四川的"乐山大佛"，与唐代木雕迦叶头像与元代浙江杭州灵隐寺飞来峰大肚弥勒像等为代表，其艺术造型趋于巨硕、线条粗犷有力；而比如出现于战国燕乐画像的浅刻艺术品，西汉的彩绘木俑，东汉的牛郎织女刻石，朱雀浮雕，敦煌的飞天、女伎与思惟菩萨，隋代的陶塑女俑以及历代常见的观音像和微雕艺术等，都富于阴柔之美。以绘画为例，倘以"吴带当风"为阳刚之美的一种典型风格，其艺术形象疏放自如，风神飘举，则相对而言，"曹衣出水"具有阴柔的美蕴。曹仲达的画风受印度犍陀罗艺术影响，状人体如从水中乍出，湿衣沾体，给人以紧窄、内敛的精神气质的美感。吴道子的地狱变虽以佛教所谓阴间地狱情状为题材，用笔恰如"挟风雨雷电之

98　按：参见马承源：《中国古代青铜器》，上海人民出版社，1982年版。

势，具神工鬼斧之奇，语其坚则千夫不易，论其锐则七札可穿"[99]。
假如与《韩熙载夜宴图》相比，其阳刚以至于狞怖的风格是很明显
的。王维的《袁安卧雪图》"有雪中芭蕉，此乃得心应手，意到便
成"[100]，正如其诗的意境一样，禅味澹泊，阴柔之气妍美流便。元
"四大家"有以赵孟頫（松雪）为首者，正如其书法艺术大有阴柔
逸韵之美那样，徐复观认为，赵画"得力于一个'清'字；由心灵
之清，而把握到自然世界的清，这便形成他作品之清；清便远，所
以他的作品，可以用清远两字加以概括"[101]。而李思训的画作风骨
奇峭，挥扫躁硬，笔力遒劲，有阳刚之气。张彦远说，李画"笔格
遒劲，湍濑潺湲，云霞缥缈"[102]。近例又如徐悲鸿的《奔马》、齐白
石的《虾》，前为阳刚，后则阴柔。以书法艺术论，刘熙载所论可
谓精当："圣人作《易》，立象以尽意。意，先天，书之本也；象，
后天，书之用也。""书要兼备阴阳二气。大凡沉着屈郁，阴也；奇
拔豪达，阳也。"这是从阳刚、阴柔相辅相成的高格调论书艺，对
于具体书家的作品美学基调来说，则往往偏胜于阳刚或阴柔。如果
说唐代颜体恢宏博大、健壮有力，创阳刚之高格，那么同具骨力的
欧阳询的书体，其坚韧峻峭，相对而言又可归于阴柔一类；如果
说，张旭的狂草多阳刚之气，那么孙过庭的草书"用笔破而愈完，
纷而愈治，飘逸愈沉着，婀娜愈刚健"[103]，似可以"刚柔相济"论
之，但与张书相比，则又以阴柔取胜。以建筑文化言，中华古代的

99　沈宗骞：《芥舟学画编》，人民美术出版社，1959 年版。

100　沈括：《梦溪笔谈》卷十七《书画》，《元刊梦溪笔谈》，文物出版社，1975 年版。

101　徐复观：《中国艺术精神》，第 383—384 页，春风文艺出版社，1987 年版。

102　张彦远：《历代名画记》卷九，第 180 页，人民美术出版社，1963 年版。

103　按：参见刘熙载：《书概》，《艺概》，上海古籍出版社，1978 年版。

宫殿建筑风格，一般以雄浑、高大、巨硕与色彩强烈见长，有如秦之阿房宫、汉之麟德殿、唐之长安宫城、明清北京紫禁城，阳刚之气十足；一般民居以开间趋于小型、色彩素淡与空间封闭含蓄为其基本美学特征，有如明清北京四合院、江南民居等，有阴柔之美。即使是同一个建筑物的单体或建筑群，也有阳刚、阴柔之美的区别。以北京故宫论，总体上有阳刚之美，而以三大殿与左右配殿相比，则前为阳刚后为阴柔，以三大殿与御花园比较，又前为阳刚后为阴柔。说到中华古代的园林文化，它与建筑相比，则无疑前为阴柔，后为阳刚。中华园林作为世界三大园林艺术流派之一，其优美风韵为世人瞩目。园艺曲线丰富，尤忌平直；以含蓄称佳，尤恶直露；有亭翼然，小桥卧波；山石峥嵘，曲径通幽；洞门掩映，云墙徘徊，是典型的东方园艺的阴柔之美。然而，以古代皇家林苑与文人园、北方园林与南地园林相比，则又有阳刚、阴柔之别。比如南北两地园林，就有"北雄南秀"之称，世称古代扬州园林风格，则集北雄南秀于一地，刚柔相济也。

可以说，所有中华古代艺术的美学品类，都可以阳刚、阴柔称之，它们都是阴阳、刚柔易理的审美形象化。这一易理的美学概括力是很强的。再就文学而言，其艺术美学风格千姿百态，其基本分类仍是阳刚与阴柔，它们首先指不同个人的艺术风神，曹操《观沧海》"秋风萧瑟，洪波涌起"，"老骥伏枥，志在千里"的咏叹，古直悲凉，苍郁雄浑，发阳刚之浩叹，不同于陶潜"采菊东篱下，悠然见南山"式的吟唱，陶诗闲适、静穆，人在田园而心寄之，有阴柔之气。苏轼《江城子·密州出猎》唱道："老夫聊发少年狂，左牵黄，右擎苍，锦帽貂裘，千骑卷平岗……"；辛稼轩有"马作的卢飞快，弓似霹雳弦惊"、"金戈铁马，气吞万里如虎"的沙场呐喊，写尽了陆游诗句"上马击狂胡，下马草军书"式的英雄气概，又可与苏东坡"大江东去，浪淘尽，千古风流人物；乱石崩云，惊涛裂岸，卷起千堆雪"的豪迈高歌相媲美。而李清照的"寻寻觅觅、冷冷清清、凄凄惨惨戚戚"、"帘卷西风，人比黄花瘦"、柳永的"执手相看泪眼，竟无语凝噎"等内心独白和缠绵悱恻，可谓柔情万钟。当然，同一作家、诗人的艺术美学风格不是单一的，有一种主导风格。虽然陶渊明有"刑天舞干戚，猛志固常在"的"金刚怒目式"，总体上仍不失为田园旨趣，"晨兴理荒秽，带（戴）月荷锄归"，"结庐在人境，而无车马喧，问君何能尔，心远地自偏"。稼轩以廉颇自比，其词充满了铿锵的音调，以豪放、阳刚惊绝于世，是其主导风格，却也有"大儿锄豆溪东，中儿正织鸡笼；最喜小儿无赖，溪头卧剥莲蓬"的田家乐和低吟小唱。李清照词以阴柔名闻词坛，偶尔也写得英风万里、慷慨多气："生当作人杰，死亦为鬼雄。至今思项羽，不肯过江东。"这一切都证明，艺术、文学审美的阳刚、阴柔美之间，具有不能绝然分拆的血缘联系。

文学艺术的阳刚之美与阴柔之美也是时代的产物，其演变、转换多与时代相推移。比如汉代、唐代艺术，总体上尺度巨大、视野开阔，崇尚力量和刚度；自宋开始，则艺术渐趋小型化、细腻化与女性化，比如佛教造像手法细腻、流丽而光滑，再也没有乐山大佛那样的恢宏气度了，书法上也不会有第二个颜真卿。宋代设画院画风追求工笔，绘花鸟尺度变小，在细节上刻意推敲，所谓"孔雀升高必举左"便是一例。诸如马远、夏珪的南宋文人画小品，常以归牧、独钓、琴趣与暝泊之类为题材、为寄托。即以唐代诗歌为例，初唐、盛唐、中唐与晚唐诗的格调也不相同。初唐"四杰"之一陈子昂唱道："前不见古人，后不见来者，念天地之悠悠，独怆然而泣下。"其诗之意境主题所表达的，犹如少年英气却涉世未深，誓与过去作彻底决裂，又一时不知未来究竟如何，于是不免酿成少年般的孤独与痛苦，这一诗境阳刚之气勃发、在内心酝酿冲突，未蔚为大观却预示着前路无量，是时代精神的真实映照。盛唐诗以李白为代表，豪放、飘逸、恣肆，无拘无束，自由自在，其诗阳刚之美颇多，快悦明丽，天才极致，"盛唐之音"也。中唐诗由于安史之乱的戟刺而呈现出凝重、沉雄与顿挫的阳刚风格，可以杜甫后期诗作为代表，其"三吏"、"三别"气势磅礴而悲郁无绪却有音律节奏严格工整之特色，再也不是李白那样的风流潇洒却思虑深沉，虽属阳刚之美却已在向阴柔暗转。所以诗到晚唐，便有李贺的诡谲，想象奇特、诗才超拔、不同凡响而"阴"风四起，这是时代的阴盛阳衰和痛苦在诗之美学心灵中的折射。发展到李商隐，则吟出了一种典型的阴柔心境："相见时难别亦难，东风无力百花残。春蚕到死丝方尽，蜡炬成灰泪始干。"杜牧也唱道："停车坐爱枫林晚，霜叶红于二月花。"有一种日暮黄昏与秋期之叹。胡应麟说："盛唐句如'海日生残夜，江春入旧年'，中唐句如'风兼残雪起，河带断冰流'，晚唐句如'鸡声茅店月，人迹板桥霜'，皆形容景物，妙绝千古，而盛、中、晚界限斩然。故知文章关气运，非人力。"[104] 这一论述，如将气运改为时代，亦可。

由实际上为《周易》所开创的文化与文学艺术美的阳刚、阴柔

104　胡应麟:《诗薮》,上海古籍出版社,1979 年版。

使得事情了了分明。中国美学发展流变的基本框架，是儒、道、释及三派的冲突融合，其他流派的哲学、美学思想固然对中国古代美学的总体智慧有影响，却是有限的，倘以阳刚、阴柔看儒、道、释三家及其艺术，则儒阳刚道阴柔、道阳刚释阴柔、儒阳刚释阴柔而道是儒释之间的一个中介。《周易》本经的巫学智慧为儒道之源；《易传》是崇儒恋道亦即崇阳刚恋阴柔的，当然，其间还掺和着阴阳五行学说。《易传》崇阳崇刚已如前述，比如大畜卦云"刚健、笃实、辉光，日新其德"[105]，大壮卦也充分肯定自然、社会人生与艺术（比如此卦所象征的建筑）的大壮之美即壮美，除了前文一再提及的乾卦，整部《周易》的崇阳崇刚之旨是明显的，确实显示了儒学的精神气质。《易传》又是恋阴恋柔的。关于坤卦，我们在前文曾作过许多分析，它在《周易》阴阳美学智慧结构中，一方面显示了儒家在崇天（父）的同时，具有恋土（母）的另一层面，另一方面又与道家精神暗合，老子云："谷神不死，是谓玄牝。玄牝之门，是谓天地根。"[106] 玄牝为母体，道家精神在于守雌、阴柔与虚静。通之于艺术审美，比如文人山水、园林小筑，尤具道家的阴柔之美蕴。郭熙画论有"三远"之说，谓："山有三远。自山下而仰山巅，谓之高远；自山前而窥山后，谓之深远；自近山而望远山，谓之平远。"[107] 远是文人山水的一种艺术意境，是山水形质的延伸，艺术想象的拓展，从有限向无限之无境远去，乃是与宇宙相通相感

105　《易传·象辞》，朱熹：《周易本义》，第 149 页。

106　《老子》第六章，王弼《老子道德经注》，第 4 页，《诸子集成》第三卷，上海书店出版社，1986 年版。

107　郭熙：《林泉高致》，郭思编，中华书局，2010 年版。

的一片化机。远便是无，无是魏晋玄学的基本精神，而无，实际是玄学鼻祖之一王弼熔裁易老渗以佛理所创造的一个哲学与美学基本范畴，它是易之阴柔（包括儒的恋土恋母恋阴）、道之守雌和佛之空幻所熔铸的精神混血儿。比较起来，受佛学精神所濡染的文学艺术及审美理想是重阴柔之美的，它与庄学结合，开拓了中华古代的艺术意境观。如唐代作为中华佛学的鼎盛时期，它也意味与老庄之学相融洽的中华佛学对艺术领域的普遍深入，唐代意境说的成熟，说明了庄禅阴柔之美观念意绪对文学艺术的熏习。笔者在本书前文论《周易》意象美学智慧时已经谈到，意境说是从意象说发展而来的，一般而言，意象具阳刚之气而意境多阴柔之美，如何缘故？因为意境构成，更多地接受到庄禅阴柔之质的影响。唐与唐以后，中华文坛、艺坛多以澹泊、平淡、婉约、优丽与圆融之审美理想相倡导，比如唐司空图分诗格为二十四品，以冲淡为高格；宋人黄休复提倡逸格；欧阳修云"萧条淡泊，此难画之意"[108]；严羽要求诗有别趣，"羚羊挂角，无迹可求"、"大抵禅道惟在妙悟，诗道亦在妙悟"[109] 等，都可看作是文学艺术对庄禅阴柔之美论的消解与熔契。这大大不同于比如魏晋南北朝时代刘勰所标举的"风骨"说。

　　要之，阳刚之美，动美也，神健、骨拙、质刚、味浓、气盛、象巨；阴柔之美，静美也，神清、骨秀、质柔、味淡、韵适、境灵。它们分别是生命以及生命力体现在自然美、社会美与艺术美中的健康品格。

108　欧阳修：《试笔·鉴画》，陕西人民出版社，1993 年版。

109　严羽：《沧浪诗话》，郭绍虞《沧浪诗话校释》，人民文学出版社，1983 年版。

　　中华古代关于阳刚、阴柔之美的最高审美理想是刚柔相济。《易传》云："一阴一阳之谓道。"道的健全状态就是阴阳合德，刚柔相济，《易传》称为相求相爱。阳遇阴、阴遇阳则相求相爱。阳遇阳、阴遇阴则相敌相恶。爱则吉，恶则凶。这里引申一句，爱则美，恶则丑。在《周易》看来，刚性美与柔性美并不是绝对的，"阳卦多阴，阴卦多阳"[110]，即使乾坤两卦，似乎是纯阳、纯阴之卦，实际乾之上升到上九、坤之上升到上六，都各意味着乾阳中含坤阴、坤阴中含乾阳，乾坤阴阳可以互转，便是《周易》本经设置"用九""用六"（按：这里的"用"，通义）的用意。所以刚柔相济的美学智慧认为刚中含柔、柔中含刚是合情合理的。刚中如果无柔，艺术的生命就缺乏弹性，就会陷入僵滞状态；柔中如果无刚，艺术的生命便缺乏内在的骨力与刚度，显得萎顿不振。阳刚并非粗俗或是虚张声势，阴柔并非轻佻媚俗，它们都是内在生命力的适度的表现。刘熙载论王羲之书艺，认为"右军书'不言而四时之气亦备'"，春夏秋冬阴阳刚柔之气兼而得之。"右军书以二语评之，曰：力屈万夫，韵高千古。"[111] 这一评说可谓慧眼独具，点出了其刚柔互融、俊拔伟丽又潇洒飘逸的独特神韵。

　　本来，要达到刚柔相济的境界殊非易事，艺术实践中往往该阳者不阳，该阴者不阴，不阴不阳、无刚无柔，这是对《周易》阴阳刚柔美学智慧的违背。刚柔相济不是取阴阳、刚柔之间的一个平等值，所以对阴阳、刚柔的血缘联系作任何人为的肢解，都有可能

110　《易传·系辞下》，朱熹《周易本义》，第327页。

111　刘熙载：《书概》，《艺概》，上海古籍出版社，1978年版。

衍生一种病态的中性亦即非性化的美学观。比方说，在传统戏曲艺术中，尤其在京昆剧种和越剧中，角色常男扮女装或女扮男装，颠鸾倒凤，似乎有点刚柔相济的味道。鲁迅曾指出，京剧曾有男扮女装戏，在男性观众看来，剧情中的"她"是女性；在女性观众眼中，演员的"他"是男性，男女相悦，岂非两全其美？其实，除了少数艺术家由于高超的艺术素养与演技使其"反串"角色达于至境之外，有时会给观众留下演员与角色之间阴阳男女刚柔支离的不良感觉。京昆剧中的小生运腔歌唱以真假嗓迭用，真嗓露出男子阳刚之本相，假嗓又意在塑造潇洒柔美的声乐形象，然而假嗓能否如意地传达出青年男子的英姿流韵，而且真假嗓之间在唱技上如何衔接，这是艺术方法也是艺术审美观上的问题。正如越剧中以女演员扮演小生角色，一旦弄得不好，会显得阳刚之气不足一样，人们也有理由对京昆剧中男演女角可能显得生硬感到不是滋味。刚柔相济是易理的一种圆融模式，就京昆演出而言，大概只有梅兰芳等艺术家能够臻于此境。人为地以阳刚代阴柔，或者相反，都是对这一圆融之美境界的破坏。刚柔相济的原型既然与人之生命攸关，除了艺术主题与典型化的需要，艺术就不该人为地故意排斥关于两性的艺术表现，像当年京剧"样板戏"那样一概去描写中性的人、中性的生活，而且树为艺术的"样板"，这是违背艺术规律，也是违背易理的。当然，在反对艺术"非性化"的同时，也应注意不要陷入庸俗、低下的性的泥淖。而《周易》的阴阳美学智慧包括其阳刚、阴柔观，其一般地从人之生命出发，却达到了一定的哲学与美学高度。

第八章　中和美学智慧的范型

中和，中华美学智慧的基本概念之一，已经且仍将继续引起美学界的理论关注。目前，学人关于中和美学思想的讨论已颇深入、著论甚丰。有的认为，"中和之美指的是一种内部和谐的温柔敦厚型的特定艺术风格"；有的指出，中和是"我国古代艺术追求的最高艺术境界"；有的从《乐记》为代表的中和美学思想的研究中得出结论："中和是一种以正确性原则为内在精神的、具有辩证色彩和价值论色彩的普遍和谐观。"[1] 还有的注意到了"中"与"和"的内在联系，认为："'和'是把杂多与对立的事物有机地统一起来，而'中'则是指在'和'的基础上所采取的居中不偏、兼容两端的态度。就主张将矛盾的各方面统一起来说，二者具有同一性，但'和'偏重事物的调和统一，而'中'则推崇事物所达到的最佳状态，所以它一方面指客观事物的存在形态，另一方面又指人的处事准则、立场、原则和方法。"[2]

这些关于中和的具有一定代表性的学术见解，一般是从美学、伦理学与哲学层次揭示了它的深刻内蕴。但是，它们似乎忽视了一

1　张国庆：《论中和之美》，《文艺研究》1988 年第 3 期。

2　袁济喜：《和——中国古典审美理想》，第 19 页，中国人民大学出版社，1989 年版。

个不应忽视的方面，即《周易》对中和美学智慧所作出的贡献以及《周易》中和美学观的文化学意蕴。

笔者以为，尽管在《周易》一书中，中和作为一个完整的美学范畴尚未明确提出，然而确已洋溢着葱郁的中和美学智慧，它根植于中华民族丰厚的民族文化土壤。中和，首先是一个文化学范畴，同时是一美学、哲学、艺术学和伦理学范畴。只有首先从文化学角度对中和加以审视，才能进一步揭示其深邃的美学智慧意蕴。

第一节　中华民族主体意识的光辉体现

每一个民族都具有一定的主体意识。中华民族的民族主体意识究竟是什么？对这一问题的回答似乎比较困难。这是因为我们伟大民族的主体意识结构具有许多侧面与层次，令人一时难以全面把握的缘故。然而其主体意识的核心部分，笔者以为可以用两个字来加以概括：中和。

中和，伟大中华文化灵魂的主心骨和脊梁，民族群体意识的自觉。它在美学上，体现为深巨而持久正固的民族团聚力和向心力，是意识到自身的存在、信心、力量和价值的象征，中华民族伟大生命力与创造力的自我实现，它是一种和谐地磅礴于东方大地、自立于世界民族之林的美。

《周易》中和美学智慧的文化精神的实质正在于此。《周易》关于中和美学智慧的范型，是在"中"与"和"的文化意识、观念的交和对应中显示出来的。

一、关于"中"

在《周易》本经卦爻辞中，中字凡十三见。它们大致具有三个层次的意义。

其一，指中间，是一空间范畴。

如屯卦六三爻辞："即鹿无虞，惟入于林中。"屯卦六三爻以阴爻居于阳位，其爻性与爻位不统一，为凶险之爻。《易传》云："屯者，物之始生也。"屯象征生命之初，正值产难之时。好比古人逐鹿狩猎、本必由虞人入林驱出野兽，方始有效，但这一次却无虞人在林中驱逐，因而打不到猎物。这里，林中之中，显然是一个表示中间的空间、地理概念。

其二，指中位、中正之道，是一伦理学范畴。

如泰卦九二爻辞："包荒，用冯河，不遐遗，朋亡，得尚于中行。"包，包容广大；荒，《周易集解》释为"大川"；冯，凭，通溯，涉水渡河，《说文》段玉裁注："溯，正字。冯，假借字。"从卦象看，泰卦乾下坤上，乾为天而坤为地，天能包容广大的地（大川），象征君子具有天一般广阔的胸襟，犹如涉越长河大川，远贤毕至、不结朋党而崇尚中正之道。九二爻处于泰卦下卦的中位，故这里中行的中，有中位之意，引申之，则为中正之道。这是从空间范畴向伦理学范畴的转换。中正，就伦理学而言，是人格之善；就美学而言，是人格之美，这是从伦理学向美学的转型。因而此中，美得光辉灿烂，正如《易传》所言："'包荒得尚于中行'，以光大也。"[3]

其三，指人内心之诚，是一审美心理学范畴。

---

3 《易传·象辞》，朱熹《周易本义》，第98页。

如讼卦卦辞："有孚，窒惕，中吉，终凶。"唐陆德明云："讼，争也，言之于公也。"[4] 讼卦坎下乾上，坎为险陷而乾性刚健，险而欠健或健而不险都不成争讼，但这里讼卦的内（下）卦为坎、外（上）卦为乾，构成了内怀险陷之心又外行刚强之态势，则必成争讼。争讼之起常由于诚信被塞阻、心存惧厉之故。持中不偏则吉，争讼不息则凶。正如王申子所言："孚者，中实而无妄也。窒者，塞其争忿之心也。惕者，谨畏而不敢轻也。中者，不过于刚而和平为尚也。处讼之道如是则吉。"[5] 这里的中，指人的内心实诚而无妄，中，衷，即孚，孚即诚信。所以《周易》本经中、孚连用，专设一卦，命名为中孚。中，是一个包容情感、意志等心理因素，具有一定伦理内容的审美心理学范畴，是以伦理为中介的自然空间之中（中间、中位）向人格审美转型的心灵内化，亦即审美心理空间之中道。

《周易》本经关于中字的三层次意义大致如此。

在《易传》中，谈到中的地方更多。如《文言传》所谓"重刚而不中"、"刚健中正"；《彖传》、《象传》所谓"中正"、"正中"、"得中"、"时中"、"刚中"、"中行"、"使中"、"在中"、"中"、"中直"、"大中"、"积中"、"中心"、"中道"、"行中"、"刚而过中"、"中无尤"、"未出中"、"中未大"、"久中"、"中不自乱"、"中节"、"中心为志"、"中未变"、"中有庆"、"中心有实"、"位中"、"不中"以及"中心为正"等比比皆是，《易传》作者对中可谓耿耿于怀，

4　陆德明：《经典释文》，黄焯《经典释文汇校》，中华书局，1983 年版。

5　王申子：《大易辑说》，上海古籍出版社，1990 年版。

一往情深，内心深处洋溢着一股倾羡难抑的激情。

进一步分析这些中字，可以发现一个现象，凡是涉及中字的卦爻，往往都是吉卦吉爻，并由吉转化为美。如乾卦九二爻辞："见龙在田，利见大人。"乾卦九二处于乾之下卦中位，是一个中爻，同时也是吉爻。《文言传》对乾卦九二有"龙德而正中者也"的赞美，乾卦为龙卦，乾卦九二龙象之美，是正中之德的美。又如坤卦六五爻辞："黄裳，元吉。"也是一个吉爻。坤卦六五爻居坤之上卦的中位，又是中爻。周人以黄居五色之中，为显贵之色，爻辞的黄裳之黄恰与坤之六五爻位相对应。古代服饰上为衣、下为裳，裳为黄色，太吉利了，这是《周易》本经的巫学本意。在《易传》中，黄裳进而成了人有修洁内美的象征。古人穿深衣在外，衣掩复下裳，所以黄裳被掩于内，是人有内美的象征性符号。王夫之云："衣著于外，裳藏于内，故曰在'中'是也。"这里的中与内相通。这是一种中的美，内在的美、含蓄的美。

考《周易》全书言中甚繁甚切，中华古人关于中的文化意识何等强烈。其中蕴含着相应的哲学、美学与伦理学的思想因子。

如果我们的分析仅仅到此为止，则难以见出作为"群经之首"的《周易》关于中的文化智慧到底有什么特别之处。实际上，与其他一些中华古籍相比较，《周易》关于中的文化智慧，与中的原型意义可能具有更为密切的联系。

笔者在本书前文已谈到，中的文化意义原型，是远古测天仪的象形。远古测天仪，原以八尺标杆垂直立于大地以测日影风向，继而在标杆上配以一定装置，整个测天装置在文字学中的表现，便是象形字：中。中，古人所谓晷景是也。标杆为股，日光照于标杆在地面留下的阴影称为勾，斜射的日光为弦。标杆即股又称髀，《周髀算经》有云："周髀长八尺。……髀者股也，正晷者勾也。"中，甲骨文写作 𢆶 或 𢆶，其中间一竖表示标杆（股），中间一竖与方框"囗"表示整个测天装置，"≈"，表示具有方向性的移动的日影（勾）。远古中华有关于太阳神（日神）的神话传说，据《山海经》所记："东南海之外，甘水之间，有羲和之国，有女子名曰羲和，方日浴于甘渊。羲和者，帝俊之妻，生十日。"[6]《淮南子》则说十日并出、苦害人类，"焦禾稼、杀草木，而民无所食，尧乃使羿……上射十日"[7]。这一神话传说，返照了中华远古对于太阳的原始恐惧心理，以及企图通过人为努力影响日照的幼稚而勇敢的愿望。所谓后羿射日，当然并非人的实际有效的实践行为，而只是一种表现为神话传说的通过一定"作法"（法术），企望改变日照的原始巫术。今天我们已经无从详考原始"射日"的巫术究竟如何进行，但有理由相信这种巫术确曾存在过，否则就不会有关于后羿射日神话传说的诗意奇构。在《周易》本经中，这种类似于"射日"，以人为努力企图影响日照、利用日光的巫术观念也得到了一定的反映，这便是从测天仪之测日影去选择吉辰良时以决定人该做什么或不该做什么。《周易》丰卦卦辞云："亨，王假之，勿忧，宜日中。"这是说，王最好在测天仪所指示的正午时分（日中）到祖庙去祭祀祖宗，不必担忧错过此吉利时光。这一条卦辞恰好可以证明远古所谓测天之

---

6 《山海经·大荒南经》，《山海经》卷十五，陈成《山海经译注》，第 342 页，上海古籍出版社，2014 年版。

7 《淮南子·本经训》，高诱注《淮南子》卷八，第 117—118 页，《诸子集成》第七卷，上海书店出版社，1986 年版。

举（立中），不是纯粹科学意义上对日光运行的探知，而是包含一定朴素科学因素的、总体上仍属崇日迷信的一大巫术。巫术的所谓中，既是测天之巫术装置，也是测天之所在（空间位置），既是对日神的崇拜，也是对人力的赞美与肯定。中，象征神人杂糅、天人合在。前文已经谈到，测天之标杆在地面投下的阴影称作勾，阴影在远古文化观念中又称魂，人们在大地上"立中"以测探日影，则等于通过人为努力企图将日光的魂勾住。后代所谓游魂卦，正好揭示了一年之内日光南北游移的规律。日光射于地面，一年往返赤道两次，前为春分，后为秋分，夏至日游极北，至北纬二十三度半，为北回归线；冬至日游极南，至南纬二十三度半，为南回归线，如是往来循环，以《周易》有关卦符表示，是为"游魂"，而游魂之说，其原型实乃测天之立中。中，不仅意味着人对日神的敬惧，更是人企图控制、驾驭日神的大胆努力，是人利用立中这种巫术方式，在观念中对太阳这一盲目自然力的"胜利"。

测天之中还具有观风的巫术功能，学界有人认为甲骨文中字上的象形符号"≈"是测风飘带的象形。李圃认为中者，"实物当作垂直长杆形|，饰以飘带以观风向，架以方框以观日影（中）"[8]。可备一说。卜辞有"立中，允凸风"[9]与"立中，凸风"[10]之说，可为佐证。胡厚宣曾于上世纪40年代发现武丁时期的一大块牛胛骨上有关于四方风名的卜辞，其辞云：

8　李圃：《甲骨文选读》自序，华东师范大学出版社，1981年版。

9　罗振玉编《殷虚书契续编》4、5，珂罗版影印拓本，1933年版；中国台湾艺文印书馆重印，1970年版。

10　王襄：《簠室殷契征文》，天津博物院石印本（凡四册），1925年版。

东方曰析，凤曰劦。

南方曰因，凤曰凯。

西方曰夷，凤曰耒。

北方曰伏，凤曰殴。

这里，凤即风，甲骨文中凤、风音义相同，王国维曾对此作出论证，已成为共识。郭沫若云："古人盖以凤为风神。"[11] 可见，远古中华所谓四方之"凤"亦即古人所崇信的四方风神。风神亦即风伯，凤禽也，鸢类。越俗称风伯。一旦飞翔，则天起大风矣。在古人看来，自然界中四方来风并非是纯粹的自然现象，因不可索解深感神秘畏怖而将其归之于神力使然，故有测天仪这一立中之举，目的在测窥风神旨意。自然之飓风摧枯拉朽、风暴所向披靡，给人造成巨大危害，远古中华对风力尚谈不上科学利用，微风、凉风之类还没有真正进入审美视野，所以远古中华的文化心灵所虚构的风神一般都是凶神恶煞。人们对"喜怒无常"的风神常在祈求它的宁息，或利用巫术手段强制其"息怒"。关于此，卜辞有诸多所谓"息风"巫术的记载："其罕（宁）飙（风），大飙。"（"粹编"827）"罕于风。"（"燕"558）"罕风，北，巫犬。"（"明续"45）"甲戌卜，其罕风，三羊三犬三豕。"（"续"2、15、3）"罕巫风。"（"下"42、4）

这里，颇值得注意的是一个巫字，从中不难见出以"宁风"为目的的甲骨占卜是一远古巫术，否则就不会被记载在卜辞之中。同

11　郭沫若：《卜辞通纂》，第 2 卷，第 82 页，科学出版社，1983 年版。

样，在殷墟卜辞中也有关于立中而占风的记载（如前文所引《殷虚书契续编》、《簠室殷虚征文》两条卜辞），有力地证明远古立中测天占风也是一种巫术。这种巫术的遗韵流响，就是汉书所谓"风角"方术。"风角谓候四方四隅之风，以占吉凶也。"[12]《史记》则有占验"八风"以测年成之丰歉的记载："风从南方来，大旱；西南，小旱；西方，有兵；西北，戎菽为，小雨，趣兵；北方，为中岁；东北，为上岁；东方，大水；东南，民有疾疫，岁恶。故八风各与其冲对，课多者为胜。多胜少，久胜亟，疾胜徐。"[13]《唐开元占经》说，占风的操作程序是，在土山上立杆五尺，用鸡羽编成"羽葆"风信，吊在杆端让风吹拂，以此测试风向、风力来进行占卜[14]，这是远古中华测天立中的后代嬗变。

从以上关于远古晷景的简略分析，可以得出如下结论：一、晷景是中华先民企图通过立中方式控制日影（魂）和风向、风力（气）的一种原古巫术；二、在这巫术观念中渗融着原初的天时和地理方位意识因素；三、这种原始时空意识具有巫术文化意蕴，不仅与原始神灵意识相联系，更重要的还体现出中华先民那种原生的朴素人本意识，立中的中以及立中行为本身，是先人一定的体现在时空观念中原朴的主体意识与自我意识的确征。尽管立中这一巫术本身充满原始迷信与困惑，并且总是没有实效，然而却由于这巫术，催发出中华先民对时空、方位、天时与地理的原始觉悟，由此意识到人

12　范晔：《后汉书·郎颛传》注，沈钦韩《后汉书疏证》，上海古籍出版社，2006年版。

13　司马迁：《史记·天官书第五》，《史记》卷二十七，第160页，中华书局，2006年版。

14　瞿昙悉达编《唐开元占经》卷九十一，中国书店出版社，1989年版。

自身在天地之际所处的地位、力量、目的和信心。立中的中，一定意义上正是原始巫术与原始理性认知（其中包含审美）因素的结合。

《周易》关于中的美学智慧首先是与巫术相联系的，不仅可以前述丰卦所谓"日中"之说作为证据，"日中则昃"、"日中见斗"、"日中见沫"，这些爻辞的所谓日中，是作为巫术的暑景观念在易学中的反映，而且，我们还可以从"用"这一汉字的结构意义中窥知一点消息。《周易》本经在乾卦上九爻辞之后有"用九：见群龙无首，吉"，在坤卦上六爻辞之后又有"用六：利永贞"的说法。用九、用六是什么意思，常令人费解。李鼎祚云："总六爻纯九之义，故曰'用九'也"；"用六，妻道也，臣道也"[15]。朱熹云："言凡筮得阳爻者，皆用九而不用七"；"言凡筮得阴爻者，皆用六而不用八"[16]。陈梦雷说："九变而七不变，凡筮得阳爻皆用九"；"坤之用六，以凡筮得阴爻六变而八不变也。然凡阴爻皆用六"[17]。当代易学家高亨指出："用九，汉帛书《周易》作'迵九'。按用当读为通。迵，通也。'用九'是乾卦特有之爻题。……用九犹通九，谓六爻皆九也。""用六，汉帛书《周易》作'迵六'。……用六犹通六。"[18]诸如此类的解说，一般是从巫术占筮着眼的，并且高亨之说还指出了乾坤互转这一易之底蕴，但总嫌不够分明。以笔者看来，《周易》乾坤两卦之所以独标"用九"、"用六"而其余六十二卦概无此种现象，是因为乾坤是整个六十四卦体系的主卦，"九"、"六"分别是

15 李鼎祚：《周易集解》，李道平《周易集解纂疏》，中华书局，1994年版。
16 朱熹：《周易本义》，第40、60页。
17 陈梦雷：《周易浅述》一，第25、95页，上海古籍出版社，1983年版。
18 高亨：《周易大传今注》，第59—60、82页，齐鲁书社，1979年版。

阳爻、阴爻的数字代称。这里所谓"用",按许慎《说文》的解释,"可施行也,从卜从中"。其字形写作用,用字的构造是卜字与中字部分重叠,其文化意涵显然与卜筮相关。用,便是卜中,利用"立中"方式来进行占卜,所以用九、用六是对《周易》本经卜筮文化智慧的隐喻与概括,也与远古中华的立中晷景观念相联系。

远古中华先民的时空意识,是人在漫长社会实践中所把握到的客观时空属性在头脑中的反映。"人类空间观念的最初形成,是从对空间的分割开始的。混沌的空间,只有当它被分割为不同的个别部分以后,才是可以辨认的。""由于人类的生活和生产活动,总是在一定的地域环境中进行的,所以在人类意识中首先发展起来的必然是地域—空间观念。"[19] 同时,晨昏的交替、日光的强弱与照射角度的推移等,也必然会在人类的实践中培植起一定的时间意识。而原本具有巫术功能的立中,使中华先民在意识中将混沌的空间与时间变得有条理了。当晷景之测天装置(中)第一次垂直树立于大地之时,则意味着我们的老祖宗在茫茫天地的存在(空间)与运动(时间)中,找到了一个属人(在某种程度上也是属神)的座标,这一座标就是中,它是一个符号的象征,象征人对一定时空的把握,象征我中华先民通过生产与生活活动使人的文化智慧达到一定区域与一定程度,这便是原初与测天仪相联系的、通过一定社会实践所初步"人化"(一定意义上也是神化)了的中。由此,在中华先民意识中,便由这一测天仪之中,转化为时空之中。

---

19 王钟陵:《我国神话中的时空观》,《文艺研究》,1984 年 1 月号。

这种关于时空意识的中，实在可以说是远古中华作为一个族类的人性与人的主体意识的一次历史性启蒙。中华先民通过立中，在茫茫自然界与环境中分出前后左右、东南西北以及春夏秋冬。中，正是人之所在、我之所在，某种意义也是人的自立、自尊的表现。于是，虽然先民对浩浩宇宙基本上是无知的，却在文化心灵上，滋生了一种自己处于天地之中心的自信。这种自信心态固然具有盲目的一面，但某种程度上确是中华原始自我与主体意识的表现。并不是说先民主体意识的萌生，完全始于立中这一文化方式，实际上远古中华的社会实践是非常多方面的，历史又是非常漫长的，当然远远不止立中这一种实践方式。从根本上说，远古中华的生产实践（包括维持个体生命的解决衣食住行的物质生产和维持群体生命、传宗接代的人自身的生产）是中华先民培养主体意识的根本条件，但一切原始的生产实践则往往包含着巫术与神话、图腾文化因素。所以，我们在这里试以测天的立中这一巫术方式为原型进行解剖，不应受到误解。

相传中华民族的伟大建构，肇自炎黄。残酷的氏族部落之战使黄族胜而炎族败。黄族据胜之地就被尊崇为天下之中，这是中的区域的极大扩展，也是中之意识的超拔升华，即从先人的立中发展到氏族主体意识的确立，进而奠定了中华民族主体意识的基础。历史上有"中土"、"中州"、"中原"、"中国"之说。商已有"中央"的观念，甲骨文有"中商"之记。《周书》"王来绍上帝，自服于土中"；《逸周书》"作大邑成周于土中"。土中，即"天下土地中央"[20]

20　贺业钜：《考工记营国制度研究》，第56页，中国建筑工业出版社，1985年版。

的意思，又，所谓"正中冀州曰中土"[21]、"其国则殷乎中土"[22]、"事在四方、要在中央"[23]以及"世有大人兮，在乎中州"、"中州，中国也"[24]，直至何尊铭文"宅兹中国"等等记载，真是太多了。这种尚中意识，正是华夏自我中心意识的表露，《说文》云："夏者，中国人也。"我们伟大祖国以中华、中国自命，洋溢着民族的自豪。

这种尚中的民族主体意识，就储存在《周易》之中。前文已经说过，《周易》关于中有三个层次的意义，其中"中间"（中位）的意义是基本的，后世关于"中国"的地域、民族、政治、美学及尚中等伦理观念的文化基因，源于立中之中。《周易》六十四卦每卦六爻以五、六两爻象天，一、二两爻象地，又以三、四两爻象人，象征我们中国人及其祖国处于天地之中。正如宋代石介所言：

> 天处乎上，地处乎下，居天地之中者曰中国。[25]

《周易》的卦符结构，是一种顶天立地的"中国"的形象范型。这一中国观，是值得加以肯定与发扬的中华民族的主体精神。这不

---

21 《淮南子·墬形训》，高诱《淮南子注》卷四，第55页，《诸子集成》第七卷，上海书店出版社，1986年版。

22 范晔：《后汉书·西域传》，沈钦韩《后汉书疏证》，上海古籍出版社，2006年版。

23 《韩非子》，王先慎《韩非子集解》卷二，第30页，《诸子集成》第五卷，上海书店出版社，1986年版。

24 《司马相如·大人赋》及其注，朱一清、孙以昭《司马相如集校注》，人民文学出版社，1996年版。

25 石介：《徂徕石先生文集》卷十，《中国论》，中华书局，1984年版。

应是狂妄自大的大国沙文主义，而是民族独立意识应有的自觉；是对中华民族的人种、地域（山河大地）、文化历史传统、制度，总之是一种物质与精神文化的审美与自我肯定；是"联合世界上一切平等待我之民族，共同奋斗"，特立于世界民族之林的必要精神条件，也是当今实现现代化、振兴中华所必具的重要文化心态。

世界上一切民族往往都是尚中而"自大"的。古代印度佛教所幻想的须弥世界，具有崇高的"中心"意识。佛经说，凡器世界之最大为风轮，其上为水轮，其上为金轮即地轮，其上有九山八海，而须弥山便是处于这一妙高世界"中心"的山，是所谓天帝释所居之处。这种宗教幻想，实在是古印度民族尚中主体意识与审美理想的颠倒反映。必然是因为古印度民族文化观念中具有一定的尚中意识，才有佛教须弥世界的虚构。又如，鸠摩罗什原籍天竺，生于西域龟兹（今新疆库车），当他于后秦弘始年间由姚兴派人迎至长安译经时，曾有"边国人未有经"之说，可见在这位高僧心目中，实际是以天竺为"内"、为"中"，以中原、中国为"边国"的。中华神话传说以扶桑为日出之所，日为宇宙的中心，由于日出又在东方，故这种观念传至日本，日本人便认为所谓扶桑，是古代中国人观念中的东方国名，指的就是日本。日本有些学者以扶桑指日本，实乃以日出之所自况，含有自大处中之意，也是日本民族尚中主体意识的体现。

大凡一切民族每每具有一定的尚中意识是不足为奇的，只是中华民族的尚中意识显得尤为强烈，中华民族很早就具有这一文化主体意识，这在《周易》中是多有反映的，它是中华民族尚中文化与美学智慧的早熟。

二、关于"和"

和，中华美学史重要的审美范畴和美学思想，近年诸多美学论著已经谈论甚多，学人论和之美的意义，一般集中在如下几点：

其一，认为和指与人的口味、音声相联系的生理和谐状态与生理性快感。《说文》："美，甘也。从羊从大。羊在六畜主给膳也。"《说文》："甘，美也，从口含一。"甘者，口味之甜也，味甘则美，因而常"美味"连用。《左传》云"为六畜、五牲、三牲，以奉五味"[26]，五味调和则美。这"是以和五味以调口"[27]的生理性快感。日本笠原仲二《古代中国人的美意识》一书，从许慎《说文》"羊大为美"的见解，认为中国人的原初美意识，始于口味之和，认为和原指音声的和谐及其适度的生理感受。据《国语》所记，周景王要求铸造一口音律为无射的钟，又要求在无射律钟前加制一口音律定为"大林"的钟，懂得易理、乐律的单穆公认为"且夫钟不过以动声，若无射有'林'，耳弗及也。夫钟声以为耳也，耳所不及，非钟声也"。这说得有理。因为十二律（六律六吕）是一个有序的排列，它是以三分损益法将一个八度分为十二个不完全相等的半音的一种律制；各律从低到高依次为黄钟、大吕、太簇、夹钟、姑洗、仲吕、蕤宾、林钟、夷则、南吕、无射、应钟。这里的奇数各律称阳律，偶数各律称阴律，是一种阴阳律相调和的音制模式，十二律配以五音即宫商角徵羽，构成了一个完美和谐的音律体系。周景王

---

26 《左传·昭公二十五年》，杨伯峻《春秋左传注》，中华书局，1983年版。

27 《国语·郑语》，邬国义、胡果文、李晓路《国语译注》，第488页，上海古籍出版社，1994年版。

要求在十二音律中加入一口音律为大林的钟，必然破坏了十二音律原初的和，此之所谓若无射有林，耳弗及也。这里所谓耳不及，其实并非李泽厚、刘纲纪主编《中国美学史》第一卷所谓大林发音太高，人的听觉受不了的意思，而是指拟制的大林钟在原先十二律制中所无，倘然硬要插入十二律之中，则必然造成音律上的不和谐，故云非钟声也。

其二，认为和指人的审美心理的和谐与美感。无论口味之和或音声之和，都需在无害而有益于人的生理健康的基础上进入审美心理适度的境界，不追求生理官能的巨大刺激，必然相应地会在审美主体的心灵上激起和谐的反响，洋溢着和谐之美的涟漪。审美心灵之和，首先是客观审美对象之和的能动反映和内化，也指客观审美对象属性的对立统一。和，不是客观审美对象内部诸因素的同，"声一无听，物一无文，味一无果，物一不讲"[28]。《左传》云："齐侯至自田，晏子侍于遄台。子犹驰而造焉。公曰：'唯据与我和夫。'晏子对曰：'据亦同也，焉得为和？'公曰：'和与同异乎？'对曰：'异。和如羹焉。水火醯醢盐梅，以烹鱼肉，燀之以薪。宰夫和之，齐之以味，济其不及，以泄其过。'"和，"一气、二体、三类、四物、五声、六律、七音、八风、九歌，以相成也。清浊、小大、短长、疾徐、哀乐、刚柔、迟速、高下、出入、周疏，以相济也"[29]。这说明和这一范畴，已从生理层次进入了美学意义上的心灵层次，从粗野的生理感官享受上升为文明之品味辨音的审美心理

---

28 《国语·郑语》，《国语译注》，第489页。
29 《左传·昭公二十年》，杨伯峻《春秋左传注》，中华书局，1983年版。

愉悦，有一种"口内味而耳内声，声味生气"的美，"若视听不和，而有震眩，则味入不精，不精则气佚，气佚则不和"[30]。

其三，认为这种基于口味、音声的审美之和，经过哲学的熔裁与提炼，升华为普遍的世界观与人生观，从而使其更具美学意蕴。先秦儒家倡礼乐之和。《乐记》云："大乐与天地同和"、"乐者，天地之和也"[31]。先秦道家提倡"和以天倪"，所谓"道"，就是自然之和的原初本性，社会返璞归真于道，也便是回归于天和境界；而阴阳家标举阴阳五行杂错之和，认为金木水火土，万物之本基也，万物基于和，万物的发展总趋势也是和。"夫和实生物，同则不继。以他平他谓之和，故能丰长而物归之。若以同裨同，尽乃弃矣。故先王以土与金木水火杂，以成百物，是以和五味以调口，刚四支（肢）以卫体，和六律以聪耳。"[32] 这三种关于和的代表性见解，其实都是从自然之和引申的，由于自然是社会的母体，社会是自然的进化形态，因而自然之和也便成为社会人生所追求的一大境界。

其四，和是社会人伦与人格的理想。就政治模式而言，"夫政象乐，乐从和，和从平"，君惠臣忠，国泰民安是和。就家庭伦理模式而言，父慈子孝，序男女、别尊卑、明内外，是异，也是和；是礼，也是乐。就为人之道而言，不走极端，执中平和，以和为贵，温柔敦厚，是以和为人生境界的人格模式。这种和，伦理中融渗着审美因素，可以说是审美的伦理化。

---

30 《国语·周语下》，《国语译注》，第 93 页。

31 《礼记·乐记第十九》，杨天宇《礼记译注》下册，第 636、637 页，上海古籍出版社，1997 年版。

32 《国语·郑语》，《国语译注》，第 488 页。

所有这一切关于和的美学探讨，都是有价值的，它们一般地扪摸到了关于和的多层次的美学意蕴。可是在这些见解之外，还应有对于《周易》关于和的悟解。

《周易》关于和持有独特的文化眼光。尽管前述有关和比如音律之和，与易理相勾连，然而《周易》所谓和，其最重要的文化及其美学意蕴，是指人的生态、生命之和，阴阳交合之和，和是人之生命的大美。

从原始易学是巫学角度看，巫术是讲吉凶的。巫术所谓吉，就是《尚书》所言"神人以和"，神与人处于和谐关系之中，这对人来说是大吉大利的；反之，凶便是神人不和，神与人相对抗、相冲突，对人而言就很凶险。占筮或吉或凶，是神人之际或和或不和的表现。人之命运的吉凶，是由神人关系的和谐与否所决定的。《易传》云："吉凶者，言乎其失得也。"[33] 在先民的巫术观念中，人"得"到神灵佑助为吉为和，人"失"去神灵佑助为凶为不和。所谓神灵，是未被人力所把握的自然力的神化与幻化形式，实是通过人的心灵、被夸张与变形了的自然及其规律，所以，《周易》巫术占筮的所谓吉，蕴含着一定的人与自然相亲和关系的意识因子；所谓凶，又蕴含着人与自然相对抗的意识因子，无论人与自然相亲和、相对抗，实际已经触及了基本的美学母题。同时，根据对《周易》全部卦辞、爻辞的分析，所谓吉卦、吉爻大大多于凶卦、凶爻，前者与后者大约为四比一，这足可证明，《周易》的总体巫术观，是趋吉避凶而且是崇尚和的。和是易的基本道理和基本境界，

---

33 《易传·系辞上》，朱熹《周易本义》，第290页。

而生即强调生殖、生命与生发也是易理之根本，此之谓"生生之谓易"，因而吉则和、和则生；凶则不和、不和则死，《周易》是尚吉尚和尚生的。

从《周易》卦爻符号系统看，其卦符的原型是数字卦，如前所述，数字卦的文化基点是筮数，起初使用自一至九这九个数，继而以一与六两个数为常用筮数，再以九代替一而保持六这个数不变，形成以九代表奇数、六代表偶数的易筮框架，最后以阴爻、阳爻两个专门符号代替数的卦符。阳爻称九、阴爻称六，《周易》六十四卦凡三百八十四爻，以一百九十二阳爻（奇数）对应于一百九十二阴爻（偶数），尽管具体到每一卦的阴阳爻数并非个个相对应，这一符号系统充满了错杂与变化，然而六十四卦的总体范型，却是均衡和谐的。其间阳爻与阴爻相对待、对应，象征生命、生态基质的平衡与调和；阳卦与阴卦的对应与流转，象征生命之流的大化。整部《周易》的卦符系统，是对宇宙生命大化历程的巫性界定，其间有常则与变易、冲变与调和、不齐与均衡、虚实与动静，实际却是以生命"绸缊"为逻辑起点、以生命"和兑"为人生终极的。生命绸缊是大朴浑沦，生命和兑，是人生所追求的最高、最美境界。生命的"感而遂通"正是易符所象征的易理根本之一。

《周易》的错卦、综卦与错综卦关系，集中体现出生命的对应与和谐。所谓错卦，指相邻两卦的爻位相同而爻性相反；所谓综卦，指相邻两卦互相颠倒一百八十度而成为对方的卦；所谓错综卦，指相邻两卦，既是错卦又是综卦。全部《周易》六十四卦，有错卦四对，综卦二十四对，错综卦四对。如乾坤两卦是错卦关系，屯蒙是综卦关系，泰否是错综卦关系，等等。全部六十四卦的卦序排列，

346

构成三十二对的对应联系，即不是错卦、综卦就是错综卦关系。

这种易卦卦序的"二二相耦"，在美学上具有鲜明的特点：粗看似乎是无序的，实际是两相对应或对偶的，是不齐之齐、不和之和，可以看作生命和谐观在卦序的表现。

生命关乎阴阳，就《易传》所言，其基本的意义是指男女、性。《易传》云："天地之大德曰生。"[34] 德者，性也。大德即原初、原朴之性，生者乃天地之本性，实则从人的生殖推及天地自然。《易传》八卦的乾坤象征父母，以震坎艮与巽离兑象征由父母而生的三男三女，这是一个人伦和谐的家庭范型。在《易传》看来，作为生命原始物质的"精气"是原朴的和，男女交合是生命动态之和。整个社会、家庭是建立在人之生命之和的血缘基础上的，它是本应和谐并且终究要趋于和谐之境的，这是《周易》的伦理学，也是它的美学。《易传》："乾道变化，各正性命，保合大和，乃利贞。"[35] 这意思说得明白。乾者，男之阳性，其本身由阴阳交感而生。乾性与坤性的交合必引起生命的变化，变化生成意味着人之群体生命的正固持久，繁荣昌盛，生命的根本起点则在于男女的"保合大和"。所以在《易传》看来，人之生命的大和是最伟大、最神圣、最美好的。中华关于和的美学智慧是多方面的，《周易》之论和直探人之生命的本源，并且从生命大和观出发，去界定、看待与分析自然宇宙与社会人生的和谐，建构艺术和谐观和人生的最高审美理想。与那些所谓人的口味、音声之和相比，不能不说这是更具

---

34 《易传·系辞下》，朱熹《周易本义》，第322页。
35 《易传·彖辞》，朱熹《周易本义》，第41页。

《周易》的美学智慧（修订本）

美学意蕴的。所谓人的口味、音声之和，是建立在生命大和基础上的次生现象。

于是，似乎可以这样说，在《周易》中，我们找到了中华和谐美学智慧的文化源头。

《周易》有兑卦，其卦辞云："兑：亨，利贞。"其大意是说，祭祖，是令人和兑而吉利的占问。兑卦初九爻辞又云："和兑，吉。"这里的和，即保合大和之和，和是生命的最佳状态与最佳境界，自然是令人愉悦的。之所以令人愉悦，是因为它是从生命的交和中生发与升华而起的。和兑，是与生命本身相系的物质与精神力量。

"兑，说也。""说以先民，民忘其劳。说以犯难，民忘其死。说之大，民劝矣哉。"[36] 说即悦。人生因和而悦，兑，作为一种令人快乐的自然精神与人生境界，可使人们忘其辛劳、乐观前行；不避艰难困苦，忘死而勉力赴危。人们坚信，基于大和的人之生命与人生所向披靡，能战胜一切，故赴汤蹈火，万死不辞。所以"说之大"，即人生原朴、最大的欣悦，是阴阳"感而遂通"的大和。和兑是生命的自然本涵，借用老庄的美学概念来说明，是谓"天和"、"天乐"。

和兑这一易理，具有关于人之生命的原朴意蕴，它开启了中华古代乐观主义哲学与美学的智慧之门。

三、关于"中和"

中和作为美学范畴，是由《乐记》首先提出来的。《乐记》通

---

36 《易传·象辞》，朱熹《周易本义》，第261页。

篇论中和之美，这在中华美学史上树起了一块关于中和的里程碑，然而它不是中和美学智慧的源而是流。据前文分析，中华中和美学的文化之源在《周易》当不容怀疑。

从表面看，《周易》论中是与远古暑景、测天相系的，从而培养了中华民族尚中的主体意识。《周易》说和，又从人的生命角度出发，似乎中观与和观相互支离。然而，中、和之间是具有内在联系的。揭示其内在联系的文化机制，就能抓住《周易》中和美学智慧的内核。

恩格斯指出：

> 根据唯物主义观点，历史中的决定性因素，归根结底是直接生活的生产和再生产。但是，生产本身又有两种。一方面是生活资料即食物、衣服、住房以及为此所必需的工具的生产；另一方面是人类自身的生产，即种的繁衍。一定历史时代和一定地区内的人们生活于其下的社会制度，受着两种生产的制约：一方面受劳动的发展阶段的制约，另一方面受家庭的发展阶段的制约。劳动愈不发展，劳动产品的数量，从而社会的财富愈受限制，社会制度就愈在较大程度上受血族关系的支配。[37]

这便是著名的"两种生产"论。所谓两种生产，即物质生活资料的生产和人自身的生产。前者使人的个体生命得以生存延续，通过人对自然的实践改造来解决；后者使人的群体生命得以传宗接

37　［德］恩格斯：《家庭、私有制和国家的起源》，1884 年第一版序言，人民出版社，1972 年版。

代，通过人自身的生殖繁衍来解决。任何社会形态，两种生产总是相互结合的，人的物质生活资料的生产是在人的自身生产的基础上进行的；人的自身生产，又必须处于一定的物质生活资料生产的现实关系中才能得到保障与实现。一切社会和人的存在与发展都建立在两种生产及其动态联系之上；一切社会意识形态，包括宗教、哲学、科学、伦理学、美学与艺术等，都建立在这两种生产及其动态联系之基础上，并且能动地反映、表现两种生产及其联系；一切文化及其美学智慧，归根结底，是两种生产及其联系的肥壤沃土中所开放出来的思想与精神之华。因此，任何美学范畴的文化之根，都可以直接或间接地追溯到两种生产及其联系上。

《周易》的中和美学自无例外。

《周易》，所谓中，是晷景、测天，尽管不无原始巫术的迷信与迷误，然而通过立中这一倒错的实践方式，启动了中华先人关于天文、地理与时间空间以及关于人在时空流变中的地位、力量与目的的蒙眬智慧，这种立中方式又是与中华古人的农业生产、狩猎采集等活动相系的，它意味着人对自然的控制与改造。神秘的自然犹如"黑箱"，立中及巫术占筮之类是企图打开这个黑箱的钥匙，虽然自然的奥秘尚未被揭破，然而，立中及巫术操作过程并且就连这把钥匙本身的发明，一定程度上都是人的主体意识的体现。而关于人的自身生产，同样有一个从不自觉到自觉的过程。当人有意识地崇拜兼赞美人的"阴阳相和"这一生命现象与境界时，则意味着一定程度上体现出人的自觉、人对自身繁衍的关注与热衷。如果说这一个中，是人、种族、氏族与民族主体意识的光辉体现从而富于美学意蕴的话，那么，和则是其血缘、血亲意识的哲学、伦理学与美学意义上的体现，同样渗融着一定的民族主体意识。中和，是两种生产的结合在文化观念上的表现，也可以说是一种民族精神的反映。

自古以来，中华民族非常热衷于中和境界，中与和的融渗与对接，就是"天人合一"。天者，自然；人者，人为，中华民族就是在漫长的对自然的改造和追求群团自身生命力的繁衍发展中昌盛起来的。中和，是中华民族的地上乐园和现世理想国，试问，其间有多少丰富、深邃的美学意蕴值得细细玩味！

地上乐园与现世理想以中为国，以血亲为和（按：或者诸多社会人群实际虽无血亲联系，在文化观念中却将它看作是有血亲联系的）。国者，繁体写作國，从或；或，域也。在东方大地的方域之上，世代生息繁衍着尚中不移、以血缘及血缘观念为纽带的炎黄子孙，便是我中华民族意识所认同的中国与中和，这是一种独立持中而不偏、悦乐和美而亲仁的生存之境。正如荀子所云：

> 四海之内若一家，故近者不隐其能，远者不疾其劳，无幽闲隐僻之国，莫不趋使而安乐之。[38]

战国时期的阴阳家邹衍有九州之说。据《史记》所载："儒者所谓中国者，于天下乃八十一分居其一分耳。中国名曰赤县神州，赤县神州自有九州，禹之序九州是也，不得为州数。中国外如赤县

---

38 《荀子·王制篇第九》，王先谦《荀子集解》卷五，第 102 页，《诸子集成》第二卷，上海书店出版社，1986 年版。

神州者九，乃所谓九州也。"顾颉刚《秦汉统一的由来和战国人对于世界的想象》[39]一文有"邹衍大九州图"。想象中的世界自然不是现实世界的真实面貌，然而真实反映出中国居天下之中且乐融无碍（和）的文化心态。有意思的是，这种想象中的天下时空模式，正与《周易》后方八卦方位图相对应。后方八卦方位图的文化及其美学观念，不仅是尚中（以中国为天下之中）的，而且象征时空宇宙以及生命的阴阳调和与运化不居。《淮南子》对传统"中国"及中和观记述甚详，其图式以冀州为天下之中心，渗蕴着崇尚、肯定中和之美善的《周易》八卦方位与时空模式。这里，冀州是中和的象征。冀州居于九州之中，谓四海之内。《淮南子》又有女娲氏"杀黑龙以济冀州"[40]之说，正中冀州者，中土也。冀州即齐州，齐者，脐也，脐在人体中位，故齐州即指中州与中和，而早在何尊青铜铭文中，就有"宅兹中国"的记载。

39　顾颉刚编《古史辨》第二册，第 7 页，上海古籍出版社，1982 年版。

40　《淮南子·览冥训》，高诱《淮南子注》卷六，第 95 页，《诸子集成》第七卷，上海书店出版社，1986 年版。

（天地之际）

大瀛海

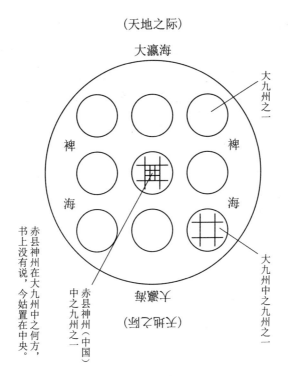

大九州之一

裨海

裨海

大九州中之九州之一

赤县神州（中国）中之九州之一

赤县神州在大九州中之何方，书上没有说，今姑置在中央。

赤县神州中之九州之一

（天地之际）

大瀛海

邹衍大九州图解

南

巽	离	坤
震	中	兑
艮	坎	乾

东   西

北

《周易》文王八卦方位图简解

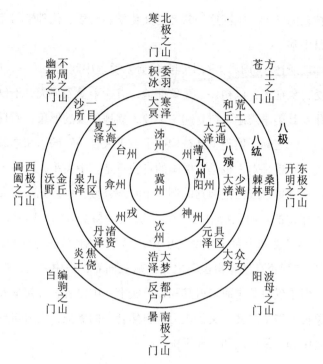

《淮南子》"中国"、"中和"观图解

炎黄子孙对"中国"的钟爱之情溢于言表：

> 中国者，聪明睿知之所居也，万物财用之所聚也，贤圣之所教也，仁义之所施也，诗书礼乐之所用也，异敏技艺之所试也，远方之所观赴也，蛮夷之所义行也。[41]

中国是一个关乎聪明睿知、万物财用、圣教仁义、诗书礼乐、

---

41 《战国策·赵策二》，何建章《战国策注释》，中华书局，1990 年版。

异敏技艺的共名。中国这一共名的文化学、哲学、伦理学与美学所尚的是中和。

如前所述，《周易》六十四卦每卦六爻以中间两爻（三、四爻）为中爻，象征人；以初、二爻象征地，五、上爻象征天，不仅在中华文化及其美学观念中树立起一个顶天立地的人的形象，而且中爻介乎天、地之际，使整个卦符构成了"天人合一"的中和之象。中和之美，不仅是对人也是对中国的自我肯定。中关乎人以一定的实践方式所欲把握或已把握到的那一个时空领域，中首先是与人及人的行为相系的，而和指中的存在状态。《周易》以六十四卦每一卦的下卦第二爻和上卦第二爻为中位，易学在阐释这一点时称其为"得中"、"得正"或"得位"之爻，从表面看，得中之爻，似与和无涉，似乎仅得其中而未得其和，事实上，中也者，首先是人与人力的象征，得中之爻，又是人力与自然合一的象征，人力与自然合一，是中和，是中之和、和于中。

> 中也者，天下之大本也；和也者，天下之达道也。致中和，天地位焉，万物育焉。[42]

中所以为天下之大本，乃因天下始于中华先祖为获得物质生活资料而对自然所进行的改造，这是自然的人化，人的本质的对象化，这为中之美的诞生与建构奠定了实践基础；和之所以为天下之

---

42 《礼记·中庸第三十一》，杨天宇《礼记译注》下册，第899页，上海古籍出版社，1997年版。

达道（达道者，根本之道也），是因为男女阴阳之媾合是人之生命、人伦与人生之美的开始，阴阳相和意味着人的自然生命的新生，人的本质，除了体力与智力，更原在的是其生命力即气，所以和也是人的本质的表现，和之美是人的新生命的创造。中与和互渗而不能分拆。

总之，从《周易》的巫性智慧来看，中和本为"神人以和"的境界。由于先民生产力极其低下，智慧初启而不得不艰难地面对着一个浑沌的宇宙，这也是自然的原和状态，然而，人的生命阴阳之和却集中地体现出自然生命的盎然生机，它"刚健、笃实、辉光，日新其德"，所以巫易所谓中和，一方面是人与神灵的和谐的"对话"，另一方面也是人试图揭去自然神秘的面纱，在人的自我、主体意识的萌发中，去迎接审美喷薄的日出、中和之美灿烂的早晨。

恩斯特·卡西尔曾经指出：

> 人总是倾向于把他生活的小圈子看成是世界的中心，并且把他的特殊的个人生活作为宇宙的标准。但是，人必须放弃这种虚幻的托词，放弃这种小心眼儿的、乡下佬式的思考方式和判断方式。[43]

尽管关于中和的狭小眼光、乡下佬式的思考方式和判断方式，在正在走向现代化的社会里并非不存在，我们不能将它误认为宇宙的标准，然而这并不等于说，中华民族至今已发扬光大、并且愈加辉煌的民族主体意识，原初不是从有限的生活的小圈子里起步的。

---

43 ［德］恩斯特·卡西尔：《人论》，第20页，上海译文出版社，1985年版。

我们的美学并不因炎黄祖先曾经有过一个稚浅的童年中和观而自惭形秽。在发扬《周易》中和美学智慧的今天，那种自我禁锢、自我迷恋的物理、心理"宇宙"（美学视野）都必须打破，中华民族将不再作为一个被禁闭或自我禁闭的有限的物理和心理"宇宙"的囚徒那样生活在这个充满挑战的世界上。《周易》的中和美学也许有独守其中、夜郎自大、排斥异端的一面而且显得血缘气颇重（这为我们所不取），然而我们的美学，同样需要对那种否定吾民族文化之根的做法加以必要的思考与批评。

第二节　中和美论的历史辐射

《周易》中和美学智慧的历史形态与历史辐射，实际包容中华文化哲学、伦理学、美学及艺术美论等多种智慧因素的综合的思维现实。不存在那种所谓孤零零的中和美论。离开对《周易》中和美学的文化哲学基础、伦理学规范以及艺术精神等的综合性探讨，则难以扪摸其历史发展的轨迹。文学艺术是中和美学情感洋溢的形象历史与符号象征，因而对中和美学智慧历史辐射问题的进一步探讨，不能绕开文学艺术这一重要环节。

《易传》云："六爻之动，三极之道也。"[44] 这是前文已经论析过的易理命题，言简而意赅，这里再作解析。六爻自成一卦，是一动态的时空模式，是自然宇宙与社会人生的亲和流转。三极之道即"三才"之理。三极者，天地人也。唐人陆德明云："三极，三

44　《易传·系辞上》，朱熹《周易本义》，第288页。

才也。"[45] 三极之道，以爻符象之，易学史上大凡有三种意见：其一，以五、上爻象天，初、二爻象地，三、四爻象人。人居天地之中且与天地相互亲和。朱熹说："有天道焉，有人道焉，有地道焉，兼三才而两之，故六。六者非它也，三才之道也。"[46] 其二，以五爻为天道、二爻为地道、三爻为人道，这是郑玄在释乾卦六爻易理时首先提出且为李鼎祚所认可的易解。李鼎祚说，"五于三才为天道，天者清明无形而龙在焉，飞之象也"；"二于三才为地道，地上即'田'，故称'田'也"（按：乾卦九二爻辞有"见龙在田，利见大人"之说）；"三于三才为人道，有乾德而在人道，君子之象"。其三，以三、上爻为天极（上极、天道），初、四爻为地极（下极、地道），二五爻为人极（中极、人道）。李鼎祚云："此三才极至之道也。初、四下极，二、五中极，三、上上极也。"[47]

尽管如上所列三解各有差殊，然其所蕴含的文化思维模式则一，都是一个由天地人所建构的中和结构。尚秉和云："六爻之动，以此为法。随时通变，不偏不倚。胥合乎'中'，故曰三极。"[48]

这种《周易》"三极"中和观，是中华艺术美与艺术精神的一种范型。从某种意义上说，中华传统艺术美与艺术精神的基本不是什么别的，它就是以中为人学内容，综合天地之理，以和为圆融境界的中和之美。

徐复观曾经指出："中国文化的主流，是人间的性格，是现世

---

45 陆德明：《经典释文》，黄焯《经典释文汇校》，中华书局，1983 年版。

46 朱熹：《周易本义》，第 341 页，1986 年版。

47 李鼎祚：《周易集解》，中华书局，1985 年版。

48 尚秉和：《周易尚氏学》，第 289 页，中华书局，1980 年版。

的性格", "中国文化，毕竟走的是人与自然过分亲和的方向"⁴⁹。这里有三点值得注意：一、徐复观所言人与自然过分亲和的方向是中国文化的主流，并不认为全部中华文化概莫如此。其实是指中华美学、艺术美与艺术精神的主流，以其在《周易》中的表现最为典型。二、这一文化与美学的主流方向，尽管其起始阶段曾经具有"神人以和"的文化品格，就《周易》而言是巫术占筮，但终于没有彻底走上严格、成熟意义上的宗教的道路，它基本上是人间的、现世的，整个文化与美学并没有真正实现向彼岸的精神性腾挪，这在《周易》的元文化与元美学中已经隐伏着它的基因。三、《周易》的元文化与元美学基因并非是一般的中和，而是过分亲和的。亲和者，血亲之和也。人与自然本不存在什么血亲之缘，《周易》却将其看作具有血缘联系，这正是《周易》中和美学智慧及其艺术精神的独特之处。

人与自然即人与天地之关系，是文化学、美学与艺术学的基本母题。《周易》的"三极"说，是在天地结构的对应中以人为居中的亲和观念。八卦的时空运演和六十四卦每一卦的六爻之动，不仅是中华大地、中华时空动变的象征，而且是人与天地互对、互应与互亲的象征。为了人的伟大存在与发展，不仅在观念上人自信地肯定自己居于"土中"（中国）、与大地母亲作血缘意义上的认同，而且将人的价值，转向天上被证明是必要的。天作为一种观念上极，成了美学而不是宗教学意义上的终极关怀。《易传》云："仰则观象

49　徐复观：《中国艺术精神·自叙》，春风文艺出版社，1987年版。

于天，俯则观法于地"、"以通神明之德，以类万物之情"[50]，便是与天地相中和的人。用《吕氏春秋》的话来说，这是一种"上揆之天，下验之地，中审之人"[51]的中和宇宙图景。

比如在中华远古流传下来的神话文化观念中，天的地位自然是极重要的。高高在上的天宇以北极帝星居中，以三垣、四象与二十八宿为时空构架。北极星居于整个天区中位的紫微帝垣，有所谓"太子"、"三公"、"后钩"三星及"四辅星"佐治，其四周有二十八宿镇守东西南北四方天区（每方七宿），东方为苍龙、西方为白虎、南方为朱雀、北方为玄武（一种龟蛇合体的灵物），这实际是《周易》八卦方位四正卦时空之位。这种人文精神，固然以天为终极，实际却是以地上之人极为转移的。因为只有居于"土中"的人意识到其自身的存在价值与美，创造了人间的美，才能对天宫的美加以审视，天宫秩序是人间秩序的翻版。天极之美实际是与地极相系的人极之美在天上的侧影。它在精神上和形态上都像人极一样，只是巨大得无可比拟罢了。在神话文化精神中，"似乎没有任何人类现象能解释它自身，它不得不求助于一个相应的它所依赖的天上现象来解释自身"[52]。神话"解释"的结果，使得人自身以及人所创造的美显得无比神圣、崇高与伟大。这是天地人相合的中和之美。也许因为中华初民生活于亚洲东部的温带地域而得天独厚，自然条件的相对美好折射于人的文化心灵造成初民在神话思维中文

---

50 《易传·系辞上》，朱熹《周易本义》，第322—323、323页。

51 《吕氏春秋·序意》，高诱注《吕氏春秋》卷第十二，第122页，《诸子集成》第六卷，上海书店出版社，1986年版。

52 ［德］恩斯特·卡西尔：《人论》，第62页，上海译文出版社，1985年版。

化心理的倾斜，人们赋予伏羲、女娲、盘古、神农、黄帝与西王母等神话主角以善美之性，从而返照人与自然的亲和关系。为《周易》所推崇的中华始神伏羲，便是这样一位半神半人、亦神亦人的中和（亲和）之美的象征，他画卦结绳，初造王业，为百王先，善美盖世。盘古传说亦创造出原始的中和形象，流传于秦汉间的神话有云："盘古头为东岳，腹为中岳，左臂为南岳，右臂为北岳，足为西岳。"[53] 盘古形象本身的人文意识是神（未被把握的天地自然规律的幻化）、人之间的中和，而且在空间方位上，盘古的巨大形象也是以中和为美的。从盘古"腹为中岳"之人文想象中尤可见出。腹部，人体脐之所在，处人体中位；脐者，齐也。齐州即中岳、中州、中国，这是前文已经说过的。因而，其余东西南北四岳与中岳是一巨大有机体，此乃中国者，美之亲和之国也。在盘古形象中，我们又见到了一个以四正一中为框架的《周易》八卦方位图。至于大名鼎鼎的黄帝，为中华人文初祖，《五帝本纪》说他"生而神灵，弱而能言，幼而徇齐，长而敦敏，成而聪明"[54]。虽说黄帝形象最终成于战国，但其美之原型又与《周易》相联系。《周易》坤卦六五爻辞有"黄裳，元吉"之说，黄者，中之色，显贵之色，为五色之中之首，所以世间人王冠以黄帝之名，有尊显、伟美之意。黄帝土德，土色为黄，在《周易》八卦方位、阴阳五行观念中，土德实乃中和之德。土为万物之母体，与生殖相系。黄帝实为土帝、地帝，是制驭四方大地的帝，与天帝相对应，是统摄天地、又浑契于天地

53 任昉：《述异记》，吉林大学出版社，1992 年版。

54 《史记·五帝本纪第一》，《史记》卷一，第 1 页，中华书局，2006 年版。

的居于"土中"的代表。诸多古籍在论阴阳五行以土为中和的观念时，称水火者，百姓饮食之原也；金木者，百姓之所兴生也；土者，万物之所资生也。以土与金木水火，才得杂生万物。土者，五行之首。黄帝居中而属土，为中和之美的象征。

《周易》中和美学智慧在先秦儒家的美学与艺术观中得到过淋漓的发挥。《易传》相传为孔子所作，并非确事。但《易传》为孔子后学所撰，其中包含若干孔子的思想是可能的。《易传》云："君子体仁足以长人，嘉会足以合礼。"[55] "一阴一阳之谓道。继之者善也，成之者性也。仁者见之谓之仁，知者见之谓之知。百姓日用而不知，故君子之道鲜矣。""天地之大德曰生。圣人之大宝曰位。何以守位曰仁。"[56]

这三段引文的大意是：君子言行体现仁道足以成为人们的尊长，男女美好的亲和足以符合礼的规范。一阴一阳、阴阳调和便是《周易》所谓道。传承此道为善，成就此道者，是天人合一之原本的性。道之意义丰富而深邃，所以仁者见仁，智者见智。普通老百姓日常不离此道，却不知其所以然，所以君子的仁道知道的人不多了。天地的原初的、根本的性德在于生命及生命的繁衍。贤圣之人最可宝贵的，是体现仁礼的位。如何守持位则需推行仁道。

这三段引文，似与中和艺术观无涉，实际上在儒家伦理观念中隐潜着关于中和的艺术审美理想。其中谈到了仁，仁的伦理学与美学实质，是将仁看作人之内心的自觉欲求而非外力所强制。就其

---

55 《易传·文言》，朱熹《周易本义》，第44—45页。

56 《易传·系辞上》，朱熹《周易本义》，第293—294、322页。

伦理内容而言，是中庸而不走极端、执中而不偏。中，是在一定社会人伦关系中做人的标准与表率。就其美学内容而言，所谓中，是追求与衡量人伦关系之和谐、人格完美的审美标准与审美尺度。中在伦理与美学的双重意义上，都是人间实践关系的协调，它与人的生活物质资料的生产这一原型相联系。至于和的前提之一，是居于中，显然是指生命阴阳之和。这三段引文实际都谈到了"生"（按：第一段云"嘉会"者，即阴阳交会也），生即和。和始于男女生理与心灵的亲情，同时向伦理学与美学辐射。就伦理学而言，和是以中为规范、标准的人伦和谐；就美学而言，和又是在一定标准的人伦关系中所建构的完美人格的显现。

《易传》所体现的中和观，首先是重视人伦礼乐之中和的，它牢牢地建立在生的基础上，所谓"有天地然后有万物，有万物然后有男女。有男女然后有夫妇，有夫妇然后有父子。有父子然后有君臣，有君臣然后有上下，有上下然后礼义有所错"[57]。同时又将伦理之中和升华为美学。这是伦理的审美化，审美的伦理化。就天地人之中和境界而言，又是人伦、人格的天则化，天则的人格化、人情化。中和既是伦理美德，又是一大审美理想。孔子对《诗·关雎》的评价是"乐而不淫，哀而不伤"，认为《诗》三百，一言以蔽之，曰：思无邪"。这同时在讲伦理学与美学意义上的中和境界。"礼之用，和为贵，先王之道斯为美。"[58]所谓"温柔敦厚"，既是诗教，又是美育，是伦理被诗化了，诗美被礼制化了。荀子云："先王之

---

57 《易传·序卦》，朱熹《周易本义》，第 361 页。

58 《论语》，刘宝楠《论语正义》卷一、二，第 21、16 页，《诸子集成》第一卷，上海书店出版社，1986 年版。

道，仁之隆也，比中而行之。曷谓中？曰：礼义是也。道者，非天之道，非地之道，人之所以道也，君子之所道也。"又说："事行失中，谓之奸事。知说失中，谓之奸道。奸事奸道，治世之所弃，而乱世之所从服也。""故诗书礼乐之归是矣。"礼义伦理重于理，诗歌审美重于情，中是情理适中相契，不使流淫。这里，天地人本非对立，或通过人为努力而达到中和一致，不知何为天道、何为地道，天地人只是一道，君子圣人之"道"也。这是所谓"礼之敬文也，乐之中和也"[59]。

总之，先秦儒家所推崇的礼乐合一，即仁，即《周易》所谓中和。礼是中，是人在物质生活资料生产过程与生活实践中的人伦等级的协调关系；乐是和，它的文化原型是基于男女交会的生命的悦乐，升华为哲学、美学与艺术学，一指艺术，二指美，三指美感。礼与乐的对应，便是中与和的对应。礼是乐的伦理基素，乐是礼的审美超越。中是和的生命骨骼，和是中的生命血肉。由于乐与和以生命之交会为原素，这无异于说，它是生命、人性所天生与固有的，这在先秦儒家看来，与生命之和所合契的礼，即一切道德规范与做人标准，决不是外力强加于人的东西。由于礼、中所揭示的是人伦的等级标准与尺度，所以乐与和便不是简单的同，艺术、美与美感的和谐境界决不是杂凑的混同，而是均衡而有条理、柔美而有刚度的，这真是易理所辐射的艺术真谛与中华所特具的艺术光辉。在这里，可以隐约见出天人合一、美善合一、美学与伦理学合一的

---

59 《荀子·儒效篇第八》，王先谦《荀子集解》卷四，第77、79、84页，《诸子集成》第二卷，上海书店出版社，1986年版。

思维特点。礼的教育因为有"和"之因素蕴渗其间，决不应当是强制性的，而是意味着启悟人的善美天性。道德既然是人生而有之的自觉的内在要求，那么，这种礼的实行，就是社会群体与个体自身价值和本质力量的自我肯定，而不应使人的自由本质蒙受道德伦理（礼、中）之外力的奴役。这里不存在对道德教条违反人性的屈从以及人的自由本质的牺牲。

由《周易》所建构的中和美学因子，在中与和双重意义上，是先秦儒家所提倡的礼与乐、善与美的重合。

如果说，《周易》的中和美学智慧，是将审美降格为伦理，那么，它恰恰同时又把伦理提高到了审美的高度。

《周易》中和美学的范型，表现在从先秦到汉魏的音乐美论中，形成了独特的音乐中和美学观。

《吕氏春秋》云："昔葛天氏之乐，三人操牛尾，投足以歌八阕：一曰《载民》，二曰《玄鸟》，三曰《遂草木》，四曰《奋五谷》，五曰《敬天常》，六曰《建帝功》，七曰《依地德》，八曰《总禽兽之极》。"[60] 这里所记，当是原始巫术歌舞的情景，葛天氏"投足以歌"，意在祝祈农牧年丰。为何所歌恰是"八阕"？这与远古传承下来的所谓"八音克谐，无相夺伦，神人以和"的观念相关。葛天氏是传说中的远古帝王，在伏羲之前。伏羲是传说中的中华东部的氏族首领，据《周易》所言，八卦就是他创立的。中华东部的远古氏族于数尚"八"，依此传说，尚八的文化智慧其实在早于伏羲的

60　《吕氏春秋·古乐》，高诱注《吕氏春秋》卷第五，第51页，《诸子集成》第六卷，上海书店出版社，1986年版。

葛天氏时代就已经产生了，葛天氏投足以歌八阕与伏羲画卦为八的观念是相应的。八卦是中和观念的符号系统之集成，由此上推，传说中所谓葛天氏的八阕，也是渗透着原始中和之音观的，八阕相中和，而且作为巫术歌舞，神人之间也是中和的。古人认为音乐有一种魔力，它可以协调天人即自然（神）与人的关系，如古希腊神话传说所谓奥尔菲斯弹起七弦琴，立刻使木石之美循其音律在空地上筑起幢幢建筑物，从而使建筑成为"凝固的音乐"一样，在《周易》八卦中，已经储存着美妙的音风乐韵。所以八卦不仅是八方、八风之类的象征，也是八音中和的象征。以歌八阕、八音克谐，就能风调雨顺、人寿年丰。古人云："立春至，天曰'作时'，地曰'作昌'，人曰'作乐'，是以万物应和。"古人为了祈求丰收，对八阕"常好之，爰命鱏先为倡，泪蚩龙称八音会八风之音，以为圭水之曲，以召而生物"[61]。先秦亦有"九歌"之说，大诗人屈原曾据楚地祭神之歌作诗篇《九歌》，不管九歌是指九天十神歌还是指其他什么也罢，九歌之九，与《周易》八卦观念直接攸关。《周易》八卦方位以东西南北、东南西南东北西北为八方，又以八卦之中位（中宫）为第九方位。所以，八卦与中宫是宇宙空间的九方中和，九歌也是一统天下、天人感应、神人相谐的中和之音。

先秦荀子继承《周易》中和美学观，关于音乐审美中和论，曾贡献过值得加以注目的见解。他从《周易》所谓"气"出发，认为中和之音气顺，非中和之音气逆，从而抨击墨子的"非乐"思想。"凡奸声感人而逆气应之，逆气成象而乱生焉；正声感人而顺

61　罗泌:《路史》, 中国台湾商务印书馆, 文渊阁四库全书本, 1983 年版。

气应之，顺气成象而治生焉。"[62] 奸声、非中和之音原于逆气，乱之气象；正声、中和之音原于顺气，治之气象。气在《周易》中称精气，应之于巫术，是谓"马那"；应之于美学，是谓美感的生理基因、生命的种子。其本身就是氤氲中和的，也便是荀子所谓血气。血气平和意味着气顺，气顺则音乐中和境界自成。"故乐行而志清，礼修而行成，耳目聪明，血气和平，移风易俗，天下皆宁，美善相乐。"如此美善的中和之音，"故乐在宗庙之中，君臣上下同听之，则莫不和敬；闺门之内，父子兄弟同听之，则莫不和亲；乡里族长之中，长少同听之，则莫不和顺。故乐者，审一以定和者也，比物以饰节者也，合奏以成文者也。足以率一道，足以治万变，是先王立乐之术也"[63]。

《汉书·艺文志》云："武帝时，河间献王好儒，与毛生等共采《周官》及诸子言乐事者，以作《乐记》，献八佾之舞，与制氏不相远。"[64] 成书于汉代初期的《乐记》，则以音乐为中心论题，进一步发挥《周易》的中和美学。在笔者看来，这主要表现在对音乐审美本质的看法进一步深化了，而仍然不离《周易》中和美学智慧的范型：

> 乐者，天地之和也；礼者，天地之序也。和，故百物皆化；序，故群物皆别。乐由天作，礼由地制。[65]

62　《荀子·乐论篇第二十》，王先谦《荀子集解》卷十四，第254页，《诸子集成》第二卷，上海书店出版社，1986年版。

63　《荀子·乐论第二十》，王先谦《荀子集解》卷十四，第254、252页。

64　按：《汉书·艺文志第十》，班固《汉书》卷三十，第327页，中华书局，2007年版。

65　《礼记·乐记第十九》，杨天宇《礼记译注》下册，第637页，上海古籍出版社，1997年版。

在这一见解中，揭示了《乐记》音乐艺术中和观的三重结构：一、音乐之美。音乐由天地阴阳和气所生。表面看，这里只论天地而未涉于人，而实际上音乐作为一门艺术，是人工的创造，上感于天，下应于地，中在于人，这是《周易》天地人合于一的卦爻符号观念的音乐诠释。二、礼制之善。礼由天地秩序所定，这是《易传》"天尊地卑"思想的延续。天上地下，群物有别，这是礼。礼虽由外作，却是要有人去执行的，礼包含着人的因素。因而所谓礼，实际上也是一个天地人相和的结构，不过"和"得有条有理罢了。礼是天经地义的，和，是有序的和，从而也是和的有序。三、乐为中和，礼为中和。前者偏于和而不失其中，后者偏于中而不失其和。礼乐统一，则意味着由偏于中的天地结构与偏于和的天地结构重新组合。乐也中和，礼也中和，而且礼乐谐调亦是中和。音乐艺术的中和观，诚然是从礼乐相谐的角度来立论的，却又提高到天地的哲理高度来论音乐的中和，使中和美学智慧具有一定的自然哲学的光辉；并非否认音乐艺术的中和境界乃人工所为，却将这一境界看作天设地造，"虽由人作，宛自天开"[66]也。

从哲学宏观看，正如庄子所言，音乐实乃"天和"、"天乐"，从心理学微观看，音乐之美又是人心的精神产物。

> 音之起，由人心生也。人心之动，物使之然也。感于物而动，故形于声。声相应，故生变。变成方，谓之音。[67]

66　计成：《园冶·园说》，《园冶图说》，第37页，赵农注释，山东书画出版社，2003年版。

67　《礼记·乐记第十九》，《礼记译注》下册，第627页。

音乐是审美化了的人心的音声显现。人心受到了审美感动才有音乐的诞生。但人心审美的客观源泉为物。问题是，并非所有客观存在之物都能激起人心的感动，也并不是任何情感的激动形之于声都是音乐的美。那些自然而未经艺术处理的人声不是音乐。声必须具有节奏、韵律与和谐的调性才成其"音"。所谓"声成文，谓之音"。成文，就是合乎审美规律与审美尺度（方），方者，矩也，就是准则、法则，也便是中。在中制约与指导下音乐艺术的和谐，便是中和境界。中者，衷也；衷是人心被审美对象深深的感动，是一典型的音乐审美心态：有如孔夫子听韶乐，"三月而不知肉味"；有如伯牙操琴，知音弥珍；有如"目送归鸿，手挥五弦"，中和之至也。

魏晋，玄学大盛，是人的觉醒与解放的时代。文人学子作为社会、时代与民族的智慧头脑与社会良心，以老庄为原，旁采与熔裁易、佛，铸时空观、人生观与美学观之新型，聊作出世之思。这便是玄学所倡言的"无"的境界。无，平淡无味，澹远淡泊，是魏晋士子所意会到的人生中和之境。"凡人之质，中和最贵矣。中和之质，必平淡无味。"[68] 此时，《周易》中和美学智慧已溶于玄学之大泽中。阮籍著《乐论》用语颇类易说，而精神意蕴已起变化。他说："夫乐者，天地之体，万物之性也。合其体，得其性则和。"这是《周易》阴阳交和的传统思想。"故定天地八方之音，以迎阴阳八风之声；均黄钟中和之律，开群生万物之情气。故律吕协则阴阳和，音声适而万物类。"这也便是《周易》中和乐论之说，阮籍云：

68　刘劭：《人物志》，中州古籍出版社，2007 年版。

> 乾坤易简，故雅乐不烦；道德平淡，故无声无味。不烦则阴阳自通，无味则万物自乐。日迁善成化，而不自知，风俗移易，而同于是乐。此自然之道，乐之所始也。[69]

这里，阮籍所谓"无声无味"、"乐之所始"的见解，颇类老子的"大音希声"，重点在于倡"无"。无就是原朴的中和。从音乐审美所期待的精神之无出发，通过音乐的创作与接受历程之有的阶段，最终达到无的审美境，都可以说是中和的。中和者，冲和也。这便是音乐的自然之道，不同于《周易》所谓"中和"。《周易》中和美学智慧尽管具有形而上的品格，却是处处不离"有"的，是在有的意义上不离轴心的思维与情感的圆转运动。玄学关于音乐中和美学智慧（无）的思维与情感运动自然也是圆转的，然而它断然拒绝了《周易》关于礼的纠缠，让乐从礼的传统束缚中挣脱出来，去自成中和境界，所谓无声至声、无味至味。正如嵇康所言，"声无哀乐"、"以大和为至乐"、"以恬淡为至味"、"至和无声"。玄学的音乐中和观，大致上已从原先《周易》所倡导的灼华尘世氛围中退出，此时所谓中和的中，已无浓重的伦理内容，成了以无为宇宙本体，因而也是以无为人格、审美之标准的内在依据。那么，魏晋玄学音乐中和美学观是否与《周易》绝然无涉呢？当然不是。从中华古代中和美学智慧的历史矛盾运动看，正是先有《周易》尚有的中和美学观构建于前，才能在一定意义上，促使我中华民族文化头脑作一逆向性思维，促使历史产生一种否定性的内驱力（当然，这种逆向

---

69 阮籍《乐论》，《魏晋南北朝卷》上，第74页，叶朗总主编《中国历代美学文库》，高等教育出版社，2003年版。

性思维与内驱力的产生，还因老庄之学与入传之印度佛学的盛行，根本原因是时代使然），从而在对易之中和的否定中，铸冶以无为圭臬的新的音乐中和观。有一位伟大先哲曾经说过，历史是以一个否定另一个的形式彼此联系着，这种逆势的否定性联系，就是扬弃与消解。正如王弼恰从对《周易》的研究著述同时也包括对道、释之学的研究中创立"以无为本"的玄学体系那样，魏晋音乐美学的中和智慧与易理具有一定的间接、隐在联系是不奇怪的。

《周易》中和美学智慧的范型，表现在唐代诗论中，形成了独特的诗之中和审美理想。

试以唐僧皎然诗说为例。皎然援儒（易）入禅、博采道旨，虽遁入空门，于心灵深处对儒（易）、道亦不免有所回眸与依恋：

> 且文章关其本性。识高才劣者，理周而文窒；才多识微者，句佳而味少。是知溺情废语，则语朴情暗；事语轻情，则情阙语淡。巧拙清浊，有以见贤人之志矣。抵而论，属于至解，其犹空门证性，有中道乎？何者？或虽有态而语嫩，虽有力而意薄，虽正而质，虽直而鄙，可以神会，不可言得，此所谓诗家之中道也。[70]

在皎然看来，关乎文章（诗）本性的诗家中道，就其诗人审美心理而言，犹如佛教般若性空的中道观。中道观的创始者，是 3 世纪印度大乘中观学派的代表人物龙树。在龙树之前，印度部派佛教

70　皎然：《诗式》，《文镜秘府论》南卷《论文意》，王利器《文镜秘府论校注》，中国社会科学院出版社，1983 年版。

中的"一切有部"持万法"实有"的观点；另有佛教空观学派针对万法实有观提出物无自性、因缘所生、一切皆空之说。龙树菩萨《中论·观四谛品》所言"中"，既不认为万法皆"实有"，又不认为一切皆空。要求对佛法的观想离开空、有二边，从中道去领悟体味："众因缘生法，我说即是空，亦为是假名，亦是中道义。"[71]万法（一切客观事物现象）既然因缘和合而生，一切皆变皆流，自然是"空"的；空本身并非客观存在，所谓空，不过是一个"假名"，"可以神会"而"不可言得"。因而，中道观要求既不执有也不执空且不执于中道，意思是对于离开空、有二边的中，也不能执著。佛教倡言"破执"，追求圆融。"然空假本来非为别物，空即假，假即空也。然则离此空假相待之绝待之中，亦非在相待之外。相待即绝待也，绝待即相待也。故空假中之三者，为一法之异名，即假即空即中也。空之外无假，假之外无空，空假相待之外，无中之绝待，中之绝待外，无空假之相待，是为圆教至极之中观。"[72]从佛教破执而言，这里所谓未滞累于空、有的中，便是无所执著，无所执著便是圆融，便是假名之和。可见，大乘佛教所谓中，实则包容了和的思想，只是佛教思辨与幻想中无以执著的中和境界。

皎然诗之中道观，固然从佛教中观采撷灵感玄思，要求诗思、诗情唯"中"是执，关乎才识、理文、情语以及巧拙、清浊等无所偏至与系累，其视野基本在此岸，仍然不离《周易》中和美学智慧

71　［印］龙树菩萨造、姚秦三藏法师鸠摩罗什译：《中论·观四谛品第二十四》，心澄《中论译释》，第5卷，第981页，广陵书社，2009年版。

72　丁福保：《佛学大辞典·中观》，第341页，文物出版社，1984年版。

的人文基因与"慧根"，只是其中和诗论由于佛理的濡染与薰习，理论上更显空灵、深致罢了。

在《诗式》以及《诗议》《诗论》中，皎然对那些非中和之诗的倾向提出批评，称其为诗之"六迷"："以虚诞而为高古，以缓慢而为澹泞，以错用而为独善，以诡怪而为新奇，以烂熟而为隐约，以气少力弱而为容易。"诗之迷，就是偏执即非中和之诗境。中和诗境须做到"二废"："虽欲废巧尚直，而思致不得置；虽欲废言尚意，而典丽不得移。"又须做到"四离"："虽有道情，而离深僻；虽用经史，而离书生；虽尚高逸，而离迂远；虽欲飞动，而离轻浮。"还须追求诗之"四不"境界："气高而不怒，怒则失于风流；力劲而不露，露则伤于斧斤……"所有这一切诗论，都在于推重"中和"之诗美，追寻适度的诗风歌韵。

《周易》中和美学智慧的范型，又对比如盛于唐代的格律诗体深有影响。《周易》六十四卦的卦爻符号系统整体齐正，正如前文已涉，其每卦凡六爻，爻分阴阳。错卦、综卦与错综卦及自综卦偶合对应。而在这齐正的整体内部，又充满了参差、变化与流动态势，有如整个宇宙或生命，总体浑整，其内却千姿百态、错综、倾动，创造出"不齐之齐"、"不正之正"、"不动之动"的审美意境。正如沈约所言，中国格律诗体的音乐之美在求平仄四声的节奏韵律："欲使宫羽相变，低昂互节，若前有浮声，则后须切响。一篇之内，音韵尽殊；两句之中，轻重悉异。妙达此旨，始可为文。"[73]

73　沈约：《宋书·谢灵运传论》，中华书局，1974年版。又见于《魏晋南北朝卷》上，第480页，叶朗总主编《中国历代美学文库》，高等教育出版社，2003年版。

这是诗之音律上的中和之美境。笔者以为，除此之外，比如七律诗体，凡八句，分作四联，首联与尾联分别为第一、二与第七、八句，中间两联（三、四、五、六句）必须对仗。这样，整首七律实际是由上中下三个单元所构成，这是《周易》六十四卦每卦六爻结构在诗体审美观上的反映。《周易》一卦六爻，以五、上爻象天，初、二爻象地，三、四爻象人。七律诗格上中下三单元结构并无象征天地人的意义，然而其三元层次显然是易卦结构的诗意复现。《周易》中充满了对偶思想，对偶是中和的特殊方式，诸如乾坤、泰否、损益、剥复、既济未济以及晋与明夷等卦符的对偶，蕴隐着在对偶中求均衡的审美精神。所谓"半逗律"，即咏诗时七言律诗的音节在语气上"逗"为四三，而五言律诗为二三。这种音节之逗，即阴阳对分；二三或四三音节，即奇数、偶数的参差交错。确为中肯之见。这种诗之音节的划分，是阴阳对偶参差之中和易理在诗学中的表现。

最后，《周易》中和美学智慧的范型，表现在明清建筑文化中，同样是值得一提的。

试看明清北京紫禁城，始建于明永乐朱棣迁都北京之后，为一以宫城为中和空间观念的宫殿建筑群体，它自南向北纵向发展，沿着一条长约7.8公里的中轴线有机而和谐地组织在一起。中轴空间序列以最南端的永定门为起始，以景山向北的地安门到钟鼓楼为终了。其间建筑空间序列鳞次栉比、有序而和谐统一，是《周易》中和之易理美学在大地上的展现，尤以三大殿及其附属建筑最富中和之审美特色。且不说这里诸如"太和"（大和）、"中和"、"保和"、"体仁"、"乾清"、"坤宁"等建筑物的命名观念直接来自《周易》，仅从三大殿及有关附属建筑的平面布局看，那种在严格对称中发展的纵深序列，将《周易》中和美学智慧发挥得淋漓尽致（图示）。中轴线观念犹如三大殿及有关附属建筑群体的"脊梁"与"心脏"，造就了中和的审美态势。图中虚线即中轴线穿越的位置与走向。从图示可见，天安门、端门、午门、太和门、太和殿、中和殿和保和殿等重要建筑物，其中心皆在中轴线上呈纵深有序排列，其余建筑拱卫于两旁，呈对称、对偶呼应气势。

　　群体建筑是中和的象征，单体建筑之"间"（室）也是一个中和的空间领域。中华古代一般称平面为矩形（或正方形）、四角立以四柱、四周砌墙、辟有门户的基本建筑单位为"间"，即《周礼·考工记》所谓"四阿"之屋。"间"的内部空间划分，实为一个简化了的《周易》八卦方位图。段玉裁《说文》注："古者屋四柱，东西与南北皆交覆也。"中华古代直至明清时期，其建筑之"间"以矩形（或正方形）为常式。其内部空间平面的区域划分为西南、西北、东北与东南位置，此即《周易》八卦方位中的四隅。王国维说，"室"之"西南隅谓之奥，西北隅谓之屋漏，东北隅谓之宦，东南隅谓之突"[74]。什么是"奥"、"屋漏"、"宦"与"突"？中华传统建筑的间一般以南向为通例。门户常设于间的东南一隅，这在《周易》文王八卦方位图中属于巽位，处于东位震卦与南位离卦之间。震为雷，一阳始生于下，雷为动，可谓生机勃勃。离为火，象征太阳。又震象征春，离象征夏，两者在时空上都是吉利的。又处于东南之巽位而在震雷、离火之际，巽为风为入，在八

74　王国维：《明堂庙寝通考》，《王国维遗书·观堂集林》卷三，上海古籍书店，1983年版。

北京故宫三大殿及其附属建筑平面简图（转引自拙著《中华古代文化中的建筑美》）

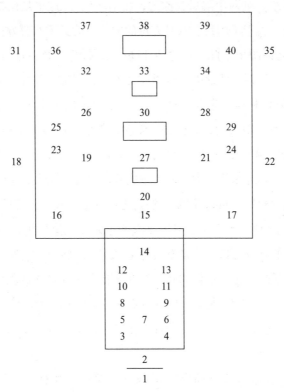

图示说明：

1.外金水桥　2.天安门　3.社稷街门　4.太庙街门　5.西庑　6.东庑　7.端门　8.社右门　9.庙左门　10.西庑（朝房）　11.东庑（朝房）　12.阙右门　13.阙左门　14.午门　15.金水桥　16.熙和门　17.协和门　18.崇楼　19.贞度门　20.太和门　21.昭德门　22.崇楼　23.弘义阁　24.体仁阁　25.右翼门　26.中右门　27.太和殿　28.中左门　29.左翼门　30.中和殿　31.崇楼　32.后右门　33.保和殿　34.后左门　35.崇楼　36.隆宗门　37.内右门　38.乾清门　39.内左门　40.景运门

卦方位与风水观念上显得十分吉美，所以筑室设户于东南巽位可谓深契易理。当大门洞开，正如《尔雅·释宫》所云，由于"户不当中而近东，则西南隅最为深隐，故谓之奥"。这里是设祭或尊者安寝之处，属于《周易》八卦方位的坤位（就文王八卦方位而言）。"堂奥"之说源出于此。室之西北隅称"漏入"，乃一旦门户开启，早晨日光必斜射于西北隅，这里在文王八卦方位的乾位，正与日光（太阳）为乾相应。东北隅称"宦"，是因这里为文王八卦方位的艮位。艮为一阳二阴，为阳卦。阳者，养也。所以《尔雅·释宫》云："东北者阳，始起育养万物，故曰宦。宦，养也。"古代庖厨食阁，常设室之东北一隅，此为举火养命之处，风水观念中称为命门。所谓"窔"，原意为风吹入洞穴之声，窔从穴，此可见室（间）实由地穴发展而来（远古中华建筑始于穴居、巢居），人可出入、风可出入的洞穴之口，后来发展为室（间）的门户。它处于八卦方位东南之隅的巽位。这样的间，自然具有为八卦方位观念所限定的空间秩序，它实际上是具有中轴线观念及其中和审美意识的，这一中轴线，正垂直于奥、窔连结直线与漏入、宦连结直线，且通过这两条直线的中点。

这一中和建筑时空形象，正反映出宇宙中和意识。在古人心目中，建筑虽为人工创造，却是法象宇宙的，建筑即是宇宙。宇宙就是一所"大房子"，所谓"天穹苍茫，笼盖四野"是也。建筑便是人工的宇宙，它是伟大的自然宇宙的人工体现。建筑实际是自然宇宙的微型化和象征化。建筑文化的中和之美，正是自然宇宙中和之美的光辉体现。从《周易》八卦方位观念分析，整个自然宇宙的存在与运化，以及建筑文化的存在与空间布局，已在八卦方位的高度概括之中。自然宇宙与建筑是同构的。人从自然宇宙进入建筑空间，便是从原朴中和之境进入人工中和之境。可以说，建筑文化是天地人合一的中和区域。《山海经》有"内别五方之山，外分八方之海"说，这与《周易》五方、八卦方位的中和观相默契。屈原《招魂》篇呼唤"魂兮归来"："魂兮归来，东方不可以托些"、"南方不可以止些"、"西方之害，流沙千里些"、"北方不可以止些"[75]。立刻使我们想起这一章开头所论及的"立中"晷景，那日光照射于晷景即中在地面投下的阴影即为勾为魂。将魂勾住，意味着人对自然宇宙的改造与把握，建筑是人类改造自然宇宙的一种方式，"魂兮归来"即将魂勾住以随从人意，便是中和的生活境界，自由的人生境界。正如"魂兮归来，反（返）故居些"的屈子歌吟，故居者，建筑也。"反（返）故居"是对"中和"的回归。

75　屈原：《招魂》，董楚平《楚辞译注》，第 246、247、248、249 页，上海古籍出版社，1986 年版。

第九章　人格美学智慧的超越

　　在中华文化智慧总涵中，人格问题首先是一个伦理学而非美学问题，或者可以说，人格问题的基本内涵属于伦理学范畴。这是因为，全部伦理学所讨论的，是做人的标准以及如何做人，追求人格的完善。它所能及的主要命题，当然首先是善而不是美。

　　然而，每一范畴所揭示的每一事物质的规定性，必然是在与其他事物的有机联系中建构起来的。从文化智慧的历史形态看，尽管善与美、求善与审美、伦理学与美学不能相互等同，却也难以人为地彼此分拆。大致在孔子之前，中华关于人格的见解是善美不分的。这固然在逻辑上尚未严格区分善与美各别的"质"，却正好猜中了两者之间原在、浑朴的内部联系。孔子第一次将善与美作了逻辑意义上的区分，"子谓《韶》尽美矣，又尽善也。谓《武》尽美矣，未尽善也"[1]。可见善不等于美，却并非无视伦理与审美的内在统一。从审美角度看，任何人的审美过程一旦进入物我浑契、无挂无碍的移情自由境界，则意味着主体的审美心灵暂时"忘却"柴米油盐、荣辱得失等人生扰攘，但实际上并未能彻底斩断

1　《论语·八佾第三》，第 73 页，刘宝楠《论语正义》卷四，《诸子集成》第一卷，上海书店出版社，1986 年版。

审美与伦理潜意识的隐在联系。没有哪种美、美的观念与审美意识，不与一定的伦理智慧客观地具有直接或间接、显在或潜在的构连。

保存在《易传》之中关于人格的丰富思想，无疑具有强烈的伦理色彩，却也典型地体现出中华古代伦理学与美学互相包容、统摄的特点。它一般地具有儒的基本文化性格与精神意蕴，是美的伦理学或伦理的美学，也是关于求善兼审美的人学、人格学。

这里所谓"人"，并非指一般意义上的人。就《周易》本经而言，指"巫"；就《易传》而言，指"圣"，亦即所谓"大人"。因而这里所言人格，实乃巫格、圣格之谓。《周易》的人格审美智慧，是在从《周易》本经到《易传》、从巫到圣的文化转型中形成的。它基于巫术占筮、与一定伦理观念相依相谐的哲学意义上的超越，由此历史地塑造了所谓圆型人格与方型人格两种基本人格模式。

第一节　从巫到圣：在神与人之际

《周易》本经与《易传》之间的深层结构联系究竟是什么？对此，有人避而不论；有人语焉未详；有人认为二者"本来无缘"[2]，也就谈不上从"经"到"传"的意义递进；而一般都注意到经、传两部分之间的意义关联，认为无论经、传，都有义理贯穿于其间，义理就是一种哲学与伦理学等精神，指出《易传》之所以是一部"独具体系的哲学著作"，是因为《周易》的'经'部分，虽以占

2　宋祚胤：《周易译注与考辨·自序》，湖南人民出版社，1987年版。

筮为表，实以哲学为里"[3]，进而断言"'经'是占筮书"、"《易传》是哲学书"[4]。

　　笔者以为这些易解只是一般地触及《周易》本经与《易传》的意义关系，却没有真正回答两者之间的关系结构到底怎样。以笔者之浅见，尽管在《周易》本经的原始巫学中包含哲学智慧的萌芽因素以及哲学是《易传》文化智慧集成的灵魂，然而整部《周易》却不能称之为哲学著作，而毋宁说其为中国式的文化学著作更为确当。从《周易》人格美学智慧的生成与发展角度看，经、传两部分无疑是同构对应的：

　　《周易》本经以巫学为其基本文化内涵，它所推重的是巫，巫既通于人，又通于神，是神与人之际的一个中介。

　　《易传》以圣学为其基本文化内涵，它所推重的是圣，圣亦既通于人，又通于神，也是神与人之间的一个中介。

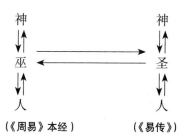

（《周易》本经）　　　　　（《易传》）

　　因而，从巫到圣，正好揭示了从《周易》本经到《易传》深层结构的意义连接，两者关系，即从巫到"史"。两者是"异质同构"的。

3　黄寿祺、张善文：《周易译注·前言》，上海古籍出版社，1989年版。

4　李镜池：《周易探原》第154页，中华书局，1978年版。

这里所谓人，自然指普通人、老百姓。就《周易》本经的巫学而言，巫是人的升格与神的降格；就《易传》的圣学而言，圣也是人的升格与神的降格。

从巫到圣，经历了不少当代西方哲学家和文化人类学家所说的"哲学的突破"（philosophic breakthrough）或言"超越的突破"（transcendent breakthrough），由此升腾起人格美的光气华韵。

一、《周易》本经的巫

《周易》本经的巫学性质毋庸赘言。

《易传》有云，巫"设卦观象，系辞焉而明吉凶"，"以卜筮者尚其占"，又云"探赜索隐，钩深致远，以定天下之吉凶，成天下之亹亹者，莫大于蓍龟"，为的是"以通天下之志，以定天下之业，以断天下之疑"。卜筮以蓍龟为"灵物"，以决疑惑，中华古代有两大具代表性的巫术品类，易筮据其一（另一品类为甲骨占卜）。巫术的施行，自然是由巫来执掌的。巫是施行巫术的主角。《说文解字》云：

巫，祝也。女能事无形，以舞降神者也。[5]

从这一解说可以见出：其一，巫原指女巫，历史上从事巫术的大约首先是女性。巫术作为"断天下之疑"的法术，可能早在母系社会已有存在。其二，历史进入父系社会，女性宗主地位的丧失，促成了巫的职能由女性向男性（称觋）的转移。这不是说，从

5　许慎：《说文解字·工部》，第100页，中华书局影印本，1963年版。

此便把女性从巫术王国中彻底驱逐出去，而是男性成为施行巫术的主角。尤其一些重大巫术活动，则非由男巫主持而莫属。于是便有觋的出现。觋者，男巫之尊称也。远古时代巫风大炽，巫术成了远古部落、氏族与个人从事狩猎、采集、耕稼、征战以及人自身生殖繁衍等社会行为的重要文化方式。中华先民曾经多么虔诚地相信巫术的"灵验"，热衷于通过巫术祈福祀祥、趋吉避凶，人的精神世界颇多巫术的意念，由此激起情感的跃动与意志的执拗。其三，巫术的目的是为了人自己的利益而"降神"。"降神"的方式是"舞"。舞的象形文字写作𢆶，巫字小篆写作𢆶，显然是舞的简化。古之舞者，巫也。象征通神、降神的巫手持牛尾或鸟羽等物手舞足蹈。舞是巫降神、娱神作法的方式。本书前文所引"葛天氏之乐"所谓"三人操牛尾投足以歌八阙"，正是作法之巫的生动写照。《尚书》说："敢有恒舞于宫，酣歌于室，时谓巫风。"疏云："巫以歌舞事神，故歌舞为巫觋之风俗也。"其四，这里尤其值得注意的，是所谓"女能事无形"的那个无字。无，繁体写作無，甲骨文作𢆶，是巫，也是舞。巫、無、舞三字共同揭示了巫术主体、巫术方式与巫术本质。这里的无在《说文》中被隶为𣥈，秦时始以蕃橆之橆为有无之無，李斯执行"书同文"政策，变橆之下部林为四点，构形成为無字。无一字而兼三义：就巫术主体而言，是巫术的施行者，巫；就巫术方式而言，是舞，一种事神、降神、娱神的手段；就巫术本质而言，无是巫术活动中一种看不见、摸不着然而在中华先民看来确是存在的东西，无是似无而实有，是巫术活动中神与人之间的一种"感"（感应，《周易》有咸卦，咸者，感也），是神、人交和之"场"，也便是本书第三章笔者曾经论述过的巫术之"马那"

（灵气），是升华为整个《周易》美学智慧之哲学基础的气。这里顺便说一句，气，就《周易》本涵而言，是易（变易、不易、简易）之根元；就《周易》符号美学智慧来说，是由符号所传导与象征的意韵（意象）的流转；就《周易》生命美学智慧来看，它是基于生理学基础同时升华为哲学与美学的精气（气）。气的原型，归根结底却是《周易》本经所说的巫。老子论道凡五千言，道即无（玄），已经进入了哲学与美学境界。而道既别言为无，则点破了道之原型亦为巫的天机。可见易老同源。魏晋玄学、美学以无为本，正可见出老子之旨与易理浑和合流，同时旁采佛义的特点，其深层结构自然与巫相涉。

《周易》本经是一部巫术占筮之书。《左传》云"周史有以《周易》见陈侯者"[6]，又说"孔成子以《周易》筮之"[7]，是为确证。始皇焚书，"所不去者，医学、卜筮、种树之书"，因《周易》本经为巫书，才得免遭秦火。《汉书》称："及秦燔书，而《易》为卜筮之事，传者不绝。"此又为一证。近人尚秉和说，"易者，占卜之名"，"说者以简易、不易、变易释之，皆非"，"简易、不易、变易皆易之用，非易之本诂，本诂固占卜（筮）也"[8]。实非无根之谈。

《易》原为巫书，创《易》者亦为巫耳。相传伏羲始作八卦，"仰则观象于天，俯则观法于地，观鸟兽之文与地之宜，近取诸身，远取诸物"。仰观俯察、近取远索之举，实是关于巫术兆象的捕捉与采撷，根据先兆之象来占验吉凶。八卦符号分别表示天地雷风水

6 《左传·庄公二十二年》，杨伯峻《春秋左氏注》，中华书局，1990年版。

7 同上书，《左传·昭公七年》。

8 尚秉和：《周易尚氏学》，第1页，中华书局，1980年版。

火山泽八种基本兆象，这是对原始巫术万千兆象的综合，可证传说中远古中华东方氏族首领的伏羲氏实为巫者。伏羲氏将原始巫术中的无数兆象，归结为概括力极强的八卦符号模式，这是对自然兆象的简化与提炼，提高了中华远古巫术的品位，加强了巫术的可操作性。相传与易卦有关的夏禹也是一位巫者。据汉代扬雄《法言·重黎篇》所记："巫步多禹。"这是什么意思？按："禹治水土，涉山川，病足而行跛也，而俗巫多效禹步。"《广博物志》卷二十五引《帝王世纪》亦说："世传禹病偏枯，步不相过，至今巫称禹步是也。"俗巫何以仿效禹步？"大约因为大禹治水涉历山川，知鬼神情状，故摹仿'禹病偏枯'的那特殊步调来禁御鬼神。"[9]特殊步调，其实就是所谓"舞"，也就是御神、降神的巫的作法仪式。殷代巫风极盛。古籍说巫咸为殷中宗宰相，其子巫贤，据《尚书》所记，又为殷祖乙之相。《山海经》作为一部"古之巫书"[10]，记述了以巫咸为首的十巫升降于灵山的盛况："有灵山，巫咸、巫即、巫盼、巫彭、巫姑、巫真、巫礼、巫抵、巫谢、巫罗十巫，以此升降，百药爰在。"[11]传说中的十巫是周族的神巫。屈原《楚辞》有"巫咸将夕降兮"的歌吟，该是采自《山海经》的传说。与《周易》关系尤为密切的周文王善巫事，其被拘羑里而演易重卦，实于忧患之中以易卦占验命运。周鼎铭文有所谓"文王遗我大宝龟，绍天明"的记载，看来文王不仅善易筮，而且善龟卜。周武王伐商纣时也施行巫术，"武王伐纣，至于商郊，停止宿夜，士卒皆欢乐歌舞以待

---

9 《山海经新探》，第 233 页，四川省社会科学出版社，1986 年版。

10 鲁迅：《中国小说史略》，郭预适导读，上海古籍出版社，1998 年版。

11 《山海经·大荒西经》，陈成《山海经译注》，第 347 页，上海古籍出版社，2014 年版。

旦"[12]。这种歌舞，是与巫术相系的，起码是具有巫术因素的。它可能举行于胜负未分、生死未卜的战争前夕，显然不是由于欢快心情所促成的娱乐行为，而只能是指望获得战争胜利成功而企图使神灵对自己发生好感的献媚。据史载，周公亦是一个巫者。周公摄政称王，管叔、蔡叔与召公对此不满。周公便以巫的资格去说服他们。他说，成汤时的伊尹、太戊时的伊陟、祖乙时的巫贤以及武丁时的甘般，这些都是"格于上帝"的巫，才能为相，而自己既善巫术，有什么不能摄政的呢？

可见，诸如伏羲、大禹以及文武周公等等这些后代所谓"圣人"，就《周易》本经而言实际是巫。

巫在人格上，有些什么特点呢？

所谓人格，是体现于人伦的人性的现实实现，是人的自我意识、智慧力量、情感、理智、意志、要求与尊严等属人因素在哲学、宗教学、伦理学与美学上的光辉体现，是人在社会人际关系中的角色自觉。它的最低层次，标志着人与一般动物的严格区别，是人在动物面前所表现出来的无与伦比的优越。其最高层次与境界，是美学（审美）意义上人的本质的全面实现与自我肯定，并且自觉地意识到这种实现与肯定。它标志着人作为"宇宙的精华，万物的灵长"、人之所以为人的一种真正的自由与自尊。自由，意味着人作为自然与社会主体通过社会实践对自然与人生本质规律的准确而又正确的把握。

文艺复兴时期法国著名人文主义者、怀疑论思想家蒙田指出：

12　庞朴:《说"無"》,《中国文化与中国哲学》,东方出版社,1986年版。

"世界上最重要的事情就是认识自我。"令人立刻想起2500余年前希腊先哲苏格拉底的一句名言:"认识你自己。"马可·奥勒留亦曾指出:"不要分散你的注意力,不要过于焦虑不安,而要成为你自己的主人,并且像一个人,像一个有人性的人,像一个公民,像一个凡人那样地面对生活。"

恩斯特·卡西尔引用蒙田与马可·奥勒留等哲人关于"人"的见解,从而建构他自己的人论:

> 人的突出的特征,人的与众不同的标志,既不是他的形而上学本性,也不是他的物理本性,而是人的劳作(work)。正是这种劳作,正是这种人类活动的体系,规定和划定了"人性"的圆周。语言、神话、宗教、艺术、科学、历史,都是这个圆的组成部分和各个扇面。[13]

其实,巫术与审美也是这一人性圆周的有机构成。如果将卡西尔所谓"人的劳作"理解为人的社会实践,那么,他关于人是"符号的动物"、"文化的动物"的人学观点,确实要比亚里士多德关于人是"政治的动物"的看法涵盖面广泛得多。在希腊斯多葛学派关于"人"与人格的理论中,发现自我、维护人的独立品格,被看作人最基本的美德。这一点在西方中世纪的基督教神谕中,则被看作是人最不可饶恕的罪恶与丑陋。人的"原罪",决定了人如果不在服膺于上帝的宗教修持中加以洗涤,就永远不能被引上拯救之途。

---

13 〔德〕恩斯特·卡西尔:《人论》,第87页,上海译文出版社,1985年版。

人爱上帝，上帝亦来爱你：

> 人到我这里来，若不爱我胜过爱自己的父母、妻子、儿女、弟兄、姐妹和自己的性命，就不能作我的门徒。[14]

宗教的"人格"，实际是神格，是人格的贬损。人与人格的发展是一个历史过程，充满了回旋与荆棘。人格问题，始终是一切文化其中包括美学所关注的对象：

> 作为一个整个的人类文化，可以被称作人不断解放自身的历程。[15]

人格的真正解放，是在无休无止的社会实践中趋于实现的，是对一切非人现实的否弃与超越。其光辉的境界，是真善美。

《周易》本经的巫，在其现实性上既然也是人（不过是社会群团中特殊的人罢了），也就存在着人格以及人格是否美的问题。巫具有两重性，既基于人又通神，基于人或曰本是人这一点是实在的，通神则是虚拟的。因而其巫格是半人半神的。从人之角度看，巫是神化的人，他假借神的旨意，施行巫术，以达到人的目的；从神之角度看，巫是人化的神，他为了达到人的目的，通过巫术，将自己抬高到神的高度。巫是人与神之间的一个中介和"模糊"状

14　［英］坎伯·摩根：《路加福音》，14.26，钟越娜译，上海三联书店，2011 年版。
15　［德］恩斯特·卡西尔：《人论》，第 288 页，上海译文出版社，1985 年版。

态，具有非黑非白、亦黑亦白的文化灰色。在人、巫、神三重结构中，巫在观念与精神上，是一位从人到神、从神到人传递"信息"的角色。从伦理学角度看，人、巫、神分别属于三个品格等级，分别为人格、巫格与神格，人格最低、巫格次之而神格至高。巫格之所以仅仅通于人神之际而断不可与神格齐平，是因为在巫格的文化原型中，本有扭曲的人格基因存矣。人、巫、神三格的伦理意义，在文化思维中分出了等级品第，依次分别属于未善、亚善与至善境界。可以说，在中华远古文化总涵中一旦出现巫的观念，则意味着中华原始伦理意识由此缘起。

从美学智慧角度审视，在人、巫、神三重结构中人处于最低的历史地位，从表面看，人是绝对不自由的，谈不上人格及人格之美。然而，这并不等于在三重结构中毫无人格及人格之美的意识因素可言。在那巫风大炽的远古时代，处于初始期的人格及人格之美，不管是群体还是个体人格也罢，一定意义上曲折、隐在地表现在神格与巫格之中。这是因为，任何神与神灵都是人所创造的，人创造神与神灵无疑具有两大相关的目的：一是在恐惧中悲观地寻找精神支柱。由于客观自然力（社会力）对人而言显得尤其盲目与巨大，人不得不将其幻化为神，并且对神跪下，在精神上实现对神的宗教皈依。二是在依赖中乐观地企望生活与人格的完美。神是被夸大了的人在彼岸的倒影。完美的神格，正是人格不完美从而人渴望人格完美的反映。人由于在现实中尚无力实现自身人格的美，就以神格作为替代与补偿，暂且在神格中使人格之美得到虚幻的实现。这种人创造神与神灵的两重性，是由人与自然关系的两重性所决定的。马克思指出：

> 人直接地是自然存在物。作为自然存在物，而且是有生命
> 的自然存在物，人一方面赋有自然力、生命力，是能动的自然存
> 在物……另一方面，作为自然的、有形体的、感性的、对象性的
> 存在物，人和动物植物一样，是受动的、受制约的和受限制的存
> 在物。[16]

人的这种受动性，意味着人在能动地改造自然与社会的现实实
践中，无法彻底摆脱这样或那样盲目自然力量和社会力量的压迫与
奴役，人不得不在神面前低下他那高贵的头颅；人的这种能动性，
又意味着人在被动地服从自然与社会规律的同时，是对神与神灵的
反叛，以求真善美人格的实现。因而神格的丰富性，恰恰表现在其
深层意蕴潜伏着被颠倒而夸大了的人格美的因素。

《周易》本经的巫，是中华远古那种不完美的人格和完美神格
的一种文化代偿现象。一方面，这里丰富而现实的人格美尚来不及
历史地展开而得以全面地实现；另一方面，在完美神格的倒影中，
在这种神格赖以生成的文化土壤中，又使现实的人格美初露晨曦，
并且被神化了。

前文已有论及，传说中的伏羲、大禹以及历史人物文武周公等
等大巫，其人格由于放射出神的光辉，在当时一般人心目中是尤其
完美的。就文化智慧的本质来说，原始巫术本身是虚妄的，是一种
"伪技艺"，然而，巫者为要让巫术"成功"，解说得完美，以巫术
服人、慑人，却需要广博的知识，需要真才实学，这虚妄的巫术却

---

16 ［德］马克思：《1844 年经济学-哲学手稿》，《马克思恩格斯全集》第四十二卷，中共
中央马克思恩格斯列宁斯大林著作编译局编译，人民出版社，1979 年版。

直接刺激了巫师对知识与真理的追摄，这可能推动了审美的深入与
美的人格的塑造。弗雷泽说：

> 巫术又常和智慧及大人物结不解缘，故无论在何种社区中都
> 有其地位。
>
> 肯定没有人比野蛮人的巫师们具有更激烈追求真理的动机，
> 哪怕是仅保持一个有知识的外表也是绝对必要的。
>
> 如果有一个错误被发现，就可能要以付出他们的生命为代
> 价，这无疑会导致他们为了隐藏自己的无知而实行欺诈。然而这
> 些也向他们提供了最为强大的动力，推动他们去用真才实学来代
> 替骗人的把戏。[17]

巫术虽是"骗人的把戏"，却由于在巫术的发明、操作、解说
与巫术文化的建构中，巫者必须掌握一定的自然科学、社会科学和
人文科学知识，才能为神灵立言，从而在美学意义上提高了人的智
慧与人格的文化品位。古代大巫，往往不同于江湖骗子，他们有些
是古代学识广博的知识分子，是古代文化智慧水平程度上的原始宗
教家、史学家、自然科学家、哲学家、文学艺术家与社会活动家集
于一身的饱学之士，他们见多识广、思虑机敏，俨然以神灵在人间
的代表自居，另一方面他们又确是实实在在的人，在衣食住行等生
理需求与心理需求方面，与所谓凡夫俗子无甚区别。他们在公众面
前施行巫术、作法之时，以其令人震慑的巫术的"灵验"，显示出

17　［英］詹·乔·弗雷泽：《金枝》，上册，第 70、94 页，徐育新等译，中国民间文艺出
版社，1987 年版。

辉煌的神格、巫格，有谁知其隐在的有力支柱，却是作为普通人对一定知识的把握。这种对知识的把握及其心理上的自信，熔裁为那个巫术时代之超拔的智慧和执著的意志，在巫的外壳中包容着潜在的一定的人格美的光辉。

二、《易传》的圣

圣，繁体写作聖，从耳。许慎《说文》云：“圣，通也。”段玉裁注：“圣，通而先识。《洪范》曰：‘睿作圣。’凡一事精通，亦得谓之圣。”又注：“圣，从耳者，谓其耳顺。《风俗通》曰：‘圣者，声也，言闻声知情。’按：声、圣字古相假借。”圣之本义为“通”，通于神、人之际也，许慎与段玉裁的解说甚为妥切。圣在神、人之际何以能同时通于神、人？因圣人独得“耳顺”之故。神、人之际，依《周易》所解，有气相感，犹如老子“大音希声”之“大音”，圣人独得其妙，这是关于天籁、地籁与人籁的领悟。难怪《论语》以“耳顺”为圣之高格。

《易传》对圣人及圣之境界是推崇备至的。《易传》云：

> 夫大人者，与天地合其德，与日月合其明，与四时合其序，与鬼神合其吉凶。先天而天弗违，后天而奉天时。天且弗违，而况于人乎？况于鬼神乎？[18]

这一段著名论述，完整地揭示出圣人作为神与人的中介，与

---

18 《易传·文言》，朱熹《周易本义》，第53页。

神人合契、浑和的人格力量与人格本蕴。这里所谓"大人"，即圣人之谓，圣居于乾卦九五爻位，成"九五之圣"，是至美至圣之人。陈梦雷说："九五之为大人，大以道也。天地者，道之原。大人无私，以道为体，则合于天地易简之德矣。天地之有象而照临者为日月，循序而运行者为四时，屈伸往来生成万物者为鬼神。名虽殊，道则一也。大人既与天地合德，故其明目达聪，合乎日月之照临；刑赏惨舒，合乎四时之代禅；遏扬彰瘅，合乎鬼神之福善祸淫。先天弗违，如先王未有之礼可以义起，盖虽天之所未有，而吾意默与道契，虽天不能违也。后天奉时，如天秩天序天理所有，吾奉而行之耳。盖人与天地鬼神本无二理，特蔽于有我之私而不能相通。大人与道为一，即与天为一，原无彼此先后之可言。"[19]

"大人"人格亦即圣格，在《周易》看来是神（神圣的天地、日月、四时、鬼神）、人之际的冥契默对，被称为人格的化境。不管先天后天，圣之高格既是自然之天（神）的人格延伸，也是后天人格对一般世俗的超越。它定格在圣的文化层次上，又是对先天、后天之美的涵摄。一方面圣是崇天崇神的：

> 是故法象莫大乎天地，变通莫大乎四时，悬象著明莫大乎日月，崇高莫大于富贵，备物致用，立成器以为天下利，莫大乎圣人。
> 是故天生神物，圣人则之。天地变化，圣人效之。天垂象，见吉凶，圣人象之。河出图，洛出书，圣人则之。[20]

19　陈梦雷：《周易浅述》一，第71—72页，上海古籍出版社，1983年版。
20　《周易·系辞上》，朱熹《周易本义》，第314、314—315页。

圣作为一种特殊的人格、被神化的人格，是磅礴于宇宙、与天地日月同其辉煌的。正如孔子所论圣尧人格之"大"：

> 子曰："大哉尧之为君也！巍巍乎！唯天为大，唯尧则之，荡荡乎！民无能名焉。巍巍乎！其有成功也。焕乎！其有文章。"[21]

康德有关于数的崇高与力的崇高之论，认为崇高起于对象数量与力量的巨大尺度。《易传》对圣格的理论界定，也是从宇宙时空的巨大尺度着眼的。这种宏观的人格美学智慧，既是对于天（神）的敬畏，也是对于人的张扬。

因而另一方面，我们同样可以从《易传》关于圣的颂赞中见出，《易传》对于圣的肯定，一定程度上包容着对人及人格的肯定。

> 夫易，圣人之所以极深而研几也。唯深也，故能通天下之志。唯几也，故能成天下之务。唯神也，故不疾而速，不行而至。[22]

《周易》韩康伯注："极未形之理则曰深，适动微之会则曰几。"圣人究易精深、研几阐玄，以天下为己任，"通天下之志"，"成天下之务"，是一种进取、有为的人格。《周易》推重"刚健、笃实、辉光，日新其德"的人格理想，这也是圣格中所包容的人格美的因素。

21　《论语·泰伯第八》，刘宝楠《论语正义》卷九，第166页，《诸子集成》第一卷，上海书店出版社，1986年版。

22　《易传·系辞上》，朱熹《周易本义》，第311页。

三、从巫到圣

《周易》本经重巫，《易传》尊圣，实现了人格美学智慧从巫到圣的文化转型。前文已有论及，大凡传说中的圣人，比如被后人尊为天下"上上圣人"的伏羲，是兼善巫事的。巫与圣皆通于神、人之际，二者在一定程度上是重合的。当然，《周易》本经巫学中的神的观念，不同于《易传》圣学中的神的观念。前者所谓神，主要指推动巫术取得成功、与人具有感应作用的灵气（马那），它被看作巫术的逻辑基点与巫术迷信的原动力，所谓"吉凶不测之谓神"。后者所谓神，一般指被政治道德伦理化了的天，它是由圣人所体现出来的最高人格的高高在上的证明与旗帜，是伦理人格的天则化。如果说，在原始巫术中所隐约体现出来的人格因素具有乐观进取的文化特质，那么，《易传》所推重的圣人，则在继承巫术乐观进取人格基因的同时，尤其注重其自身在人伦关系中所塑造的人格范式。由于在从巫到圣的文化转型中，由《周易》巫易所奠定一般基础的中华文化缺乏一个像样的宗教阶段，因此，作为中华最高人格美模范的圣格，则既不是趺跏趺坐的佛家智者，也不是上帝及其崇拜者，其人格之美，大致是在现世、此岸的阈限中建构起来的。在西方那里，上帝与子民之间在人格上存在着永恒的不平等，在东方古代，则是圣人与一般普通人（非圣人）之间的不平等。在神、圣、人三重结构中，实际上贬损了人的地位，将神看作非宗教性偶像，让神退居到背景地位，从而突现了圣的尊严。不是原始巫术文化中的神退化萎缩了，而是宗教之神并未真正发育成熟。于是在春秋战国之际，经过中华古代文化哲学上的"突破"与消解，便有《易传》所完成的中华古代圣学，无可避免地将圣抬高到亚神的地位。一种伦理人格，充当了准宗教性的角色。因而《周易》所说的人格之美，并未受到上帝、真主与佛之类偶像的奴役，并不是在"赎罪"之类的行为中所发现、所创造的，而只能在日益严厉的伦理框架中加以规范。

《易传》云：

> 天地之大德曰生。圣人之大宝曰位。何以守位曰仁。[23]

生是天地的原在性德。天地化育之精华为圣。圣人最可宝贵的是位。这里，颇可值得注意的是一个位字，它显示了社会等级及等级差异之中的和谐观。《易传》有云："列贵贱者存乎位"，"天地设位，而易行乎其中矣"。位，别贵贱、尊卑，是人伦关系之坚硬的骨骼，位显示了礼的严肃性和神圣性。列维-斯特劳斯指出：

> 一位土著思想家表达过这样一种透彻的见解："一切神圣事物都应有其位置。"人们甚至可以这样说，使得它们成为神圣的东西就是各有其位，因为如果废除其位，哪怕只是在思想中，宇宙的整个秩序就会被推毁。因此神圣事物由于占据着分配给它们的位置而有助于维持宇宙的秩序。[24]

是的，世间一切事物，包括人之群体与个体，都各有其位，否

---

23 《易传·系辞下》，朱熹《周易本义》，第 322 页。

24 ［法］列维-斯特劳斯：《野性的思维》，第 14 页，李幼蒸译，商务印书馆，1987 年版。

则无以构成"宇宙的秩序"。《周易》所推重的圣人之人格,是在位
这一自然与社会人伦之场中培植起来的。圣人之位的严厉性与相对
静止性的人格观念原型,是原始巫术中神与人、神与巫以及巫与
人之间的品格差异。然而,处于人伦之场中的人格与人格美,又不
应是先天的、既定的。从易理之根本来说,它所崇尚的是圆融流转
境界。无论《周易》的巫术占筮还是其哲学、伦理学或美学阐释,
都重视卦位与爻位,不过这种卦爻之位,是随时演变的。八卦与
六十四卦排列有序,它们的空间位置相对固定,象征人与人格品位
的相对固定。这仅是问题的一个方面。从易理本涵看,是时间统驭
着空间,人格是在以时为先导的时空演化历程中得到完善的。《易
传》指明:

> 知进退存亡而不失其正者,其唯圣人乎![25]

圣人的人格之美,在于进退存亡而不失其正。该进则进,该
退则退,"与时偕行","与时消息",这是时间型人格。隆盛之时不
以物喜,"君子终日乾乾,夕惕若厉";危亡之秋不以己悲,有如
越王勾践卧薪尝胆,陶钧意志,磨砺精神,以待来时。这种人格模
式自然与空间有关,正者,空间之位也。但在《周易》看来,圣人
倘要不失其正,必须知进退存亡之理、掌握时变的规律,仍以时为
主导。

同时,作为空间之位的正,在《周易》所揭示的人格结构中,

---

25 《易传·文言》,朱熹《周易本义》,第54页。

不仅指那种以时间为主导的人格的空间性，而且指在时变历程中人际关系的和谐。如果正如前文所言，位是人伦关系之坚硬的骨骼，那么，由于这种位仅是时变中的空间轨迹，因而，位的流转不居还同时是人伦关系之柔和的血肉。《周易》以正为中，不中则不正，"得中"与"得正"是一个意思。中者必和，和必有一个标准、尺度，便是中，失中则失和，失和者不正也。《易传》倡仁，"何以守位曰仁？"仁者，二人，首先指男女、父母，这是就家庭伦理血亲关系而言的。就国家政治而言，则指君臣、上下。故尽孝尽忠，仁之本义。仁是圣人之人格的"规范场"。从仁之原型为原始巫术中神、人对峙，品位不同这一点看，发展到圣的所谓仁道，内含着霸的一面、恶之因素；从仁之原型为原始巫术中神、人以和这另一面看，圣之仁道又是和而可亲与善的。孟子云：

> 仁，人之安宅也；义，人之正路也。[26]

《周易》所塑造的圣之人格，以仁为安宅、义为正路。安宅、正路之谓，是恶的克服，和的实现。尽管仁之巫术原型中，神、人之际总有那么一点别别扭扭的地方，不过巫的出现则意味着神人相和，发展到圣也便成了神人之际的一个中介。《周易》所推重的圣之人格的本质是和。这不同于西方传统的竞争性人格观。《路加福音》所传达的所谓上帝的神谕（福音）是很严厉的：

---

26 《孟子·离娄章句上》，焦循《孟子正义》卷七，《诸子集成》第一卷，第298页，上海书店出版社，1986年版。

> 我要来把火丢在地上，倘若已经着起来，不也是我所愿意的么？

> 你们以为我来，是叫地上太平么？我告诉你们，不是！乃是叫人分（纷）争。从今以后，一家五个人将要分争，三个人和两个人相争，两个人和三个人相争。父亲和儿子相争，儿子和父亲相争；母亲和女儿相争，女儿和母亲相争；婆婆和媳妇相争，媳妇和婆婆相争。[27]

圣经中人的祖先亚当、夏娃，在魔鬼的诱惑下吃了智慧之树上的果子而犯下了"原罪"，被上帝逐出伊甸园。从此，关于"原罪"的意识一直纠缠着西人的文化头脑，在那里，上帝（神）与人的原在关系原本不是平等、和美的，为了赎罪，为了向上帝作真善美意义上的回归，培养了奋斗、纷争的人格，以便重新回到上帝怀抱。这也影响到人伦关系的处理，不是趋和同，而是尚"分争"，或者说，是通过"分争"而达到神人之和、人伦之和。《周易》的人格美学智慧，是从原始巫术基础上建构起来的积极、进取、有为的人格观，这在儒家的人格审美理想中表现得尤其鲜明。但是由于这种人格模式，一般地建立在神人原本相和的逻辑基点上，使得它往往缺乏那种狂烈的、具有宗教般激情的进取性。《周易》所提倡的，某种意义上可以说是一种无争（仅指公平竞争）的人格。所谓人格之美，始终与道德伦理（仁、位）结不解之缘。严格而言，实乃道德之善。或者换言之，它是一种始于原始巫学、继于伦理学"人情

27　按：《路加福音》12.49—53，路加，相传为早期基督教会中的代表人物，传说《圣经》中的《路加福音》等为其所写。

磁力场"的依存美。从天人合一角度看，如果将天理解为社会群体及其利益，那么《易传》所高扬的圣，正是社会群体人格的高标。这不等于说《易传》彻底无视个体人格，比如从对巫和圣的颂赞中，可以见出《易传》对个体人格的肯定。然而归根结底，在于肯定群体人格的理想。不是以个体人格的普遍发舒而是以个体人格的片面发展来组构民族、社会群体人格的美，这是《周易》从巫到圣人格美学智慧的特色之一。严复曾主要地将中西两种人格论加以比较，他说："中国最重三纲，而西人首明平等；中国亲亲，而西人尚贤；中国以孝治天下，而西人以公治天下；中国尊主，而西人隆民；中国贵一道而同风，而西人喜党居而州处；中国多忌讳，而西人善讥评。其于财用也，中国重节流，而西人重开源；中国追淳朴，而西人求欢虞。其接物也，中国美谦屈，而西人多发舒；中国尚节文，而西人乐简易。其为学也，中国夸多识，而西人尊亲知。其于灾祸也，中国委天数，而西人恃人力。"[28] 这固然说得过于绝对，有不妥之处，颇有些扬西抑中之嫌，却在字里行间，透露出对于《周易》人格美学智慧的本涵及其历史影响的理解，值得令人思索。

第二节　人格美的比较

前文已经多处论及，《周易》本经成于殷周之际，自当与春秋末以孔子为代表的儒学无涉，因为那时还没有儒学。《易传》相传为孔子所撰，这一传统之见，最早曾遭欧阳修的大胆质疑，今人亦多不

28　严复：《严复集·论世变之亟》，胡伟希选注，辽宁人民出版社，1994年版。

认为《易传》系出自孔子之手（具体理由这里恕不赘述）。这不等于说《易传》的文化品格不是基本属于儒家的。学界一般认为《易传》为孔子后学所为，其中引用和保存了仲尼的若干言论和思想，或者伪托孔子的言说。这是平实、稳妥的见解。而《周易》的人格美学智慧在《易传》中表现得丰富而集中，这种美学基本上属于先秦儒学范畴，也就不言而喻了。

假如将这种人格美学智慧与世界上其他一些人格文化相比较，其美学特征可能看得更清楚些。

大约从公元前 8 世纪到公元前 2 世纪，中华、印度、希腊与中东都曾经历过一个文化的"轴心时代"，通过文化的突破或曰精神的"黎明"，出现人类文化史上第一次真正划时代的人的自觉，达成智慧的历史性转型与发展，奠定了世界古代四大文化体系各自的文化特色。其代表者分别为孔子、释迦牟尼、苏格拉底与耶稣。以人的思想转化与人格智慧的超越而言，四大智者具有颇不相同的特点，他们各自的学说是在其民族文化土壤中孕育生成的，犹如晨曦七彩、相互辉映。

苏格拉底的思想偏重于求真，他的哲学箴言是"认识你自己"。他曾不厌其烦地向人们分析人的各种品质和品德，试图从哲学高度概括人格的合理内核：善美、公正、节制与勇敢等。苏格拉底的学生柏拉图从人的神化与神的人化两方面建构其人格学说，认为"理式"就是最高人格的哲学表达。柏拉图的学生亚里士多德则以为"求知是人类的本性"[29]，人性与人格的展开与完成，是人之所以

---

29 ［希腊］亚里士多德：《形而上学》，第一卷，第 1 页，商务印书馆，1959 年版。

为人的不断的头脑思索过程。这种人学的哲理见解早在希腊原始哲学中就埋下了种子。希腊哲学在其最初阶段看上去只关心物理宇宙（自然宇宙），对人的心理"宇宙"与生理"宇宙"感觉迟钝。然而，在米利都学派的物理哲学、毕达哥拉斯学派的数学哲学和埃利亚派的逻辑哲学之后，便有赫拉克利特站在宇宙哲学与人本哲学的分界线上，实现了从宇宙本体向人之本体的哲学思维的转换，这可以用一句话来概括赫拉克利特的哲学：

我已经寻找过我自己。[30]

这正是苏格拉底人格学说的哲学先声。希腊颇为清醒的人本主义成了"人类正常童年"的智慧底色，其所倡言的精神境界要求超拔于世俗却并不否定人的世界，这是建立在原始哲学基础上的超越。

耶稣与上帝一样，被称为基督教的"救世主"，《圣经·新约全书》的"福音书"即《马太福音》《马可福音》《路加福音》与《约翰福音》，又称其为"上帝的独生子"，传说于公元1世纪初生于耶路撒冷，后在巴勒斯坦地区传教，收12门徒，广为"神迹奇事"，后被犹太教当权者钉死在十字架上，死后于第三日"复活"，"复活"后40天升入天堂。从这一《圣经》故事可以见出，耶稣的人

---

30 ［德］第尔斯：《前苏格拉底哲学家残篇》。按：该书初版于1903年，1934—1937年，由克朗兹出版该书第五版，即德文版DK。该书分AB两部分，B部分为"前苏格拉底哲学家残篇"。国内学者苗力田主编《古希腊哲学》的"早期希腊哲学残篇"，即以此书为译文底本。

格亦即其神格所要求的，是对上帝意志的奉献与服膺。悲愤于尘世的痛苦与罪恶，他要打破一切现世秩序，让人格在恐惧于世界末日来临的阴影之中经受属神的洗礼。狂热的宗教信仰首先是对人格美的戕害。"人之信仰一个全能、全知的神，是由于人类生存状态的无助，是由于人想求得伸出援手的'父母亲'。"[31]在宗教中，"人的相对的软弱无力变成了全面的、绝对的软弱无力，受历史条件决定的人在物质和精神力量上的局限性成了天然的不可逾越的鸿沟"[32]。这便是由于人的"原罪"决定了人格的先天缺陷。所以基督教的"洗礼"成了人格"完成"的必由之途。这是神学意义上、建立于信仰基础上的意志性超越。

释迦牟尼所追求的，是沉思、静虑及其彻底与世无争的生活方式，以止观、定慧免于此岸尘世之烦扰而企望入于涅槃之境，这也是佛之神学的超越。不过，以释氏与耶稣的学说相比较，同为宗教神学，也还是颇具差异的。佛祖的原始佛学，对宗教崇拜既不肯定也不否定。尼赫鲁说："佛的一切说教都没有带着任何宗教的权威，也没有任何关于神或他世的话。""他没有谈到神或绝对权威的有无。他既不肯定，也不否定。"[33]这自然不同于尔后的佛教净土宗崇拜佛陀的观念。如果说佛祖的原始佛学是一种被轻度神化了的哲学，那么耶稣的基督教神学是借上帝之名所严重神化与夸大的，实际却是偏于非理性的人的意志与理想。

---

31 ［日］铃木大拙、［美］弗洛姆：《禅与心理分析》，第132页，中国民间文艺出版社，1986年版。

32 ［罗］亚·泰纳谢：《文化与宗教》，第23页，中国社会科学出版社，1984年版。

33 ［印］贾瓦拉哈尔·尼赫鲁：《印度的发现》，第150页，世界知识出版社，1956年版。

　　孔子所追摄的是"仁"的境界，是"克己复礼"、修身养性，是人际、人伦等级关系的调和宽容，是后天的教育和知识的传授，这位后人所谓"至圣先师"，希望人只是并且只能在现世之中塑造自己，通过伦理实践与教育，超越人的自然本性，让仁不仅成为外在伦理规范与典章制度的核心内容，而且化作人性的内在欲求，即建构"内圣外王"的哲学，致力于人格的完成。这自然是一种非宗教的所谓超越，基本上是属于意志与伦理层次的。黑格尔曾经说过，孔子"只是一个实际的世间智者"，其言论只是"道德的教训"，"在他那里思辨的哲学是一点儿也没有的"[34]，这评价失之公允，反映出这位德国古典哲学家对孔子儒学相当程度的隔膜，然而仍在相当程度上抓住了孔子伦理人格观的特质。

　　可见，这四种世界古代智慧体系，就其此岸、彼岸性分析，苏格拉底与孔子的超越境界在此岸，耶稣与释迦牟尼的超越境界在彼岸。从哲学、伦理学角度看，苏格拉底与释氏的学说重认识求知，重自我的发现，是哲理型的。不过，前者重人自身对客观世界的理性把握、重自我的外在实现。后者以为万物因缘和合、永恒无常，故"无我"、"无住"、"无生"，虚妄不实。无我，不等于不是"自我"的发现，而是泯灭了世俗层次的自我，在佛教修持中发现了超世俗的"本我"，涅槃就是自然宇宙之境与人之本我的浑契合谐，人之自我彻底融合于自然，这是本我境界，也是佛之境界、般若境界，有如后代中国禅宗所谓"青青翠竹，尽是法身；郁郁黄花，无非般若"。不知何为自我、何为本我，从而完成了人格与佛性的重

34　［德］黑格尔：《哲学史讲演录》第一卷，第119页，商务印书馆，1983年版。

合，这种人格的超越不重视对世界的实际改造而重内在静虑禅定。耶稣的教义内核，实际是被神化了的人的伦理意志，上帝的绝对权威以及信徒的绝对信仰，是人之伦理意志的神学异化兼提升。但古代东方孔子的伦理意志学说是平实、现世而温和的，它所倡言的人格没有也不愿实现向彼岸精神境界的飞升，只以一个有意志的天，作为它所欲超越的终极目标与终极关怀。此正如罗素所言："中国简直没有宗教，不只上层阶级如此，而是全民皆然。中国有非常确定的道德准则，但并不残忍，也没有迫害性，而且缺乏'原罪'的观念。"[35]

《周易》的人格美学理想，基本上属于先秦儒学范畴，它同样具有精神意义上的超越品格，不过其立足点一般滞留在伦理道德层次上而且是非宗教的。它可能具有如下特点：

一、无为超越与有为超越

如果与先秦道家人格美学智慧相比较，由《易传》所完成的整部《周易》人格美学智慧所崇尚的，是"有为"超越。

首先，人格美问题，实际是人在自然与社会生活中的位置问题，是人认知与处理自然与社会之地位、作用与人自身的形象问题，人在自然与社会之际正义又或不义、伟大抑或渺小、刚强还是柔弱，构成不同人格的基本内容。

先秦道家认为自然宇宙浩大无比，老子、庄子都持同一看法。道无形无臭无味，它充满于虚空、弥漫于时运，为天地之母，原朴

---

35 ［英］罗素：《中国问题》(1922)，引自《中国哲学与中国文化》，深圳大学国学研究所主编，东方出版社，1986年版。

浑沦，制驭一切、派生一切，道是无限的，因而由道所运化而成的自然宇宙也是浩茫而无限的。至于说到在自然宇宙之中的人与人格是否伟大，老庄之间尚有区别。老子云：

> 有物混成，先天地生。寂兮寥兮，独立而不改，周行而不殆，可以为天下母。吾不知其名，字之曰"道"，强为之名曰"大"。大曰逝，逝曰远，远曰反。故道大，天大，地大，人亦大。域中有四大，而王居其一焉。[36]

这里，一共连用了七个大字，前面两个大，是太之本字，有原始、原朴之义，转义为伟大之大；后面五个大，是伟大的意思。显然，老子这里所肯定的是人、人格与天地宇宙同其伟大，究其缘由，是因为人、人格与天地宇宙同源于道、统一于道，其本质都是道的缘故。

庄子却以为人在自然宇宙面前是渺小的。《庄子》外篇与杂篇虽系庄子后学所作，不能等同于庄子本人的思想，但对理解庄子的思想仍有参考价值。《庄子》云：

> 吾在天地之间，犹小石小木之在大山也。

人比之于天地，好似小石小木比之于大山，其形象与力量之渺

---

36 《老子》，第二十五章，王弼注《老子道德经》上篇，第14页，《诸子集成》第三卷，上海书店出版社，1986年版。

小由此可见。《庄子》又以一则寓言来论说这一点：

> 曰：有所谓蜗者，君知之乎？曰：然。有国于蜗之左角者曰触氏，有国于蜗之右角者曰蛮氏，时相与争地而战，伏尸数万，逐北旬有五日而后反。君曰：噫！其虚言与？曰：臣请为君实之。君以意在四方上下有穷乎？君曰：无穷。

宇宙伟大无比，自宇宙观之，人好比蜗牛角上的些灵微物而已。在《庄子》看来，人是"委"于天地的：

> 汝身非汝有也……孰有之哉？曰：是天地之委形也。生非汝有，是天地之委和也。性命非汝有，是天地之委顺也。[37]

人在自然宇宙面前远不是独立自存的，宇宙的强大与人力之弱小恰成对照。

其次，表面看来，老子与庄子关于人与人格的见解是大相径庭的，其内涵却相通，两者通于"无为"。老子是从无为角度得出道、天地与人同其伟大这一结论的。"道常无为而无不为。"[38] 这一命题有四个层次：以无为为途径，达到无不为的境界；因为无为，所以无不为；无为等于无不为；以人格言，无为原本道格、自然之

---

37 《庄子·秋水第十七》、《庄子·则阳第二十五》、《庄子·知北游第二十二》，王先谦《庄子集解》，第 101、170、139 页，《诸子集成》第三卷，上海书店出版社，1986 年版。

38 《老子》第三十七章，王弼注《老子道德经》上篇，第 21 页，《诸子集成》第三卷，上海书店出版社，1986 年版。

格，而人亦是自然的有机构成，所以人的本性也是无为的。欲求人格的完成与超越，人需拔离于浊世、尤其是伦理道德之域，返璞归真，使人性回归于无为自然，使人的精神消融于自然，这样也就造成了无不为的伟大人格。如果像儒家那样拘泥于仁义道德，由于违背道之无为本性而必致人格的渺微。《庄子》也是推崇无为人格的，不过这里所言人与人格的渺小，却正是背道而驰与奔波、困扰于浊世的人为努力的结果，有如寓言所谓蜗牛角上两国交兵中的人的形象。因而无论老庄，都从道论出发，将人格之美提高到道的高度，这是人格的无为超越。

相比之下，《周易》是崇尚"有为"的。《周易》认为，天虽高高在上，却是人力可以向往的，通过人为努力达成天人合一境界，便是圣之人格美境。

《周易》以数与数的无穷运演象征天地宇宙的无限时空性。《易传》有云："大衍之数五十，其用四十有九"，"乾之策二百一十有六，坤之策百四十有四，凡三百有六十，当期之日。二篇之策，万有一千五百二十，当万物之数也"。筮数在《周易》中是象征万物的。"极其数，遂定天下之象。"[39] 数之无穷也就意味着自然宇宙的无穷。

人在自然宇宙面前远不是无所作为的。在《周易》本经看来，所谓圣人发明与把握筮数的运演以占验人事吉凶，正可说明人之形象与人格的高峻伟岸。自然宇宙再怎么寥廓无垠，通过数的中介，都在人的运筹帷幄之中。《易传》的人格美学智慧，从根本上讲，

---

39 《易传·系辞上》，朱熹《周易本义》，第304、305—307、309页。

自然没有离开先秦儒学范畴，它一般地具有以仁学为理论基础的精神内涵。所以，历代将《易传》归于儒家经典是很有道理的。然而《易传》又明显地吸取了先秦道家的宇宙起源论和素朴辩证法思想，并努力去除其玄虚色彩和对超功利的自由的追求，使之符合儒家人格理想所要求的实际的所在，从天与人、自然与社会、自然与人为、天则与人事的总体中把握人格美的本质。它将儒、道在圣学基础上组接起来，形成了基于巫、发展为圣又兼采道的独特人格观。我们知道，先秦儒家天人合一所强调的是人与人为因素，天的地位居于其次；先秦道家天人合一所强调的是天，人与人为因素被看作第二的。《周易》一方面十分强调人与人为因素与作用，认为惟有有所作为才能铸冶人格之美，人格大气磅礴，耀同日月，人的力量犹如神话传说中乘时的六条巨龙，驾驭着大自然而驰骋不息，此之所谓"时乘六龙，以御天也"[40]。另一方面，又十分注重与探究自然宇宙与社会人生的本质问题，认为自然规律与社会伦理之间是统一的，天则与人事同等重要，天则与人事可以相互参照，各以对方为参照系。所谓"成事在人"，这是先秦儒家的人格信念，又领悟到人只有与天地同参即不违背自然规律才能成事，自觉地意识到，只有那种与天则合一的人为，或与人为合参的天则才具有美的意蕴。在这种基于儒的人格美中，已经一定程度上吸取了先秦道家所谓"道法自然"的合理因素。我们以为，《易传》之所以不是一般的伦理学著作而具有深刻的哲学意蕴，是与它在一定意义上兼采先秦道家的宇宙起源与本体论分不开的。

---

40 《易传·文言》，朱熹《周易本义》，第51页。

　　《周易》人格美学智慧的有为超越，是在远古巫学文化基础上，铸造了中华民族"天行健，君子以自强不息"[41]的进取性人格，这一人格模式的塑造与发展一般不离伦理渠道，在自然与社会力量的严重挑战面前，拒绝采取退避的人生态度。这种进取性人生态度起于原始巫术，"是故变化云为，吉事有祥；象事知器，占事知来。天地设位，圣人成能；人谋鬼谋，百姓与能"[42]。同时，经过哲学的超越成于伦理而焕发出人格美的光辉，便是《易传》所言与天地、日月、四时、鬼神合契的大人人格。后来由荀子加以发展，概括为一句话："无伪则性不能自美。"[43]伪者，人为也。无"伪"的人性与人格是无所谓美不美的。

二、阴性超越与阳性超越

　　阴阳是《周易》哲学与美学的一对基本范畴。这里试以《周易》阴阳观言之。关于《周易》自身所倡言的人格美品类，如果说先秦道家所标举的人格美是阴性的，那么由《周易》巫学智慧发展而来的《易传》所肯定的人格美，是属于阳性的。老子云：

　　　　谷神不死，是谓玄牝。玄牝之门，是谓天地根。[44]

　　这清楚地指明了，道之根性是属阴的。玄牝，微妙的母性。老

41　《易传·象辞》，朱熹《周易本义》，第43页。

42　《易传·系辞下》，朱熹《周易本义》，第344页。

43　《荀子·礼论篇第十九》，王先谦《荀子集解》卷十三，第243页，《诸子集成》第二卷，上海书店出版社，1986年版。

44　《老子》第六章，王弼注《老子道德经》，第4页。

子以人之母性比拟为天地之根、道之源起。母性阴柔，故道性亦为阴柔。人格是自然之道在人生境界的自然延伸，因而可以说，先秦道家所要实现的人格美学理想，实为一"守雌"境界，即"致虚极，守静笃"[45]。一般认为，老庄的人生态度是退避而守虚，寄情山水，放归田园，身在江湖而心弃魏阙，这是不错的。这种人生态度又可分两种类型：一是仕途不顺而使士大夫决意退隐，徜徉于山水而完成人格美的塑造；一是仕途顺畅却见好就收，所谓"功遂身退，天之道"[46]也，有一种谦退、不争的精神，弃炽热的朝堂纷争而趋于清静无为的濠濮间想，这是由儒入道。所以可以说，老庄所推崇的人格是出世的人格。然而笔者以为还须看到另一点，即道之出世不同于佛之弃世。佛家弃世而企盼人之灵魂、人格向菩提飞升，道家的出世却始终仍在世间。道固然崇尚出世却并未弃绝人寰，因而其退避的人生态度并不意味着要退到彼岸去。与佛家相比较，由于道心仍滞留于世间，因而其人格模式仍具有进取的一面，它有待于进取到儒也有待于退避到佛那里去。道家实际是以儒家嗤之以鼻的退避为进取的。这种人格退避是阴性而虚静的，是无为之为、不争之争、柔弱胜刚强。

关于道的阴柔人格智慧在《周易》中是见不到的。并不是说《易传》没有道家思想因素，而是道被易所包容。易理自有阴阳，而易与道家之道相比，则前为阳刚而后为阴柔。《易传》说，"夫乾，天下之至健也"[47]。天的健阳之性正是《周易》进取性人格理想

---

45 《老子》第十六章，王弼注《老子道德经》，第9页。
46 《老子》第九章，王弼注《老子道德经》，第5页。
47 《易传·系辞下》，朱熹《周易本义》，第343页。

的证明，所谓"天行健，君子以自强不息"。光看到这种人格的一般进取精神是不够的，还须看到它是阳性而刚健的进取这一点。就易理本身而言，乾阳与坤柔相对，但《易传》同时又认为"坤至柔而动也刚"[48]。这里所谓坤之至柔，不同于道家所谓虚静。它是静而至虚的，虽然它也具有运动的本性；易是趋于至动的，虽然它又具有相对静止的本性。易与道在人格问题上的区别，某种意义上可以说，前者主张阳性、刚性的进取而后者主张阴性、柔性的进取。易不言退避，它一往无前；而道注重回旋。这不等于说易的这种刚性人格模式是不讲辩证法、没有任何弹性的，实际上它仅是旺盛的生命、生机观在人格美问题上的体现。

三、个体超越与群体超越

任何社会都是由人之个体与群体所构成的，不在群体之中的个体与不由个体所结构的群体，都是不可思议也不存在的。《圣经》上说，上帝先是造出亚当，因为不成社会，于是再从亚当身上抽出一根肋骨来造出夏娃。英国小说家笛福笔下的鲁滨逊，由于海难而流落于荒岛28 年，却也并非绝对地离群索居，有一位被鲁滨逊取名为"星期五"的土人成了他的"臣民"，而且终于回到了文明社会。当然，个体与个体是相互独立存在的生命现象，群体是以个体为基础的。

先秦道家所推重的人格是个体人格。这在道论中早已埋下了逻辑性的文化基因。老子说，道"先天地生，寂兮寥兮，独立而不改，周行而不殆"[49]，天地蒙生之前宇宙只是混沌一片，道却独立而

---

48 《易传·文言》，朱熹《周易本义》，第 61 页。

49 《老子》第二十五章，王弼注《老子道德经》，第 14 页。

自存，这世界、这道也够孤寂的了。道的人格辐射，就是一个遗世独立的个体人格形象。道家相信依靠对道之本体的体悟，使人格与道合一，就能使个体生出无穷力量与智慧，使个人足以独立地面对世界，因而主张遗弃社会，抨击人际与人伦关系，实际上亦即舍弃任何生产关系。编纂于战国中期的通行本《老子》，激烈地批判儒家的仁义道德，在"小国寡民"这一人格"理想国"中，建立起"邻国相望，鸡犬之声相闻，民至老死，不相往来"的人格基础，目的在于突出个体人格。这种人格远不是完美的，它仅仅是古代狭隘小农经济制度下的精神性衍生物，是人格的自我封闭与自我萎缩。庄子的"心斋"、"坐忘"审美观，主张人格作为审美主体的核心因素与审美对象的浑然合契，暂时忘去荣辱系累、柴米忧乐而使审美心灵专注于审美对象，使吾心放归于自然，这是人格向自然的开展与精神脱俗的解放。人只有在审美活动中才使自己像一个真正的人，一个人格得到超越、升华的人。然而，由于先秦道家一般地菲薄儒家的伦理实践，抱有道本而技末的观念，这种个体人格的超越，在自然审美和艺术审美过程中得到解脱。老子、庄子是重视人之个体生命的，庄子所倡言的"养生"，是对人之个体生命的关怀。养生亦即养个体生命之身心，庄子所关心的是人之个体生命而非群体生命的延续，人格作为建立在个体生命基础上的精神格调与气质韵致，也就随之得到了展现。

　　《周易》所高扬的人格之美是群体性的，反映了先秦儒家人格美学智慧的基本特征。从前文分析我们已经知道，《周易》本经与《易传》对人的生殖是很崇拜的，这正与先秦儒家生殖观相一致。《周易》的生命美学思想是对人之生殖繁衍的推重，它所关切的，是人之群体生命而非个体生命的无限延续，传宗接代，子子孙孙绵绵不绝，世世代代香火不断，这也是礼与仁的重要内容。只要氏族、民族的群体生命得以延续下去，"杀身成仁"、"舍身取义"在所不惜。《周易》对圣人、大人的人格之美确是很歌颂的，这从圣人个体而言，确又是对个体人格的推举。不过，任何圣人又不是独立自存的，他仅仅是社会群体网络中的一个节点。圣人人格作为一种人格高地，具有激励群体普遍圣化的榜样力量，这一普遍圣化的企求是以扼杀一般人的独立个性为沉重代价的。如果说圣人人格的光辉树立为人的普遍圣化提供了一个外在的权威性标准，那么人之普遍圣化的企望实现，恰恰是一般人性与人格的异化。如果说圣人人格的实现是对圣人自我的肯定，那么这种肯定又是对一般人性与人格自由的残酷剥夺。一般人贬损自我，为的是接纳圣格，显扬圣性，实际是抛弃自我的人格异化，《周易》所谓圣人人格，尽管在历史上曾经被认为是美的，以今日历史唯物主义的眼光看正如老庄所推重的个体人格那样，也远不是完美因而可以作为今日人格修养之楷模的，然而圣人人格中的一些合理因素，如为人中正、守诚与以天下为己任等，都具有现代、当代的积极意义。西方古代的人格隶属于上帝的神性，其超越之机会人人均等，人人生而犯有"原罪"，人人皆可因崇奉上帝而"赎罪"。上帝与人之间在"人格"上是不平等的，但"上帝面前人人平等"。在人格结构中，上帝是唯一偶像，这决定了社会群体之中的每个人之间难以互为偶像。上帝与人之间的不平等意识却意外地衍生出人与人之间的人格平等意识与否定人间权威的民主意识。这并不是说这种人格模式多么完美，因而值得今人效仿，实际上普遍完美的人格正在创造之中而不是一种历史的存在。不过它与《周易》所说的圣人人格颇多不同之处。《周易》圣人人格观建立在始终不平等、不民主的基础上，圣人及作为圣治的政治代表封建帝王是一般人的人间偶像，由于缺乏一个宗教主神作为人人所凭依的精神旨归，人人可以是奴隶、仆从，也可以是权威、偶像。作为权威、偶像之人格，是"我执"性超越，作为奴隶与仆从之人格，又是"他执"性超越，实际上是抹煞个体自由人格的超越。

第三节　圆型人格与方型人格

笔者在前文论述"巫"时已经指出，巫是中华远古最早的知识分子，是时势将他们推上历史舞台的一批有学问的人，他们是巫文化时代巫性精神的代表人物。夏商之世，随着奴隶主国家机器的建立与发展，人世的浮沉，权力的再分配，则意味着巫的分化。一部分最高统治者兼擅巫事、实为大巫，一部分幸运的巫上迁为政权机构中的要人，他们是决定国家大事诸如以巫术祭祀、祈禳与举行出征仪式等主持者，管理国家典章文书，强化与协调政治与思想的统治，便是所谓史巫不分的"官巫"，成为权威的代表；另一部分倒霉的巫下沉于民间，他们粗茶淡饭，"青衣小帽"，与下层百姓具有更多的精神联系，是谓"民巫"。民巫是不掌权的知识分子，往往以占卜为生，在社会上担任着总结与传授知识的角色。官巫与民巫渐渐成为社会文化精神的灵魂和良心，为全社会所推重。这是因为除了一部分官巫以权势为背景与靠山之外，官巫与民巫共同具有知识优势的缘故。《周礼》将官巫称作大史、内史、外史或大祝、大卜等，《礼记·曲礼》亦云"天子建天官，先六大：曰大宰、大宗、大史、大祝、大士、大卜，典司六典"[50]。他们都是从事巫术的权威及其精神主宰。官巫与民巫群团的出现，为具有空前知识与巫术系统的《周易》的诞生，提供了知识的储备和组织基础。

官巫与民巫两个社会文化群团不是分立的，两者在一定限度内随整个社会的变动升降浮沉、往复交流。当然，其中民巫是当时知识分子的基本成分，他们在周代开始被称为"士"。

士是什么？

吴检斋曰："士，古以称男子，事谓耕作也。"余英时认为吴氏所说，"则士最初是指农夫而言"；余氏又据顾颉刚《武士与文士之蜕化》一文指出，"吾国古代之士，皆武士也，士为低级之贵族"，"这是正确的论断"[51]。然而依笔者之浅见，还是东汉许慎关于"士"的解析符合士的本义。许子云：

> 士，事也。数始于一，终于十，从一从十。孔子曰：推十合一为士。[52]

对于这一解说，段玉裁注："引申之，凡能事其事者称士。"《白虎通》曰："士者事也，任事之称也。"故《传》曰："通古今，辨然否，谓之士。"

---

50 《礼记·曲礼下第二》，杨天宇《礼记译注》，上册，第56页，上海古籍出版社，1997年版。

51 余英时：《士与中国文化》，第5—6页、8页，上海人民出版社，1987年版。

52 许慎：《说文解字》，第14页，中华书局，1963年版。

依士之音训，士者，事也，这是不错的。然而此"事"，并非泛指一切事，也不是原指男子的耕作，而是指所从事的巫术占筮。从事《周易》巫术占筮的巫，其实是中华古代最原始的士。

可从许慎关于士的解说中看得分明。《周易》的巫术占筮自始至终是筮数的运演，通过筮数占验人的命运吉凶。《易传》有云，筮法基于自一至十这十个数（源于"数字卦"，兼具命运义）：

> 天一、地二；天三、地四；天五、地六；天七、地八；天九、地十。天数五，地数五，五位相得而各有合。天数二十有五，地数三十，凡天地之数五十有五。此所以成变化而行鬼神也。[53]

《易传》以为，按照《周易》古筮法，自一至十这十个数字，一三五七九为奇数、天数；二四六八十为偶数、地数。一二三四五为生数，六七八九十为成数。十个筮数由巫术占筮之数而发展为哲学、美学意义上生成万物的基数。又，以天数一三五七九该五数之和为二十五；以地数二四六八十该五数之和为三十。故天数、地数的总和为二十五加三十等于五十五。这便是在中华古人看来可以"成变化而行鬼神"的《周易》巫术占筮的"大衍之数"。五十五为用以占筮的基本和原初的演算之数，是毋庸置疑的。然查通行本《周易》，则明文写着"大衍之数五十"，这是因为在《周易》古代传抄过程中有"脱文"的缘故。金景芳说："当作'大衍之数五十

---

53 《易传·系辞上》，朱熹《周易本义》，第303—304页。

有五'，转写脱去'有五'二字。"[54] 这是中肯的见解。

这雄辩地证明，中华古代所谓士，原型其实不是什么别的，而是正如许慎所言"数始于一，终于十，从十一"的巫。许慎能从自一至十的数之角度释士之古义，说明他是深明易理与占筮之法的，他不仅从音训"士，事也"释士，而且从意义"从十一"释士，自然捕捉到了士为《周易》巫术占筮之巫的真义。这一见解，确与孔子"推十合一为士"以及段注引《白虎通》"通古今、辨然否，谓之士"的观点相合。

士是中华古代最原始的知识分子，即《周易》所言之巫。从后代关于士的清廉形象看，此士又主要指巫师中的基本成分民巫。

民巫这种士，有时又称"寒士"，作为社会文化智慧的代表与团体，一开始就与强有力的社会政治威权构成了对立互补关系，这也便是理势关系、道统与政统的关系。知识分子是道的代表。从历史现实势力看，正如余英时先生所言，知识分子在历史上与政治之势，"是绝对无从相提并论的。知识分子之所以受到尊重，基本上是由于他们代表了'道'"[55]。这是理与势、道与政所构成的互补、互适态势；或者知识分子不受到尊重甚至遭受迫害，便是理势、道政之间的对立状态。

因为知识分子作为道之代表总与社会政治威权构成一定的对立互补关系，又因道的尊严与真理性完全要靠其自身的学识、智慧、道德与行为来彰显，因而，知识分子总有一个自身人格塑造、人格

54　金景芳：《学易四种·易通》，吉林文史出版社，1987 年版。

55　余英时：《士与中国文化》，第 119 页，上海人民出版社，1987 年版。

完善或曰对自身人格加以审美观照的问题。西方社会学家希尔斯认为，大凡知识分子（士），都有一种追求真理的人格与人生自觉，由此产生一种"自重"（self-esteem）的人格心态，往往以重道为己任，以"社会良心"自誉，给人以矜持之感。无论在宗教、哲学、科学、伦理学或美学中，凡在高级文化形态中的知识分子心态，一般都有这一关于人格的自觉。

中华古代之士即知识分子的人格自觉发蒙较早，且不说在《周易》巫术占筮中，巫即当时的知识分子代表了民族的灵魂和根本利益，勇敢地叩响了人生命运吉凶的大门，可能成为当时朝政的智囊与参谋，而且，在《易传》中，发展为"崇德而广业"、"道济天下"的人格。由于中华古代的整个文化性格淡于宗教而倚重伦理，从《周易》本经的巫导引出一条"内圣"的人格发展之路。《易传》云：

> 《易》其至矣乎！夫《易》，圣人所以崇德而广业也。知崇礼卑，崇效天，卑法地。天地设位，而《易》行乎其中矣。成性存存，道义之门。[56]

古人以为，易理是至真至善至美的，圣人掌握易理，目的在于塑造推崇道德的人格以广其伟大事业。知识分子推重知识与智慧人格的崇高，而将礼这一伦理规范放在服从于道之人格原则的地位，这不是贬抑伦理规范与政统的社会地位与社会形象，而是唯有"知

---

56 《易传·系辞》，朱熹《周易本义》，第297—298页。

（智）以崇为贵，礼以卑为用"[57]，好如"天地设位"，才能完成健全
人格的塑造，并且只有在与社会伦理规范与政统的协调关系中，才
能实现人格的塑造。这里，《周易》将人格的完善看作是以知为主
导方面的理势、道政的统一。正如来知德所言，"天清地浊，知阳
礼阴，天地设位，而'知礼'之道即行乎其中矣"[58]。同时，《易传》
所谓"成性存存，道义之门"，是说人格的完成，是一个漫长而不
断的修身养性的过程、"内圣"的过程。人格的完美，是在人性原
朴基础上通过人的伦理实践即荀子所谓"伪"（人为）的过程所怒
放的人生之华。荀子说："不可学不可事而在人者，谓之性；可学
而能可事而成之在人者，谓之伪。"[59]"性者，本始材朴也；伪者，
文理隆盛也。无性则伪之无所加，无伪则性不能自美。性伪合，然
后圣人之名一，天下之功于是就也。"[60]这正可用以解释《易传》"成
性"之义，"成性"就是人格的完成，其过程就是"存存"即存之
又存，不断地进行修养，由此才能入于"道义"、进入完美的人格
境界。

《易传》又云，圣人"知周乎万物而道济天下"[61]，追求"内圣"
境界的知识分子，由于对万物之理知之周备而自信能道济天下，对
智慧的把握加深了对人格的自重。然而，由于客观情势的变迁不
定，也不是在任何情况、环境中都能完美地实现道济天下的人格理

57　王弼：《周易注》附韩康伯注《系辞上》，楼宇烈《王弼集校释》下，第545页，中华
　　书局，1980年版。

58　来知德：《周易集注》，上海古籍出版社，1990年版。

59　《荀子·性恶》，王先谦《荀子集解》，第290页。

60　《荀子·礼论》，王先谦《荀子集解》，第243页。

61　《易传·系辞上》，朱熹《周易本义》，第292页。

想的。这就导致在现实碰撞中生成的人格模式可以有多种类型。古人云：达则兼济天下，穷则独善其身。人生达穷之时，对人格之美的向往就不一样。兼济天下，一般是儒所推崇、向往的人格与入世，富于社会责任感，要求在建功立业、光宗耀祖与封妻荫子的社会境遇之中完善自身的人格，是一种有责任感的人格。独善其身，一般是道所推崇、向往的人格与出世，无视社会的责任，寄情山水、放归田园，蔑视朝堂权贵却与精神自然相亲和，又在与自然之美的融契中完善自身的人格，是一种自由、潇洒的人格。

《周易》由巫入圣的人格理想模式是基本属儒的。人们有理由指出这种人格由于过分地与伦理相纠缠而显得不完善，因而无疑不是我们所应追求的目标，可是，那种在伦理道德层层挤压下所透露出来的人生态度、由于蕴渗着"有所作为"、"自强不息"的某些合理思想因素，对于那种消极退避、不思进取与不负责任的所谓"达观"的人生态度来说，不啻是一种纠偏的人格力量。

应当指出，在《周易》基本属儒的人格模式中，又形成了两种互相对应的人格样式，这里，笔者暂且称之为圆型人格与方型人格。

圆型人格的基本美学特征，是循时而变；便是说根据时势的发展，人不断调整自己与客观时势包括与政统之间的关系，因时调整自己的人生态度、处世方式、意志规范与情感趋向。这种人格样式所追求的，是圆转无碍的人生境界。它见之于一般人际关系，则八面玲珑；见之于官场竞纷，则左右逢源；待人接物，力求面面俱到；表现在文章言说上，又努力在逻辑上做到天衣无缝，简直无可挑剔。因而倘然搞起阴谋来，可能也会两面三刀，不露声色。这种人格的内核是"变"、是"韧"。其目的是既定而不可更改的，但又认为为了达到某一人生目的，方式方法途径又应是多种多样、绝对灵活的。其原则也不是没有，但又坚信原则的实现必须以灵活运用多种方式、手段为保证。这是一种具有一定方向的流动型人格，其流动的轨迹是曲线，是圆，是回旋与曲折，其处世哲学是"识时务者为俊杰"。

这又可说是一种天时型人格，其文化学与美学原型在《周易》之中。《周易》首卦为乾，乾者，天之本性与功用，象征天时与天道。天时、天道是圆转而流动不居的，并且其性刚健，象征人性与人格的健进有为。孔颖达《周易正义》自问自答：此既象天，何不谓之"天"，而谓之"乾"？曰：天是定体之名，乾是体用之称，天以健为用者，运行不息，应化无穷，此天自然之理。不仅一个乾卦，整部《周易》六十四卦都在申明变易之理。其基本要旨，是万物皆变，与时偕行，阴阳消息、进退、盈虚与动静，无不内蕴一个变字。按易字之古义，为人之双手将一个容器的水倒于另一容器之中，于是便有水流、水形随容器形状而变易的现象，这在甲骨文、金文易字的造型已可见出。又谓易字状蜥蜴之形，古人以蜥蜴变色为奇，又隐寓变易之理。而一般认为成篇于战国中后期至汉初的《易传》又以"日月为易"，日月依天时不断运行，处于恒变之中，所以，从易理根本衍生出来的这种天时型人格智慧，也是尚变的。它以圆转为目的、为方式，随机应变。就其积极意义来看，无论在人生道路上充满怎样的艰难困苦，都认定一个人生目标，抓住时机，采用多变的策略，撷取成功之果实，务使人生立于不败之地，使完美人格得以实现。这种人格自然是顽强入世的。就其消极意义而言，是过分推重人格的机巧，圆转流于圆滑，有媚俗的倾向。

与圆型人格相对应的是方型人格。其基本美学特征，是循时而不变。就是说尽管时势向前迁行了，人却不认为调整自己的行为与客观时势包括与政统之间的关系是必要而合时宜的。这并不等于说持有这一人格的人无视时间的运行，而是坚信能够"以不变应万变"，面对万变的时势，最佳的人生选择是"不变"，从而觉得不必随时调整自己的情感方式、意志取向、人生态度与处世哲学。这种人格样式尤其注重人生与人格的原则。原则是不可改变的，认为人生的总目标与策略之间是重合的。持有这一方型人格的人处理一般人际关系，有棱有角；处理政治问题，毫不妥协。其心理机制是重理轻情，其主要特点是刚正。因而，如果说《周易》本经所写到的殷代三贤之一的箕子，在商纣淫威之下佯装发疯、自晦其明是一种圆型人格的话，那么，后世所谓苏武持节、包公铁面则表现为方型人格。越王勾践的卧薪尝胆与文天祥的大义正气是两种不同人格的政治表现。相对而言，方型人格是一种静止型人格，其思维、意志和情感趋向是直线型的，其境界重在健正阳刚。

这种人格原型也在《周易》之中。《周易》第二卦为坤卦。坤者，大地也。在中华古人心目中，坤地是广博而方正的，天圆与地方相配，方是大地的属性。作为人格比拟，则"地势坤，君子以厚德载物"[62]。坤卦六二爻辞云，坤的本性是"直方大"，坤性在于不变，相对于天时而言，大地是静态的，因而其人格象征是地理型的。

---

62 《易传·象辞》，朱熹《周易本义》，第57页。

易理虽以变易为常式，然而变易之中又隐含不易的因素。有的学者认为易理只讲变易而忽视其不易的机理，这是对易理的误解。《周易》以乾坤两卦为易之门，一主变易，一主不易，并在一定条件下相互转化。其两者关系是辩证的。所云变易，这种变易之趋势是永恒的；所云不易，又只能在永恒的变易中才能保持不变。整部《周易》六十四卦系统处处充满了变易之理，然而六十四卦作为一个模拟时空秩序的世界图式，其内部充满流动之机制的"稳态"结构，变易与不易相辅相成。就其人格比拟而言，引申出两种不同的儒之人格模式。

当然，就整个中华人格智慧观来看，在儒学范围内，人们比较推崇的是方型人格，流传至今的"敢做南包公，羞为甘草剂"这一句话就说明了这一点。人们所推重的是光明正大的人格，具有大地般坦荡而博大的人格，也称赞如大地一般有内涵、含蓄、谦逊而儒雅的人格。这当然不是由此贬低圆型人格的积极因素，也并非无视方型人格的消极因素。实际上，方型人格也是很有缺陷的，它固然一般不与阴谋相联系，然而倘要搞起"阳谋"来，会是非常严厉的。

犹如乾坤可以相互转化一样，圆型与方型人格在一定机遇中可以相互转化。就个人人格而言，固然有或圆型或方型一以贯之的，也可以有先圆后方、先方后圆、或方或圆、方圆兼备、内方外圆、内圆外方、真方假圆、真圆假方等多种模式，由此见出属儒与属道人格的丰富与复杂性。

《周易》人格美学智慧关于圆型人格与方型人格的思想与孔子有关人格的美学观念是一致的，由这人格美学智慧启发出"君子比德"思想，开拓了对自然美的审美广度与深度。

原始儒家有两句名言。一曰"逝者如斯夫，不舍昼夜"。这从人格美学角度去理解，是指流动的、时间型人格、圆型人格。二曰"岁寒，然后知松柏之后凋也"。这从人格美学角度分析，是指静止的、严峻的方型人格。在孔子"君子比德"思想中，有关于"智者乐水，仁者乐山"[63] 的深刻见解。这可以理解为，智者随机应变，其人格不滞累于某一点，与水性相近，故面对流水之自然美容易引起美感；仁者坚持礼义原则，其人格执著于某一点，与岿然之山性相近，故面对高山的自然美容易在审美过程中激起移情共鸣。这正可见出两种人格美的不同特征，智者圆融灵活，如水之流转；仁者坚持原则，像山一般坚定。比方说"智者乐水"这一点，后来被荀子加以发挥，使水之自然美成为智者圆型人格的象征，而圆型人格又是水自然美的人生延伸：

> 夫水，大遍与诸生而无为也，似德；其流也埤下，裾拘必循其理，似义；其洸洸乎不淈尽，似道；若有决行之，其应佚若声响，其赴百仞之谷不惧，似勇；主量必平，似法；盈不求概，似正；淖约微达，似察；以出以入，以就鲜洁，似善化；其万折也必东，似志。是故君子见大水必观焉。[64]

尔后汉代刘向《说苑·杂言》说过与荀况相近意思的话，恕不赘。这种以自然美与人格相比拟的美学思想，实际是由《周易》发

---

63 《论语·雍也篇第六》，刘宝楠《论语正义》，第 127 页。
64 《荀子·宥坐篇第二十八》，王先谦《荀子集解》卷二十，第 344—345 页。

展而来的，经过孔子的发挥及历代士子的阐说，成为中华美学史一股汹涌的美学思潮。王逸注《离骚》及屈子的艺术美与人格美，敏锐地指出屈骚以自然美入诗而比拟人格美的艺术特征，他说："《离骚》之文，依诗取义，引类譬喻。故善鸟香草，以配忠贞；恶禽臭物，以比谗佞；灵修美人，以媲于君；宓妃佚女，以譬贤臣；虬龙鸾凤，以托君子；飘风云霓，以为小人。"[65] 所言者是也。在中华古代审美意识中以圆型人格美与自然之优美相对应，以方型人格美与自然之壮美相对应。中华后代的山水诗、山水画，其实都有《周易》所揭示的圆型与方型人格美学智慧的文化基因在，或圆型或方型，或优美或壮美，或者是两者的互融对摄，使人格比之于自然、自然比之于人格，两者同构，双华映对。

65　王逸：《楚辞章句·离骚经序》，上海古籍出版社，1978年版。

第十章 《周易》美学智慧的文化心灵

如果说，文化哲学偏重于宏观地俯瞰自然与社会人生，那么，文化心灵学是对人的精神世界的微观探涉，这种精神世界是自然与社会人生的心灵内化。这并非意味着两者互不相干而毋宁说存在着深层的对应。哲学得思想精神之升华，心灵学为精神的沉淀。哲学的升华达于化境，必然要回归人的心灵层次；心灵学的沉淀臻于空彻明净之时，又必具备哲学的精神品格。哲学与心灵学的中介与交汇可以是美学。尽管美学的触须伸向人的一切精神领域，关于自然与社会人生的一切精神学科都有一个美学问题；尽管美学所最关注的是自然美、社会美和艺术美及三者之间的审美，然而，仍然可以将哲学与心灵学看作是美学伸向物质世界与精神世界的两根血脉相连的最敏锐的"神经"。民族、时代与人的美学智慧，无疑主要是在哲学或文化哲学的陶冶兼心灵学的熔铸中生成、发展与成熟起来的。《周易》的美学智慧自然不能例外。这就提醒人们，在对《周易》美学智慧的文化哲学作出初步探讨之后（见本书第三章），还有必要继续对《周易》美学智慧的文化心灵加以论证。这里仅就其文化思维与情感方式展开讨论。

第一节 原始思维与天人合一

《周易》美学智慧文化心灵的重要内容之一，是原始思维。没有哪一部中华先秦古籍与文字资料，如《周易》这样保存了关于中华民族原始思维的丰富材料，即使是迄今为止所发掘的殷之甲骨卜辞就揭示原始思维的系统性来看，也是比不上的。人文思维，是人的文化心灵范畴的智力结构，自然有文与野、现代与原始以及人种、民族、地域文化等的区别，而这里对原始思维的"原始"一词，首先不应作绝对的理解。列维-布留尔曾经举例说，人们将白人未进入该地域时澳大利亚的土著居民称为原始民族，进而将他们的思维方式称为原始思维是有道理的，因为当时这些土著的文化思维水平仅仅大致停留在新石器时代。可是"'原始'之意是极为相对的。如果考虑到地球上人类的悠久，那么，石器时代的人就根本不比我们原始多少。严格说来，关于原始人，我们几乎是一无所知的"[1]。考虑到人类的未来还有何等漫长的路要走，假如一百万年之后的"现代人"回眸我们今天地球人的智力思维水平，一定不会认为我们今天的现代人及其文化思维比石器时代的原始思维"现代"多少。假若将迄今为止宇宙的生成、发育之漫长历史缩短为一昼夜二十四小时，那么人类的历史及其文化思维史，大约只在二十三点五十八分之最后两分钟，迄今人类的历史何等短暂而其未来又何等悠远。愈是从文化哲学宏观观照以往的人类史，在历史运转中颤动的美学智慧的文化思维便愈是显得灵逸深微。从宏观时空角度

1　［法］列维-布留尔：《原始思维·作者给俄文版的序》，丁由译，商务印书馆，1981 年版。

审视，这里正在阐述的《周易》美学智慧的原始思维，的确并非是什么绝对遥远、已经成为过去的文化心理与美学现象，它以一种基本的文化心理方式，潜在地沉积于中华民族的文化哲学与美学精神之中，它在当代中华美学头脑中也不缺乏。相对而言，我们今天所理解的中华美学思维的原始性与现代性固然未可两相等同，却也并非意味着《周易》原始思维的美学与标举"摩登"思维的当代美学之间是两种绝然隔阻的"文法"系统。尽管在《周易》美学与当代美学之间正在进行一场艰苦的"对话"，然而这种"对话"还是令人津津有味、回思无穷的。大约这便是《周易》美学智慧之所以在今天仍然具有魅力的缘故，也是它之所以有时令人深感苦涩的缘故吧！因此，我们在探讨《周易》美学智慧的文化思维时，其眼光是同时注视着中华美学之现代的："我们之所以仍旧采用'原始'一词，是因为它已经通用，便于使用，而且难于替换。"[2]

《周易》美学智慧的原始思维的文化心灵内容，是天人合一。关于天人合一问题的哲学探讨，本书前文已有涉及，这里仅对其思维机制再加论述。

其一，从文化思维角度看，《周易》美学智慧具有其思维的前期形态，便是巫文化思维。其根本特征，是建立在不重视也不善于进行分析与综合心理基础上的随机性判断，它基本属于类比思维，许多地方并非人类高级、成熟的科学思维形态，正如列维-布留尔所言，它是一种"原逻辑思维"，因而是打上引号的思维，自然也不是成熟意义上的美学思维。它没有来得及进入属于逻辑思维层次

---

2 ［法］列维-布留尔：《原始思维·作者给俄文版的序》，丁由译，商务印书馆，1981年版。

的矛盾律之中³，而热衷于主客、因果、天人之间不经分析而综合的"同一"。逻辑思维是由一系列建立在充分经验基础上的概念、推理与判断等所构成的心理过程，它尤其需要合乎逻辑的分析与综合。"这种综合几乎在一切场合中都包含着先前已有的分析。只有在思维的材料预先消化了，得到了整理、分解和分类以后，各种关系才能借助判断表现出来。判断运用的是严格的确定的概念，而概念本身就是先前的逻辑运算的产物和证明。"⁴逻辑思维关于思维对象的矛盾性十分敏感，一旦遭遇矛盾，立即以理性、理智加以分析与综合，对思维对象矛盾性的排除则意味着它是始终服从矛盾律的，而其思维运动本身则不能自相矛盾。

巫术所运用的"原逻辑思维"，自然并非绝对无逻辑、非逻辑的，而是逻辑的滥用与"倒错"。"毫无疑问，它也是通过社会的途径，即通过语言和概念来传达的，离开语言和概念，它简直是寸步难行。原逻辑思维也要求一种预先完成的工作，要求一种世代相传的遗产。但是，这些概念与我们的不同，因而这些智力运算也与我们的不同。原逻辑思维本质上是综合的思维。我是想说，构成原逻辑思维的综合与逻辑思维所运用的综合不同，它们不要求那些把结果记录在确定的概念中的预先分析。换句话说，在这里，表象的关联通常都是与表象本身一起提供出来的。原始人的思维中的综

3　按：这当然不是说，整部通行本《周易》是缺乏哲学及其逻辑思维的著作。且不说《易传》的哲学及其逻辑思维是显明的，它主要体现于《易传》的系辞篇与文言篇等，即使在本经中，也不乏这一思维方式，如关于六十四卦卦序，以相邻两卦为错卦、综卦、或者是错综卦关系以及以乾坤两卦为首、以既济未济为终了，显然是具有一定哲学及其逻辑思维特点的。

4　［法］列维-布留尔：《原始思维》，第101页，丁由译，商务印书馆，1981年版。

合，如我们在研究他们的知觉时见到的那样，表现出几乎永远是不分析的和不可分析的。由于同样的原因，原始人的思维在很多场合中都显示了经验行不通和对矛盾不关心。"[5]

《周易》乾卦九五爻称"飞龙在天，利见大人"是吉爻，乾上六爻称"亢龙有悔"，是凶爻，这种关于人之命运吉凶的判断到底有什么逻辑根据？《周易》剥卦初六爻辞"剥床以足，蔑，贞凶"，六二爻辞"剥床以辨，蔑，贞凶"，而其六三爻辞忽而称"剥之无咎"，便由初六、六二两爻之凶转而为六三之吉了，为什么同样是"剥"，便有吉凶不同的判断，逻辑依据究竟何在？传统易学说，剥卦初六爻所以为凶险，是因为剥卦卦象为䷖，取床象也。其下方五个阴爻象床脚，上方一个阳爻犹如床板，床为人的安息之具，现在初六为阴爻，意味着阴消阳，犹如床之剥蚀自床脚最下方开始，这对睡在床上的人来说，倒是的确有点儿"凶险"的，所以筮遇此爻为凶，也说得过去。然而照此逻辑来看，剥卦六三爻，阴爻居于全卦之阳位（奇数爻位），已属不妙，而且六三爻既为阴爻，按照传统易学解说此卦初六爻何以为凶的逻辑，六三爻象征床脚拦腰折断，这对睡在床上的人来说，岂不更凶险吗？然而为什么六三爻辞偏偏说其"剥床，无咎"（吉）呢？从爻位说分析，剥卦初六、六二爻所以为凶，是因为该两爻与上九爻无应无比之故，似乎证据凿凿，逻辑上顺得很。可是爻位说还有"得中"、"得正"之爻为吉爻的原则。根据这一爻位原则分析，剥卦六二爻，居于剥卦下卦之中位，又是阴爻居于阴位（偶数爻位），完完全全是"得中"、"得

5 ［法］列维-布留尔：《原始思维》，第101—102页。

正"之爻，应为吉爻才是，又不知为什么这里的六二爻恰恰是一个凶爻呢？

从《周易》巫术思维分析，这样经不起逻辑检验的现象俯拾皆是，可以说"一塌糊涂"，笔者当然并非在此嘲讽《周易》编纂者的无知，而是由此想要说明：经不起逻辑分析，正是巫术思维的文化本色，因为它本来就是排斥逻辑分析及其综合的。《周易》巫术思维的有些地方、有些实例看上去是符合思维逻辑的，却往往难以将逻辑贯彻到底。历代易学尤其是汉代的象数之学在解说易之象数、爻位、爻时与爻性、人之命运吉凶与伦理意义之关系时可谓绞尽脑汁，却往往捉襟见肘，正可证明《周易》巫术思维原本不是一种逻辑思维这一特点。原来并非科学意义上的逻辑思维，却偏要将它解说得处处符合逻辑思维的"绝对真理"，看来是吃力不讨好的事情。当然不是说我们不要也不能以逻辑分析法去分析《周易》的这种巫术思维特性，而是需要通过逻辑与历史的解剖去把握其巫术思维的"原逻辑性"。

《周易》美学智慧的原始思维的"原逻辑性"，在实际的巫术占筮过程中表现得尤为显明。逻辑思维是具有一以贯之的因果链的，有因必有果，有果必有因；此因此果，此果此因；彼因彼果，彼果彼因；一因多果，多果一因；多因一果，一果多因以及因移果迁，果易因变，等等，可以通过逻辑思维的分析与综合方法加以把握，必须符合客观实际。《周易》的巫术思维，也是注重事物之间的因果联系的，尤其强调天人之间的因果联系。为了人的目的（果）去进行巫术占筮；巫术占筮的重要操作程序为占卦，即通过筮数的运演捕捉先兆（吉兆或凶兆），这便是人事命运吉凶之"因"，据说是"天启"的。巫术占筮所卜知的先兆（卦爻象）即巫术之"因"，与由此所推断的人事命运吉凶即巫术之"果"两者之间，在思维的"同一"性上是拒绝理性分析的。比如，为什么大过卦九二爻辞说"枯杨生稊"这个"因"，必然导致"老夫得其女妻"这个"果"因而是"吉"呢？又为什么此卦九五爻辞说"枯杨生华"、"老妇得其士夫"呢？为什么偏偏是"枯杨"而不是其他什么枯树的复活成为这样的"好"兆头？在这巫术占筮的"因"与"果"之间到底有没有客观存在的因果联系？这一切决不是巫术占筮者和巫术思维能够触及的问题，因为倘用科学的逻辑思维去分析巫术思维所虚构的"因果链"，则无疑等于宣告巫术的不能成立。所以，巫术思维中虽然充满因、果观念，却并不是客观存在的事物因果律的真实体现，而是由巫术文化心灵所误导而虚构的因果，是其张冠李戴式的因果"假错"。

　　这种思维的假错之所以在巫术中被认为是真实、无须证明而本是圆满具足并且代代相承，是因为有一种巫术信仰作了它的心灵基础。巫术占筮者坚信主客、因果与天人关系本是合一，他们心目中的世界混沌而充满了神秘的感应。这种感应就是被巫术思维视为灵气的马那，它是主客、因果与天人之关系的中介，它看不见、听不到、摸不着而处处时时"存在"，让相信巫术的主体心灵深感恐惧或是欣喜不已。这种巫术感应的"力"或曰"场"，在巫术思维的心理结构中具有不可分析性，由于其具有一定程度的神秘性，是巫术文化心灵所崇拜的对象而不是逻辑思维的对象，它原本就不是心智理性的产物。它是气、是神灵；是被巫术思维结构的主观心灵所神化了的一种自然力，或者可以说，是一种盲目自然力的巫术文化心灵的内化形式，既是主客之间的原在"同一"，也是主客之间在巫术实践过程与方式中的同一。不难见出，巫术思维的全部心灵基础，是巫术所假想的神灵，它的不可理喻与不可分析性，正是巫术信仰、巫术"灵验"的法宝。试问巫术为什么如此灵验？因为是神灵佑助的缘故，也因为《周易》八卦据说是伏羲氏这一"圣人"（神灵人物）所创造的缘故。在神灵面前，是没有任何矛盾的，人没有也不必有多少道理好讲，在某种意义上，凡是信仰都是排斥理性分析亦即逻辑思维的。凡是神灵所出现、占据的领域，一切实际上所存在的矛盾和困难都在关于天人感应、天人合一的信仰中"迎刃而解"了，理性分析亦即逻辑思维、逻辑判断便成为多余的事情。

其二，从文化思维角度看，《周易》美学智慧的思维前期形态是所谓"集体表象"。表象是客观物事作用于人的感觉之后在头脑中产生的映象，它的生理基础，实为留在大脑两半球皮层上的兴奋。人的思维运动，是在感知心理基础上进行的，感知为思维提供来自客观世界的思想材料。在感知与思维之间具有一个中间环节，便是"表象"。表象不像感知那样始终是个别的，它可以有个别的和一般的两种形态。在某一特定对象或某一个人的感知基础上所产生的表象是个别、个人表象；从许多人的感知中、相对概括地反映一系列相似对象的表象是一般表象、集体表象。表象因为具有相对的概括性，它为思维提供用以进行思维的概念"半成品"，是人从感知达到思维的必不可少的心灵环节。表象的个体性，反映出人从感知到思维的个体特征；表象的集体性，反映出人从感知到思维的集体特征。人的感知、表象与思维是以个体经验为基础的，然而集体表象，又体现出人所面对的客观世界浑整统一，以及人的主体心灵结构具有相对同构性。

《周易》美学思维的集体表象是留存于大脑映象的神秘的天人合一。首先是因为中华远古的文化心灵，从人对客观世界的感知之初，由于智力的低下而不得不具有神秘氛围的缘故。列维-布留尔说："原始人用与我们相同的眼睛来看，但是用与我们不同的意识来感知。"所以，"不管在他们的意识中呈现出的是什么客体，它必定包含着一些与它分不开的神秘属性；当原始人感知这个或那个客体时，他是从来不把这客体与这些神秘属性分开来的"[6]。

> 对原始人来说，纯物理的现象是没有的。[7]

由于人的文化意识此时尚未自觉到将客体与主体、客观与主观清晰地分开，这严重地影响了中华先民在巫术中对客观世界的感知，而通常处于朦胧之中。就是说，在原始思维中，客观的物理宇宙与主观的心灵"宇宙"常常是被混而为一的。其混一的机制是被看作神圣（神秘）的数。《周易》的巫术思维结构，就是古代东方预示其命运的数的世界、数的宇宙。天地本涵、人之命运以及天地宇宙与人的神秘"互渗"都本源于数，数是世界的"原点"，数在这里是与巫术灵气（马那）、感应联系在一起的，为中华先民所深信不疑。

---

6 ［法］列维-布留尔：《原始思维》，第35、34页。

7 ［法］列维-布留尔：《原始思维》，第34页。按：列维-布留尔在这一引文"纯物理"三字之后加了一个说明："按我们给这个词所赋予的那种意义而言。"

　　《周易》巫术思维结构中的数，有些不同于古希腊毕达哥拉斯学派所言之数，更不能与后代成熟数学中抽象概念中的数相提并论。从文化品位看，《周易》巫术思维中的筮数，尚未真正进入科学领域，而是带有数学科学初始因素的一种巫术智慧。从《周易》原始思维的心理结构分析，《周易》筮数，并未真正从具有一定数量关系的事物具象中高度抽离出来，它还深受神秘意识与事物具象的羁系，在人的心理结构中，仅仅处于"集体表象"阶段，尚未具有纯粹、坚强与葱郁的理性，残存着中华童年文化心灵非理性的因素。本书前文已经说过，这是一种象数的"互渗"、"数的总和"境界。

　　其三，既是"原逻辑思维"，又是"集体表象"，《周易》巫术思维方式成了《周易》美学智慧心灵结构的前期形态，便很容易导致《周易》美学智慧原始天人合一心灵模式的建构。

　　康德与黑格尔都曾指出，人的大脑思维运动可以具有感性、知性和理性三个阶段。感性阶段：它以感觉为基础。感觉是生命机体的一般动物学属性之最重要的表现，它是人这一最高级的动物通过感觉器官对客观事物的接触与环境赖以建立心灵联系的初级形式，感觉是作为反映事物个别、表面现象的映象而出现的，是客观对象直接作用于感官时对事物个别属性的初步性心灵投射。在感觉前提下产生了知觉。知觉与感觉一样，是人的感性认识统一过程中的重要环节。感觉使人获得关于客观对象个别现象的印象与"知识"，知觉则是关于客观对象属于事物表面层次的整体映象。知性阶段：人脑思维运动的感性阶段为人的知性认识提供了丰富的思维材料。知性的思维，是在感性思维材料的基础上的知解与分析。它是人的认识从感性阶段向理性阶段实现飞跃的一个思维动力与中介，是思维必不可少的中间环节。虽然基于感性经验，却由于思维对感性材料的分析加工而"启示了超出感官世界和现象世界之外有一个超感官世界作为真的世界，超出消逝着的此岸，有一个长存着的彼岸"[8]。知性分析，是从感性此岸到理性彼岸的思维通道。理性阶段：这是一个人脑思维把握真理的阶段，而不仅仅是知识。人的思维运动进入理性阶段，则意味着人脑对于客观对象本质规律的理性把握，意味着人的认识，由于经过思维知性阶段的知解与分析，并非停留在感觉与知觉阶段，而是进入到对客观对象实现整体把握的思维理性境界。正如黑格尔所言，知性阶段是对"超出感官世界和现象世界之外有一个超感官世界"的"启示"，思维的理性阶段就是这一"真的世界"的实现。

以这种思维"三段"论来衡量《周易》的巫术思维，又当如何呢？可以说，《周易》巫术思维是一种一般地忽视知性思维阶段的文化思维模式，同时由于人的大脑思维运动并未真正从感觉经验中解脱出来，因而始终具有一定的具象的特点，是一种伴随着神秘意象的思维。

《周易》的巫术思维具有一个感性阶段，前文所言的"集体表象"，就是人对客观对象的感觉与某些知觉因素的整合。《周易》很重视象，"易者，象也"。观物取象，象的原型是物象，来自客观生活；取象就是通过巫术占筮操作方式寻找预兆，以占验吉凶。这种预兆就是卦象、爻象，它们是客观物象及其神秘巫文化心灵所酿制

8 ［德］黑格尔：《精神现象学》，上卷，第97页，商务印书馆，1979年版。

的心象的一种相对简化形式。这种兆象，与其原型即客观物象的具象特点相比，自然是简化的，因为它只以阴阳两个爻符及其所构成的八卦、六十四卦系统来象征世界万事万物的存在与发展；然而卦爻符号体系本身又不是近现代科学纯粹抽象的公理、公式与定律，易之卦符的象征不等于科学公理之类的精确表达。易象确是与数并存的，易的内在机制是数。然而《周易》中的数，又不同于纯粹数学中的数。它的本涵首先是与圣人所取之象相混合的人之命运吉凶休咎的象征，数的演化始终是伴随着神秘之象来进行的。这便是说，数尚未真正从神秘物象、心象与兆象中抽象出来，它未能真正成为高蹈于世界具象之上，并且断然挥斥神秘文化氛围的一种数学智慧。尽管今天已有不少易学研究者指出《周易》蕴含"高深的数学智慧"，这恰恰是以今人的数学头脑，通过知性分析对隐藏于易理的数理因子的发微与引申。这并不能证明《周易》原来具有成熟而纯粹抽象的数学智慧。莱布尼茨创立数学二进位制，成了近现代计算机的数学原理，《周易》六十四卦所包含的 $64 = 2^6$ 这一数理因子，确与莱氏的数学二进位制具有某些相通、相合之处，但易理中的数，始终没有达到二进制数学的高度逻辑阶段。

这已可说明，《周易》巫术思维对知性分析的忽视。由于相对而言缺少在感性材料基础上的知解与分析，相对缺乏关于知性思维的发现与自觉，《周易》巫术思维所找到与认同的"真理"必然不是纯粹理性的，在此意义上，将《周易》巫术占筮称为"伪科学"不是没有道理的。

同时应当指出，尽管《周易》的巫术思维相对忽视在感性经验基础上的知解与分析，尽管其数始终深受神秘兆象的羁系与滞累，然而又不可否认在巫术文化中又深蕴着可以发展为成熟数学智慧的某种数理因子，它是被非理性所包裹的一种原始理性精神，毕竟在关于卦爻符号的创制与运演中为原始理性留出了一点地盘。这意味着《周易》巫术思维并非绝对拒绝知性。虽然巫术思维是一种打上引号的思维，但它仍然是一种思维。正如前文所言，《周易》巫术占筮是非理性的因果律的"假错"与滥用，但在巫术文化头脑中，却分明意识到了客观事物之间的因果联系，这又是原始理性在《周易》巫术中的清醒表现。巫术思维既是对因果律的误解，又正如列维-斯特劳斯所言，是关于"因果律的辉煌的变奏"。在此意义上又可以说，《周易》巫术思维具有某些"前科学"因素。一定意义上，它并非纯粹抽象的知性分析与判断，却已经叩响了通往理性阶段的智慧之门。

要之，《周易》巫术的原始思维是一种非理性与原朴理性因子相混合的思维矛盾运动，其基本特点，是一般地忽视作为从感性到理性的重要中间环节知性阶段，由此便相对缺乏概念与表象的分离与分析。某种意义上可以说，是思维从感性阶段相对直接地进入崇信巫术的古人所认可的"理性"阶段。由于相对缺乏知性分析，毋宁可将这一思维模式称为原始意义的"思维的直觉"。从列宁所言"生动的具体"出发，中经少弱的细微知性，由于知性的远未成熟，不免使巫术难以上升到真正的理性阶段（上升到理性即意味着巫术的消亡），而老是使人的思维"跟着感觉走"。当然，这里并不否认这感觉中存在某种理性因素的一息生机。

运用如此思维模式去思考天人关系，必然直觉到天人本是合一，或者经过内心修养认为可使天人在道德层次上回归于合一境界。

真正科学意义上的天人合一境界，是人必须通过积极能动的社会实践方式对客观事物本质规律的准确把握，是"自然的人化"与"人的本质对象化"的同时实现，是广义的审美境界，也是人的自我意识、主体意识的真正自由。从审美比如对艺术美、自然美的审美过程、审美规律看，道家所谓"心斋"、"坐忘"、"涤除玄鉴"等正好揭示出审美机制的心灵本质。在一定程度上，儒家将天人关系即人与自然的关系，变成了人与人之间的伦理关系，是伦理的天则化与天则的伦理化。从审美角度看，是将圣人道德的完善和人格的高标看作人生之美的极致，并且将此提到天的高度去加以证明，又归根结底须下移到人之内心加以完成，儒家的注重内心修养是达到伦理——美学天人合一境界的必由之途。

由此观之，道、儒两家的天人合一审美观具有一个颇为共同的思维特点，即都相对忽视关于这一境界的知性认识与实践。道家之道，素朴而无须人为修饰，它不可道、不可名，从道之原朴自存到人对道的回归，其中也在一定程度上，拒绝知性分解。道之美，恰恰美在难以言说。儒家所推重的伦理的美，美在天人合一、善美合一，至于为何天人能够在伦理层次上达到合一，在形式逻辑上其实并无多少道理好讲，正如汉代董仲舒在《春秋繁露》中所说的那样，他将天地构造天地运行与人的生理构造作了牵强的比附，以此建构其天人合一、天人感应说，董仲舒所谓"以类合之，天人一也"[9]的结论，并非建立在知性把握的基础上，且对天与人的伦理心

9　董仲舒：《春秋繁露·阴阳义》，中华书局，2011年版。

智关系问题讳莫如深。

董子的这一天人比附观的思维之因可以追溯到《易传》的"三才"说，"三才"说又源于《周易》本经的巫术占筮的神人感应说。神人之间何以能够感应，这在《周易》本经看来，是不必进行知性分析的既定"真理"。不记得哪位哲人曾经这样说过，这个民族似乎在其连续不断的记忆里，一直保留着它那孩提时代的经验，中华古人似乎把他们最早与自然界的友善关系从最遥远的上古，一直带到了《周易》所在的殷周之际的文明时代。这用马克思的话来说，中华民族似乎直到如今还没有完全脱弃与自然所发生的"共同体的脐带"。宗白华曾经指出："因为中国人由农业进于文明，对于大自然……是父子亲和的关系，没有奴役自然的态度。"[10] 宗先生认为中国人所认同的天人关系"是父子亲和的关系"，这是击中《周易》美学智慧之原始思维的要害的。《易传》关于伦理之美的实质在于"父子亲和"自不待言，从其吸取先秦道家的自然本体哲学看，这种哲学的基本精神，是犹如子对父一般的人对自然的精神性顺应，这种顺应虽然表面并未沾染伦理色彩，实质上却是以自然为潜意识中的威权与旨归的，源于原始的自然崇拜。

《周易》巫术的原始思维，显然对显而易见的矛盾表现出普遍的不关心与无所谓，不重分析而热衷于主观客观、原因结果、现象本质、偶然必然、可能现实、非理性理性以及天人之间的同一甚至混一，人的自我意识虽然早已产生，但尚未发展到将主体与客体、天与人严格区分的程度，从巫术思维承袭而来的天人合一（神人以

10　宗白华：《艺境·艺术与中国社会》，北京大学出版社，1987年版。

和）的思维一直纠缠着《易传》的哲学与美学头脑，它偏于从和之角度作美学的沉思，从而无力对客体作科学层次上的探究。正如王国维所言："抑我国人之特质，实际的也，通俗的也；西洋人之特质，思辨的也，科学的也，长于抽象，而精于分类"，"吾国人之所长"，"则以具体的知识为满足。至分类之事，则除迫于实际之需要外，殆不欲穷究之也"[11]。某种意义上可以说，《周易》天人合一的原始思维，一定程度上阻塞了以分为基本出发点的科学抽象思维和对自然的进取精神，却开启了以和为思维特征的哲学与美学之门。

《周易》巫术的原始思维，固然并不擅长知性分析，这导致了科学思维从感性阶段到理性阶段的断裂与"短路"，然而，在哲学与美学上，它却获得了意外的历史性收获，由于"原逻辑思维"兼"集体表象"的作用，思维运动相对忽视知性分析所留下的空白，便由原始直觉与领悟这种中华特殊的美学心理机制起而填补，这种恰到好处的心理代偿，使得中华古代以直觉与领悟为美学最高智慧的文学艺术尤为发达。而在文学艺术中，尤以诗与音乐为最。究其心理原因，盖诗与音乐的美学品格，更应以直觉与领悟为其心灵底蕴的缘故。

黑格尔说："一切是一，一切同一"，"这可以说是最坏方式的'统一'，这种同一完全够不上称为思辨哲学，惟有粗糙的思维才会应用这类观念"[12]。关于这一见解，从科学抽象思维角度看，《周易》巫术思维相对忽视知性分析这一点，自然是中华民族从古到西

11　王国维：《论新学语之输入》，《王国维遗书》五，第 98 页，上海古籍书店，1983 年版。

12　［德］黑格尔：《小逻辑》，第二版序言，商务印书馆，1980 年版。

学东渐为止所积存的一种文化思维局限，在此意义上称其为"粗糙的思维"似亦有理，不过，从艺术具象思维角度审视，《周易》美学智慧的天人合一观，其所开启的审美直觉与领悟元素，却是以中华为代表的东方艺术及其美学思维的"初心"所在，它一直保持着童心。

第二节　乐观情调与忧患意识

与《周易》美学智慧的文化思维密切相关的，是其情感方式。情感是天人关系中伴随着实践行为、目的和认知判断所激起的情绪反应与人生情调，它一般是个人性的，也可以形成一定的时代意绪与民族心态。

《周易》美学智慧的情感心灵可以一个乐字来概括。什么是乐？郭沫若氏采罗振玉之见，认为乐之初义，从丝附木上，琴瑟之象也。或增△以像调弦之器。许慎《说文》：乐为五声，八音总名。像鼓鞞。将乐（繁体写作樂）看作木架置鼓的象形。其实，以上二说非乐之本义，而是出现于先秦钟鼎铭文、简书刻辞以及秦篆乐字的引申义。甲骨文中有一乐字，写作樂，其8，是果实累累的象形，与谷物、食物相关；△，是金、金（食字）的简笔。所以乐字的8与△并非"琴瑟之象"，乐的原型不是音乐，也并非乐器，而是人进食时所获得的生理性快感，后来才引申为音乐、艺术与美感。乐与美的关系，大约也与食相关。依《说文》，美者，从羊从大，羊大则美。大羊作为食物，肥甘而令人心悦。

《周易》美学智慧的乐观心理，自然不是原初意义上人进食时所获得的生理性快感，它是《周易》所领悟的快乐人生的一种情绪内化。关于这一点，先试看《易传》的若干文字记载：

> 子曰："龙德而隐者也。不易乎世，不成乎名；遁世无闷，不见是而无闷；乐则行之，忧则违之，确乎其不可拔，潜龙也。"[13]

这是《易传》叙孔子之言对乾卦潜龙之德的称许，以潜龙比圣人君子的美德。圣人君子的美德犹如龙德而隐者，它能自守其道，不因世变而无则，是谓不易乎世；自晦其迹，不求其名之成，故曰不成乎名。高洁之德行与俗世相违，乃遁世而自乐，圆融自守，便是悦乐无闷的人生境界。或采孔颖达、李鼎祚之解亦通："谓逃遁避世，虽逢无道，心无所闷"[14]，"道虽不行，达理无闷也"[15]。因为道、理在胸，已是圆满的人生，欢愉而无有烦恼。陈梦雷又云："己不求名，不见是于人矣。而心可自信，故无闷。"时来运转，"时当可乐，则不私其有"，与人众同乐；"时当可忧，则不失吾己，违而去之"[16]，适逢可忧之时，自心排解，归于乐境。"心以为乐，己则行之；心以为忧，己则违之。"[17]不是心忧令人畏惧，而是根本不将"忧"放在心上。这种乐观心态，坚定不移、无忧不摧而确乎

---

13 《易传·文言》，朱熹《周易本义》，第45—46页。

14 孔颖达：《周易正义》，中国书店，1987年版。

15 李鼎祚：《周易集解》，中华书局，1985年版。

16 陈梦雷：《周易浅述》卷一，《周易浅述》一，上海古籍出版社，1983年版。

17 孔颖达：《周易正义》，中国书店，1987年版。

其不可拔也。

《周易》论乐时并不回避忧患（如《易传》释蹇、困等卦义，皆言忧困），而是即使在忧患逆境中仍不失自信，坚信通过人为努力，可以因时机而平抑忧患，入于乐境。《易传》云：

> 《易》之兴也，其于中古乎？作易者，其有忧患乎？[18]

这是说当年周文王被商纣因于羑里，正值人生大忧之时，而周文王自强不息，身陷囹圄却心系家国命运，运演六十四卦，以趋吉避凶。尽管巫术占筮必然没有实效，但其心态却是对忧患境遇的超拔。试问何能如此？"明于忧患之故"[19]也。《周易》的编纂者相信，任何人生忧患总是暂时的，终于是欢乐的实现：

> 乖必有难，故受之以蹇。蹇者，难也。
> 物不可以终难，故受之以解。解者，缓也。
> 缓必有所失，故受之以损。
> 损而不已必益，故受之以益。[20]

一定条件下，蹇解、损益可以互转，而最后是解与益的战胜与乐的常在，顺境中自然悦乐，逆境中不失自信，逆忧患而待来时，

---

18 《易传·系辞下》，朱熹《周易本义》，第336页。
19 《易传·系辞下》，朱熹《周易本义》，第339页。
20 《易传·序卦》，朱熹《周易本义》，第362页。

便是"生生不息"之易的精神。

《周易》美学智慧将乐与人生看作亲比的和谐关系，将悲、忧的克服看作乐的完成。这种乐观情调有两个层次：一、天人本是合一，自然与人既然合一于生，那么人心的基本情感倾向是生而乐之的；二、并不是人生没有忧患，而是相信即使在忧患之中仍不改其乐。

《周易》巫术占筮本身具有乐观的文化品格，不少文化人类学家指出，一切巫术包括《周易》巫术占筮的心理机制与社会功能，在于给人以盲目乐观的向往。马林诺夫斯基说：

> 巫术使人能够进行重要的事功而有自信力，使人保持平衡的态度与精神的统一——不管是在盛怒之下，是在怨恨难当，是在情迷颠倒，是在念灰思焦等等状态之下。巫术底功能在使人底乐观仪式化，提高希望胜过恐惧的信仰。巫术表现给人的更大价值，是自信力胜过犹豫的价值，有恒胜过动摇的价值，乐观胜过悲观的价值。[21]

巫术的情感心理，表现在一方面是巫术崇信者相信可以依靠神灵的佑助完成巫术对世界的控制；另一方面又自信人自身具有神一般的力量与智慧，足以面对这个世界的残酷挑战，足以克服人在前进道路上的一切困难，从而达到人的目的。这种巫术的快乐心态，是人类童年典型的情感心理特征。尽管人所面对的现实与未来世

---

21 ［英］马林诺夫斯基：《巫术科学宗教与神话》，第77页，中国民间文艺出版社，1986年版。

界，实际上存在着为人所意想不到的艰苦险阻，童年的人类却自信可以通过人为努力（包括巫术而且不管有效无效），活得有滋有味、无忧无虑。

《周易》美学智慧的乐观情调，正是这样的一种人类童年文化心态的东方版。中华古人以乐观的眼光来看这个世界并且直观自身，建立在原始巫术乐观信念基础上的审美的乐观与乐观的审美，正是《周易》美学智慧的显著特色。它以乐观态度看自然、看社会、看时世、看人生，并由此构想人自身的完美。

当古希腊柏拉图满怀自信地自问"最美的境界是不是心灵的优美与身体的优美谐和一致，融成一个整体"，回答"那当然是最美的"[22]之时，东方的古代中华却以陶然之心情，一边运用由先祖传袭下来的巫术占筮频频叩响历史命运之门，一边从巫学智慧的土壤中，发掘出乐观向上的哲学与美学智慧。柏拉图哲学自觉意识到，古希腊美学理想中人的形象，从精神（心灵）到肉体都是完美无缺的，并且具有乐观情调。这种崇尚智慧过人并且体魄强健的美的完人形象，恰恰分别在雅典（崇尚智慧、心灵）和斯巴达（崇尚健美、人体）城邦的文化现实中得到展现。《周易》却标举"与天地合其德，与日月合其明"的圣人之美。这种美，完满无比，可与荷马史诗《伊利亚特》所描绘的海伦之美一比，美得令人惊羡，没有任何瑕疵。当然，希腊海伦之美主要美在容颜，《周易》圣人之美是美在人格及其心灵，美得令人慑服。这两种美学智慧，都蕴隐着人如神、现实如神界一般完美的乐观信念。两者都以

---

22 ［古希腊］《柏拉图文艺对话集》，第64页，人民文学出版社，1963年版。

人的尺度塑造神，又以神的尺度塑造人。尽管客观现实和人实际上远非完美无缺，也永远无法达到绝对完美境界，却在美学中执拗地坚信这种完美境界客观存在并且可以实现。古希腊的哲学与美学表述，就是柏拉图的理式。理式所蕴含的，既是完美的现实和人的境界，又是完美的超现实和神的境界，就人的心灵与肉体关系看，是人的智慧与人体自然的完美合一，它是人类童年美学智慧的一个美梦。

《周易》美学智慧也是中华童年一个快乐的梦。就《易传》之基本美学品格即儒学精神而言，它是自然之天与人心之诚之间的合一，是自然天则的心诚化，人心之诚的天则化。诚是天人之际、构造天人合一美妙图景的一个凝聚。无人心之诚，便没有天人合一之美。而人心之诚者，必常乐，乐是天人合一的成果与表现，是由天人合一所激发出来的欢愉心情。《易传》云：

> 庸言之信，庸行之谨；闲邪存其诚，善世而不伐，德博而化。[23]

庸者，常也；闲者，防止之谓。圣人言行上符天则，出自内心，诚挚谨衷，有善于时世却不居功自伐，这种美德之博施，可以化解天人之两极而归于一统。陈梦雷说："庸常之言亦信，庸常之行亦谨，则无不信与谨，盛德之至矣。"又言："邪自外入，故言闲。诚本我有，故言存。邪闲则诚自存，盖妄去则真全，非别求所

---

23 《易传·文言》，朱熹《周易本义》，第46页。

谓诚者而存之也。"[24]

诚是一个追求天人合一悦乐境界的内心修养问题。《易传》云：

> 君子进德修业。忠信，所以进德也；修辞立其诚，所以居
> 业也。[25]

这是说，君子忠诚信实，是进益美德的内在心理根据；言辞、行为以内心实诚为原则，此所以居于功业、立于不败之根由。诚是君子内心快乐境界的依据。天人合一之乐境尽管在《周易》看来是本然如此的，却并非人人都能随意地进入这一人生境界，须以诚为内在心理驱力，才能渐入佳境。"诚者，天之道也；诚也者，人之道也。"[26]天人本是一道，同归于诚。荀子说：

> 君子养心莫善于诚。致诚则无它事矣。唯仁之为守，唯义
> 之为行。……天地为大矣，不诚则不能化万物；圣人为知矣，不
> 诚则不能化万民；父子为亲矣，不诚则疏；君上为尊矣，不诚则
> 卑。夫诚者，君子之所守也，而政事之本也。[27]

无论"内圣"抑或"外王"，都离不开一个"诚"字。诚是政治伦理学也是美学心灵学的一个范畴。

---

24 陈梦雷：《周易浅述》卷一，第44—45、45页，上海古籍出版社，1983年版。

25 《易传·文言》，朱熹《周易本义》，第47页。

26 《礼记·中庸第三十一》，《礼记译注》下册，第913页。

27 《荀子·不苟篇第三》，王先谦《荀子集解》，第28、29页。

> 反身而诚，乐莫大焉。[28]

先将人心之诚提到天则高度，这是从心灵学向文化哲学境界的超越；又回归于内心，由超越而返回诚的心灵原点。反复其道，易之本也，乐在其中。一点不错，尽性知天，以诚为先；穷神达化，天人合一，以诚为本，这是《周易》认可的最快乐的人生极境。

《周易》的美学智慧，是一种乐于天人合一的人文智慧。前文曾经谈到，趋吉避凶的《周易》巫学，在天人合一人生美学生死观上总是顽强地执著于生的，"生生之谓易"，亦即生生之谓乐也。生的快乐，死的悲哀，虽然死的悲哀乃人之常情，而且不可避免，《周易》美学智慧却总是陶醉于生的快意而忌言"死"。《易传》云："原始反终，故知死生之说。"[29] 死与生是人的生命之气的"散"与"聚"。从人的群体生命看，父亲死了还有儿子，儿子死了还有孙辈，血缘繁衍，子子孙孙未有穷尽，因而归根结底，是生的战胜。而死，仅是血族生命群体的一个暂态。天行健，君子以自强不息。人活着一天，就要效天命而奋斗不息，对于将来人生必至的死，不必虑及，亦不必痛苦徬徨，只要一心进取，顽强搏击就是了。《周易》六十四卦中的乾、坤、屯、恒、归妹、渐、家人、豫、颐、解、益、姤、革、咸、泰与否等卦，都触及生与生之快乐这一美学的主旋律。如豫卦就是一个象征悦乐的卦，其卦象为☷☳，下坤象征地，上震象征雷。《象传》："雷出地奋，豫。"这是说，雷

---

28 《孟子·尽心上》，焦循《孟子正义》卷十三，第520页。
29 《易传·系辞》，朱熹《周易本义》，第291页。

破地而升空，在天宇纵横飞奋，真乃惊天动地，人处于天地之际，不但不以此为恐惧，而且以此为豫乐，表现出人的乐生豪迈气概。中华古人认为阳气始生于冬而潜藏于地，立春之后阳气奋出于地与阴气相搏而震奋成雷，所谓惊蛰则意味着雷震使万物与人心奋起无不欢愉，春乃生之象征，有天人和乐之象。故司空季子曰"豫，乐也"。李鼎祚引郑玄云："豫，喜逸悦乐之貌也。"[30] 然而在《周易》看来，欢豫过甚而不谨严谦下，则必走向悦乐的反面，这便是豫卦初六爻辞"鸣豫，凶"的意思。此指豫之初六为阴而反居阳位，以失正之象上应九四却自鸣得意，故"凶"。此凶，包含着对生命悦乐的否定，是悦乐向忧恐的转化以及美的毁灭、丑的横逆。《易传》云："初六'鸣豫'，志穷凶也。"从卦象分析，豫卦初六"鸣豫"为凶恰与谦卦上六"鸣谦"则吉，因豫与谦卦互综之故（谦卦卦象为䷎）。

可见，《周易》美学智慧关于生命的乐观情调，不仅崇尚生之欢愉、排拒死的悲哀，而且认为这种欢愉又应当是适度的，是一种关于生之快乐的中和之美和美感。中华古代的音乐十分发达，起于娱神而欢及人心。《易传》在论豫卦时曾说："先王作乐崇德，殷荐之上帝，以配祖考。"[31] 这是神、人之间以音乐为契机的快乐之"对话"。就其自然本体而言，豫是"雷出地奋"之美，为"天乐"；就人生美学来看，先王作乐崇德便是人之悦乐心情的宣泄，它是天人之际的一个快乐中和境界，并且这境界充满了生气，拒绝容受死

---

30 李鼎祚:《周易集解》，中华书局，1985 年版。

31 《易传·象辞》，朱熹《周易本义》，第 115 页。

的悲哀与阴影，并且承认在一定条件下生死、忧乐与悲喜的转换而终于是生、乐与喜的长歌。

《周易》震卦卦辞云："震：亨。震来虩虩，笑言哑哑，震惊百里，不丧匕鬯。"这是说，春天雷震是阴阳之气往来亨通的表现，雷声滚动，令万物与人心惊恐畏惧，然而祭祖而乐天之人却能笑语声声（《释文》解"虩"为"恐惧貌"、解"哑"为"笑声"），虽然惊雷令天下震动，手持香酒祭祖却能镇静自持（匕，勺、匙之类；鬯，香酒），这是由惊恐向欣喜的转化。《周易》同人卦九五爻辞云："同人，先号咷，而后笑。大师克相遇。"同人卦象为离下乾上。九五刚健中正，为得位居中之吉爻，它与六二成阴阳对应，而九五属天、六二属地，象征天地对应而和同于人。九五爻与九三、九四、上九无亲比关系，未能和同于人而令人悲声自放，却终于由于九五居中处尊，它的刚健之性如大军克制弱旅，令人胜必自乐。王弼说："故近隔乎二刚（指九三、九四爻——引者按），未获厥志，是以'先号咷'也；居中处尊，战必克胜，故'后笑'也。"[32] 是。

从《周易》美学的这种乐观情调，将其称之为"醉生"的美学与"乐天"的美学也许并无不妥。

> 乐天知命，故不忧。[33]

这是《周易》本经巫学智慧的基本精神，也是建立于巫学基

32 王弼：《周易注》，楼宇烈《王弼集校释》上册，第286页，中华书局，1980年版。
33 《易传·系辞上》，朱熹《周易本义》，第292页。

础上的《易传》之文化哲学与美学的基本精神，它具有一定的宿命意味。"要在亲切体认人类生命此极高可能性而精思力践之，以求'践形尽性'，无负天（自然）之所予我者。说它'乐在其中'，意谓其乐有非世俗不学之人所及知也。"[34] 这种快乐人生无疑是自然与人、实践与认识在基本的伦理意义上的合契，是人之生命本体的欢愉境界，它从原始巫术中升起，经过伦理的濡染，最后升华为快乐的美学。从原始巫术文化褓襁之中所孕育而成的乐观情结，似乎一直支配着中华古人的美学头脑，使其很少真正而彻底地持悲观主义，人们总是愿意乐观地眺望未来。是的，中国人是乐观主义者。不管他们经历过何等的艰难困苦、生死存亡，他们对未来总是充满向往与信心。有成语"否极泰来"，却没有"泰极否来"之说，已是说明问题。撇开"死"的阴影、永远朝向太阳，没有"世纪末"的感情，不息地追求"辉光日新其德"的境界，这便是易理的基本元素之一。

这自然不等于说，在中华传统文化与美学中没有任何"悲"的情感，庄子曰："人之生也，与忧俱生。"[35] 悲喜、忧乐相应相待，岂能唯喜乐而无悲忧？《周易》确是崇生尚乐的，而仍然不乏忧患意识。前引所谓文王演易就是忧患意识的表现。早在原始巫术中，中华先民已经对人生忧患有了初步的体验，那是人们首先存在于劳动生活、物质生产中的忧患意识在巫术心理中的反映。先民以甲骨占卜或以蓍草占筮时，常常由于深感命运未卜而忧心忡忡，直待巫

---

34 梁漱溟：《东方学术概观》，第 8 页，巴蜀书社，1986 年版。
35 《庄子·至乐第十八》，王先谦《庄子集解》卷五，第 109 页。

术出现吉兆时，才由于相信神灵的力量而真诚地感到喜悦。但在实际上并未能真正改变人之悲惨境遇，情感的悲郁是不可避免的。人改造世界及人自身的社会实践的广度与深度，决定了人之悲喜情感的尺度。而《周易》所处的那个时代，人的社会实践的广深度是很有限的，这决定了那时人们实际生活的艰难、喜乐的有限与悲患时时于人心的纠缠不去，仅仅在中华古人心目中，相信天人合一之乐、巫术给人以乐观、人生最终归于乐境而已。

难怪乾坤两卦之后的《周易》第三卦屯卦，就以生之艰难为旨，来组织其卦爻辞，其间隐蕴着一定的人生忧患意识。屯卦☵☳、震下坎上之象，象征初生之维艰。屯，甲骨文金文写作 ⅋、屯或屯，都是植物幼苗破土而出的象形。许慎云，"屯，难也。象草木之初生，屯然而难。"[36]《易传》："屯者，物之始生也。"[37]"刚柔始交而难生。"[38]屯卦下卦为震☳，乾之一阳爻始交于坤；上卦为坎☵，又是乾之一阳爻交于坤，有坎坷之意。宋代易学家朱震说："震者，乾交于坤，一索得之，'刚柔始交'也。""坎，险难，'刚柔始交而难生'也。"[39]屯卦是困、忧之卦："有丧者，为家难。有兵者，为国难。女生者，为产难。屯者，始难之卦也。"[40]

这可证明，生之忧患问题，早在《周易》的文化与美学视野之内。《周易》又有履卦，其卦辞云："履虎尾，不咥人，亨。"其意是说，人在猛虎之后小心行走，不踩虎尾，虎不咬人，可保亨吉。

36　许慎：《说文解字》，第15页，中华书局，1963年版。

37　《易传·序卦》，朱熹《周易本义》，第358页。

38　《易传·彖辞》，朱熹《周易本义》，第65页。

39　朱震：《汉上易传》，上海古籍出版社，1989年版。

40　项安世：《周易玩辞》，上海古籍出版社，1990年版。

然则履卦六三爻辞又云："眇能视，跛能履，履虎尾咥人，凶。"目矇偏要强视，步跛却欲随虎而行，岂有乱踩虎尾、至虎咬人而不凶险无比的？真可谓盲人骑瞎马，夜半临深池，如履薄冰了。《尚书》说："心之忧危，若蹈虎尾，涉于春冰。"[41] 其意与"易"相通。大过卦的九三爻辞说："栋桡，凶。"九三为阳爻居于下卦之极，已是刚健过甚，不得不凶。《周易程氏传》："以过甚之刚，动则违于中和，而拂于众心，安能当'大过'之任乎？故不胜其任，如栋之桡，倾败其室，是以凶也。"在一系列的象征凶险的卦爻中，《周易》关于人生忧患的悲抑情调昭然若揭。有如《周易》坎卦☵，全部六爻爻辞无大吉可言，其中四阴爻除六四阴爻居于阴位且承九五故曰"无咎"外，其余三爻都为凶险之象。初六柔爻处于重坎，正如《周易本义》所云"以阴柔居重险之下，其陷益深"，可见其凶险；六三阴爻反居阳位，"险且枕"也。枕，依王弼《周易注》，"枕枝而不安之谓"，上六爻辞又说"系于徽纆，置于丛棘，三岁不得，凶"。犹如人被绳索捆缚，囚置在丛棘之中，长期不得解脱，自然是凶的。从爻象看，正如《周易程氏传》所言：以阴柔而自居险之极，其陷之深者也。以其陷之深，取牢狱为喻，如系缚以徽纆，囚置于丛棘之中。阴柔而陷之深，其不能出矣，故云至于三岁之久，不得免也，其凶可知。不难见出，处于如此境遇中的人之身心是悲患、忧伤而不自由的。

《周易》美学智慧存在颇为强烈的忧患意识自不待言，这种忧患意识一般又是以伦理、现世与此岸为阈限的。虽然《周易》并没

---

41 《尚书·君牙》，《今古文尚书全译》，第425页。

有彻底无视与否定苦难与忧患，但它仅将其看作人生或民族的暂时现象，最终是乐的圆成。

《周易》美学智慧的忧患意识是"伤时忧国"型的。

这一点，文王演易的忧患已能证明。西伯被禁羑里，受尽磨难，是时不利的缘故。文王身处忧患之境而演易不迭，以审时度势耳。《周易》极重"卦时"，前文所述蕴含凶险、忧患意识的卦符爻符，被认为都具有时运不利、时机不佳的共同特点。《周易》将时运的流转看作人之命运吉凶、人生美丑更变的契机，同时是乐悲代序、喜忧交替。西伯罹难，是伤己忧族、伤时忧国的象征。这种忧患无疑是属于现世范畴的政治伦理层次的。它是历史觉醒者在一定社会责任感、使命感的驱策下，正值个人、家国、民族与时代的危难之时，所郁积于内心的一种忧思、悲悯的精神境界，是人的自我意识对自己所担负的社会使命的觉悟，自然是具有美学意蕴的。

牟宗三说：

> 中国哲学之重道德性是根源于忧患的意识。中国人的忧患意识特别强烈，由此种忧患意识可以产生道德意识。[42]

这里所言"中国哲学"，主要指儒家哲学。儒家哲学的重道德性是否"根源于忧患的意识"？可待商榷。在笔者看来，儒家的道德哲学，归根结底是建立在《周易》所崇尚的生殖崇拜文化观念基础上的。全部儒家政治伦理道德的观念与规范，都建立在血亲意识基础

42　牟宗三：《中国哲学的特质》第二讲，上海古籍出版社，1997 年版。

上。儒家是以血亲的眼光去看待与处理社会人伦关系的。这种中国哲学包括美学的重道德性与文王式的忧患意识确是关系密切的。

在《周易》看来，人生忧患是社会政治与伦理道德未得畅行之故，道德未善，故人不免忧患。忧患时世的存在与主体忧患意识的萌生，是道德未善的一个明证，成为必须推行完善的政治伦理道德的根本依据。换言之，倘欲拔除人生忧患而入于大同之境，必须进行政治修习、伦理修养与道德实践。之所以道德未善，因未逢天时之故。把握具有外在权威意志品格的天时，推行至善至美的政治伦理道德，以消除忧患而达于悦乐的审美境界，这是《周易》美学智慧文化心灵的一个重要内容。《周易》谴责商纣逆天暴殄，这是将天作为衡量是否道德修明的一个尺度。所以历来伤时与忧国并称。历代文人学士或君臣豪杰伤时忧国的传统文化心理，正是《周易》文王式的忧患意识的光辉衍射。《诗经》有云："心亦忧止，忧心烈烈"；"心之忧矣，不遑假寐"；"知我者，谓我心忧；不知我者，谓我何求"。此心确有所求，求者何也？政治伦理道德的善美之境。忧心如焚，仅忧于人伦的未能协调、善德的未能实行。这是现实的社会道德内容和不乏崇高意识的忧患，是屈原般的"恐皇舆之败绩"、"哀民生之多艰"的忧患。无论屈子的掩涕叹息、汨罗自沉，抑或宋玉的"悼余生之不时兮，逢此时之狂舆"，或者贾长沙的《吊屈原赋》、司马迁的《悲士不遇赋》，等等，都是文王演易式忧患意识的历史延续。杜甫的"感时花溅泪，恨别鸟惊心"、"穷年忧黎元，叹息肠内热"，范仲淹的"先天下之忧而忧，后天下之乐而乐"等，都是基于伦理政治层次、兼备审美意蕴的伤时忧国式的忧患。伤时意识在整个忧患意识结构中的存在是很突出的，它确是

《周易》"卦时"意识所铸就的民族忧患意识结构的精魂。孔夫子闻颜回早卒而发出"天丧予"的呼号，是包含着伤时忧世心情的。"力拔山兮气盖世"的项羽，身陷垓下，四面楚歌，自然悲从中来，他的绝命诗是"时不利兮骓不逝"。时欲丧人不得不丧，项羽的悲剧在传统忧患观念看来是违背天时、大逆无道之故。

总之，《周易》所肯定的忧患意识，是生活之忧而非生命之忧，是人格之忧而非人性之忧。

《周易》美学智慧的忧患意识具有群体性质。

忧患意识的文化与美学实质，是主体自觉地意识到自身的痛苦存在，它是人的自我意识发展到一定程度而出现的一种审美心灵境界。以古希腊文化为传统的西方文化与美学，一般是张扬人的个性的，是注重发展与肯定人的个体意识的。其原因可能有很多，其中之一是，由于主张上帝与人（群体）之间的绝对不平等，导致了世俗生活与世俗文化观念中"在上帝面前人人（个体）平等"格局的建立。所以在上帝面前，人的个性及个性意识的发展受到严格约束，但在个人与个人之间，人的个性及个性意识的发展又是自由的。这种文化模式的人之忧患意识的逻辑起点，是个人对上帝之"真善美"最高境界的无可企及，因为个人对上帝永远不可企及，成了人之忧患意识产生的逻辑与心灵的根源，人为了消弭这一忧患，必须经过个人奋斗与追求。而上帝这一外界权威不是别的，正是那种尚未被人所把握的盲目自然力与社会力在神秘心灵催化下的一个心造的幻影。于是对上帝"真善美"最高境界的服膺与企慕，成了在相对平等人际关系中发展人的个性及个体意识的个人追求。如果说在上帝面前由于人的个性大受压抑与摧残，造成了古代西方人所意识到的人生忧患与"原罪"，那么，通过个体与个性追求，而使个人从上帝那里解放出来，正是个人的悦乐所在。整个中世纪的漫漫长夜，充满了个人未能从上帝羁系中解脱出来的痛苦挣扎。歌德笔下浮士德式的个性追求，既是个体忧患意识的展示，也是个体悦乐境界的搏取。尼采说"上帝死了"，这是崇尚个体人格的西方人进一步追求个性解放的哲学与美学宣言。西方古代美学观念中的忧患意识，正是个体难能寻找自我、难以发展个性的一种痛苦心灵。在古希腊悲剧《俄狄浦斯王》中，俄狄浦斯虽然轻易地猜中了"这是人"的司芬克司之谜，但并未令这位英雄自己意识到人生的欢乐，因为这里的"人"，仅仅是群体的人，不是个体所追求的终极目标，满足不了对完美个性的强烈企求之欲望。俄狄浦斯的无比忧患，在于个人无法摆脱命运的提弄，杀父娶母的悲剧性价值主要不是东方式的政治伦理意义上的，而是个体在劫难逃。恩格斯在阐释这一文化与美学现象时指出：

> 古代世界的主宰是劫数，Heimarmene，即难逃脱的神秘命运。
>
> 它们能使人的意志和愿望终成泡影，能使人的一切行动结果大与愿违。[43]

这里所强调的，实际上是人的个体，是个人面对盲目自然力与社会力即命运的严重挑战以及个人的悲剧。这是因为，俄狄浦斯

---

43 《马克思恩格斯全集》，第二十二卷，第388页，人民出版社，1965年版。

所发现的，仅仅是司芬克司之谜中作为群体的人而不是个体，神预示其命中注定要犯杀父娶母的弥天大罪，他似乎意识到了自己的身份，于是竭力逃避，又谁知愈是逃避便愈不可避免地堕入悲剧的深渊。究其原因，乃是因为神预示了他的个人身份，而不是俄狄浦斯自己发现了自我、把握了个人的命运。

《周易》美学智慧的忧患意识，首先是以人之个体的心灵方式而存在而发展的，然而这种个体心灵不同于西方古代忧患意识关于个体自我的发现与尊重。说《周易》美学智慧的忧患意识绝对抹煞个人自我而惟具群体性质，这是不符事实也是不合逻辑的，然而《周易》忧患意识的心灵结构，确是融个体于群体的，遂令个体淹没于群体之中。文王演易式的忧患，是终于意识到个人所肩负的历史使命与社会责任而不首先是个体人格的价值。好比落在棋盘上的一盘棋子，孤立看每一个子都毫无意义，只有通盘考虑才有整体价值以及依存于整体的个体价值。不是绝对抹煞个体价值，而是认为先有群体价值的存在，尔后才谈得上个体价值的存在。

《周易》美学智慧的忧患意识具有两个层次。一、指社会群体目的、利益与价值无法实现而激起的内心痛苦。此时社会群体与个体并未处于对立状态，个体顺应社会群体利益却仍然无以实现其社会价值，于是在个体内心激起痛苦的回声。周文王的个人抱负是"顺应天时"、灭商兴周，却一时无力实现，不免心存忧患。孔子一生都为"克己复礼"而奔忙，却壮志难酬，临逝世前不免心情恍惚而悲郁起来："太（泰）山坏乎！梁柱摧乎！哲人萎乎！"[44] 颇

44　司马迁：《史记·孔子世家第十七》，《史记》卷四十七，第330页。

有点不相信个人可以建功立业的意味。屈原的自沉、荆轲的刺秦以及岳飞的风波亭之灾等，都因个体顺从群体仍然无法实现社会群体的根本利益，而导致个体受难或毁灭的忧患。这种忧患往往表现在忠臣、良将和愿"为知己者死"的士的身上。二、指与社会群体利益相冲突的个体的忧患。由于个体与群体不相协调，于是个体不得不身处忧患甚而走向自我毁灭。《周易》的美学忧患意识是注重群体的，六十四卦的卦符体系就是一个群体模式，离开整个卦符体系去谈某爻、某卦的个别价值，这是不可思议的。问题在于，并非如诸多古今易学家所言，《周易》的整个卦爻系统，与其每一卦每一爻之间的关系都是永恒、绝对和谐的。《易传》的《序卦》以因果律解说六十四卦序的链状结构，比如说天（乾）为阳、地（坤）为阴，阳先而阴后，故乾为首卦，接着便是坤卦，这颇合逻辑；天地合而生万物，故乾坤两卦之后便是屯卦，屯者始生也，始生者自然处于蒙昧状态，故屯卦之后是蒙卦，这也合乎逻辑。其余如蒙后需、需后讼、讼后师、师后比之类，也于理可通。可是，比卦之后为小畜卦，《序卦》称"比必有所畜，故受之以小畜"，云云，为什么两者之间存在必然联系？叫人不得明白。又如《序卦》说，"可观而后有所合，故受之以噬嗑"、"丰者大也，穷大者必失其居，故受之以旅"、"兑者说也，说而后散之，故受之以涣"……为什么是如此的卦序排列？以形式逻辑的因果律来衡量，实际上整个六十四卦并非是一个天衣无缝的卦序圆合结构，可以说牵强附会之处颇多。假如以整个六十四卦系统象征社会群体的和谐结构，以每一卦象征社会个体，则个体并非处处时时与群体处于永恒、绝对的和谐状态中，在总体和谐中也存在着不和谐。这无异于承认，社会个体与群体之间本然冲突的客观存在。问题在于，《易传》在解说《周易》本经卦序与卦义时，是一概抹煞社会个体与群体之间的原在矛盾的。它以个体的受抑与扭曲为沉重代价，求得个体与群体表面上的圆融，这就不能不使社会个体深深感到人生的忧患。如果说，某种意义上西方古代以张扬人的个性为人生的审美欢乐境界，且以泯灭个体意识为人生忧患，那么，由《周易》所首先揭示的中华古代的忧患意识，有一部分却是由个体对群体阈限的突破与不和谐所造成的。人生痛苦与忧患的根源，一定程度上，是个体与群体在既定道德伦理准则上的冲突。《周易》的美学智慧，一方面催激了民族群体乐观意识与忧患意识的发展与成熟，这值得肯定；另一方面，又以高高在上的群体政治伦理原则，去贬损与压抑个体意识与情感的合理存在，导致了个体心灵的忧患与悲郁。

为社会群体所遵循的政治伦理原则已经制定，个体的思想行为不可触犯，否则难免造成悲剧性的人生。比如魏晋时期，社会群体的名教与个性自然之间的冲突就颇尖锐。首先是"竹林七贤"中的嵇康好言老庄、放诞不羁，常以打铁、造酒与为文等，排解心头郁忿，他对为官、对与司马氏集团合作的山涛报以白眼，写下了流响千古的《与山巨源绝交书》，终为权贵所杀。向秀曾遭帝王讥讽，他一方面在朝为官，一方面念念追思昔日竹林之趣，其《思旧赋》云："追昔以怀念兮，心徘徊以踌躇，栋宇在而弗毁兮，形神逝其焉知？"说得痛彻心扉。阮籍虽然入于仕途，却心系自然、向往个性的生发，于是内心冲突骤起："夜中不能寐，起坐弹鸣琴。薄帷鉴明月，清风吹我襟。孤鸿号外野，翔鸟鸣北林。徘徊将何见，忧思独伤心。"⁴⁵ 战国之时的屈原更为典型,《周易》所蕴含的忧患意识,在他身上得到了集中的体现。一方面,他是充满悲剧意味的爱国主义诗人,他挚爱祖国与人民,"长叹息以掩涕兮,哀民生之多艰",家国、社稷常萦心际,说明他是一个"合群"的个体,是愿为社会群体利益奔波、献身的个体;另一方面,他又是一位追求独立人格、具有个体自觉意识与个体人格理想的巨人。"日月忽其不淹兮,春与秋其代序。惟草木之零落兮,恐美人之迟暮。""路漫漫其修远兮,吾将上下而求索。"可是却倍受社会群体势力代表者的排挤与打击。"怨灵修之浩荡兮,终不察乎民心。众女嫉余之蛾眉兮,谣诼谓余以善淫。"⁴⁶ 终于不为世所容,成为"离群"的个体,以至于形容枯槁,行吟泽畔,悲赴湘流。屈原的忧患意识是双重的,既忧国忧民,又忧身忧己。司马迁云离骚者,犹离忧也,所言极是。屈原的悲剧,既是个体及其意识甘愿消融于一定社会群体而无力实现群体价值的悲剧,也是个体及其意识、志向不愿与一定群体势力同流合污而为群体所放逐、毁灭的悲剧,其忧患意识,正好体现出《周易》美学智慧高举群体价值的意蕴境界。

《周易》美学智慧又一般地将人之死亡的忧患悲剧排除在外。

这一点,倘与佛教美学关于人之死的美学思考略作比较而尤见分明。印度原始佛学有所谓苦、集、灭、道四谛说,其中苦谛是其理论基石,认为包括人在内的众生的生命、生存及其毁坏是苦。

45　阮籍:《咏怀》,《阮步兵咏怀诗注》,人民文学出版社,1984年版。
46　屈原:《离骚》,董楚平《楚辞译注》,第12、6、23、12—13页,上海古籍出版社,1986年版。

万法因缘而起，一切流迁无住，恒无自性，无常无我。故悠悠宇宙、茫茫人生，都是苦海无比的苦集之场。既然众生绝对不能主宰自我，世俗人生难逃轮回，因而在佛教看来，社会人生毫无安乐欢愉而惟有痛苦与忧患。佛教有所谓二苦、三苦、四苦、五苦、八苦乃至一百一十种苦等无量诸苦说。比如生、老、病、死为四苦，再增加怨憎会苦、爱别离苦、求不得苦和五取蕴炽盛苦等为八苦，等等。认为生是苦，十月怀胎，犹如身陷黑暗地狱，母体热汤入肚，备尝烧煮；出生时，冷风触身如割，倍受苦痛。人生旅程充满种种执著贪欲，也是苦。而人之死，不管寿终正寝还是突遇意外之灾而亡，一概是其苦无比的。佛教进而认为，为求出离诸苦，惟有在佛教信仰心灵基础上进行修习，通过渐修或顿修而跳出轮回、入于涅槃之境，则无死无生、无悲无喜而入于涅槃。

佛教是将人的生死忧患放在此岸与彼岸关系中去加以理解的，由于佛教哲学与美学的思考越出此岸的物理、生理时空，而进入彼岸的心灵时空，其忧患意识具有更为形而上的思维特征，它具有本体论思维的倾向。某种意义上可以说，佛学是一门建立在宗教信仰基础上、思考与解除生死忧患的一门"苦学"，其悲剧意识是形而上的。

相比之下，《周易》美学智慧关于人之死这一美学母题的思考与认识要实在、明丽得多，它不作越出此岸趋赴彼岸的玄思，而宁可在此岸的思维框架中进行。这不是说《周易》的美学头脑绝对无视死及死之忧患，而易之基本精神是执著于生而关于死是不甚重视的，它仅仅将死及死之忧患，看作生生不息的人之群体生命以及自然宇宙、社会人生大化流行的一个中介。《周易》的作者未必不清楚人人都要死这一道理,然而《周易》美学智慧的基本精神之一,却执著地坚信人的个体生命必然归于毁灭而人的群体生命可以万古长存。在《周易》的美学心灵中,已经痛感到人之个体毁灭的忧患,却在乐观地展望人之群体生命无尽未来的同时,又乐观地看待个体遭受毁灭的悲哀,便是易与易的"悲剧性"审美。

正如前引,《易传》云:"原始反终,故知死生之说。"所谓原始反终,正是一个基于人之生殖繁衍基础的群体生命无穷无尽的人生历程。死生可以流转,子孙后嗣未有穷时,终于是群体生命的绵绵不绝,故于死何惧?司马迁说,人固有一死,或重于泰山,或轻于鸿毛。不是对死首先作哲理或美学意义上的抽象玄思,而是重在对死作出伦理价值意义的审美判断,这便是易之精神。"杀身成仁"、"舍身取义"、"朝闻道夕死可矣"以及"其生若浮,其死若休"、"死去何所道,托体同山阿"等人生格言,其中包含多少关于生死的《周易》的审美意识,在此可以体会。谭嗣同"我自横刀向天笑"的慷慨悲歌,又包蕴多少带着血泪的人生欢乐,我们在这里又一次领悟到《周易》美学智慧乐观情调兼忧患意识的双重意义。就连圆也画不成而上了断头台的阿Q,临刑前朦胧地意识到了"妈妈的"死之忧患,却仍想以生命的最后一搏,喊出"二十年以后又是一条好汉!"这一盲目的精神力量实际渗融着对易理扭曲的认同,与易不无内在联系。严监生与葛朗台都是守财奴。前者由于临终前省用了一茎灯草而获得永恒的欢乐与安宁;后者咽最后一口气时,误将牧师手里的金色十字架认作真金,于是骤起想要伸手夺过来的欢乐欲念。前者似乎从人生忧患而终于入于"欢乐"的易之境界;后者贪得无厌,在临死之际,作生死一搏而不肯忏悔,精神境界上其实并未实现向"欢乐"天堂的回归。两者关于死的审美价值取向是不尽相同的。

《周易》美学智慧钟爱人之群体生命的总体自觉，严重影响了关于人之个体生命死亡忧患的深切体味。虽然正如前文所述，它将人之始生看作屯难之时，认为人的生殖是生机的发蒙，因而其乐莫大，却也是可能遭遇危机的起始，其忧不可忽视，虽然《周易》已经注意到死与死之忧患，但是归根结底，其并不对等地看待生命的乐与忧，它将乐看作生命流程中对忧的否定，认作生命运动的常式与归宿，而将忧认作乐的寄生性精神现象。其逻辑原因，在于认为时机对人而言，总是执拗地向着生之快乐转化的。《易传》有云：

> 天下何思何虑？天下同归而殊途，一致而百虑，天下何思何虑？日往则月来，月往则日来，日月相推而明生焉；寒往则暑来，暑往则寒来，寒暑相推而岁成焉。[47]

天下之事何必苦苦思索，何必忧虑重重？比方太阳西沉便有月亮东起，月体西没又有朝晖复现，太阳月亮交相推移而人间光明常驻；同样，寒暑代序，冬夏交替而终于年岁自成。所以说，天下万物因时而变，殊途同归，同归于生与生之乐趣。

这种《周易》美学的乐观情调并非一种浅薄的智慧模式，然而其思维与情调的框架囿于现世与此岸是很显然的。囿于现世与此岸的人生快乐，在先秦儒家，是让人的精神乐观地通过伦理途径投入

---

47 《易传·系辞下》，朱熹《周易本义》，第327—328页。

到灼热的被圣化了的人伦之"乐园"中去，同时往往由于追求不得而生忧患；在先秦道家，即是让人的精神舍弃伦理纲常、乐观（达观）地回归于自然虚静的怀抱。与儒、道相关又以巫学为基础、以儒学为基本美学精神的《周易》，诚然不能称其为廉价的乐观主义美学，但其一般地忽视属于生命本体意义的关于个体人生忧患的深刻沉思，是它的一个局限。

第十一章　太极:《周易》美学智慧的终结

这一章着重分析《周易》美学智慧的总体结构。

笔者以为,任何美学都有一个逻辑原点,否则便无以构成其理论系统或体系。柏拉图的"理式"、康德的"纯粹理性"、黑格尔的"绝对理念"、海德格尔的"存在"与老庄的"道"以及佛教美学的"涅槃"等等,都是这样的逻辑原点。如果《周易》美学智慧是成系统的,那么它必然也有这样的智慧品格。笔者在思考与写作拙著过程中曾经为一个问题所困扰,即《周易》美学智慧的逻辑原点究竟是什么? 是象数、气、阴阳还是其他? 看来都不是。因为凡是逻辑原点,都是形而上的,既原朴简单又丰富复杂,它应该能够涵摄整个智慧系统,是元范畴、元境界与基本内核。尽管诸如象数、气、阴阳之类范畴具有一定的形而上的属性,比如有人认为《周易》的"象"是中华文化的一种"基因"[1];"气"是有类于今天所谓"物质存在"的一个范畴[2];"阴阳","似乎是中国古代哲学思考的中心"[3],然而在笔者看来,它们都遗留着一些形而下的特征,还不是

1　顾晓鸣:《象:中国文化的一种"基因"》,《复旦学报》,1986年第3期。

2　程宜山:《中国古代元气学说》序,湖北人民出版社,1986年版。

3　张立文:《中国哲学范畴发展史》,第264页,中国人民大学出版社,1988年版。

那样一些抽离了具象特征而形上的逻辑范畴。比如象数这一范畴，其中所指卦爻符号具有半抽象半具象的性质；气在《周易》中的基本意义指人体生命的原始物质，尔后才在哲学与美学意义上被引申为一种充塞于宇宙的连续性物质、场、感应、运动与时间属性；阴阳，被看作一切事物的两相对应对待、互立互补、互动互转的人文属性，然而阴阳又具体指男女，其原始意义指与山体相连的日光的向背（请参阅本书第七章）。可见，这些重要范畴，其实都不是《周易》美学智慧的逻辑原点。我们虽然在本书第三章曾将"气"作为《周易》美学智慧的文化哲学基础来加以论证，却不能将文化哲学基础等同于逻辑原点，前者仅指《周易》美学智慧的逻辑出发点，后者不仅包括其逻辑出发点，而且在一以贯之的逻辑意义上，揭示出整个《周易》美学系统的基本思维构架、内在精神气质和一种卓越的思辨力量。有了这一逻辑原点，整个《周易》美学智慧，就可能是成系统的。

这一逻辑原点不是别的，就是"太极"。

太极是《周易》美学的逻辑原点，也便是这一美学智慧精神现象学的终结。《周易》所蕴含的审美意识，一言以蔽之，始于太极又终于太极。

第一节　回归原点

太极这一范畴，是由《易传》在联系《周易》本经巫学智慧的基础上，首先提出来的。这一《周易》美学智慧逻辑原点的提出，在中华古代文化哲学与美学史上，具有振聋发聩的意义。《易传》云：

> 是故易有太极，是生两仪，两仪生四象，四象生八卦，八卦
> 定吉凶，吉凶生大业。[4]

在《庄子》一书中，也有关于太极这一哲学与美学命题的提出，是谓"道""神鬼神帝，生天生地，在太极之先而不为高，在六极之下而不为深，先天地生而不为久，长于上古而不为老"[5]的论述。这就产生了《易传》太极说与《庄子》太极说孰为先后的争论。

学界有一种见解认为"《易传》的思想实际上出于荀子"[6]，这是郭沫若《青铜时代·周易之制作时代》一文所提出的看法。如果这一观点成立，则无疑意味着整个《易传》包括其中《系辞》篇的太极说"实际上"都源自荀学。根据荀子生卒年在前313—前238年之际的考证，又根据庄子大约生于前369年、卒于前286年（马叙伦说）的考辨，在年代上荀子及其荀学晚于庄子及其庄学，是毋庸置疑的。既然《易传》的太极说源于荀学，那么照此推论，岂不是庄子太极说在前而"出于荀子"的《易传》太极说在后？

这一见解值得商榷。

首先，不是《易传》包括《系辞》的思想"出于荀子"，而是恰恰相反。《荀子·大略》云："《易》之'咸'，见夫妇，夫妇之道不可不正也，君臣父子之本也。咸，感也。以高下下，以男下女，

---

4 《易传·系辞上》，朱熹《周易本义》，第314页。

5 《庄子·大宗师第六》，王先谦《庄子集解》卷二，第40页。

6 李泽厚、刘纲纪主编：《中国美学史》，第二卷下册，第624页，中国社会科学出版社，1987年版。

柔上而刚下。"[7]《易传》在解说《周易》咸卦时说："咸，感也，柔上而刚下，二气感应以相与，止而说，男下女。"可证这里荀子的思想，显然来自《易传》。同样，一定是先有《易传》关于"黄帝尧舜垂衣裳而天下治，盖取诸乾坤"[8]之说，才有《荀子·王霸篇》所谓"垂衣裳而天下定"[9]的言说。而《荀子·富国篇》"同求而异道，同欲而异知"[10]的思想，也显然是《易传》"天下同归而殊途，一致而百虑"的改造。这样的实例颇多，可以证明涵蕴着太极学说的《易传》的成篇年代，一定早于《荀子》。

其次，不仅《易传》的成篇年代早于荀子，而且也可能早于《庄子》。很有力的一条证据，是《庄子·天道》云："夫尊卑先后，天地之行也，故圣人取象焉。"[11]可见《庄子》的作者，一定是读了《易传》之后，才明了"圣人取象"之理的，否则何出此言？《易传·系辞上》第一句"天尊地卑，乾坤定矣。卑高以陈，贵贱位矣"[12]，且此篇大谈天地人合一之道的易理，又证明是《系辞上》成篇在先，且为《庄子》的作者所识读，才引起《庄子》关于"夫天地至神，而有尊卑先后之序，而况人道乎"[13]的议论。《庄子·秋水篇》关于"年不可举，时不可止，消息盈虚，终则有始"[14]之说，

————————

7 《荀子·大略篇第二十七》，王先谦《荀子集解》卷十九，《诸子集成》第二卷，第326—327页。

8 《易传·系辞下》，朱熹《周易本义》，第324页。

9 《荀子·王霸篇第十一》，王先谦《荀子集解》卷七，第145页。

10 《荀子·富国第十》，王先谦《荀子集解》卷六，第112页。

11 《庄子·天道第十三》，王先谦《庄子集解》卷四，第83页。

12 《易传·系辞上》，朱熹《周易本义》，第284页。

13 《庄子·天道第十三》，王先谦《庄子集解》卷四，第83页。

14 《庄子·秋水第十七》，王先谦《庄子集解》卷四，第104页。

实在又是《象传》在解说丰卦卦义时关于"日中则昃,月盈则食。天地盈虚,与时消息"[15]的翻版。

不难看出,虽然《庄子》与《易传》都提出了太极这一范畴,但太极说的最早提出者,是属于儒学的《易传》而非属于道学的《庄子》。当然,《易传》全文作于战国中后期至汉初,非一人一时所撰,然则《易传》中的《系辞》上下与《象辞》等,都成篇于《庄子》之前。这也就是说,太极这一范畴的基本品格,是属儒而非属道的。考虑到中华文化史、哲学史、宗教史与美学史上儒、道两家都在娴熟地运用太极这一范畴解说自然宇宙与社会人生之理这一历史事实,后人所绘制的太极图据说又传自道家,它常常同时在道教著作和属儒的易著中出现,因而,弄清太极范畴究竟是由《易传》还是由《庄子》首先提出这一问题,以明源流,这对我们从逻辑原点和终极意义上研读《周易》美学智慧的内在结构,是有重要意义的。

太极这一重要范畴的首先提出与论析,属于《易传·系辞上》而不是《庄子》。这一结论也曾经遭到来自另一见解的责难。学界有人认为,考虑到《老子》一书实际已有关于太极的思想这一事实,追本溯源,中华文化与美学的太极智慧,似乎仍应归于先秦道家。这一观点需要修正。

应该承认,《老子》一书确实蕴含着关于太极范畴的原始思想因素。《老子》有云:

> 有物混成,先天地生。寂兮寥兮,独立而不改,周行而不殆,

---

15 《易传·象辞》,朱熹《周易本义》,第251页。

可以为天下母。吾不知其名，字之曰"道"，强为之名曰"大"。[16]

这是老子关于道在物之层次上的哲理描述。老子认为在天地生成之前，存在着一种处于混沌状态的"物"，它是独立自存、周行不居的，作为生成天地的母体，它便是道。道只能以心魂情愫去领悟而无法以语词符号加以精确的表述，所谓"道可道，非常道；名可名，非常名"。一方面无法加以表达，另一方面又不得不加以表述，道，真是处于两难之境地了。于是老子只能勉强给道取一个名，是谓大。

值得注意的是，这里所谓大，是太的本字。太，原始、原朴、至极无以复加的意思。可见，大是道范畴的早期表述，却已具备了太极这一范畴的基本精神。某种意义上说，大即道即太极。朱熹《周易本义》将太极一词写作"大极"，是深谙老子关于大的个中三昧的。

问题是，整个老子的学说并非中华民族文化智慧包括美学智慧的真正源头，早于《老子》许多个世纪的《周易》本经也不是中华民族总体智慧的最终源头，更不用说《老子》了。太极说的原型必然不在《老子》一书之中。在老子提出大这一范畴之前，必然还有关于大的智慧因子在历史的氤氲中长期酝酿着。这一智慧因子就是后代关于太极这一范畴的前期意识与前期形态，那么它在哪里？让我们的论述努力向原点回归。

笔者以为，尽管《周易》本经所传达的文化智慧内容不是也不

---

16 《老子》二十五章，王弼《老子注》上篇，第14页。

能是中华民族总体智慧的真正源头，然而关于太极的这一智慧因子却无疑较多地保存在《周易》本经的巫学智慧结构之中。尽管《周易》本经的巫学智慧不等于后代太极说的真正原型，却至少是更接近于原型的，起码比《老子》所说的大论要早五六个世纪。

太极这一中华文化及其美学智慧的重要范畴，自从《易传》正式提出，便受到历来思想界的重视。有关太极观念的符号模式即种种太极图行世。太极图是太极文化与美学智慧简要而精彩的概括和形象显现。以先天太极图（图示）、周子太极图与来氏太极图最为著名。其中周子太极图为宋代理学鼻祖周敦颐传自陈抟；来氏太极图由来知德根据先天太极图改造而成；先天太极图的地位尤为崇高，而且广为流传。这一被赵撝谦称为"天地自然之图"的太极符号模式，相传为伏羲氏"龙马负而出于黄河，八卦所由以画者也"[17]，似乎其智慧之根与八卦方位图同其悠邈。此图相传由蔡元定传自陈抟，陈抟又传自何方人士，不得而知，大约仅为陈抟据易理而创制，为张其要蕴，尚其神圣，假托伏羲之杰构耳。

此图虽然极为简单，却是整个《周易》文化包括太极智慧的最佳符号媒材，它对易理的概括性极强。清人胡渭云：

> 其环中为太极，两边黑白回互，白为阳，黑为阴。阴盛于北，而阳起而薄之：震东北，白一分，黑二分，是为一奇二偶；兑东南，白二分，黑一分，是为二奇一偶；乾正南全白，是为三

17　赵撝谦：《六书本义》，文渊阁四库全书本，上海古籍出版社，1987年版。

先天太极图

奇纯阳；离正东，取西之白中黑点，为二奇含一偶，故云对过阴
在中也。阳盛于南，而阴来迎之：巽西南，黑一分，白二分，是
为一偶二奇；艮西北，黑二分，白一分，是为二偶一奇；坤正北
全黑，是为三偶纯阴；坎正西，取东之黑中白点，为二偶含一
奇，故云对过阳在中也。坎、离为日、月，升降于乾坤之间，而
无定位，故东西交易，与六卦异也。[18]

　　按胡渭解说，"震东北"、"兑东南"、"乾正南"、"离正东"、
"巽西南"、"艮西北"、"坤正北"、"坎正西"者并非什么别的，它
是一个相传为伏羲所创制的先天八卦方位图，说明太极图与先天图

18　胡渭：《易图明辨》，九州出版社，2008年版。

所蕴智慧的内在同构性。

何谓太极？从字义解，蔡清云："极字所从来，本是指屋极，故极字从木。今以理之至极而借此以名之……太字是大字加一点，盖大之有加焉者也。既曰极矣，而又加以太，盖以此理，至广至大，至精至微，至中至正，一极字犹未足以尽之，故加太字于极之上，则至矣，尽矣，不可复加矣。"[19]

这无异于说，太极图所渗蕴的太极智慧所揭示的，是"至广至大，至精至微，至中至正"的宇宙本体，从而也应是美的本体。

一、读者诸君当然记得，本书首先是从《周易》本经的巫学智慧角度展开论证的。在《周易》本经的巫术占筮结构与筮符操作过程中，中华古人自然尚无明晰太极观念的提出，然而在当时占筮者与信筮者的内心深处，在相信巫术灵验的冥冥心境之中，坚信有一种处于神灵与人之间的神秘力量存在，它便是巫术的"马那"（气），是神灵与人、巫术兆象与巫术结果之间的一种感应，它是与太极相关的。

从《周易》原始巫术角度审视，先天太极图正好揭示出巫术占筮的内在机制，其环中两边黑白回互的易变态势，是阴爻阳爻、神人、兆象结果与吉凶之间的互对互应、互变互动，两者构成了你中有我、我中有你，互为阴阳、消息、虚实、动静之境界，其间充满了感应。这是太极的前期形态与太极的巫性表现。在古人的巫学智慧观中，占筮之所以"灵验"，乃在认为有太极这一看不见、摸不

19　蔡清：《易经蒙引》，《儒藏》六，北京大学《儒藏》编纂与研究中心，北京大学出版社，2014年版。

着的感应力与感应之场存在的缘故。试看《易传》所载《周易》古
筮法："大衍之数五十，其用四十有九。"为何留下一策不用？是因
为那是象征太极的。这一策虚而不用，并不是说这一策不参加整个
占筮过程，而恰恰是占筮的根本点，意味着巫术占筮实际操作过
程的逻辑性起始，突出了太极的本原意义及其崇高。虚而不用者，
"用"之"体"也。太极含元为一，为奇数。所以如果大衍之数
五十不首先取出一策而为四十有九，占筮便成为无"体"之"用"，
也不可能进行下去。

二、在《周易》本经巫学智慧结构中，太极又是具有感应力的
"马那"即"气"。气，发展到《周易》的美学智慧，正如前文所
论，便是其文化哲学基础。

> 太极元气，函三为一。[20]
> 太极，极中之道，淳和未分之气也。[21]
> 太极，谓天地未分之前元气混而为一，即是太初、太
> 一也。[22]

王廷相云：

> 推及造化之源，不可名言，故曰太极。求其实，即天地未判

20 班固：《汉书·律历志第一上》，《汉书》卷二十一上，第112页，中华书局，2007年
版。按：此"三"，指三统历之"三"，指"天施""地化"与"人事"。
21 郑玄：《周易注》，《郑氏周易注附补遗》，中华书局，1985年版。
22 孔颖达：《周易正义》卷七，中国书店，1987年版。

之前，太极浑沌清虚之气是也。[23]

朱熹也从理学观出发，将天地间的本涵看作"气"：

> 天地之间，一气而已。[24]
> 天地间无非气。
> 天地只是包许多气在这里无出处，滚一番便生一番物。[25]

历史上的哲学家无论从唯物还是唯心角度论"气"，都将太极的内涵看作气与气的运化。

气是《周易》所谓美之根，也是《周易》美学智慧之根，朱熹有云："圣人谓之太极者，所以指夫天地万物之根也。"[26] 太极是一颗智慧的种子。王夫之曾经指出，太极既存在于美的"未有形器之先"，又存在于美的"既有形器之后"（按：即万有形器之中）。"若将一粒粟种下，生出无数粟米。"[27] 太极处于种子状态时，看上去原朴单纯，具有原始的美之蕴。气犹如种子，美在素朴而浑沦，看上去似乎"寂然不动"，却充满了原动之美蕴，其内在机制一直氤氲不已，存在着促使其展开自身美风丽韵的内在活力。它在它的原朴单纯中包含着芽、根、叶、枝、花与果的一切未来要素，它是未来

23　王廷相：《太极辨》，《王廷相集》，中华书局，1989年版。

24　朱熹：《易学启蒙》，中国书店，1991年版。

25　《朱子语类》卷三，卷五十三，黎靖德编，王星贤点校，《朱子语类》第一、四册，中华书局，1994年版。

26　《朱子语类》，卷九十四，黎靖德编，王星贤点校，《朱子语类》第六册。

27　王夫之：《读四书大全说》卷四，上册，中华书局，1975年版。

整整一个美好世界的美之原型与雏形。这种美之原，一旦条件允许，便"破块启蒙"、"成熟扩大，以臻于光大"[28]。

黑格尔说得好，种子潜蕴着"大美"，按照老子的见解，凡"大美"总是"不言"的。它具有其内在的要求消解自身的冲创力，以原始冲创之力，否定种子状态而实现自身，成为美的存在：

> 潜在变成存在，是一个变化的过程。在这变化的过程里，它保持为同一物，它的潜在性支配着全部过程。譬如，植物并不消失其自身于单纯无规范的变化里，植物的种子也是如此。在种子里，最初什么也看不出来。种子有发展它自身的冲力，它不能忍受只处于自在的情况。这冲力是这样的矛盾：即它只是自在的而又不应只是自在的。这冲力发展其自身为存在，它可以产生出许多东西，但是这一切都早已潜伏在种子里。[29]

是的，太极作为一颗深埋在《周易》本经巫学智慧中的种子，确是《周易》美学智慧的文化哲学的本原。它虽然是"潜在"的，却支配了整个《周易》美学智慧发展变易的"全部过程"，"它可以产生出许多东西"，因为它具有一股内在的"冲力"。《周易》的符号美学智慧、意象美学智慧以及生命、阴阳、中和、人格审美理想等美学智慧，其实都是《周易》太极智慧所产生的"许多东西"及其展开过程。这个过程无疑是时间型的，确切地说，是一种渗蕴着美的空间意识的关于时间的哲学与美学因子。

28　王夫之：《周易外传》卷二、卷六，中华书局，1977年版。
29　［德］黑格尔：《哲学史讲演录》，卷一，商务印书馆，1983年版。

因此，从气是《周易》美学智慧的文化哲学基础这一角度看，太极图的黑白回互结构，是对这一智慧种子的生动模写。太极，是包含天地、潜在存在以及时空互应互转的一种有待于"破块启蒙"的浑沌之气，它具有美的无限发展的可能性。不难见出，《周易》的太极，怎样开拓了中华民族广阔而深邃的审美时空。

三、从《周易》的符号美学智慧角度看，太极的黑白回互模型，是一个"符号关系场"。就其原初形态而言，黑白回互象征了巫性的象数关系。象以数为蕴，数以象为现，互相都处于半具象半抽象的文化与思维发育阶段。具有巫学性质的象数结构，是太极内部运化流变、自我展开的显现。王夫之说："乃自一画以至八卦，自八卦以至六十四卦，极于三百八十四爻，无一非太极之全体。乘时而利用其出入，其为仪、为象、为卦者，显矣；其原于太极至足之和以起变化者，密也。"[30] 象之显著，显现于目前；数的朴素理性因素，却是隐秘于象之中的象的意蕴。太极图的黑白回互，展开来看，是由两仪（天地）、四象（四时）、八卦、六十四卦、三百八十四爻所呈示在眼前的丰富多变的巫性世界，这是显；这一巫性世界又为太极所涵盖，这是密。显中有密，密中有显；象中有数，数中有象，彼此互动而不可互拆。

同时，《周易》象数巫学智慧的历史性进化便是关于意象的美学智慧，意象是象数的审美化，故太极的黑白回互模型，在此意义上又成了意象智慧结构的象征。在巫术中，具有一定神秘而迷信色彩的象数，表现于一定的巫术心态之中，便是巫术之意象。它以客

---

30 王夫之：《周易内传》，卷五，九州出版社，2004年版。

观物象为巫术兆象；进入心灵，兆象即为巫性的意；意要求得到外在的显现与表达，这便是由意向客观物象转化，便是爻象与卦象的建构；卦爻之象在占筮过程中，又与信筮者的巫性心灵对接与碰撞，构成了新的巫性之意象。巫术智慧，就是这样一种意象的互转运动。在审美中，原先巫术的神秘氛围消退了，但其内在机制，也是审美意义上的意与象的转换、复制与重构。它也有四个层次：客观物象、主观心象（意象）、艺术或技术形象与接受者的审美心灵境界（意象）。太极的黑白回互模型，是审美意象转换的简化形式，整个圆形的太极图，暗喻圆融的审美境。它同时又是美之意境的象征。

在这一意象、意境之中，始终渗融着一个虚实辩证关系。黑白回互的太极，又是美之虚实的象征。

中华传统美学智慧的精髓之一，是意象、意境说。意象、意境的审美品质，必关乎虚实。虚实若以爻象显示，即以阴爻__为虚，阳爻__为实。所以艺术中的虚实问题可以回归到《周易》爻符来加以认识。实际阴阳爻的创造，已经开了艺术虚实说的先河。在巫文化中，象数与意象的转换，是一个从客观物象（实）、主观心象（虚）、兆象的建立（实），到信筮者的内心接受（虚）的循环往复而上升的过程。在艺术审美中，也始终贯穿虚实的对立统一运动。

> 山川草木，造化自然，此实境也。因心造境，以手运心，此虚境也。虚而为实，是在笔墨有无间——故古人笔墨具此山苍树秀，水活石润，于天地之外，别构一种灵奇。[31]

---

31 宗白华：《中国艺术意境之诞生》，《美学散步》，上海人民出版社，1981年版。

艺术审美的虚实，是关系到艺术意境的艺术存在的方式问题。从客观社会生活（实），到作者的主观审美心灵悟解（虚），到艺术作品的创造（实），再到艺术接受中对艺术的悟解（虚），整个过程就是从生活到艺术、从艺术到生活的不断发展的循环往复而上升的审美流程。就具体艺术而言，绘画中的计白当黑，音乐中音响音符的连续与中断，文学中文字符号之间的文脉组接，建筑文化中空间与实体以及雕塑艺术中的光影与实体等，在造成意象、意境的同时，都伴随着虚实的互转运动。符号论美学将审美的存在方式，看作是一个借符号完成意指作用的交错系统，是能指与所指的辩证运动，能指即符号的象、实；所指即审美的意、虚。意与象、意与境、虚与实虽则有别，却本是圆融无碍的。犹如佛教之色（一切事物现象）与空（本体真如）的关系，所谓色不异空，空不异色；色即是空，空即是色。《周易》符号美学智慧意象、意境中的虚实关系，也有一种"实不异虚，虚不异实；实即是虚，虚即是实"[32]的太极图景之美。

四、从《周易》生命美学智慧看太极，太极是生命的絪缊、生化的永恒。生者何来？来于絪缊之太极，太极者，生之根因根性。化者何归？归于絪缊之太极，太极者，人生之最高理想与最高境地。生乃自然宇宙与社会人生之大美，大美体现在太极之黑白回互模型中。

《易传》所言太极，作为自然宇宙与社会人生的本体境界，是一种基于人之生命历程永恒流变的圆成境界。其内在动力是什么呢？

32　王志敏、方珊：《佛教与美学》，第152页，辽宁人民出版社，1989年版。

便是《易传》所言"知几其神"的"几"。几是太极之美的生命底色。

> 知几其神乎。……几者，动之微，吉（凶）之先见者也。君子见几而作，不俟终日。
>
> 夫易，圣人之所以极深而研几也。唯深也，故能通天下之志；唯几也，故能成天下之务；唯神也，故不疾而速，不行而至。[33]

几（繁体写作幾），《说文》："几者，微也，殆也。从丝从戍。戍，兵守也。丝而兵守也，危也。"丝即"微也，从二幺"。幺："小也，象子初生之形，凡幺之属皆从幺。"[34] 几，指一种极微而难言其状的生命之"物"，幾，具有微隐之意。王弼注："几者，去无入有，理而无形，不可以名寻，不可以形覩者也。"[35] 保巴亦云："几者，至微至隐，动而未形，有无之间，故谓之几。圣人作易所以言乎此，处置于众人未识之中，关防于茫昧未见之始。"[36] 从本体角度看，几就是人之生命的精气，几也是算卦时算出变卦变爻以获得吉或凶之指示的一刹那。

几是机的本字。它不仅指不可以形诘求的人之生命隐微、生命的原生状态与原生之美，而且指生命历程中的美妙契合与最佳契

---

33 《易传·系辞下》、《易传·系辞上》，朱熹《周易本义》，第332、311页。

34 许慎：《说文解字》，第84、83页，中华书局，1963年版。

35 按：见王弼《周易注》，楼宇烈《王弼集校释》下册，第563页，中华书局，1980年版。

36 保巴：《周易原旨》卷七，保巴《周易原旨·易源奥义》，中华书局，2009年版。

机，指一系列生命链环中的种种机会。机是生命历程中难逢的转折，是阴阳相感从未和到大和的飞跃。正如张载所言：

> 凡圜转之物（按：太极），动必有机；既谓之机，则动非自外。[37]

机者，运动之属性：

> 块然太虚，升降飞扬，未尝止息。[38]

它是太极运化中美满的瞬时与闪光的亮点，由于完美之极而达到了"神"的境界，机是人之生命的化境。

这种化境不是随时可遇的，因为在生命的流迁历程中，美妙的契机与令人恐惧的危机实际上是结伴而随的，这可从机之本字"幾"具有殆、危之义中见出，在《周易》本经看来，由算卦时变卦变爻揭示了吉或凶的种种机遇。但是，《周易》美学智慧关于生命之美抱着乐观的信念，虽然预感到人生道路危机四伏，而总是坚信可以"兵守"一般的力量确保万无一失，使生命危机不再出现。这便是前文所引《说文》几字既从丝又从戍的文化意识之因。

生命之几的境界，是太极完美的内核与凝聚点。当太极象征原始混沌生命状态时，精气作为原初生命之几，就以凝聚的方式储存着有待于万有化生的一切遗传密码。这一密码是活的生命因子，由

37　张载：《正蒙·参两篇》，喻博文《正蒙注译》，兰州大学出版社，1990年版。

38　同上书。张载《正蒙·太和篇》。

于其内在冲力去创生一个新的太极境界，这时隐伏的摩荡不已的
几，是所谓"气机"；当气机突破原始太极阈限，导致阴阳相遇相
感、相摩相荡的整个过程和状态出现时，则充满了"动机"；而推
动万有化生的太极，则进而达到了自然宇宙与现实人生的浑契化
境，则为"化机"。

无论气机、动机、化机，都是从人之生命出发而达成宇宙与人
生本体高度的一派"生机"或"危机"。意味着太极智慧从人之生
命的层次，升华为自然与人生的精神哲学层次。可以说，这是中华
古代的一种"理智的灵魂"境界，没有天人、物我、主客之差别，
一切都是冥契无间、悦然大乐的。

五、生命太极的基因是精气。几即吉、凶之先见者，即生。生
必由太极内部的两种生命趋势而起，便是阴阳及其消息、动静。太
极图的黑白回互，鲜明地标示出阴阳之美的流转。

陈梦雷指出："太极动而生阳，静而生阴。"[39] 正如朱熹所云：
"一阴一阳之谓道，太极也。""太极非是别为一物，即阴阳而在阴
阳。"[40] 王夫之则说："阴阳之混合者而已，而不可名之者阴阳，则
但赞其极至而无以加，曰太极。"[41] 太极作为形而上之美，阴阳首先
指"两仪"即天地，相对于太极是形而下的具体事物之美，太极与
阴阳的关系，"在事物而观之，则阴阳函太极；推其本，则太极生
阴阳"[42]。从"阴阳函太极"看，是说世间万物的美之本质，皆为太

39　陈梦雷：《周易浅述》卷七，《周易浅述》四，上海古籍出版社，1983 年版。

40　朱熹：《朱子语类》，卷七四、卷九四，黎靖德编，《朱子语类》五、六。

41　王夫之：《周易内传》，李一忻点校，九州出版社，2004 年版。

42　朱熹：《朱子语类》卷七五，黎靖德编，《朱子语类》五。

极。阴阳可分别指天地、男女、牝牡、父母、动静与刚柔等一切两极对应互转的事物及属性。从"太极生阴阳"看，是说世间万类之美皆由太极而生。生，一系列生命的裂变，是按照数之模式对世界本原的推演。邵雍云：

> 太极既分，两仪立矣。阳下交于阴，阴上交于阳，四象生矣。阳交于阴，阴交于阳，而生天之四象；刚交于柔，柔交于刚，而生地之四象，于是八卦成矣。八卦相错，然后万物生焉。是故一分为二、二分为四、四分为八、八分为十六、十六分为三十二、三十二分为六十四。……十分为百、百分为千、千分为万。犹树之有干，干之有枝。愈大则愈小，愈细则愈繁。合之则为一，衍之则为万。[43]

万类之美由太极所生，并不等于说万类之美是太极之美的派生与分享。《周易》美学智慧的逻辑原点即太极，不是柏拉图的"理式"。在柏拉图看来，理式作为逻辑原点是至真至善至美的，由理式派生的万类由于是派生和对理式的摹仿，其美已经减损甚，因为万类不过是理式的影子。而艺术是对理式的"摹仿的摹仿"、"影子的影子"，几乎无美可言。《周易》之太极，具有万类之本体以及每一事物各别属性之美的双重性。合而言之，万物之美—太极，万物之美统于太极；分而言之，一物之美各具一太极，物物各一太极，人人各一太极。这种关于太极的哲学与美学思维，用宋明理学的话

43　邵雍：《观物外篇》，《邵雍集》，郭彧整理，中华书局，2010年版。

来说，即"月映万川"、"理一分殊"，它将关于阴阳这一"一元两极"的智慧模式，从一个宇宙本体贯彻到世间每一具体事物之中，无论何事何物，都可以自成一美之太极境界。阴亦美，阳亦美；天亦美，地亦美；刚亦美，柔亦美；动亦美，静亦美，万事万物都可自美其美，美美与共。当然，在这无数的美中，也还是分等级品位的，《周易》始终以阳、天、刚、动之美为上，且以太极为至美。

六、从《周易》中和美学智慧分析，整合着太极智慧的太极图又是中和的象征，是中华民族群体意识中和之美的象征。太极图黑白回互，自然剖判分立，然而这是同一个圆中的分立。此圆阴阳判然而阴中寓阳，阳中寓阴。阴阳之所以各美其美，且以彼此的存有与发展为条件，乃是处于永恒的阴阳和融境界的缘故。太极，成了中和之美的圆融境界的终极根因根性。

董仲舒说："中者，天地之太极也。"[44] 这里释"极"为"中"，合乎古义。极原指建筑物直立栋柱的顶端，栋柱处于人字形坡顶的中间最高处。《诗经》有"立我烝民，莫匪尔极"的咏叹，毛亨传云："极，中也。"可谓深谙极之古义。班固《汉书·律历志》以三统历观念解译太极与元气之关系，亦涉及中：太极元气，函三为一。极，中也。太极，中央之气。

太极既是立中之元气，既然分阴分阳，必具互应互会的内在动力而成中和境界。中和者，冲和也，太和之谓。

　　　　太和，阴阳会合，冲和之气也。[45]

44　董仲舒：《春秋繁露·循天之道》，凌曙注，中华书局，1975 年版。

45　陈梦雷：《周易浅述》，卷一，《周易浅述》一。

　　太和，和之至也。道者，天地人物之通理，即所谓太极也。
阴阳异撰，而其絪缊于太虚之中，合同而不相悖害，浑沦无间，
和之至矣。未有形器之先，本无不和；既有形器之后，其和不
失，故曰太和。[46]

　　中和境界，表现在政治伦理领域，是坚强的民族群体意识的突出
发展，是民族团聚力与内倾型思维的表现，又是以有所忽视个体意识
为共同特征的。表现在艺术审美上，则是对优美的和乐境界的执著与
向往，从而也是对充满痛苦冲突的悲剧性的相对漠视。中华古代艺术
审美领域伟大而杰出之悲剧的相对少见，与基于《周易》太极中和美
学观念不为无涉。相对而言，中华古代的悲剧作品没有古希腊悲剧和
文艺复兴时期的莎士比亚悲剧那般繁荣，也没有主要以中和优美境界
为审美理想的中华古代诗歌那样繁荣，这是不争的事实。

　　七、从《周易》人格美学智慧加以审察，太极图的黑白回互
还是人格之完美的最高体现。如果以黑表示未经完美人格铸塑的普
通人，以白表示具有完美神格的神，那么，两者的互对互补、相摩
相荡与中介，则是完美圣格即一种完美"圣人"、"大人"人格的实
现。这种圣格的前期形态，是存在于巫学智慧结构中处于神、人之
间的巫性。

　　关于人格美学理想问题，前文已有颇为详细的论述，这里只想
补充一点：虽然《周易》所推重的圣格（圣人人格）在《周易》看
来是完美的，然而却不应是今天人们效法的榜样。时代的发展与岁

46　王夫之：《张子正蒙注》，卷一，中华书局，1975 年版。

月的流逝，早已将这种人格模式抛在了历史的后面，尽管比如"仁者爱人"之类的人格理想不是没有可取之处，但没有一种普遍的适合于过去、现在与未来的"爱人"标准。抽象地谈论"人类之爱"或"人类之恶"会使人格问题变得模糊起来。"仁者爱人"的老命题带有太多的以往时代的伦理色彩。这并不等于说，新时代应当树立的人格理想必须摒弃任何传统的伦理内容，实际上迄今为止的人类人格模式，没有一个不处于一定的现实伦理关系之中。问题的关键是，新时代需要什么样的人际伦理关系。人际伦理关系是社会生产关系的道德体现，它只有在尽可能地解放社会生产力的前提下，才有利于新时代新人格的塑造，否则就是对人格残酷的戕害。当"仁者爱人"式的人格理想实施起来之时，人们有理由要求在发扬群体人格力量的同时，不要去压制那些正当的个人人格的伸展与实现。只有首先在人对自然的求知实践中，使人的积极性本质对象化，才能真正塑造个体或群体的人格自由与人格之美，我们强调的是，在人对自然求知实践中，建立在个人健全人格基础上的个体与群体人格的统一。这种统一似乎亦可以用黑白回互的太极模型来加以表示，但究竟以"黑"为基础，还是以"白"为基础，太极智慧没有提供任何可供思考的信息。在这个问题上，所谓"新儒学"要求在易学传统基础上重构中华伦理人格的某些见解与主张，看来有些是可取的。

第二节　崇拜与审美的二律背反与合二而一

本书关于《周易》美学智慧的论述，是从其巫学智慧出发的，笔者曾在第一章专门讨论了"原始易学是巫学"这一自拟的命题，此后各章都曾努力紧扣《周易》巫易来谈其美学智慧问题，这是本书在观念、方法上可能不同于一些《周易》论著的特点之一，想来读者会对这一点印象深刻。

《周易》巫性智慧的核心内容，是迷信神灵、感应以及迷信人如神灵一般的完美与有力，相信神人之际本是合一并且能够通过人为努力，消除神人之际的冲突与阻隔达到合一境界。因此可以说，在《周易》巫性智慧结构中弥漫着一定的崇拜意绪，这就使得在《周易》巫性智慧与美学智慧两者之间，存有一个崇拜与审美相系的内在结构，是一种既"二律背反"又"合二而一"的黑白回互的太极态势。

其一，为求揭示《周易》巫学智慧的崇拜意绪与《周易》美学智慧的审美意识之间的太极动态关系，首先有必要探讨巫术崇拜的文化本质。

崇拜可有两种：宗教崇拜与准宗教性的对于一般偶像的崇拜。前者指宗教信徒对诸如上帝、真主、天国与佛等宗教偶像的崇拜，包括崇拜意识、观念、情绪、意志与境界以及相应的宗教禁忌、戒律、行为与宗教组织形式中的崇拜。后者指除宗教崇拜之外的一切世俗性的对某种偶像的崇拜。任何对象，如果其精神影响力足以迫使主体的心灵为这对象所震慑，那么，此时对象便成为主体心目中为精神所不可企及与逾越的偶像，主体对偶像的精神性态必然是崇拜性的。崇拜是在对象面前自己跪着的缘故，或者说，假如你感觉到对象的伟大，那一定是你自己的精神跪着的缘故。崇拜金钱、王权、祖宗、领袖以及某些洋人古人与大艺术家等，都属于世俗性的准宗教崇拜。宗教崇拜具有主神、教义、僧众、终极关怀与戒律五要素，而非宗教性的偶像崇拜则主要是精神性的，二者之文化实质显然具有相通之处。

原始巫术包括《周易》的占筮具有一定的神灵崇拜意绪，它不是成熟意义上的宗教崇拜，也并非后代所说的世俗性崇拜，却是宗教崇拜与世俗性崇拜的一个文化雏形。《易传》所谓"神"，如"阴阳不测之谓神"、"故神无方而易无体"、"知几其神"以及"是故蓍之德圆而神"[47] 等，除了指未及人所把握的事物客观本质规律、因而是神妙之境界外，也兼指人对客观偶像的神秘信念与神秘感受，指处于文化雏形阶段兼具宗教与准宗教崇拜的原素。韩康伯云："神也者，变化之极，妙万物而为言，不可以形诘者也，故曰'阴阳不测'。"[48] 不可测、测不准，在今人看来凡此都是有待于人力与人智把握的未知领域，在先民心目中却具有神秘意味。《周易》巫术的神秘意味着，人真正自由自觉的本质远未实现。它是盲目自然力对人毫不留情的精神奴役与纠缠。崇拜者所面对的必然是一个异己冷酷的世界，崇拜是人在必然王国的痛苦挣扎，是由冷酷世界所"激励"出来的一种灼热的情感。

《周易》的巫性崇拜，其神灵观念既是客观的神化又是主观的异化。

从客观角度看，巫术神灵是"人们把自己的经验世界变成了一种只是在思想中想象的本质，这种本质作为某种异物与人们对立

47　《易传·系辞传》，朱熹《周易本义》，第 295、293、332、312 页。

48　按：见王弼《周易注》，楼宇烈《王弼集校释》，下册，第 543 页，中华书局，1980 年版。

着"[49]。尽管实际上神灵并不存在，只是巫术信奉者心目中的幻象，但在巫术信奉者看来是"客观"存在的，他们相信这一点。巫术信奉者之所以有关于巫术神灵的信仰，乃是因为在客观上存在着他们所无法把握的大量的未知领域，那是蛮化的自然与异己的力量。某种意义上说，巫术神灵的本质，实际是人的本质力量尚未把握到的客观事物的本质规律的心灵幻化，巫术神灵总是高巨地站在人的对立面，具有严厉性、至上性与对人而言的异己性，它是与人的本质相对立的心灵偶像。

从主观角度看，《周易》的巫术崇拜，直接是由那被神化了的客观对象所威慑而产生的奴化心理。由于人在社会实践中尚无力在客观对象上实现自身、观照自身而迫于那有限的自我意识，必然可能从主体心灵尺度出发，虚幻地发展一种幼稚的比拟想象，大致按照人自身的面貌创造神灵形象以供崇拜。神灵不仅是人的异己化，而且是人的夸大化，但神灵形象一定不会绝对独立于人的内在尺度。古希腊的色诺芬尼曾经指出："埃塞俄比亚人说，他们的神是鼻子矮翘，肤色黝黑，而在色雷斯人的心目中，他们所奉之神是眼睛碧蓝，发色淡黄。"[50]一点不假，"倘若牛和其它畜类"，也像中华古代的吴道子、杨惠之与卢棱迦那样擅长于画地狱变相，那么，"牛就会把神画得像牛，马就会把神画得像马"。所以，《周易》巫术信奉者心目中的神灵意象，也一定不会离开中华古人的内在心灵尺度。然而人的崇拜意识，总是使巫性神灵比人更有力、更聪明、

---

49 《马克思恩格斯全集》，第三卷，第354页，人民出版社，1960年版。

50 ［苏］谢·亚·托卡列夫:《世界各民族历史上的宗教》，第10页，中国社会科学出版社，1985年版。

更高大，并且无处无时不在、弥漫于一切。神灵意象的虚构，是将客观对象神格化、虚幻化、夸大化与永恒化，虚构巫术神灵的过程，就是主观心灵崇拜的过程。

从主客观关系角度分析，《周易》巫性神灵是客观的神化与主观的异化同时进行、同时完成的，两者都是人之主体意识的迷失。

> 人本来并不把自己与自然分开，因此也不把自然与自己分开，所以，他把一个自然对象在他自己所激起的那些感觉，直接看成了对象本身的性态。[51]

在诸如科学实践领域中，人作为实践主体，对外在于人的自然对象抱着审察、格致与进击的态度，人意识到自身的存在与价值，这意味着只有通过成功的科学实践，才能达到人与自然的统一，而促使对立的消失。《周易》巫性的逻辑原点建构在人与自然、自然与人的一片混沌的认知基础上。《周易》巫术的"神人以和"即神人感应境界，就是这样的一片混沌，它是一个原生意义上的太极，其中渗透着一定的崇拜意识。而实践的极度有限、生产力的极度低下与人智的蒙昧，是产生"神人以和"巫性崇拜意识的肥沃土壤。

> 自然界起初是作为一种完全异己的、有无限威力和不可制服的力量与人们对立的，人们同它的关系，完全像动物同它的关系

51　［德］费尔巴哈：《费尔巴哈哲学著作选集》，下卷，第78页，商务印书馆，1984年版。

一样，人们就像牲畜一样服从它的权力，因而，这是对自然界的一种纯粹动物式的意识（自然宗教）。[52]

这种"纯粹动物式的意识"（注意：不是所谓"动物意识"）是人将天这一自然对象"在他自己所激起的那些感觉"，"直接看成"了天的"性态"。太极是混沌的"神人以和"的象征，它包涵着人对巫术神灵（天）以及人对受命于天的巫的崇拜，实际上是"那些还没有获得自己或是再度丧失了自己的人的自我意识和自我感觉"[53]，意味着或者是人在天这一对象上尚未真正实现自己（"获得自己"），或者是这种实现的"再度丧失"。正如神话与图腾崇拜那样，人在巫术中所崇拜的，其实不过是作为自然对象的天以及人自身在心灵中的"自我意识和自我感觉"。

因此，与其认为《周易》巫术崇拜的对象是客观的神灵，不如看作它同时也是主体盲目的自我。实际上，巫术神灵不是单纯的客观对象的属性，它是原始文化形态中神化的客观与异化的主观之畸形的"结合"。

《周易》巫术崇拜具有一系列筮符操作仪程，其间的典型心灵特征是精神的迷狂。

在巫术中，当人实际上无力通过社会实践达到能动地改造主客观世界时，便可能掉转头来，企图将本应在实践中可望达到的人生价值，退回到内心来寻求"实现"与"解决"。于是实践的问题，本

---

52 《马克思恩格斯选集》，第二卷，第215页，人民出版社，1972年版。

53 《马克思恩格斯全集》，第一卷，第452页，人民出版社，1972年版。

质上被《周易》巫术崇拜弄成了一种心情的东西。在巫术崇拜中，人还来不及展开或实现成熟理性的思考，一心专注于对巫术的信仰。信仰是排斥理性认知的，它是情感的迷狂，具有盲从性。所以费尔巴哈说，"理性是规律，而信仰是偏离规律的例外"[54]。某种意义上说，《周易》的巫术崇拜，是情感的迷狂导致理智对规律的"误解"。

其二，要是《周易》的巫术文化智慧仅仅关涉于崇拜而没有任何理性与审美因子，那么从美学角度看，《易传》所谓"易有太极"之美的结论就是不能成立的了。

而实际上，崇拜与审美作为对偶对应范畴，共存于《周易》巫性太极体中，两者的关系既是二律背反又是合二而一的。

首先，从思维角度看，《周易》的巫术崇拜尽管作为客观的神化同时是主观的异化，是主体意识的迷失，但这不等于说整个《周易》巫筮是没有任何理性思维的，其原始思维只是理性因素与非理性思维的"互渗"而并非是对思维的否定。关于这一点我们在前文已经多有论及。理性思维自然是对神灵观念的否弃与超越，然而就连《周易》巫术神灵观念的产生，也须以一定的原始理性思维因素作为它的心理基础。费尔巴哈在谈到这一点时举例说："如果太阳老是待在天上不动，它就不会在人心中燃起宗教热情的火焰。只有当太阳从人眼中消失，把黑夜的恐怖加到人的头上，然后再度在天上出现，人这才向它跪下，对于它出乎意料的归来感到喜悦，为这喜悦所征服。"[55]是的，这里讲的是宗教，但对于宗教的前期文化形

---

54 《费尔巴哈哲学著作选集》，下卷，第 3 页，商务印书馆，1984 年版。
55 同上书，下卷，第 459 页。

态巫术来说，也于理可通。因为，即使为巫术所困扰的中华先民，也不是完全没有类比与"原逻辑思维"的能力。

> 当人还不知道金银的价值和用途的时候，神怎么能在金子和银子里面发出光彩来呢？[56]

有位先哲曾经指出，思维的至上性是在一系列非常不至上地思维着的人们头脑中实现的，拥有无条件的真理权的那种认识是在一系列相对谬误中实现的，两者都只有通过人类生活实践的无限延续，才能趋向于完全实现。此是。

其次，从情感角度看，《周易》巫筮作为中华古人的一种人生行为方式，具有关于人生的既痛苦又欢乐的情感内容。一方面由于社会生产力水平的低下、知识的贫乏促使整个社会人群的文化心情常常处于焦灼、痛苦的悲剧性氛围之中，对巫术的所谓"灵验"和神灵的崇拜，由于人的本质无力在对象获得真正自由的实现，崇拜便是对于审美的扼杀，凡巫术崇拜心态和崇拜行为的情感品类无疑是悲抑愁苦的。马林诺夫斯基指出："当人类遇到难关，一切知识与实际控制的力量都告无效，而同时又必须继续向前追求的时候，我们普遍便会发现巫术的存在。须知人类一旦为知识所摒弃、经验所不能援助、一切有效的专门技术都不能应用之时，便会体认自己的无能、但是，这时他的欲望只是更紧迫着他，他的恐怖、希望、焦虑，在他的躯体中产生一种不稳定的平衡，而使他不得不追

56　同上书，第2页。

寻一种替代的行为。"[57] 巫术这一"替代的行为"的产生与运用，正意味着人生的无可奈何和对于神灵崇拜的悲惨命运。然而，巫术又似乎给人带来巨大的欢乐，这不同于宗教崇拜给人带来的心情的宁静与人皈依于神的欢乐。宗教崇拜意味着人在神面前彻底剥夺了人的地位，由于神至高无上、全知全能而必然将人贬损到极端渺小的地步。《周易》巫术占筮虽则有神灵观念支配一切，而在这神灵的虚构中融入了被扭曲的人与人为的因素。不是彻底依赖于神灵的解救，而是企望借助于神灵的"智慧"，由人自己参与对环境与人自身的改造。这种只是在神灵面前跪下了一条腿的巫学，无疑包容着一定的审美因子。因为人已经开始意识到要将自己的另一条腿跨入"改造"（虽则是虚妄的改造）世界的实践领域之中，人企望而且坚信可以通过自身的努力，摇撼与转变自然与社会人生的秩序，试试这个世界的稳固性。或者毋宁说，《周易》巫术的崇拜与审美，犹如同一机体人的双足，其一足深陷在贬抑人、对神灵崇拜的泥淖之中，痛苦是它的心灵反应；另一足却踏进了要求肯定人、对人自身加以审美的和悦欢乐的尘壤之中。亦悲亦喜、且忧且乐，这是《周易》的巫学与美学、崇拜与审美的太极情感的二重奏。

从意志角度看，《周易》巫筮的全部精神支柱是信仰，信仰是主体意志的执拗以及主体心灵对神灵的屈从，巫术本质上并不始于人的自觉自愿，然而其信仰可以发展为一种人生理念与人生理想，此时人的意志对客观对象及其异化形式即神灵的屈从，似乎成为人生执著的追求，犹如足之适履，本来是履对足的禁锢，久之却

57　[英] 马林诺夫斯基:《文化论》，第 66 页，费孝通译，中国民间文艺出版社，1987 年版。

在人的自我感觉中好似无履之足一般的"自由"。精神上的枷锁成了灵魂所渴求的美的项圈，在此意义上我们看到崇拜与审美在巫性太极中两相仇对兼亲姻的现实。意志是受意识支配的，它伴随着情感的律动，表现出人有能力去实现人自身的目的和需要克服阻碍的行动。意志是人所特有的一种精神力量，人在生活中不可能没有意志，没有对一定生活目的的执著与追求，不可能没有任何信仰，信仰是受意志所支配的人的精神支柱。

然而，远不是所有人的意志都可以促使人的精神达到自由境界，人只有通过能动的社会实践方式与途径，才有可能达到意志的自由。恩格斯说：

> 自由，不在于幻想中摆脱自然规律而独立，而在于认识这些规律，从而能够有计划地使自然规律为一定的目的服务。
>
> 因此，意志自由只是借助于对事物的认识来作出决定的那种能力。[58]

因此，从《周易》巫术崇拜总是信仰神灵的"智慧"和力量角度看，这里只有在"幻想中摆脱自然规律而独立"的所谓"自由"，然而从巫术占筮的终极目的是为了人而并非为了神这一点看，其间所贯彻的意志力量又无疑是属人的而非属神的，这就为崇拜向审美的转化准备了一个必要的心理条件，此即属人的意志力量终究要促成人在实践中对美的不懈追求。而且，在《周易》巫术占筮中

---

58 《马克思恩格斯全集》，第二十卷，第125页，人民出版社，1971年版。

所表现出来的那部分属神的意志，也并非是什么"天外来客"，而是人的意志的颠倒与夸大。人的意志之所以会被颠倒与夸大，是因为人尚未找到一种真正科学的途径以把握自然规律，并且清醒地认识人自身力量的缘故。所以在《周易》巫性智慧结构中，属神的意志就不仅是属人意志的一种异化形式，这是人对神灵的崇拜，而且是属人意志的一种理想形式，这里潜在地存在着人对自身幻想中高远的生活目的的审美追求。所以，以意志目的为心理、行为特征的人生信仰，又必然是一个崇拜与审美对立而统一的太极的混沌。

其三，《周易》的巫术崇拜与审美智慧是一对矛盾，既是巫术神灵与人的和解，同时又是其不睦；既是对抗，又是统一。两者的对抗，说明人不得不受制于盲目自然力的历史性羁绊，人还来不及将人的本质力量自觉地全部实现于对象；两者的同一则意味着，巫术是人类童年的精神之梦，然而即使在梦中，人也已经意识到要寻找一种实践方式以改造客观世界从而也改造人自身。崇拜与审美既二律背反又合二而一，反映出人与自然的原在冲突兼原在和谐的一种非常复杂的关系。崇拜在一方面对审美具有"灭活"与牵制作用，另一方面又是对审美的"引导"，崇拜是假性的审美，颠倒的审美，审美是崇拜的升华，同时在一定条件下又可以转化为崇拜。崇拜与审美之关系的动态结构，是一种从崇拜到审美、从审美到崇拜双向回流、螺旋形的实践上升运动。能动的人类社会实践的不断展开是一个漫长的历史过程，它意味着崇拜的接近归于消亡，人类审美本质的接近全面实现。拿甲骨卜辞与《周易》筮辞中所涉及的求雨这一实践活动来说，它的大致发展线索，即为从崇拜走向审美。弗洛伊德曾经指出："要是人们希望下雨，那么，他只要做些看起来像下雨或者能使人联想到下雨的事情即可。"这是巫术的求雨。"在稍后的时代里，这种模仿式的求雨渐渐地为人所抛弃，人们开始在庙里膜拜、祈求住在里面的神明降雨。"这是宗教的求雨。"最后，这种宗教仪式又被放弃，而企图以改变大气的组成来制造下雨"[59]。这是科学的人工降雨。巫术与宗教的求雨是以人对神的崇拜为其基本特色的，科学降雨建立在科学认知的理性基础上，其中包含着人对自然对象、实践过程、科技成果以及对人自身的审美问题。

而审美如果发展到极致、达于化境，又可以向宗教崇拜一般的境界"回归"。这种情况在艺术审美、体育审美活动中屡见不鲜，崇拜歌星、影星、舞星或球星可以达到疯狂的程度。恩格斯曾经在给他妹妹的一封信里提到，19世纪40年代，当时国际著名音乐家李斯特以其精湛的艺术之美曾经使柏林的女士们如痴如醉、陷入精神崇拜的迷狂，达到对音乐家本人全人格的倾倒。女士们为了争夺李斯特不慎掉在地上的手套而相斗殴，希里普彭巴赫伯爵夫人故意将香水倾倒在地，而把这位钢琴家未喝完的茶灌进自己的香水瓶里，这可与一群翩翩少年甘肯做"马"拉着美国现代舞"王后"邓肯在大道上狂奔媲美。从审美开始而对著名球星疯狂崇拜以至于闹出人命案来的事也时有发生。对杰出的政治领袖始于审美、继而崇拜又回归于审美的实例，也不用笔者在这里饶舌。杰出领袖的丰功伟绩本是客观存在的美，出于一些社会观念与意识的催激，本来的

---

59 ［奥］西格蒙德·弗洛伊德：《图腾与禁忌》，第104页，中国民间文艺出版社，1986年版。

审美对象经过审美主体的无数次的心理复制与重构，可以发展为崇拜对象，随之原先的审美主体也蜕变为崇拜者，又可以在一定历史条件下恢复领袖的本来面貌，这是一个从人到神、从神到人的辩证回旋的太极运动。太极图的黑、白回互，多么贴切地揭示出崇拜与审美的内在运行机制。

那么，人的文化智慧，为何往往表现为崇拜与审美的动态性太极结构呢？

崇拜与审美的本质，同时被决定于马克思所言的客体对象的"物种的尺度"、主体"内在的尺度"及其两者的动态联系。当主体的内在尺度与客体的尺度趋于相对平衡时，主体可能进入审美境界，美之对象可以在主体心理上引起优美感，人们欣赏春华秋实所激起的美感即是如此；当主体尺度"大于"客体尺度时，对象可以在主体心理上激起滑稽感，主体藐视对象的"渺小"，主体的优越感在嘲讽客体对象时得到了实现，这是喜剧性的审美；当主体尺度"小于"客体对象尺度时，这时对象对主体的"压倒"，反而激发了主体明朗而自觉的崇高感、惊奇感与痛感，它是被压抑的主体，反而充分激励出自身的本质力量，征服与超越客体对象的一种人的自由自觉，这是悲剧性的审美。然而，当客体对象的尺度足够"大于"主体的内在尺度时，造成了主体在对象面前暂时的慑服与敬畏，这便是崇拜，也是崇拜不同于属于审美范畴的崇高的地方。崇拜，当客体的巨大尺度无法"激活"人的本质力量或曰主体的内在尺度无力抗拒客体超常尺度的重压时，主体的自我意识便可能走向迷失，客体便可能被主体镀上了神的色彩。

问题是，无论是客体尺度的巨大甚或超常，或者主体尺度的巨大、主客体之间尺度的平衡都不是绝对的，两者尺度的大小比重、动态结构都是相对的，并且处于恒变状态之中，这便是从审美走向崇拜、从崇拜走向审美的缘故吧。

由《周易》所揭示的崇拜与审美，是人与自然既对立又亲和的两个关系侧面。可以说，两者伴随以整个人类社会实践系统的始终。不过，虽然自然"改造"人必然限制了人对自然的改造，审美与崇拜相比，却是更符合于人的本性的，人之所以为人，其本质首先是趋向于审美的。而审美作为人的自由自觉本质在客观对象的趋于全面实现，不是绝对全面的实现，崇拜，也必将变得日益"衰弱"与"稀薄"，正如《周易》文化智慧必然会从巫术崇拜趋向于审美一样，它趋于全面消亡却不会是绝对的消亡。在遥远的未来社会中，宗教及宗教崇拜可能自行消亡，然而人与自然的原在矛盾却在更高层次上依然存在，人类仍然可能面临层出不穷、暂时无法克服的生活难题，客体之物的尺度还会具有对人而言那种超常的性质，人类高度审美的雄浑乐章可能仍会有某种类似世俗偶像崇拜残余的不谐和音。这一点儿也不是人类的污点与耻辱，也根本不用悲观，因为只有天堂与神才是绝对的十全十美。歌德指出：

> 十全十美是上天（神）的尺度，而要达到十全十美的这种愿望则是人类的尺度。[60]

这里需要修正的是，人类想要达到十全十美的境界不仅是愿

---

60 ［德］歌德：《歌德的格言与感想集》，第 61 页，中国社会科学出版社，1982 年版。

望，而且根本上是能动的社会实践。《周易》的太极思维模式，预示了这种"十全十美"的境界，然而太极所包容的崇拜与审美两种因素与趋势，应当不是绝对等量的，随着人类历史无尽的展开与深入，审美动势的愈来愈强劲，必然同时是崇拜动势的愈来愈衰微，只是不会归于绝对实现、绝对消亡罢了。从这个意义上可以说，太极图黑白回互的对应模式，仅仅是崇拜与审美动态结构的近似描述。

第三节　大圆之美与"冲破太极"

《周易》的太极智慧是一个中华古代文化意识、观念、情感与意志等文化心理所构筑的"圆"，它是自然观、人生观从而也是美学智慧观的一种圆融境界，它揭示了包含着冲突因素的自然、人生的原在与终极和谐的图景，这是原素的美，天下万美皆由此出、皆备于此。

《易传》有云：

> 子曰："夫易何为者也？夫易开物成务，冒天下之道，如斯而已者也。"是故圣人以通天下之志，以定天下之业，以断天下之疑。是故蓍之德圆而神，卦之德方以知，六爻之义易以贡。[61]

这里，所谓"开物成务"，朱熹云："易本为卜筮而作。古人淳

---

61 《易传·系辞上》，朱熹《周易本义》，第311—312页。

质，初无文义，故画卦爻以'开物成务'。"[62]"物"，指人物；"务"，指事务。关于"圆"、"方"，韩康伯说："圆者，运而不穷；方者，止而有分。言蓍以圆象神，卦以方象智也。唯变所适，无数不周，故曰'圆'；卦列爻分，各有其体，故曰'方'也。""贡"，"告也"。[63]陈梦雷也说："开物，谓人所未知者开发之。成务，谓人所欲为者成全之。冒天下之道，谓卦爻既设而天下之道皆包括于其中也。易之道本如此，而圣人以之教人卜筮，以知吉凶。易能开物，则于人所未知者开发之，而通天下之志矣。能成务，则于人所欲为者成全之，而定天下之业矣。能冒天下之道，则于万事万物之得失莫遁其情，有以断天下之疑矣。卜筮之妙如此。""圆神，谓变化无方。方知，谓事有定理。易以贡，谓变易以告人。"[64]

《易传》的这一论述，实际是将太极看作《周易》巫术占筮的追求人生圆融的内在驱力。在《周易》作者看来，整个易筮性质及其操作过程，是"以断天下之疑"的"圆"，它穷括物理、人情，藏方趋圆（这里的"方"，可理解为太极体内阴阳、动静、虚实等因素的对立），其终极境界是太极圆融之美，这种美早在易筮中就隐潜着它的基因。因而一旦巫学化成而为美学，自然以圆美为旨归了。

王夫之《周易内传》说，太极乃大圆者也。其《周易外传》又说，太极者，始于一、中于万而终于一；始于合、中于分而终于合。依易理，物物有一太极，人人各一太极，自然与人生在在有圆，而

62 《朱子语类》卷六十六，黎靖德编，《朱子语类》四，第 1620 页。

63 王弼：《周易注》，楼宇烈《王弼集校释》下册，第 551 页，中华书局，1980 年版。

64 陈梦雷：《周易浅述》卷七，《周易浅述》四。

终极之圆只有一个，即作为自然与人生总体的"大圆"。大圆亦即太极之美的概念，兼有自然与人生终极本体与各别事物属性之美的二重性。始于一、始于合，是原初、原朴的混沌太和之美；中于万、中于分，是万事万物各具太极分殊的美；终于一、终于合，是原初、原朴的混沌太和之美经化生裂变，终而复归于太极的美。

易即自然与社会人生的至理而不是什么别的，是以生为动力的对太极大圆之美的不懈追摄，除了暂时追摄不得的痛苦，追摄的出发点、过程与结果，都是一种美的境界。

宋明理学鼻祖之一周敦颐所撰《太极图说》，吸取道教逆施成丹为"无极"与顺行造化为"太极"的思想，从而明《周易》变易之理，自然不能将此等同于《周易》太极智慧本身，然而，周敦颐关于"无极而太极"的学术见解，有助于我们对《周易》大圆之美的分析与理解。

周子有云：

> 无极而太极。太极动而生阳，动极而静；静而生阴，静极复动。一动一静，互为其根；分阴分阳，两仪立焉。阳变阴合，而生水、火、木、金、土。五气顺布，四时行焉。五行，一阴阳也；阴阳，一太极也；太极本无极也。……
>
> 故曰："立天之道，曰阴与阳；立地之道，曰柔与刚；立人之道，曰仁与义。"又曰："原始反终，故知死生之说。"大哉易也，斯其至矣。[65]

65　周敦颐：《太极图说》，《周敦颐集》，第3—8页，中华书局，1990年版。

　　周敦颐的这一论述，显然受到了源自老子的道教思想的影响。道教有揭示顺行造化之则的太极图与揭示逆则成丹之则的无极图两种图式（附图一、图二）。图一取顺势，可从上向下看，该图最上一圆，表示道家与道教心目中的太极。老子云："谷神不死，是谓玄牝。玄牝之门，是谓天地根。"[66] 玄牝者，微妙之母性。道尚阴守静、尚虚守雌，故以阴静言之。第二圆，是一个坎☵、离☲交互相感相生的模式。坎为阳、离为阴，阳性者乾，阴性者坤，故坎离的原型是乾坤。阳者动、阴者静，阳动与阴静的对偶对应，化成金木水火土五行，五行再化生万物，而万物之各别属性，自成一太极，故该图最下一圆，又象征万物各别属性层次上的太极。老子说："道生一，一生二，二生三，三生万物。"[67] 此之谓也。张伯端说："道自虚无生一气，便从一气产阴阳，阴阳再合生三体（五行），三体重生万物昌。"[68] 说的也是这个意思。只是该图的最下方一圆象征万物各别属性之太极这一层意义，张伯端未作理论上的概括。

　　图二取逆势，可自下而上看。道家与道教以人体为与自然宇宙对应同构的"小宇宙"。小宇宙始于元牝（玄牝），故该图最下一圆称"元牝之门"。又认为人体"宇宙"有如丹炉，外丹以火炼液，内丹以气炼神，这是收摄万物之气以炼之的人生阶段，进而归于五行，这是道教炼丹成仙的一个中介。再进则回归于阴阳，阴阳交会就是"取坎填离"。最后便是无极境界，所谓"炼神还虚，复归无

66　王弼注《老子道德经》上篇，第4页。

67　同上书，第26页。

68　张伯端：《悟真篇》，《悟真篇三家注》，石明辑注，华夏出版社，1989年版。

极"，以最上方之一圆象之。

这两个图式的基本结构是一致的，两者的取势构成顺逆对应关系。图一之顺势，揭示了自然宇宙意义上太极化生万物的大历程；图二之逆势，揭示了万物（人）在社会人生意义上回归于太极（无极）境界的大历程，此即所谓"归三为二，归二为一，归一于虚无"[69]，也便是老子所谓"复归于无极"[70]。

周濂溪关于太极的学说主旨在儒而不在道，否则他就不应是理学（新儒学）的开山祖了。然而他是在道学的启迪下改造了道而援道入易，他的太极图说，是在熔铸前述道教太极图与无极图基础上的新体自裁，成为易之太极无极说。[71]

在该图式中，我们看到了太极运动的顺逆互对互应趋势，是自然与社会人生境界的往复回旋。从自然境界看，太极是自然本体，它裂变为阴阳乾坤、化裁五行、生成万物，万物之精者人也，人人各一太极，是一个从自然意义的太极→阴阳→五行→万物→人→人生太极的生化过程；从社会人生境界看，太极又是社会人生的本体，它最精粹、最生动的体现是人，人乃万物之精，万物向五行回归，五行向阴阳两仪回归，两仪最终回归于自然太极（无极）境界，这是一个从人生太极→万物→五行→阴阳→自然太极（无极）的回归过程。

自然化生为人生，人生回归于自然。前者是自然的升华，它

---

69 刘一民：《悟真直指》，《参同直指·悟真直指》，山西人民出版社，1989 年版。

70 《老子》第二十八章，王弼注《老子道德经》，上篇，第 16 页。按：老子所言"无极"，实指太极。

71 按：参阅束景南《周敦颐〈太极图说〉新考》，《中国社会科学》1988 年第 2 期。

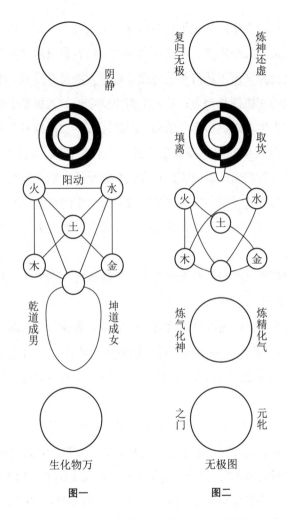

揭示出人生的自然之根；后者是人生的归返，它揭示出自然是人生的原型。因而，如果说自然化生为人生就是自然向人生领域的超华拔秀，那么，人生回归于自然确实是人性的返璞归真。前者为"原始"，后者是"反终"。

第十一章　太极：《周易》美学智慧的终结

从自然到人生、从人生到自然是一个大圆、一个太极。它的美是大圆之美、太极之美。在这一大圆中，包容着自然之美与人生之美两种美及其和谐。从自然美角度分析，太极是其原素、本质和化生万美的内在机制与动力；从人生美角度审视，太极是中华古人孜孜以求的人生理想、目标和信仰。《易传》云："是故易有太极，是生两仪，两仪生四象，四象生八卦，八卦定吉凶，吉凶生大业。"这一段名言我们已多次引用，它大致上揭示了自然太极之美向社会人生领域的展开过程，当然这里还残留着一定的巫术因素。这一段话如果作逆逻辑理解，也大致上揭示出社会人生之美向自然境界的复归过程。

这种自然之美与社会人生之美往复流转的太极之美，其实就是物我浑契的美之境界。

从道家美学的角度看，这是"庄周梦为胡蝶"、"胡蝶之梦为庄周"的美："昔者庄周梦为胡蝶，栩栩然胡蝶也，自喻适志与，不知周也。俄然觉，则蘧蘧然周也。不知周之梦为胡蝶与？胡蝶之梦为周与？"[72]

《周易》的太极大圆之美并非道家的太极大圆之美，不像道家心目中的美那么纯粹。道家之庄周梦为胡蝶而自己觉得很快意的关键，是"不知周也"，如果庄周是庄周，胡蝶是胡蝶，则不成梦境，必生计较，难于自喻适志。因为不知周，所以蝴蝶、庄周合契，这是物我一统的太极美境，"把自己与对象，都从时间与空间中切断了，自己与对象，自然会冥合而成为主客合一的。既然是一，则

---

[72]《庄子·齐物论第二》，王先谦《庄子集解》卷一，第18页。

此外再无所有，所以一即是一切，一切即是一，则一即是圆满具足"[73]，此时自成大自由的太极之美。《周易》的大圆之美以儒为人文基质，是容纳道及阴阳五行若干智慧因素的合构，其审美的着眼点是"天行健，君子以自强不息"及"生生而有条理"（条理者，主要指伦理），也是审美、崇拜及伦理求善之间的和谐。宗白华有一首诗名曰《信仰》：

> 红日初生时，
> 我心中开了信仰之花。
> 我信仰太阳
> 如我的父！
> 我信仰月亮
> 如我的母！
> 我信仰众星
> 如我的兄弟！
> 我信仰万花
> 如我的姊妹！
> 我信仰流云
> 如我的友！
> 我信仰音乐
> 如我的爱！
> 我信仰
> 一切都是神

73　徐复观：《中国艺术精神》，第 85 页，春风文艺出版社，1987 年版。

我信仰

我也是神！

　　这一短诗诗意隽永。诗中的我，信仰大自然之日月星辰万花流云，也信仰艺术以及我自己，是一切都是神、我也是神的合契于自然宇宙与社会人生的太极境界，其间渗融着对于神的宗教般崇拜、对信仰也是对理想执著的审美以及视自然万物如血亲的伦理感情。在对大自然的哲理崇敬中，其实是将社会人伦关系之善，美化为人与自然本在亲和的关系，是从美学高度俯瞰人际伦理，且将其看作自然之本在与人之内心欲求的浑契交融。

　　这也便是易，便是《周易》太极大圆之美的一种精神底蕴。它不是虚静之太极展开为人生与"自喻适志"的人生复归为虚静的道，而是实动、阳刚的太极化成天下、显现为刚健有为的人生与生生不息的人生而复归于如此的太极美境；不是通过道家的"心斋"、"坐忘"或道教的修炼内丹使人生与原朴的道合一，而是通过儒家坚强有力、积极进取的伦理实践，使人生与自然之太极合德即与天地合德；不是烧炼内丹、炼形炼神或寄情山水、放浪形骸，而是修养仁义，托志伦理，追求功名，热衷朝堂；不是使主体成为"真人"、"至人"或成"仙"，而是成为"君子"、"大人"与"圣人"。真可谓"大哉易也，斯其至矣！"

　　《周易》太极观，为中华民族的宇宙观、人生观及其美学观提供了一个智慧模式。在《周易》看来，宇宙便是时空，即为太极。时间是空间的运动方式，空间是时间的存在方式，时间是空间的"纵向"运动，空间是时间的"横向"存在，没有时间因素的空间存在、没有空间因素的时间运动，都是不可思议的。从总体看，作为《周易》太极观念模型的太极图黑白回互结构，揭示了宇宙即时间空间的矛盾辩证联系；分而言之，宇宙空间自成一个太极。空间者，其原意为"宇"，宇者，屋檐也。宇就是屋宇、房子。中华远古从人的建筑角度审视自然空间，将其看作一所奇大无比的大房子。人生活于其中，"日出而作，日入而息"，故有天宇、天地为庐的观念。人生活在此空间中，悠然自得，所谓人生在世，如泛扁舟，俯仰天地，容与中流，灵屿瑶岛，极目悠悠。空间并非似墙一般遮蔽人们的目光与心智，而是人的心灵、精神从容涵玩的一个自由天地，且随时间的流动而自得其乐。这一整体就是太极。而且，宇宙中的时间也自成一个太极境界。宇是空间，宙是时间。宙，久也。宙是梁柱，建筑物的梁柱在大地上持"久"屹立，便是建筑物的时间特性。所以在中华古人文化观念中，建筑即宇宙，宇宙即建筑。关于这一点的详细论述，请参阅拙著《中华古代文化中的建筑美》第一章《空间意识》，这里恕不赘述。

尤须指出，《周易》的太极观即宇宙观，不仅将空间看作往来复还的世界，而且认时间是周而复始的循环之"场"。中华古人钟爱浩浩空间，将其看作人生亲和的"家园"。空间既有限又无限，其美常在有无之际。因其有限，便认为空间并不异在于我、疏远于我，我能把握空间，人在空间之中是一大豪迈形象。正如唐代诗人孟郊所浩歌啸吟的："天地入胸臆，吁嗟生风雷。文章得其微，物象由我裁！"这里所言文章，指人对空间的认识与把握，审美之微，指空间的本体、本质。空间是无限的，又并不因此使人的精神失落于佛教境界那样的空幻，并非寄情于彼岸，而是基本仍在此岸境界中追求无限。"高山仰止，景行行止，虽不能至，而心向往之。"此心虽在向往无穷，却仍需在此岸中加以安顿。人们心中的远空并非茫茫无绪，并非如幻如烟如泡如影，而是即使在无限之中仍然活跃着属于此岸的生命与心灵。所以表现在绘画中，有如元代张秦娥诗云："秋水一抹碧，残霞几缕红。水穷云尽处，隐隐两三峰。"又如唐人王维名句："行到水穷处，坐看云起时。"《周易》太极智慧对自然空间从而也是对人生空间的审美，是在空间有限中向往无限，又在无限的向往中回归于有限，其审美情趣并非执著地消融于虚无缥缈的无限而归于虚无，而是往复回旋的，此《周易》之太极也。

《周易》太极的时间意识也是崇尚时间的周复流转的。它坚定地认为，时间是一个永恒的化变，时间即为大化流行。《易传》云："在天成象，在地成形，变化见矣。""通其变，遂成天地之文。"[74] 天象地形、天时地理、天化地变，天之象化与地之形变，一重时间，一重空间。而《周易》的太极智慧是更注重于时间之化的，"与时偕行"、"与时消息"，是典型的易理。太极观将生命认作周而复始而向上的时间历程，危难之际总企盼着复兴之时，中华古人总是乐观地寄望于未来。因为他心目中有一个关于时间的原型，就是相信美好的时机总"在"或必将"在"的，人生可以经验多次。"离离原上草，一岁一枯荣。野火烧不尽，春风吹又生。"时间大化之美诚然并非无视空间之美的存在，却以时间意识为主导。《周易》太

---

74 《易传·系辞》，朱熹《周易本义》，第 284、309 页。

极观并不抹煞空间之美的地位，又以时间之美为主角。宗白华说："我们的宇宙是时间率领着空间，因而成就了节奏化、音乐化的时空合一体。"[75] 所言是也。如果说西方观念重分别，时间空间相对独立而重空间的话，那么，《周易》的太极大圆之美，是包孕时空、且以时为主的周遍一体的美。

《周易》太极大圆之美学理想作为自然观与人生观在美学中的衍射，不能不在中华传统艺术中有所体现。

中华古代的戏曲小说独多"大团圆"结局。白朴的《梧桐雨》以唐明皇与杨贵妃在月宫相聚为团圆，洪昇的《长生殿》保留了这一大团圆结尾。《窦娥冤》以窦娥冤魂暗示冤案得到"昭雪"为团圆。有好事者明人叶宪祖改作《金锁记》，剧中窦娥被斩之前誓发三愿：楚州三年大旱、六月飞雪、血溅白练。突然临刑瞬间，天降大雪，于是感动执刑者刀下留人，令窦娥与家人团聚，真是"老天有眼"而无绝人之路。《赵氏孤儿》本是一惊天动地大悲剧，又以孤儿长大成人而复仇成功为团圆。《水浒》一百二十回本原有一个水泊梁山的悲剧性结局，经金圣叹"腰斩"遂成七十一回本，写到梁山"英雄排座次"皆大欢喜为止。金圣叹这位自己惨死于哭庙案的悲剧性人物，原来也热衷于团圆之道。更有后人仍觉还不过瘾，续书《水浒后传》写梁山后代造反成功的一脉生机。《三国演义》写曹氏、司马氏灭蜀灭吴，已自有团圆之趣。清人夏纶于乾隆年间更作《南阳乐》，虚构孔明终灭魏吴，使刘氏汉室复兴。《红楼

75　宗白华：《中国诗画中所表现的空间意识》，《美学散步》，上海人民出版社，1981年版。

梦》大悲剧，亦并非如原作者所申言的那样"白茫茫大地一片真干净"，而是家道复初，兰桂齐放，实现了秦可卿的一个预言"否极泰来，荣辱自古周而复始"（见《红楼梦》第十三回）。这"否极泰来"，指《周易》之否卦☷☰发展到极点，一变而为美满的泰卦☰☷，真是"时来运转"。还有人觉得不够圆，于是"狗尾续貂"之作应时而出。清代临鹤山人《红楼圆梦》有"序"云："世之阅前梦者，莫不感宝、黛之钟情，而愿其成眷属焉。岂独阅者之心如是，即原宝、黛之心，亦未尝不以为将来之必成佳偶也。及见黛玉身死，宝玉出家，无不废卷而太息，诚古今之恨事也。兹得长白临鹤山人所作《圆梦》一书，令黛玉复生，宝玉还家，成为夫妇，使天下有情人卒成眷属，不亦快哉！"[76]

应当说，这种大团圆的美不是没有任何积极因子，它乐观地看待现实人生，具有一定的向往美满未来的意志力量，对于那种美学上的绝对悲观主义不啻是一种精神的调剂，也包含着一定的对于生活理想的追求。

可是，廉价的大团圆艺术，也会给社会人心带来虚假的欢乐与暂时的精神安慰。中国文化包括《周易》的人文精神，大致总是热衷于大讲生活之悲，而不讲生命之悲，这一局限是显然的。毕竟这个世界既有喜剧又有悲剧，该喜则喜，该悲且悲，无论悲喜，都以与生活本相相符为准。并不是写了悲剧、写了不团圆就一定是悲观主义，就一定是灰色、颓废的。古今中外许多悲剧作品如《哈姆莱特》、《安娜·卡列尼娜》以及《阿Q正传》与《雷雨》等，实际

---

76 临鹤山人：《红楼圆梦·序》，北京大学出版社，1988年版。

上都充满积极向上的审美理想。惟有那些虚假的大团圆之作，才令人大倒胃口。王国维说：

> 吾国人之精神，世间的也，乐天的也。故代表其精神之戏曲小说，无往而不著此乐天之色彩，始于悲者终于欢，始于离者终于合，始于困者终于亨，非是而欲餍阅者之心难矣。[77]

并不能一概地抨击"乐天"精神，正如不能绝对地肯定"悲天"精神一样。这里仅仅指出，无往而不著此乐天色彩的虚假的大团圆是不可取的。

鲁迅先生指出：

> 中国的文人，对于人生——至少是对于社会现象，向来就多没有正视的勇气……从他们的作品上来看，有些人确也早已感到不满，可是一到快要显露缺陷的危机一发之际，他们总要即刻连说"并无其事"，同时闭上了眼睛。这闭着的眼睛便看见一切圆满……于是无问题，无缺陷，无不平，也就无解决，无改革，无反抗，因为凡事总要"团圆"，正无需我们急躁。[78]

鲁迅先生所生活的时代不同于今天，我们当然不能对这段引文

---

77 王国维：《红楼梦评论》第三章《红楼梦之美学上之价值》，《王国维遗书》，第五册，第49—50页，上海古籍书店，1983年版。

78 鲁迅：《坟·论睁了眼看》，《鲁迅全集》第一卷，人民文学出版社，1981年版。

作机械的理解。他的意思也不是否定对生活理想的执著与追求。作为马克思主义者的鲁迅，渗融在其大量杂文与小说中乐观向上的对未来美好理想的向往，正是那个时代漫漫长夜的智慧的火炬。他所剧烈抨击的，仅仅是那种"闭着的眼睛便看见一切圆满"的"伪太极"现象。阿Q临刑前画圆"立志要画得圆"，却终于画成了瓜子模样，阿Q的人生是不圆满而悲剧性的。在这里，鲁迅先生对太极大圆之美进行了深刻的理性消解。

《周易》的太极智慧在文化意识、美学精神上具有二重性。既乐观向上、追求理想又可能引人进入盲目乐观的人生迷津；既挥斥盲目悲观、绝对悲抑的意绪倾向，又在一定程度上阻塞冷峻的悲剧精神的发展。

当然，我们还应看到，《周易》的太极美学智慧给中华艺术思维与艺术精神带来了积极而深刻的影响，它是追求圆满的太极宇宙观与人生观在艺术美学中的体现。历史上诸多骚人墨客常以"诗文圆美"为共识，并以"圆美"为最高艺术审美标准。钱锺书对此深有研究，他援引多则材料而加以论证。沈约引谢朓语："好诗流美圆转如弹丸。"白居易《江楼夜吟元九律诗》云："冰扣声声冷，珠排字字圆。"周草窗《浩然斋雅谈》卷上、元遗山《中州集》卷七记兰泉先生张健语，略谓："作诗不论长篇短韵，须要词理具足，不欠不余。如荷上洒水，散为露珠，大者如豆，小者如粟，细者如尘，一一看之，无不圆成。"何之贞《东洲草堂文钞》卷五与汪菊士论诗云："落笔要面面圆、字字圆。所谓圆者，非专讲格调也。一在理，一在气。理何以圆：文以载道，或大悖于理，或微碍于理，便于理不圆。气何以圆：直起直落可也，旁起旁落可也，千回万折可也，一戛即止亦可也，气贯其中则圆。"[79] 好一个"气贯其中"！灌注生气而圆美之气者，太极也。太极无非一气，其无时无处不在。诗文境界生气盎然，流转圆美，有如自然兼人生的美，为一太极之场。《周易》太极智慧作为文化原型，总是支配着中华民族传统的审美理想，潜隐、渗融在文心诗魂之中。

《周易》太极美学智慧作为中华古老的意识形态，当然具有观念过于陈旧的一面。太极智慧模式内部是活跃的、充满了生命活力的，却也是自封闭的。太极的内在机制富于朴素的辩证法，无疑生机勃勃，然而太极作为一个圆，又包含了事物循环运动而无有进取的意识因子。实际上是在太极辩证法中，又存在着对抗辩证法的因素。黑格尔的美学体系具有一个"正、反、合"的思维结构，如果说其正与反是其辩证法的辉煌体现，那么一旦其美学发展到合的阶段，这其实便是美与美学的终结。《周易》美学智慧诚然不是客观唯心主义的，它自成系统，它以太极为其逻辑原点，其间富于辩证智慧自不待言，而问题是，在《周易》美学智慧的深层结构中，存有事物及其美归于自封闭的意识因素。

《周易》六十四卦以未济卦为最后一卦。朱熹云："未济，事未成功之时也。"[80] 未济之前一卦是既济，既济者，事已成功之时也。陈梦雷说："既济之后犹有未济者，示造化之用，终必有始也。"[81] 易学界有人据此便认为"讲事物的运动变化是易理的根本"。其实，易理的根本，是既讲事物的变化又讲其不变的。汉人研易，以

79　按：参见钱锺书：《谈艺录》，第 112、113 页，中华书局，1984 年版。

80　朱熹：《周易本义》，第 280 页。

81　陈梦雷：《周易浅述》卷六，《周易浅述》三，第 961 页。

为"易有三义，变易，简易，不易也"。变易者，指事物的运动发展。简易者，指事物本质的单纯原朴，美之本质便是简易的。所谓不易者，有两层意思：一指事物之变易本身是不变的，即是说，承认事物的运动发展是永恒的、无条件的、绝对的；二指事物的运动发展又是有条件而相对的，它是在一个包容一切、弥纶天地的场中进行的，场作为事物的框架、本体与尺度，又是静止不变的。这个场就是太极，它一方面化生恒变，另一方面又静止无化。这无异于承认，太极之美早已穷尽了美之一切，在太极智慧观中不可能衍生出非太极、反太极的思想。《周易》以太极为逻辑原点的美学智慧，缺乏一种自我审视、自我消解的力量。太极独立自持、圆满具足，它成了中华古人心目中的一种审美图腾和无法超越的思维障碍。太极之美是一种流动变易的美，然而此美又同时受到太极自身限制。这种限制就是《周易》所谓节。未济卦上九爻为《周易》六十四卦三百八十四爻的最后一爻，其爻辞云："有孚于饮酒，无咎。濡其首，有孚失是。"《易传·象辞》在解说这一条爻辞时说："饮酒濡首，亦不知节也。"这是说，以饮酒象征事业成功与庆贺，以濡首象征失败而大难临头。在《周易》看来，何以由成功而致失败，其因盖在有孚失是。孚者，衷心之诚信；衷者，中也。孚之失，便是不知节。节就是中。《周易》六十四卦最后一爻之义以节为终，确是意味深长的。徐志锐说："如果将前几卦结合起来研究，丰卦论平衡得中，节卦讲节制中，中孚强调信守中，小过为过中之后矫正而归于中。通过这几卦的论证，《周易大传》的中道思想已经阐述得很清楚了。继小过之后是既济未济，这两卦又从另一个侧面指明，如果节制不住中，事物的发展就要倒向两极，一方是成功的，另一方就是失败，二者是往复循环互相移位的。列举了这一实例之后再于未济的终爻强调要'知节'，所以'知节'二字就成为这个哲学体系（按：也是美学系统）的终结点。所谓'知节'，就是节制住中界线，实质也就是限制发展，把对立面的暂时平衡、静止、调和变成绝对性的东西加以主观应用，这就使它不能不陷入折中主义。"[82] 不仅仅是折中主义的问题，太极这一人造的"圆圈"，反而成了阻碍民族文化智慧及其美学智慧向前发展的一种精神桎梏，从这一意义可以说，《周易》的太极及其美是人及其审美的一定程度的异化。这是因为，美可以是"圆"（太极），亦可以非"圆"，美学意义的悲剧之美，即是如此。

因此，在建设具有中国特色的当代马克思主义美学体系的今天，在认真总结中华民族的文化遗产及《周易》美学智慧之时，对《周易》的太极美学智慧加以适度的消解无疑是必要的。以太极为逻辑原点的《周易》美学无疑具有丰富、深邃的杰出智慧，它是建构新时代美学的一个思想之源，然而建构本身就是消解。钱锺书云，"自周濂溪以圆象太极，入明遂成嘲弄之资"，他要求"冲破太极"[83]。在笔者看来，对太极加以嘲弄大可不必，而在踏实地吸取《周易》太极美学资源的同时、消除有关崇拜意绪从而"冲破太极"，则是摆在我们面前的一项重要任务。

---

82 徐志锐：《周易大传新注》，第401—402页，齐鲁书社，1986年版。

83 钱锺书：《谈艺录》，第307页，中华书局，1984年版。

后　记

　　这是笔者继出版《巫术：周易的文化智慧》（1990）一书之后，关于《周易》美学的第二本小书。此书是在多年为学生讲授《周易》美学选修课基础上所思所悟的一点粗浅之见。易理广博深邃，断非浅涉能致真境，笔者唯恐究易未"圆"，深感学也无涯。《周易》美学智慧丰富精湛，影响且巨。该书试图将其作为新倡"文化易"的一种而加以论证，力求自成一格。在此诚望学长、同仁与读者批评。近年美学界正为建设中国特色的、科学的现代化美学体系而努力，本书所能提供的，也许只是关于这方面的一些属于"中国"的基础研究。《周易》美学智慧看似古奥而冷僻，其实它也热切地关注着现实人生。美学是关于自然与人生的审美关系学，笔者殊觉对此了悟甚少，所创获者寥寥也。惟愿静静读书、思索与笔耕，无所滞累系碍，陶钧意志，澡雪精神。

　　我国著名美学家蒋孔阳教授为本书赐序，复旦大学中文系朱立元教授、汪兄涌豪将拙作向出版社作热忱引荐，在此一并深致谢忱。

复旦大学中文系　王振复

1991 年 6 月 8 日

修订本后记

　　回顾三十余年前本书初版时，曾经受到当时易学与中国美学学界的大为肯定，先后获得三个颇为重要的学术奖项。作为文化人类学意义新倡的"文化易"，为中国美学的原型研究以及传统易学与中国美学的关系研究，提供了可资思考与批评的新方法、新思路。凡是新启的研究，往往都是一种学术上的尝试与突破。而今三十余年过去，似可证明这一尝试是值得而经得住时间考验的。这一修订本的文字内容，依然坚持原著的学术见解，在此诚望识者指正。

　　感谢上海古籍出版社罗颢与杨立军两位先生的慧眼独具与悉心编辑，拙著得以出版修订本，也是二位同仁及其出版社同事的奋励所为与成果。

王振复　壬寅七月中旬

图书在版编目(CIP)数据

周易的美学智慧/王振复著. --修订本.--上海：
上海古籍出版社,2023.3
（王振复美学论著集）
ISBN 978-7-5732-0624-4

Ⅰ.①周… Ⅱ.①王… Ⅲ.①《周易》-美学思想-
研究 Ⅳ.①B221.5 ②B83-092

中国国家版本馆 CIP 数据核字(2023)第 041245 号

《周易》的美学智慧(修订本)

王振复 著

上海古籍出版社 出版发行

（上海市闵行区号景路 159 弄 1-5 号 A 座 5F 邮政编码 201101）

(1) 网址：www.guji.com.cn

(2) E-mail：guji1@guji.com.cn

(3) 易文网网址：www.ewen.co

启东市人民印刷有限公司印刷

开本 890×1240 1/32 印张 17.375 插页 2 字数 387,000

2023 年 3 月第 1 版 2023 年 3 月第 1 次印刷

印数：1—1,500

ISBN 978-7-5732-0624-4

B·1307 定价：78.00 元

如有质量问题,请与承印公司联系